中山大学哲学系复办60周年庆贺文集·中国哲学卷

张 伟　张清江　主编

什么是经典世界

SHENME SHI JINGDIAN SHIJIE

中山大学出版社
·广州·

版权所有　翻印必究

图书在版编目（CIP）数据

什么是经典世界．中国哲学卷/张伟，张清江主编．—广州：中山大学出版社，2020.11

（中山大学哲学系复办60周年庆贺文集）
ISBN 978-7-306-07055-5

Ⅰ.①什…　Ⅱ.①张…②张…　Ⅲ.①哲学—中国—文集　Ⅳ.①B-53

中国版本图书馆 CIP 数据核字（2020）第 219834 号

出 版 人：	王天琪
策划编辑：	嵇春霞
责任编辑：	干　燕
封面设计：	曾　斌
责任校对：	赵　冉
责任技编：	何雅涛
出版发行：	中山大学出版社
电　　话：	编辑部 020-84110771，84110283，84111997，84110771
	发行部 020-84111998，84111981，84111160
地　　址：	广州市新港西路 135 号
邮　　编：	510275　传　真：020-84036565
网　　址：	http://www.zsup.com.cn　E-mail：zdcbs@mail.sysu.edu.cn
印 刷 者：	佛山家联印刷有限公司
规　　格：	787mm×1092mm　1/16　24 印张　405 千字
版次印次：	2020 年 11 月第 1 版　2020 年 11 月第 1 次印刷
定　　价：	82.00 元

如发现本书因印装质量影响阅读，请与出版社发行部联系调换

中山大学哲学系复办60周年庆贺文集

主　编　张　伟　张清江

编　委（按姓氏笔画排序）

　　　　马天俊　方向红　冯达文　朱　刚　吴重庆

　　　　陈少明　陈立胜　周春健　赵希顺　徐长福

　　　　黄　敏　龚　隽　鞠实儿

中山大学哲学系复办60周年庆贺文集

总　序

中山大学哲学系创办于1924年，是中山大学创建之初最早培植的学系之一。1952年逢全国高校院系调整而撤销建制，1960年复办至今。先后由黄希声、冯友兰、傅斯年、朱谦之、杨荣国、刘嵘、李锦全、胡景钊、林铭钧、章海山、黎红雷、鞠实儿、张伟等担任系主任。

早期的中山大学哲学系名家云集，奠立了极为深厚的学术根基。其中，冯友兰先生的中国哲学研究、吴康先生的西方哲学研究、朱谦之先生的比较哲学研究、李达先生与何思敬先生的马克思主义哲学研究、陈荣捷先生的朱子学研究、马采先生的美学研究等，均在学界产生了重要影响，也奠定了中山大学哲学系在全国的领先地位。

日月其迈，逝者如斯。迄于今岁，中山大学哲学系复办恰满一甲子。60年来，哲学系同仁勠力同心、继往开来，各项事业蓬勃发展，取得了长足进步。目前，我系是教育部确定的全国哲学研究与人才培养基地之一，具有一级学科博士学位授予权，拥有国家重点学科2个、全国高校人文社会科学重点研究基地2个。2002年教育部实行学科评估以来，稳居全国高校前列。2017年，中山大学哲学学科成功入选国家"双一流"建设名单，我系迎来了跨越式发展的重要机遇。

近年来，中山大学哲学学科的人才队伍不断壮大，且越来越呈现出年轻化、国际化的特色。哲学系各位同仁研精覃思、深造自得，在各自的研究领域均取得了丰硕的成果，不少著述产生了国际性影响，中山大学哲学系已逐渐发展成为全国哲学研究的重镇之一。

为庆祝中山大学哲学系复办60周年，我系隆重推出"中山大学哲学系复办60周年庆贺文集"，主要收录哲学系在职教师（包括近年来加盟我系的充满活力的博士后和专职科研人员）的代表性学术论文。本文集共分五卷，依据不同学科各自定名如下：

逻辑、历史与现实（马克思主义哲学卷）

什么是经典世界（中国哲学卷）

面向事情本身之思（外国哲学、伦理学卷）

推古论今辩东西（逻辑学、科学哲学卷）

经史之间的思想与信仰（宗教学、美学卷）

文集的编撰与出版，也是我系教师学术成果的一个集中展示，代表了诸位学者近年来的学术思考，在此谨向学界同仁请益，敬希教正。

"中山大学哲学系复办60周年庆贺文集"的出版，得到中山大学出版社的鼎力支持，在此谨致以诚挚谢意！

中山大学哲学系
2020年6月20日

目　录

谁之思？何种位？
　　——儒学"思不出位"之中的"心性"与"政治"向度 … 陈立胜 / 1
什么是经典世界 …………………………………………… 陈少明 / 34
孔子思想的哲学解读
　　——以《论语》为文本 …………………………… 冯达文 / 56
论毛郑与朱子对兴法之不同理解 ………………………… 黄少微 / 71
"心是灵气"作为道学共识
　　——道学史考察及其意义 ………………………… 赖区平 / 91
"六家""六艺"与"一家之言"
　　——司马迁《太史公自序》新探 ………………… 李长春 / 105
性质语词与命名难题
　　——"白马非马"再审视 ………………………… 李　巍 / 131
汉代礼治的形成及其思想特征 …………………………… 李宗桂 / 147
论政治生活的有限性
　　——以孟子"窃负而逃"为核心的考察 ………… 刘　伟 / 165
智与"人道进化"
　　——论康有为对智的提升 ………………………… 马永康 / 180
论董仲舒《贤良对策》之思想系统 ……………………… 深川真树 / 192
同乡、同道与宗门
　　——周汝登的佛教社群交往与居士身份认同问题 … 王　格 / 227
《大学》"在新民"背后的伐薪隐喻 …………………… 王小超 / 242
Neo-Aristotelian Confucianism? Problem of Incommensurability in the
　　Virtue Ethics Interpretation of Early Confucians
　　　…………………………………… SILIUS, Vytis（卫特思）/ 257
"庄生传颜氏之儒"
　　——章太炎与"庄子即儒家"议题 ……………… 杨海文 / 283
"观"的哲学 ……………………………………………… 张丰乾 / 308

《齐物论》的义理脉络 …………………………………… 张永义 / 323
ZHU Xi's Cosmological and Metaphysical Interpretations of the
　　Confucian Cardinal Virtues …… ZHENG, Shuhong（郑淑红）/ 330
北方王门后学尤时熙的良知学思想发微 ………………… 钟治国 / 354

谁之思？何种位？

——儒学"思不出位"之中的"心性"与"政治"向度

陈立胜

"思不出其位"，语出《论语·宪问》："子曰：'不在其位，不谋其政。'曾子曰：'君子思不出其位。'"《周易·艮卦》之象辞亦有类似的说法："兼山，艮。君子以思不出其位。"艮为山，艮卦为山上山下，即"兼山"；山为止，则艮卦之义即是"止而又止"。思不出位，意即是"各止其所"。因象辞相传为孔子所作，故《宪问》"曾子曰"被认为是曾子引孔夫子语，清儒毛奇龄甚至认为"思不出位"[①] 一语或是孔子之前已有之古语。

无论"思不出其位"是出自曾子、孔子之语还是孔子之前已有之古语，谁也无法否认它是中国思想史长河之中一个不可忽视的命题，也曾掀起不少的浪花。本文拟追踪溯源，根据它所容身的不同脉络，阐述其思想内涵，以期从一侧面理解儒家之政治与心性之关联。

一、先秦"位"之诸义

"位"之本义即是士人在朝廷之中所立之位置。《说文解字》曰"列中庭之左右谓之位"。段玉裁注曰："庭当作廷，字之误也。廴部，曰廷、朝中也。《释宫》曰：中庭之左右谓之位。郭（璞）云：群臣之列位也。《周语注》亦曰：中廷之左右曰位。按：中廷犹言廷中。古者朝不屋，无堂阶，故谓之朝廷。朝士掌外朝之位：左九棘，孤、卿大夫位焉；右九棘，公、侯、伯、子、男位焉；面三槐，三公位焉。司士掌治朝之位。王

[①] "'思不出位'，系艮卦象词，世疑象词多'以'字，或古原有此语，而夫子引以作象词。曾子又引以证'不在其位'之语，故不署'象曰'、'子曰'二字，亦未可知。"毛奇龄：《论语稽求篇》卷六，载《景印文渊阁四库全书》第210册，台湾商务印书馆1986年版，第193－194页。不过钱穆并不认同西河此说："本章又见《易·艮卦》之象辞，疑象辞后出，非曾子引象辞。"氏著：《论语新解》，生活·读书·新知三联书店2002年版，第376页。

南向，三公北面东上，孤东面北上，卿大夫西面北上。王族故虎士在路门之右，南面东上。大仆、大右、大仆从者在路门之左，南面西上。虽有北面、南面之臣，皆以左右约举之。《左传》云：有位于朝是也。引伸之，凡人所处皆曰'位'。"① 宋文人叶梦得云："古者，天子三朝：外朝、内朝、燕朝。外朝在王宫库门外，有非常之事，以询万民于宫中。内朝在路门外，燕朝在路门内。盖内朝以见群臣，或谓之路朝；燕朝以听政，犹今之奏事，或谓之燕寝。"②

显然，"位"即是入朝之士立于外朝、内朝、燕朝之不同位置，这个位置同时亦是参政、议政的位置。不用说，这个"位"乃是与权力、身份、地位密不可分的。这种在朝廷之中不同的排列位置，自是由爵位或阶位的高低决定的。

"位"的意识是非常重要的。《周易·系辞上》云："天尊地卑，乾坤定矣；卑高以陈，贵贱位矣。""位"实出于"天道"，这可以说是先秦思想家的共同信念③。"失位""越位""出位"，乃是极其严重的政治事件，在史书中是要大书特书的。《左传》中就有不少关于"失位"的记载：

> 十一月，公及楚公子婴齐、蔡侯、许男、秦右大夫说、宋华元、陈公孙宁、卫孙良夫、郑公子去疾及齐国之大夫盟于蜀。……蔡侯、许男不书，乘楚车也，谓之失位。君子曰："位其不可不慎也乎！蔡、许之君，一失其位，不得列于诸侯，况其下乎！《诗》曰："不解于位，民之攸塈。"其是之谓矣。(《左传·成公二年》)

> 三月，葬蔡平公。蔡大子朱失位，位在卑。大夫送葬者归，见昭子。昭子问蔡故，以告。昭子叹曰："蔡其亡乎！若不亡，是君也必

---

① 许慎撰、段玉裁注：《说文解字注》八篇上"人部"，上海古籍出版社1981年版，第371页。
② 叶梦得撰、宇文绍奕考异、侯忠义点校：《石林燕语》卷二，中华书局1984年版，第19页。
③ "天尊地卑，神明之位也；春夏先，秋冬后，四时之序也；万物化作，萌区有状，盛衰之杀，变化之流也。夫天地至神，而有尊卑先后之序，而况人道乎！宗庙尚亲，朝廷尚尊，乡党尚齿，行事尚贤，大道之序也。"(《庄子·天道》)《公孙龙子·名实论》有云(感谢张永义教授向笔者指出了这一条目)："天地与其所产焉，物也。物以物其所物而不过焉，实也。实以实其所实，不旷焉，位也。出其所位非位，位其所位焉，正也。""物"各当其材谓之"实"，各当其用而不旷废谓之"位"。显然，"位"不限于人伦之位，天地万物皆有其"位"，该篇结语"古之明王审其名实"云云，说明公孙龙的名实说跟孔子的正名思想还是一致的，也具有伦理政治的色彩。

谁之思？何种位？——儒学"思不出位"之中的"心性"与"政治"向度

不终。《诗》曰：'不解于位，民之攸塈。'今蔡侯始即位，而适卑，身将从之。"（《左传·昭公二十一年》）

蔡侯、许男不书其名，只因两人身为一国之君，不乘己车，却乘楚王之车，列于楚王左右，是为"失位"。而蔡国大（太）子蔡朱在国君葬礼上，不立于嫡子之位，反而以长幼为齿，而立于庶兄之下。这个站错位的事件，被昭子视为丧国或君位不保之凶兆。《庄子·渔父》云："天子、诸侯、大夫、庶人，此四者自正，治之美也。四者离位而乱莫大焉。"《吕氏春秋·慎势》则更明确地指出："诸侯失位则天下乱，大夫无等则朝廷乱，妻妾不分则家室乱，嫡孽无别则宗族乱。"为何国君"站错位"会有如此灾难性的后果？《管子·形势》云："君不君，则臣不臣。父不父，则子不子。上失其位，则下逾其节。上下不和，令乃不行。衣冠不正，则宾者不肃。进退无仪，则政令不行。"如此而言，君失位不仅有失君之威仪，更为重要的是，它会有连锁反应，最终导致整个社会有机体的错位，以至于政令不行。另外，失位也好，越位也好，在根本上意味着"失职"与"越权"①。"位"之重要，由此略见一斑。

在讲究身份与秩序的礼法社会中，每一个人都有其相应的位置。《论语·宪问》："阙党童子将命。或问之曰：'益者与？'子曰：'吾见其居于位也，见其与先生并行也。非求益者也，欲速成者也。'"《礼记·玉藻》曾记童子无事的时候，应面朝南立于主人之北，《礼记·曲礼》则说与年长五岁以上行，应并行而稍后（"肩随之"），童子不明理，"居于位""并行"，故孔子"使之给使令之役，观长少之序，习揖逊之容"，"抑而教之"。

每一个位置都有相应的德性要求（角色期待），这是伦常。作为爵位、阶位的"位"逐渐泛化为身份与地位的"位"。郭店楚简已出现"六位"的观念。《六德》篇（又称《六位》篇）云："生民〔斯必有夫妇、父子、君臣，此〕六位也。有率人者，有从人者；有使人者，有事人〔者；有〕教者，有学者，此六职也。既有夫六位也，以任此〔六职〕也。六职既分，以裕六德。六德者此。何谓六德？圣、智也，仁、义也，忠、信也。"

---

① 《韩非子·二柄》所记韩昭侯（？—前333）之故事颇能说明此问题：昭侯曾醉而寝，典冠者见之，唯恐昭侯受寒，悄悄加衣于君之上，昭侯睡得很好，醒来问左右："谁给我加的衣服？"左右对曰："典冠。"昭侯遂将典衣与典冠两官一并治罪，罪典衣，是因为其"失其事"，罪典冠，是因为其"越其职"也。

《成之闻之》云:"天登大常,以理人伦,制为君臣之义,作为父子之亲,分为夫妇之辨。是故小人乱天常以逆大道,君子治人伦以顺天德。"该篇以"君子慎六位,以祀天常"结尾①。有学者认为这些篇目很可能出自子思之手,但今《中庸》的"五达道"(君臣也,父子也,夫妇也,昆弟也,朋友之交也)显然跟六位、六德(夫智、妇信、父圣、子仁、君义、臣忠)属于两个不同的系统。值得注意的是,《庄子·杂篇·盗跖》明确借子张之口提出"五纪六位"说,传统注家普遍认为"六位"系指君臣、父子、夫妇。无论如何,六位、六德、六职表明了儒者对人的伦常存在的认识:人是"天伦"与"人伦"的存有,在天伦与人伦的不同的"位",当具备相应的"德",发挥相应的作用("职")。另外,"六德"中的"仁义忠信"四德值得重视,《六韬》有人君"六守"说,"一曰仁,二曰义,三曰忠,四曰信,五曰勇,六曰谋"。"仁义忠信"是前四守,《庄子》外篇(《天运》《刻意》)两种六德的条目("孝悌、仁义、忠信、贞廉""仁义、忠信、恭俭、推让")中都有"仁义忠信"。孟子明确区分出"天爵"与"人爵",并将"仁义忠信"列为天爵的内涵②,并进而提出"正位"的观念,当与这种思想氛围有关。

"正位"的观念自然是与世俗所言的爵位、阶位之"位"相对而言的。在孟子看来,公卿大夫之类的爵位、阶位,是"人爵",是后天的、外在的,需要区别对待的;"天爵"则是"自然之贵"("良贵"),是人人固有的先天之贵("人人有贵于己者"),"君子所以异于人者,以其存心也。君子以仁存心,以礼存心"(《孟子·离娄下》)。性是天性,命是天命,位是天位,爵是天爵,职是天职,分是天分。"天爵"才是君子当立、当关切之"位",是求则得之的"正位"。这个"正位"是无条件的。得志与否、进退出处皆不失此"正位",是谓"君子""大丈夫"③。人爵

---

① 李零:《郭店楚简校读记》,北京大学出版社2002年版,第130、122页。《逸周书·大匡解第三十七》有"顺六位"之说:"绥比新、故、外、内、贵、贱,曰六位。"(黄怀信、张懋镕、田旭东:《逸周书汇校集注》,上海古籍出版社1995年版,第390页)此处"六位"谓新不易故,外不间内,贱不凌贵,安之、比之各以其道,与郭店楚简之"六位"乃不同的概念。

② 孟子曰:"有天爵者,有人爵者。仁义忠信,乐善不倦,此天爵也;公卿大夫,此人爵也。古之人修其天爵,而人爵从之。今之人修其天爵,以要人爵,既得人爵而弃其天爵,则惑之甚者也。"(《孟子·告子上》)

③ "居天下之广居,立天下之正位,行天下之大道。得志,与民由之;不得志,独行其道。富贵不能淫,贫贱不能移,威武不能屈,此之谓大丈夫。"(《孟子·滕文公下》)

谁之思？何种位？——儒学"思不出位"之中的"心性"与"政治"向度

之位与天爵之位，畛域分明，各有自己的"游戏规则"，子思对缪公掷地有声的那段话即是例证："以位，则子君也，我臣也，何敢与君友也？以德，则子事我者也，奚可以与我友？"（《孟子·万章下》）"正位"观念的提出在儒家思想史上是一个重大贡献，它明确了儒者自身的定位。"儒有忠信以为甲胄，礼义以为干橹。戴仁而行，抱义而处，虽有暴政，不更其所，其自立有如此者。"（《礼记·儒行》）

由列于朝廷之"位"（阶位、爵位），到处身行道的"正位"，这些都体现出儒者自足自立、独立不改、中立不倚的豪迈之气（《礼记·儒行》有"儒有上不臣天子，下不事诸侯"之语）。无论"身"处何处，处贵处贱，有位无位（此"位"即位之本义，即朝廷之"位"），总要占一"地位"（此"位"乃泛化之位，"居其所谓之位"）。只要守"正位"，"由仁义行"，就能"无入而不自得"，此即是《中庸》素位而行的观念："君子素其位而行，不愿乎其外。素富贵行乎富贵，素贫贱行乎贫贱，素夷狄行乎夷狄，素患难行乎患难，君子无入而不自得焉。""素"字，孔颖达训为"向"，意为平素、一贯；朱子训为"见在"，即今语"现在"。"素其位"的"位"字都是泛化意义上的"位"，但因"素"之训有别，故"位"之含义亦有微妙之区别。依孔颖达，"素其位"就是平素所处之地位，"位"之日常意味较浓；依朱子，位乃现在之位，当下的意味较重，贫贱、富贵、死生、祸福，凡人之处境均可称为"位"，可称"素位""时位"。

这样，我们可区分出"位"之诸义如下：①狭义上的"位"，即"中廷之左右"意义上的朝中之"位"，可称"朝列之位"；②爵位，爵有其"阶"与"职"，是为"阶位""职位"；③泛化的天伦、人伦之"位"，不妨称为"伦常之位"；④"居其所"之"位"、"地位"，这是一种生存论意义上的"位"，是"素位""时位"，其实际的内涵即是"境遇""处境"；⑤"正位"。在前四种"位"中，"位"的外延不断扩展，"正位"则是在任何上述四种"位"上都应持守与践履的德性。换言之，无论身处"何位"，君子都要立于"正位"。

立于"正位"是儒家修身哲学的重要议题，在《孟子》那里乃有必先立乎其大之工夫论，而在《逸周书·宝典解第二十九》中则出现了修"四位"的说法："呜呼，敬哉！朕闻曰何修非躬，躬有四位、九德。""四位"者："一曰定，二曰正，三曰静，四曰敬。敬位丕哉，静乃时非。正位不废，定得安宅。"此处定、正、静、敬之论很容易让人联想到《大

· 5 ·

学》知止之说（"知止而后能定，定后静，静后安，安后虑，虑后得"）。潘振《周书解义》："定，谓志有定向，敬位丕哉，言敬则心广也。时非，言心待时不妄动也。废，怃也，正心不骄泰也。定则有天理自然之安，无人欲陷溺之危，常在其中，而须臾不离也，故曰安宅。"显然，这里的"四位"都是"心之位"，是君子心灵生活当处的四种心态。唐大沛云："四位皆以心体言之。定，谓心有定向。正，谓心无偏私。静（按：原文误为'定'——引者），谓心不妄动。敬者，小心翼翼之谓。"①《逸周书》各篇不出一手，年代不同，《宝典解》记载的是周王与周公的对话，虽未必出自周王、周公之手，但其"无固定图式"的"以数为纪"的口头传事方式让学者认定其成文当在战国之前②。潘振等清人的释读带有浓厚的理学色彩，但以"定、正、静、敬"名"位"，无论如何都说明在先秦思想之中已开"位"之心性化之先河。只是这种心性化的"位"之使用，在先秦与两汉的文献中确属罕见，故尤值得注意。

二、思不出位：一个儒家政治哲学的命题？

作为身份地位的爵位之"爵"本义为礼器（《说文解字》"爵，礼器也，象爵之形，中有鬯酒"），故有身份与等级的象征意涵。但"爵"为盛酒、酌酒之器，亦有"量"义，"量其职，尽其才"，故此外在的"阶位"当与内在的德性之"品位"、能力相对应，方为名副其实，是为"德位一致"原则。此种"德必称位"观念乃先秦诸子的共识。

> 嗟尔君子，无恒安处。靖共尔位，正直是与。（《诗经·小雅·小明》）

> 无旷庶官，天工人其代之。（《尚书·皋陶谟》）

> 建官惟贤，位事惟能。（《尚书·武成》）

---

① 黄怀信、张懋镕、田旭东：《逸周书汇校集注》，上海古籍出版社1995年版，第296、298—299页。

② 《逸周书》成书年代可参黄怀信《〈逸周书〉源流考辨》（西北大学出版社1992年版）、罗家湘《〈逸周书〉研究》（上海古籍出版社2006年版）诸书。

君子在野，小人在位。民弃不保，天降之咎。(《尚书·大禹谟》)

亢龙有悔。子曰："贵而无位，高而无民，贤人在下位而无辅，是以动而有悔也。"(《周易·系辞上》)

不胜其任而处其位，非此位之人也；不胜其爵而处其禄，非此禄之主也。(《墨子·亲士》)

大德必得其位，必得其禄，必得其名，必得其寿。(《中庸》)

贤者在位，能者在职。(《孟子·公孙丑上》)

尊贤使能，俊杰在位。(《孟子·公孙丑上》)

是以惟仁者宜在高位，不仁而在高位，是播其恶于众也。(《孟子·离娄上》)

儒者在本朝则美政，在下位则美俗。(《荀子·儒效》)

量能而授官，使贤不肖皆得其位，能不能皆得其官，万物得其宜，事变得其应。(《荀子·儒效》)

德必称位，位必称禄，禄必称用。(《荀子·富国》)

君之所审者三：一曰德不当其位，二曰功不当其禄，三曰能不当其官。此三本者，治乱之原也。……故德厚而位卑者谓之过，德薄而位尊者谓之失。……君之所慎者四：一曰大德不至仁，不可以授国柄；二曰见贤不能让，不可与尊位；三曰罚避亲贵，不可使主兵；四曰不好本事，不务地利，而轻赋敛，不可与都邑。此四务者，安危之本也。(《管子·立政》)

有一形者处一位，有一能者服一事。(《淮南子·主术训》)

这些条目中，"位"均与德性、能力、职责相联系（所谓能力越大，责任越大）；或从正面立论，阐述在位者必为仁德君子，能尽职尽责；或从负面立论，强调如德不称位则必导致不良政治后果。"古之学者为己"，孔子将士人对外在的阶位的追求扭转为对内在的德性与品位的关切①。《论语·里仁》云："不患无位，患所以立。"古"立""位"通，立即位也，所以立，即所以位，人当"立于礼"，当"志于道，据于德，依于仁，游于艺"。这是一种"足乎己而无求于外"的处身态度②。

对于政治意义上的"位"（朝列之位、爵位、阶位），儒家强调的是"责任意识""能力意识""权界意识"，德称其位，德位一致，安位而不越位，守位而不渎位（尸位素餐），"居上位而不骄，在下位而不忧"（《周易》），种种说法均此之谓也。与"时"相关联，则要求有"权变意识"，可以仕则仕，可以止则止，可以久则久，可以速则速，既不恋位，也不失位。

在这种今之所谓政治哲学领域，"思不出位"的意义主要体现在安位自守，而不越职侵官（《礼记·曲礼下》"在官言官，在府言府，在库言库，在朝言朝"）。汉唐大儒对《宪问》篇中"思不出位"的理解均紧扣在"权界意识"上。"不在其位，不谋其政"，在《论语》中出现了两次（《泰伯》《宪问》），古人言之重复，其中必有不容已者，故于重复处，当悉心玩味。孔安国注《泰伯》篇"不在其位"一章云"欲各专一于其职"，注《宪问》则云"不越其职"。皇侃《论语义疏》释曰："诫人各专己职，不得滥谋图他人之政也。君子思虑当己分内，不得出己之外，而思他人事。思于分外，徒劳不可得。"故后来的经学家对"思不出位"的理解亦多着眼于"不在其位，不谋其政"这一语境。如邢昺注曰："此章戒人之僭滥侵官也。言若己不在此位，则不得谋议此位之政事也。曾子遂曰：'君子思谋，当不出己位。'言思虑所及，不越其职。"刘宝楠《论语正义》则直接将《泰伯》与《宪问》相并而注："'谋'谓为之论议也。下篇曾子曰：'君子思不出其位。'《孟子·离娄》③云：'位卑而言高，罪

---

① 《泰伯》："三年学，不至于谷，不易得也。"《公冶长》："子使漆雕开仕，对曰：'吾斯之未能信。'"《宪问》："子曰：'邦有道，谷；邦无道，谷，耻也。'"《卫灵公》："子曰：'君子谋道不谋食。耕也，馁在其中矣；学也，禄在其中矣。君子忧道不忧贫。'""事君，敬其事而后其食。"

② 另参《礼记·儒行》："哀公命席，孔子侍，曰：'儒有席上之珍以待聘，夙夜强学以待问，怀忠信以待举，力行以待取，其自立有如此者。'"

③ 此处原文应有误，"位卑而言高，罪也"出自《孟子·万章下》。

谁之思？何种位？——儒学"思不出位"之中的"心性"与"政治"向度

也。'《礼·中庸》云：'君子素其位而行，不愿乎其外。'又云：'在上位，不陵下；在下位，不援上。'并与此文义相发。"

这种对"思不出位"所做的角色伦理、政治伦理原则的解读，在中国思想史上影响深远。如朱子《论语精义》之《宪问》篇"思不出位"章集范（祖禹）、杨（时）两家之说曰："不在其位，不谋其政，亦夫子所常言也，弟子各以所闻记之。君子思不出其位，此艮之象也。物各止其所，而天下之理得矣。故君子思不出其位，而君臣上下大小皆得其职也。""思出其位而谋其政，则失其分守，而侵官乱政，将无所不至矣。"《泰伯》篇"不在其位"章集范说："自天子至于士皆有位，在其位则谋其政者，职也。天子不可以治三公之职，三公不可以为卿大夫之事，卿大夫不可以侵士之官。故坐而论道，谓之三公；作而行之，谓之士大夫；至于抱关击柝，无不各敬其事，如此，则天下之理得矣。"①朱子还进一步完善范祖禹的说法："夫子之言，无上下之异，但为不在此位，则不谋此政耳。范氏为人君言，故自上而下，然其意终不备。更当自下而推，如士不可侵大夫之职，以至于天子不可过于天道，乃为备耳。然不止此，又当知左右前后彼此之间，各有分守，皆不可以相逾，乃为大备，而尽得圣人之意。"②又如有明一代大政治家张居正在解"思不出位"时，亦明确指出："位，是职位。这一句是《易经》中间艮卦的象辞。曾子尝称述之说道：凡人之居位，虽有大小尊卑之不同，莫不各有当尽之职。若舍其本职而出位妄想，则在己为旷职，而于人为侵官矣。君子则身之所居在是，心之所思亦在是。凡夙夜之所图虑者，惟求以尽其本分所当为之事，如居乎仓库之位，则思以审会计，明出纳，以尽乎理财之职。如居乎军旅之任，则思以勤训练，饬军令，以尽乎诘戎之职。初未尝越位而有所思也。如是，则众职毕举，而庶务咸理矣。"③江陵毁书院、禁讲学原因复杂，他对"思不出位"的理解可视为其理论根据之一。现代学者解《论语》"思不出位"亦不出此矩矱。如钱穆说："位指政治上之职位言。从政当各专己职，

---

① 前两条见《论语精义》卷七下，载朱杰人、严佐之、刘永翔主编《朱子全书》第 7 册，上海古籍出版社、安徽教育出版社 2002 年版，第 498 页；后一条见同书卷四下，第 303 页。
② 《论语或问》卷八，载朱杰人、严佐之、刘永翔主编《朱子全书》第 6 册，上海古籍出版社、安徽教育出版社 2002 年版，第 765 页。
③ 张居正：《四书集注直解》卷十，载《四库未收书辑刊》第 2 辑第 12 册，北京出版社 1997 年版，第 396 页。

越职出位而思,徒劳无补,并滋纷乱。"①

礼法社会的"朝列之位""爵位""伦常之位""时位"均是饱含象征力量(symbolic power)的"意义空间",是一个"异质的空间"(heterogeneous space)。这个"空间"因"时"而不断转换,故又表现出"异质的时间"(heterogeneous time)性质,可以说这是一个充满礼仪的时空。在不同的"空间"与"时间"点上,乃有相应的威仪、表情、举止要求,这可以称为"位感""位之意识",立于"正位"即表现在这一随时、随地的"位感"之中。对这一礼仪时空的体认、感受与反应("位感"),乃是儒家修身学的重要议题。《论语·乡党》记孔子在"乡党"、在"宗庙朝廷",朝与"上大夫""下大夫"言,"君召使摈""入公门""升堂""出堂""入太庙",表现出不同的言行举止与表情;在不同的季节、不同的场合,着衣、进食均有考究,孔子就像是礼仪时空中的一个舞者,举止言行表现出一种充实而广大的姿态之美,这是一种礼仪美学的展示②。"思"与"位"(场所、时位)乃是修身场域一相互牵引的对子,"思"不限于内心的想法,由衷而发的表情、语言行为、举止都属于"思"之范畴。孔子说君子有九思:"视思明,听思聪,色思温,貌思恭,言思忠,事思敬,疑思问,忿思难,见得思义。"(《论语·季氏》)视听言动、颜色、举止都要根据"时位"的变化而变化,不能失去"正位"。孟子本人"不与右师言"同样体现了此种敏锐的"位感":"公行子有子之丧。右师往吊,入门,有进而与右师言者,有就右师之位而与右师言者。孟子不与右师言,右师不悦,曰:'诸君子皆与骧言,孟子独不与骧言,是简骧也。'孟子闻之,曰:'礼,朝廷不历位而相与言,不逾阶而相揖也。我欲行礼,子敖以我为简,不亦异乎?'"(《孟子·离娄下》)

三、到底何种"位"?

无论是政治伦理上的守位、安位抑或是身体礼仪上的位感、位意识,"思不出位"的"位"字都带有强烈的宗法制度、礼乐文明下身份认同的意

---

① 钱穆:《论语新解》,生活·读书·新知三联书店 2002 年版,第 376 页。
② 对《乡党》篇孔子礼仪身体展演之阐发,可参见黄俊杰《东亚儒家思想传统中的四种"身体":类型与议题》,载《东亚儒学:经典与诠释的辩证》,台湾大学出版中心 2007 年版,第 187-218 页;彭国翔《作为身心修炼的礼仪实践——以〈论语·乡党〉篇为例的考察》,载《台湾东亚文明研究学刊》2009 年第 1 期,第 1-27 页。

味,此"位"在根本上是制度化的、礼仪化的位。这也是常人对"思不出位"的理解。今人都把"思不出位"解释为"考虑事情不超过自己的职权范围"。换言之,"不出位"乃是对治政治权能的"僭越意识"①。

然而,到了宋明理学尤其是心学一系,对"位"的理解发生了"位移",即逐渐内移为一种"心性之位"。"思不出位"变成了一种修身的法门,而且是心灵修炼的法门。

从修身学讲,"出位"对治的侧重点不再是政治上的越权,而是道德安顿上的越界。如吕东莱云:"盖君子思不出其位,一出其位,而唯务点检他人之得失利害,则于本位必不子细。何者?心无二用故也。盖君子所以思不出其位,非固不敢出位,乃不暇也。"② 东莱的理解紧扣儒家修身学的自我关涉(self-regarding),"出位"就成了"责人"(点检他人之得失利害)。这不仅违背了夫子"躬自厚而薄责于人"的要求,而且于本位(自身)必有疏忽处。"不暇出位"则说明自我关涉的修身工夫之紧迫性。明儒唐伯元对此有进一步的发挥:

> 物有本末而身其本也。致知而不以修身为本,此致知所以遗格物也,其去《大学》远矣。身在是而位亦在是,凡思而出位者,不素位而愿外,不正己而求人,皆邪思也;以其求止,远矣。至哉孟子之言,曰"行有不得者,皆反求诸己",又曰"殀寿不二,修身以俟之",皆思不出位之说,皆止之说也。不获其身,不见其人,未易言也。能虑能得以后气象,故缓理会,且自顾知止入定何如耳。由反己而修身,由修己而忘己,则庶几矣。③

唐伯元将"位"理解为人之随时、随地所处之位,"思"不能紧扣自

---

① 朱子的说法最为明确:"此各有分限。田野之人,不得谋朝廷之政。身在此间,只得守此。如县尉,岂可谋他主簿事?才不守分限,便是犯他疆界。"朱熹:《朱子语类》卷三十三,载朱杰人、严佐之、刘永翔主编《朱子全书》第15册,上海古籍出版社、安徽教育出版社2002年版,第1309—1310页。
② 吕祖谦:《丽泽论说集录》卷八,载黄灵庚、吴战垒主编《吕祖谦全集》第2册,浙江古籍出版社2008年版,第225页。
③ 《答钱侍御》,载唐伯元著、朱鸿林点校《醉经楼集》卷五,台湾"中央研究院"历史语言研究所2010年版,第179页。

家身位，而越界"愿外""求人"，则都是"邪思"。这种"自反"意识最终要返于内心精神生活，它将人的内心世界当作反省的对象，对人的精神品质进行全方位的反省。

清李光地将"思不出位"跟"切问近思"联系在一起，进一步突出"思不出位"之于修身的切己性：

> 曰："思不出其位。'切问而近思'。思在近处方得力。"问："稼书先生所思自不外驰，何以不圆？"曰："正坐不能近。草木即在天下之中，岂非耳目前事？他不能见，却思到别处去。愈思愈远矣。即如人问'自天子以至于庶人，一是皆以修身为本'，庶人如何有新民之责？朱子曰：'异日为士大夫，岂无新民之责？'某意不必如此说。庶人自有家，'刑于寡妻，至于兄弟'，训子以义方，即外而和睦邻里，皆新民也。人以为近处容易明白，不知舍近而求远，断无明白之日。远处不明白，却要就近处思想。譬如天地鬼神，高深幽微，无论见得未必是，即是了亦难信。惟就自己身上体贴，合著的便是，合不著的便不是。万物皆备于我，天地鬼神不可通之理，都要从人身上体贴方亲切。"①

"思不出位"变成一种心灵修炼的法门则始于程门。王蘋面对"学者常患思虑纷扰，何以处之"的提问，给出了以下建议："人心本无思虑，多是记忆既往与未来事。且如在坐，只是有疑欲问，毕竟何所思虑？事未尝累人心，人心自累于事，不肯放耳。康节诗'既往尽归闲指点，未来都俟别枝梧'。故'君子思不出其位'。"② 自从明道《定性书》将圣人之心

---

① 李光地著、陈祖武点校：《榕村语录 榕村续语录》上册，中华书局1995年版，第415页。
② 王蘋：《王著作集》卷八《震泽记善录》，载《景印文渊阁四库全书》第1136册，台湾商务印书馆1986年版，第104页。谢良佐对此有更精练之描述："事之未来，不须预忧；事之方至，不须忙迫；事之过去，不须追悔。终之以一毫不立，唯觉而已。"（《上蔡语录》卷下，载朱杰人、严佐之、刘永翔主编《朱子全书外编》第3册，华东师范大学出版社2010年版，第36页）无论是王信伯（王蘋，字信伯），抑或是谢良佐，其思想均有心学色彩。东发学派创立者黄震云象山心学"遥出于上蔡"，全祖望则说"兼出于信伯"，"盖程门已有此一种矣"。王阳明从弟子黄勉之处得到王信伯遗书，盛赞信伯"就其所到，已甚高明特远，不在游、杨诸公之下矣"，"极有独得之见，非余儒所及，惜其零落既久，后学莫有传之者"（氏著：《与黄勉之》，载《王阳明全集》卷二十一，江苏教育出版社2001年版，第825页）。

谁之思？何种位？——儒学"思不出位"之中的"心性"与"政治"向度

描述为物来顺应、廓然大公之明镜心之后，"当下意识"便成了儒学心灵修炼的一个基本内涵。刘蕺山更是以"四路把截"描述此心之风光："此心绝无凑泊处。从前是过往，向后是未来，逐外是人分，搜里是鬼窟，四路把截，就其中间不容发处，恰是此心真凑泊处。此处理会得分明，则大本达道，皆从此出。"① 这种四路把截、安于当下的灵性修炼可谓宗教心灵生活之共法，圣人用心若镜，不将不迎，应而不藏，故能胜物而不伤，本出自《庄子》。《金刚经》亦云"应无所住而生其心"，一相不住，一物不着，方是清净自性。耶稣也说过旨趣相近的话："所以不要为明天忧虑，因为明天自有明天的忧虑。一天的难处一天当就够了。"（《马太福音》6：34）②

在理学的修身工夫论中，对治心灵不安其位而陷入憧憧往来乃是一个普遍的课题③，况且又要面对儒家圣经中君子九思、夫子忘食忘寝以思一类让人困惑的文字，"思而无思"之"思不出其位"说便应运而生：

---

① 《学言》，载吴光主编《刘宗周全集》第2册，浙江古籍出版社2007年版，第370页。

② 对"当下意识"的关注可谓是中西修身哲学的共法，帕斯卡尔甚至认为人类痛苦之源就在于人之心灵生活纠缠于"过去"与"未来"之中，而导致"当下意识"之遮蔽："我们从来都没有掌握住现在。我们期待着未来，好像是来得太慢了，好像要加快它那进程似的；不然，我们便回想着过去，好拦阻它别走得太快：我们是那么轻率，以至于我们只是在并不属于我们的那些时间里面徘徊，而根本就不想到那唯一是属于我们所有的时间；我们又是那么虚妄，以至于我们梦想着那种已经化为乌有的时间，而不加思索地错过了那唯一存在的时间。这乃是由于现在通常总是在刺痛着我们。我们把它从我们的心目之前遮蔽起来，因为它使我们痛苦；假如它使我们愉悦的话，我们就要遗憾于看到它消逝了。我们努力在用未来去顶住它，而且还想把我们无能为力的事物安排到我们并没有任何把握可以到达的时间里去。假使每个人都检查自己的思想，那他就会发现它们完全是被过去和未来所占据。我们几乎根本就不想到现在；而且假如我们想到的话，那也不过是要借取它的光亮以便安排未来而已。现在永远也不是我们的目的：过去和现在都是我们的手段，唯有未来才是我们的目的。因而我们永远也没有在生活着，我们只是在希望着生活：并且既然我们永远都在准备着能够幸福，所以我们永远都不幸福也就是不可避免的了。"（氏著、何兆武译：《思想录》，商务印书馆1985年版，第82－83页）西方修身哲学之中"当下意识"操练之传统，可参见 Pierre Hadot, *Philosophy as a Way of Life: Spiritual Exercises from Socrates to Foucault*, Oxford: Wiley-Blackwell, pp. 82－85；阿多著、孙圣英译《别忘记生活：歌德与精神修炼的传统》第一章《现在乃吾独爱之女神》，华东师范大学出版社2015年版，第1－66页。笔者对中西哲学关注当下时间意识有一比较研究，见陈立胜《"怒观""治怒"与两种"不动心"——儒学与斯多亚学派修身学的一个比较研究》，载《哲学门》第15卷第1册，北京大学出版社2014年版，第229－230页。

③ 笔者曾撰《"独知"如何成为一个修身学范畴》（未刊稿）对此有较详细之考察。

（1）其在于人为未发之中，是中也，所谓思之位也，存乎情发之中，而不与情俱发者也，俱发则出其位矣。常止其位而思以通之，思有万变而位未尝出。时止则止，时行则行，常知也；动亦定，静亦定，常定也。常止而定，是天下之至静而非杳也，是亦天下之至动而非賾也。故吾未尝无作止语默往来进退，而未尝有所谓作止语默往来进退者，以挠乎其微而摇乎其精，如是而作止，如是而语默，如是而往来进退，是静为之主也，非吾主乎静也。①

（2）艮之大象，复以"思不出其位"发之，其旨尤微。艮之为卦，上下皆山，故有兼山之象。六子者，乾坤之用，雷风水火与泽皆有往来之义，惟艮两山并峙，不相往来，止之象也。艮非无心，同于木石。心之官以思为职，所谓天职也。位为所居之位，不出其位，犹云"止其所"也。不出位之思，谓之无思之思，如北辰之居其所，摄持万化而未尝动也；如日月之贞明，万物毕照而常止也。思不根于心，则为憧憧，物交而引，便是废天职。《洪范》五事，貌言视听皆本于思，"思曰睿，睿作圣"，故曰："思者，圣功之本。"思不可以有无言，着于无谓之沉空，着于有谓之逐物。无思而无不思、何思何

---

① 罗洪先撰、钟彩钧主编、朱湘钰点校：《罗洪先集补编》卷四《主静堂记》，台湾"中央研究院"中国文哲研究所2009年版，第48页。"位"字毕竟空间意味甚浓，以未发之中训"位"，理解不当，会将"中"字方所化，胶柱鼓瑟，弊端丛生。基于此考虑，湛甘泉对弟子辈以"未发之中"训"位"颇多批评，并强调说，"思不出位"是"中思"："吾所谓中思，中思则心中正矣。以为位是心之中正，则中正有所矣。中正无所，随处而在。"其《格物通》云："艮为山，重艮上下皆山，故有兼山之象。君子观此，求艮止之道，不越于思焉而已尔，思无邪而后能止，出位之思，邪思，即不止矣。位者，所处之时、之地、之事也，所思或非其时，非其地，非其事，是出位也。或滞于时，滞于地，滞于事，亦出位也。必无在而无不在，勿助勿忘，然后能中思，是之谓思不出位。夫思者心之本体也，思不出位，则吾心之本体正，而天理见矣。夫思者，圣功之本也，可不慎乎！"

虑，常寂而感，千圣学脉也。①

（3）问："闲思杂虑实多，不能禁绝，奈何？"曰："思虑原是心之生机，原是不息，如何禁得？《易》所谓何思何虑者，非真不思不虑，只是时时在一致上便是。如周公思兼三王，夜以继日。夫子终日不食，终夜不寝以思，亦何尝禁绝？但所思者皆眼前应感实事，只是求复此天理，是思而未尝思，虑而未尝虑也，此'君子思不出其位'也。"②

（4）心之官则思。此人心无息之体也。人心无不思而妙于无思，思得其职也，故谓之"思不出其位"。位者，人心之本体，天理是也。君子心有常运，随其日用动静，莫非天理之本，然欲指其纤毫渗溢而不可得也。此即《艮》卦《象辞》之意。圣门思诚之学，固所雅言，故曾子发明简要之旨以示训，非必得之《易象》也。……思不出位，宇宙皆吾分内。问："人有出位之思否？"曰："孟子曰：'思则得之，不思则不得也。'"出位，非思也，念也。炯然有觉者思之体，倏然无根者念之动。非礼勿视、听、言、动。居处恭，执事敬，与人忠。君

---

① 王龙溪曾反复阐述"思不出位"，如《书见罗卷兼赠思默记》："思默曰：'康节"思虑未起，鬼神莫知"，与吾儒"何思何虑"之义，何所当也？'予曰：'"思虑未起"，乃邵子先天心法，即吾儒"何思何虑"之旨，非对已起而言也。思是心之职，不思便是失职。虑，思之审也。未起云者，终日思虑而未尝有所思虑，非不思不虑也。《易》大象曰"君子思不出其位"，不出位之思，即未起之思虑，所谓止其所也。有起有出，即为妄，鬼神便可测识，非先天之学也。人心一点灵机，变动周流，为道屡迁而常体不易。譬之日月之明，往来无停机，而未尝有所动也。知思虑未起，则知未发之中矣。此千古圣人经纶之实学，了此便是达天德。'"又如《凝道堂记》对《周易》"君子以正位凝命"之阐发："圣人南面而听天下，正其所居之位，所以凝聚天命也。凝之一字，圣学之基。……夫万物皆备于我，反身而诚，则乐诚斯凝矣。凝目睛，始能善万物之色；凝耳韵，始能善万物之声，天聪明也。良知者，离明之体，天聪明之尽。致良知则天命在我，宛然无思无为，不出其位，而万善皆归焉。所谓凝命也。故君子不重则不威，厚重威严，正位居体，凝者学之固也。"再如《水西经舍会语》："君子思不出其位，出其位便是闲思妄想。'心之官则思'，出其位便是废心职。学者须信得位之所在，始有用力处。"

② 查铎：《毅斋查先生阐道集》卷四《会语》，载《四库未收书辑刊》第7辑第16册，北京出版社1997年版，第480页。

子思不出其位也。程子曰："心要在腔子里。"①

第（1）条出自王阳明弟子罗念庵，"位"即是"未发之中"。在心灵生活中，此"未发之中"始终成为主宰，保持在位状态，情、思万变而不离其"中"，就是"思不出位"。念庵尚有"至静而无思者，思之位也"②说，此是"未发之中"之为"位"的另一说法。显然，"思不出位"变成了罗念庵本人收摄保聚的归寂功法。

第（2）条出自王龙溪，龙溪将"思"称为心之"天职"，"思不出位"即是不出此天职，"出位"便是废天职。废天职之"职"跟以往将"思不出位"解释为不越出"职位"之"职"旨趣迥异：一者是心之"职"，一者是政治之"职"。而"无思之思""终日思虑而未尝有所思虑"的说法，更是以往"思不出位"的解释之中所罕见者。对"思"之这一"无"之性质的强调，无疑染上了几分二氏之色彩，所谓终日吃饭不挂一粒，终日着衣不挂一丝。深受佛、道两家影响的苏东坡即说过："孔子曰：'思无邪。'凡有思皆邪也。而无思则土木也。孰能使有思而非邪，无思而非土木乎？盖必有无思之思焉。"③ 在心学一系，杨慈湖最喜发此种"无"之趣味。"学者须信得位之所在，始有用力处"，"位"实即"良知"，"思不出位"变成了一种心灵修炼的工夫指点语，变成了致良知的代名词。

第（3）条系王龙溪高足查毅斋所言，二氏讲无思甚易，其教本即是空、无之教，儒者讲"无思"则必须面对自家圣经之中夜以继日以思、废寝忘食以思的圣人形象。毅斋辩解说圣人夜以继日、废寝忘食所思者皆眼前应感实事，故亦是当下之思，是"思而未尝思"。前一"思"字是当下之思，一如明镜之当下照物；后一"思"（未尝"思"）字，即是思前顾后、拖泥带水之思，是着意之思，"未尝思"一如明镜之照物，物过而不

---

① 《论语学案》，载吴光主编《刘宗周全集》第1册"经术"，浙江古籍出版社2007年版，第473页。按，个别标点有改动。在解《周易》"君子以思不出其位"时，刘蕺山同样指出："点出思字，才见止所之地最灵处，此人心之官也。心不旷官，思不出位，思而未尝思也。思而未尝思，所以止而未尝止也。"（同上书，第180页）

② 《垂虹岩说静》，载徐儒宗编校整理《罗洪先集》下册，凤凰出版社2007年版，第700页。

③ 苏东坡：《续养生论》，载毛德富等主编《苏东坡全集》卷九十一，北京燕山出版社1998年版，第5115页。

留。于是"思不出位"同样成了心灵安于当下而不出其本位的功法。"位"的含义进一步改变,"位"成了"心之本体"。

第(4)条刘蕺山的说法就很斩钉截铁:"位"就是心之本体,"位"被"定位"在"心"上,"心之官"是"思",思是"心官"之职能。心不旷官、心不失职,说到底是不出其心之本位、本职,这与传统所说的"位非其人为空官"意义上的"无旷庶官"(《尚书·皋陶谟》)意味自是不同。蕺山还把"思"跟"念"严加分别,思是本位之思,念则是无根之念。"思而未尝思",前一"思"字即是本位之思,后一"思"字实即无根之念。"思而未尝思",是心不滞于物,被物所迁,即成"无根";"止而未尝止",是形不碍于物,形碍于物,止即成"死止"。

要之,四路把截、关注当下乃理学家心灵修炼生活中的一项基本内容,受这种心灵修炼的先行、先见指引,"思"成为"无思之思","位"成了"心之本位","思不出位"成了心灵修炼的功法。

四、究竟"谁"之思?

"谁"之思?问题提得有点突兀。无论《论语》还是《周易》,都讲得很明白,是君子之思,"思不出其位"是对君子提的要求。依先秦与汉唐儒的解读,"思不出位"自是对有位君子提出的一句政治口号,而解释的聚焦则在"位"之理解上。"思不出位",是从负面(negative)告诫在位君子不能越俎代庖,从正面(positive)说则是要守位、尽职。"思"是有身份的人之思,其"思"要跟其"身份"("位")相称。孟子曰:"位卑而言高,罪也。"就此而论,"思"与"言"都要因思者、言者的身份受到限制。这种限制是职业与礼仪上的限制,跟今日所说的言论自由、思想自由原不搭界。然而,脱离语境的"口号"总会滋生弊端。在个人层面,"思不出位"往往成了不思进取的同义词①;在政治层面,"思不出位"变成莫谈国事②,甚至成为当权者规约"政治不轨者"

---

① 李泽厚先生也认为曾参的话"太保守",见氏著《论语今读》,生活·读书·新知三联书店2004年版,第398页。

② 明儒郝敬曾有以下议论:"世俗好扳援,乡里人好议论朝政得失,此通病也。冒侵陵之嫌,逾为下之分,非居易行素之道。君子安常,思不出位,时事臧否,耳可得闻,口不可得言。事上行己之道当然耳。"郝敬:《论语详解》卷八,载《续修四库全书》第153册"经部·四书类",上海古籍出版社1996年版,第213页。

的意识形态①。

感受到"思不出位"成为思想自由的限制,"谁之思"才成为一个问题。

宋儒安定门人徐节孝就提出了这个问题:"《艮》言思不出其位,正以戒在位者也。言岂特见于事者,各有所止而不可出,虽心思之运,亦不可出矣。若夫学者,则无所不思,无所不言,以其无责可以行其志也。若云思不出其位,是自弃于浅陋之学也。"② 这种说法很新颖,"无位"("体制外")的学者不应像在位者(社会当权者)那样受制于权力阶层之中的某个"位",而只做技术性的运思(倘若不是"部门利益"的运思),学者的使命在于无所不思(思想自由而无限制)、无所不言(言论自由而无忌惮)。这听起来有点像独立之精神、自由之思想的知识分子的味道,不过,徐节孝并非有意游离于体制之外,他只是因耳聋而无法应宋神宗之召。更为重要的是,他不只是从批判的一面介入社会,他以博学(上通天文,下通地理)而"知道"闻名③,这个"道"即是"有体、有用、有文"之道、"明体达用"之道:"古之所谓学者,非浮文之谓也。其所以蓄积而养之者,凡皆为道也,是非特为己也,将以致之于吾君,又将以措之于吾民也。吾君从之耶,是为无过之君也;吾民从之耶,是为无罪之民也。有是道者,必有是心,古之君子皆然。后之学者其孰能与于斯乎?盖史氏所

---

① 清末端方撰《学生不准妄干国政,暨抗改本堂规条》:"孔子曰:'不在其位,不谋其政。'又曰:'君子思不出其位。'位者,本分之谓也。恪守学规,专精学业,此学生之本分也。果具爱国之心,存报国之志,但当厚自期待,发愤用功,俟将来学业有成,出为世用,以图自强,孰不敬之重之?乃近来士习浮嚣,或腾为谬说,妄行干预国政,或纠众出头,抗改本堂规条,此等躁妄生事之徒,断不能有所成就,现于各学堂管理通则内,列有学堂禁令一章,如有犯此者,各学堂应即照章惩儆,不可稍涉姑容,致滋流弊。"(见《大清光绪新法令》)端方的话现在听起来也颇有耳熟之感。

② 徐积:《节孝集》卷三十一《语录》,载《景印文渊阁四库全书》第1101册"集部·别集类",台湾商务印书馆1986年版,第965页。

③ 苏东坡称他是"真得道者",推荐他的地方官员则称其"究知物情,推见天变,通政之体,识兵之机,练习古今,而智足以知当世取舍,慨然有尊主庇民之心"(徐积:《节孝集》卷三十二《知楚州塞公奏乞改官》,载《景印文渊阁四库全书》第1101册"集部·别集类",台湾商务印书馆1986年版,第975页)。节孝喜论天下事,更通天下事:"平日默处一室,几若与世相忘。至其论天下事,则衮衮不倦。有客自广东奉使归见先生,语边事。先生因论二广山川险易,堡塞疏密,番禺枪手利害,口诵手画,若数一二。使者叹曰:'不出户而知天下者,徐公是也。'"(徐积:《节孝集》卷三十二《名臣言行录》,载《景印文渊阁四库全书》第1101册"集部·别集类",台湾商务印书馆1986年版,第984页)

载,世有其人,其详可得闻乎?如令董仲舒之得君,黄宪之居官任使,斯亦斯人之徒欤?论者谓任昉过董生,沈麟之比黄宪,则二子亦其人也。诸生以谓如何?"① 这是可以致之于君、措之于民、君民从之则无过的"道",显然这是平天下之道。一位平日默坐一室的楚州(今江苏淮安)残疾布衣,纵论天下,指点江山,确实折射出有宋一朝"位卑未敢忘忧国""以天下为己任"的士风。范仲淹云:"儒者报国,以言为先。""谁之思"之意识背后是话语权("言")的自觉②。

在理学家中,好发出位之言、行出位之行者莫过于泰州学派③。比徐节孝更加有名、地位更加卑微的江苏人王艮29岁做了一个惊天动地的梦④,后来便在自家大门上打出传道的广告:"道贯伏羲、神农、黄帝、尧、舜、禹、汤、文、武、周公、孔子,不以老幼、贵贱、贤愚,有志愿学者,传之。"并依古礼制,着深衣,戴五常冠,执笏板,乘蒲轮车,曰:"言尧之言,行尧之行,而不服尧之服,可乎?"王艮38岁时闻王阳明授良知之学于豫章,遂买舟往。至,则以诗为贽,由中甬据上坐,二人见面的对话如下⑤:

先生曰:"昨来时梦拜先生于此亭。"
公曰:"真人无梦。"

---

① 徐积:《节孝集》卷二十九《策问》,载《景印文渊阁四库全书》第1101册"集部·别集类",台湾商务印书馆1986年版,第936页。

② 参见王瑞来《宋代士大夫主流精神论——以范仲淹为中心的考察》,载《宋史研究论丛》第6辑,河北大学出版社2005年版,第169-198页。

③ 徐节孝,楚州(今江苏淮安)人。其师胡安定,泰州人。安定经义、治事之学跟后来的泰州学派有很多相似之处,可称为宋之泰州学派。王艮在安定书院的讲话中特意点出安定泰州乡贤的身份。见王艮撰、陈祝生等校点:《王心斋全集》,江苏教育出版社2001年版,第28页。

④ "一夕,梦天坠,万人奔号,先生独奋臂托天起,又见日月列宿失次,手自整布如故,万人欢舞拜谢。醒则汗溢如雨,顿觉心体洞彻,而万物一体、宇宙在我之念益切,因题其壁曰:'正德六年间,居仁三月半。'"

⑤ 王艮拜师之途,《年谱》描述得颇为传奇,先是父亲(守庵公)不允,王艮跪在榻前至半夜,继母在旁说情,方肯。登舟,夜梦阳明(后亲见阳明,竟发现阳明模样宛如梦中一样),舟行江中,又遇江寇,王艮以礼相待,悉听取其所有,江寇大受感动,空手而去。舟至鄱阳湖,遭风阻,不得行,王艮"祷之",风遂止。王艮穿着"奇装异服"进入豫章城,观者环绕市道。他手持"海滨生"名片,被看门者拒之门外。当场赋诗两首,传入阳明。诗中有云:"归仁不惮三千里,立志惟希一等人。"终获见阳明,遂有所引对话。见王艮撰、陈祝生等校点:《王心斋全集》,江苏教育出版社2001年版,第69-70页。

先生曰:"孔子何由梦见周公?"

公曰:"此是他真处。"

先生觉心动,相与究竟疑义,应答如响,声彻门外,遂纵言及天下事。

公曰:"君子思不出其位。"①

先生曰:"某草莽匹夫,而尧舜君民之心,未尝一日忘。"

公曰:"舜居深山,与鹿豕木石游居,终身忻然,乐而忘天下。"

先生曰:"当时有尧在上。"

一草莽匹夫,是典型的无位者②,以"天地位、万物育"作为自己的志向,以致尧舜之世为"家常事",做梦都要整顿乾坤,此是典型的"出位之思"。王艮亦很自觉,他认为学者就应该不被时位限制,"学也者,所以学为师也,学为长也,学为君也"。这跟徐节孝对"学"的理解是高度一致的。"我命虽在天,造命却由我""大人造命""不袭时位""出必为帝者师,处必为天下万世师"③,这些豪情壮语很难让人想象是出自一位灶丁之口。"出不为帝者师,失其本矣;处不为天下万世师,遗其末矣。

---

① 王阳明出于"天地万物一体之仁,虽欲已之而自有所不容已"之情,冒天下之非诋推陷,栖栖遑遑,以救世、觉世为己任,鞠躬尽瘁,死而后已。少时即有经略四方之志,十五岁畿内盗乱不止,阳明就屡欲上书于朝,被父亲斥为"狂",方乃作罢。但他本人自受廷杖之辱后,对现实政治之险恶的一面深有洞察,故反复告诫弟子致良知就是根据自己的处境、能力,而不能好高骛远,否则就是"出位"。"'君子素其位而行'.'思不出其位'。凡谋其力之所不及,而强其知之所不能者,皆不得为致良知。而凡'劳其筋骨,饿其体肤,空乏其身,行拂乱其所为。动心忍性,以增益其所不能'者,皆所以致其良知也。"(陈荣捷:《王阳明传习录详注集评》,台湾学生书局1983年版,第242-243页)门人董克刚撰有长笺巨册之八策,准备上书皇帝,王阳明认为八策皆"老生常谈",不仅不会被采纳,反而会有"指谪非訾者",并告诫说:"《易》曰'君子以不出其位',若克刚斯举,乃所谓'思出其位'矣。"见《王阳明全集》卷二十一《复董克刚》,江苏教育出版社2001年版,第825-827页。

② 王艮乃灶籍,是灶丁(明代将从事制盐业者专门编为一类户籍即灶籍,加以管理,列入灶籍者称为灶丁、灶夫,灶丁身份子孙相继,世代相袭,不能轻易改动,政府严加管控)。灶丁属于苦力,社会地位低下。

③ "'大人者,正己而物正者也',故立吾身以为天下国家之本,则'位、育',有'不袭时位'者。""孔子之不遇于春秋之君,亦命也。而周流天下,明道以淑斯人,不谓命也。若'天民'则听命矣。故曰'大人造命'。""经世之业,莫先于讲学以兴起人才,古人'位天地育万物','不袭时位者'也。"分别见王艮撰、陈祝生等校点《王心斋全集》,江苏教育出版社2001年版,第4、9、18页。

谁之思？何种位？——儒学"思不出位"之中的"心性"与"政治"向度

进不失本，退不遗末，'止至善'之道也。"①

《周易·系辞上》云："君子之道，或出或处。"出处、进退本是儒者在世的两种基本方式②。《说文解字》云："出"，进也；"处"，止也，退也。出处即进退，进即是"进位""有位"，"退"即是"退位""无位"。依王艮，君子有位就要成为帝王师，无位则应成为万世师③。换言之，无论是"进"抑或是"退"，心系淑世之道都是士人永恒的情怀。《论语·宪问》："邦无道，谷，耻也。"《孟子·万章下》云："位卑而言高，罪也。立乎人之本朝而道不行，耻也。"立乎朝，则属于有位；道不行，肉食者自应有愧。《礼记·杂记》有"五耻"说："君子有五耻：居其位，无其言，君子耻之；有其言，无其行，君子耻之；既得之而又失之，君子耻之；地有余而民不足，君子耻之；众寡均而倍焉，君子耻之。"要之，"耻"实质上是"在位者"对缺乏与其"位"相称的政治德行的一种负面感受，是基于在位君子对自己职分的认同但在实际中又未尽此职分而产生的，也就是说，这是一种职业的耻感，跟"不在其位，不谋其政"的思想紧密相关。不在位者，自不会有此耻感，反而往往产生"肉食者鄙"一类的道德优越感，此是人之常情，自古及今，概莫能外。王艮属于名副其实的贩夫走卒之列，据说还贩过私盐，位不可谓不卑，更未一日立乎本朝，但"先生每论世道，便谓自家有愧"④。这是一种在世而道不行的耻感，不同于上述职业的耻感。世道浇暮，君子在世，就有耻感，这种耻感乃与世界一体不可分的存在感受、一种存在论的觉情（ontological feeling）绾结在一起，在根本上乃是一种存在的耻感。士人（君子、仁者）在世，就有在世的使命，"夫仁者以天地万物为一体，一物不获其所，即已之不获

---

① 王艮撰、陈祝生等校点：《王心斋全集》，江苏教育出版社2001年版，第13页。
② 孔子："用之则行，舍之则藏。"（《论语·述而》）"天下有道则见，无道则隐。"（《论语·泰伯》）"邦有道，则仕；邦无道，可卷而怀之。"（《论语·卫灵公》）"知进退存亡而不失其正者，其唯圣人乎！"（《周易·文言》）孟子："古之人得志，泽加于民；不得志，修身见于世。穷则独善其身，达则兼济天下。"（《孟子·尽心上》）"得志，与民由之；不得志，独行其道。"（《孟子·滕文公下》）
③ 万世师的观念出自北宋五子之一邵雍："人谓仲尼惜乎无土，吾独以为不然。匹夫以百亩为土，大夫以百里为土，诸侯以四境为土，天子以四海为土，仲尼以万世为土。若然，则孟子言自生民以来未有如夫子，斯亦未为之过矣。"其《伊川击壤集》之《首尾吟》云："庖羲可作三才主，孔子当为万世师"。（郭彧整理：《邵雍集》，中华书局2010年版，第23页）
④ 王艮撰、陈祝生等校点：《王心斋全集》，江苏教育出版社2001年版，第13页。

其所也"。这个一体不容已的使命不会因"位"之隐、退而有所改变①。这种存在的耻感乃是基于君子对人生在世的天职的强烈认同（故有一体不容已之切身感受）而产生的。

然而，位卑言高之举，总会招致世人的不解：

> 门人问："先生云出则为帝者师，然则天下无为人臣者矣？"曰："不然。学也者，所以学为师也，学为长也，学为君也。帝者尊信吾道，而吾道传于帝，是为帝者师也；吾道传于公卿大夫，是为公卿大夫师也。不待其尊信，而衔玉以求售，则为人役，是在我者不能自为之主宰矣，其道何由而得行哉？道既不行，虽出，徒出也。若为禄仕，则'乘田''委吏'，'牛羊茁壮'，'会计当'，尽其职而已矣，道在其中，而非所以行道也。不为禄仕，则莫之为矣。故吾人必须讲明此学，实有诸己，'大本''达道'，洞然无疑。有此把柄在手，随时随处无入而非行道矣。有王者作，必来取法，是为王者师也。使天下明此学，则天下治矣。是故出不为帝者师，是漫然苟出，反累其身，则失其本矣；处不为天下万世师，是独善其身。而不讲明此学，是遗其末矣。皆小成也。"②

> 或曰："出必为帝者师，处必为天下万世师，毋乃好为人师欤？"先生曰："学不足以为人师，皆苟道也。故必修身为本，然后师道立而善人多。如身在一家，必修身立本，以为一家之法，是为一家之师矣。身在一国，必修身立本，以为一国之法，是为一国之师矣。身在天下，必修身立本，以为天下之法，是为天下之师矣。故出必为帝者师，言必尊信吾尊身立本之学，足以起人君之敬信，来王者之取法，夫然后道可传亦可行矣。庶几乎！己自配得天地万物，而非牵以相从者也。斯出不遗本矣。处必为天下万世师，言必与吾人讲明修身立本

---

① "'隐居以求其志'，求'万物一体'之志也。"王艮撰、陈祝生等校点：《王心斋全集》，江苏教育出版社2001年版，第15页。王艮说儒家之"隐"乃若隐若现之隐："孔子谓'二三子以我为隐乎'，此'隐'字对'见'字说。孔子在当时虽不仕，而'无行不与二三子'，是修身讲学以'见'于世，未尝一日'隐'也。'隐'则如丈人、沮、溺之徒，绝人避世，而与鸟兽同群者是已。"见王艮撰、陈祝生等校点：《王心斋全集》，江苏教育出版社2001年版，第7页。

② 王艮撰、陈祝生等校点：《王心斋全集》，江苏教育出版社2001年版，第20－21页。

谁之思？何种位？——儒学"思不出位"之中的"心性"与"政治"向度

之学，使为法于天下，可传于后世，夫然后立必俱立，达必俱达。庶几乎！修身见世，而非独善其身者也。斯处不遗末矣。孔孟之学，正如此。故其出也，以道殉身，而不以身殉道。其处也，学不厌而教不倦。本末一贯，合内外之道也。夫是谓明德亲民止至善也。"（《王心斋语录》）

面对天下无为人臣者之质疑（前一条），王艮一方面表明学者的使命就是学以为师、为长、为君，这是儒之"学"的旨趣所在，另一方面，他亦强调儒学有"来学而无往教"这一尊师重道的传统，"不待其尊信，而衒玉以求售，则为人役"，显然王艮对自己的位置还是很清醒的。有官员赠诗王艮："海滨有高儒，人品伊傅匹。"王艮读之，笑谓门人曰："伊、傅之事我不能，伊、傅之学我不由。"门人不解，问曰："何谓也？"先生曰："伊、傅得君可谓奇遇，设其不遇，则终身独善而已。孔子则不然也。"无缘得君行道（"伊、傅之事我不能"），绝不意味着要就此退隐山林（"伊、傅之学我不由"）①。面对好为人师之质疑（后一条），王艮再次掷出不失本（"出必为帝者师"）、不遗末（"处必为天下万世师"）这一金句。

王艮之族弟王栋颇善发明乃师"不袭时位之学"，对《大学》中的"自天子以至于庶人，一是皆以修身为本"，王栋引申说："格物止至善之学，人人之所共为、共成，原无人品限隔。今曰古者十五入大学而惟天子之元子、众子以至公卿大夫元士之嫡子入之，而其非嫡子者则皆限于分而不得与，凡民惟俊秀入之，而其非俊秀者则皆限于资而不得闻，是诚可疑。"② 依照古训，大学本是有位者子弟（且是长子）与极少数青年才俊所学，换言之，通过严格的资格认证才能读大学。王栋明确断言，大学没有门槛，它不是只针对"有职位者"，而是针对孟子所谓的"天民"。面对世人对王艮出位之思、出位之言的质疑与指责，王栋辩护说：

天生烝民，作之君，作之师。自古帝王君天下，皆只师天下也。后世人主不知修身慎德为生民立极，而君师之职离矣。孔子悯天下之

---

① 王艮撰、陈祝生等校点：《王心斋全集》，江苏教育出版社2001年版，第5、75页。
② 王栋：《一庵王先生遗集》卷一，载《四库全书存目丛书》子部第10册"子部·儒家类"，齐鲁书社1995年版，第58页。

不治,皆缘天下之无师,故遂毅然自任,无位而擅帝王师教之大权,与作《春秋》同一不得已之志,况不俟时位,随人接引,则欛柄在手,而在在能成,此其所以贤尧舜而集大成者。……吾先师所以不得不自任也,而亦岂其所得已哉!

……"出则必为帝者师",言人不可轻出,必君相信之,果有尊师共道之意,方可言出,否则,恐有辱身之悔,非止至善之道也;"处则必为天下万世师",言当以兴起斯文为己任,讲学明道以淑斯人。若息交绝游,徒为无用之隐,非大人不袭时位之学也。①

实际上当初孔夫子栖栖遑遑,席不暇暖,一样遭到隐者讥讽,渔夫就讥夫子上无君侯有司之势,下无大臣职事之官,却饰礼乐,选人伦,"不泰多事乎"(《庄子·渔父》)。跟乃师一样,王栋亦念念不忘"将乾坤世界重新镕铸一番"②,王艮有王道政治之蓝图(见其《王道论》),王栋亦有自己的政治方案:

或曰:"使子为政,亦能镕铸乎?"曰:"镕铸天下必君相同德同心,方可整顿,此孔孟所以不得行其志者也。若使得宰一邑,而镕铸一邑,理亦有之,但恐监司者挚(掣)其手足,与迁转之速,则不能耳。然终是田制之偏,赋役之重,刑统滥于罚赎,学校弊于文辞,凡此皆关大政,镕铸夫岂易言?然大人之学不袭时位,吾将以兴起斯文为己任,使师道立而善人多,朝廷正而天下治,此吾所以镕铸天下之一大炉冶,而非时位所能限也。"③

黄宗羲称泰州学派多能"赤手以搏龙蛇",罗近溪曾有一无名弟子自幼就梦想将世界整顿一番,后屡受挫折,灰心丧气,向乃师倾诉说:"今觉心中空自错乱,果大梦也,然卒难摆脱尔。"罗子曰:"此岂是梦?象山

---

① 王栋:《一庵王先生遗集》卷一,载《四库全书存目丛书》子部第 10 册"子部·儒家类",齐鲁书社 1995 年版,第 62—63 页。
② 王栋:《一庵王先生遗集》卷一,载《四库全书存目丛书》子部第 10 册"子部·儒家类",齐鲁书社 1995 年版,第 65 页。
③ 王栋:《一庵王先生遗集》卷一,载《四库全书存目丛书》子部第 10 册"子部·儒家类",齐鲁书社 1995 年版,第 65—66 页。

所谓:'宇宙内事,皆吾职分内事也。'但整顿有大有小,恐君所思,只图其小而未及其大尔。"弟子不解,曰:"匹夫之力,莫制三人,某今困顿儒冠,即些小整顿,无分也,况望图其大耶?"罗子曰:"大小不在于事而在于机,其机在我,则小而可大;其机在人,则虽大亦小也。请君试思,世间功德,有大于学术者乎?机括方便,有捷于己之务学者乎?……我愿子欲整顿世界,请自今日之学术始;欲整顿学术,请自己身之精神始。"①罗近溪本人"自壮及老"常常梦见自己成为经筵师②,"出必为帝者师"看来是泰州学派的集体(无)意识,不妨称之为"泰州梦"吧。

自从徐节孝提出学者的使命之后,以淑世为使命的学者或对"思"者的身份特别敏感,"思不出位"只对有位者而言,无位者不受此限,或对"思"之性质特别留心,"思不出位"的"思"不是"学思"之思。王船山说:"思不出位"之"思"字乃"思所欲为之事,所欲尽之理,便要见之于行。如视之时便思明,听之时便思聪,祭便思敬,丧便思哀,不分念又思别事,则是'不思其位'。不可作'学思'之思解。若方学而思,则尽古今,穷天人,周民物,无不可思,非此之谓也"③。

众所周知,有宋一代,以士大夫与君主共治天下而闻名。汉唐臣僚在劝谏天子时,往往以"天下者,高祖之天下,非陛下之天下"作为镇住九五之尊的尚方宝剑。宋之士大夫则没有替祖宗守天下的意识,他们喜欢说:"天下者,中国之天下,祖宗之天下,群臣、万姓、三军之天下,非陛下之天下。"④这里确实表现出唐宋变革(Tang-Song transformation)的一面。科举考试虽于隋唐已经成型,但唐朝通过科举取士的比例,据统计只占文官系统官员的百分之十五,而至北宋仁宗年间,这个比例已经超过一

---

① 罗汝芳著、方祖猷等编校整理:《罗汝芳集》上册,凤凰出版社2007年版,第67页。
② 罗汝芳著、方祖猷等编校整理:《罗汝芳集》上册,凤凰出版社2007年版,第391页。
③ 王夫之:《四书笺解》卷四,载《船山全书》第6册,岳麓书社1991年版,第244-245页。船山对"思不出位"章理解有变化,早年所著《读四书大全说》支持朱子《四书集注》的解读,"思"只跟职位联系在一起,并斥黄勉斋"当食则思食,当寝则思寝"说为"早已鹘突""直不成义理":"使人终日之间言行居止,截分千百段,立之疆界,则无论气脉间断,不成规模,且待事至而后思,则思之力亦不给矣。""位"只能理解为职位,即便是理解为"地位""时位"(如张南轩),"地"亦自有分地者而言,"时"亦自有所任而言。又说:"位"字一定是"以职言而后显",徒以深妙(如将"位"解释为心之位),则不陷入释氏"住行坐卧"之说者鲜矣。见王夫之《读四书大全说》卷六,载《船山全书》第6册,岳麓书社1991年版,第809-810页。
④ 留正:《增入名儒讲义皇宋中兴两朝圣政》卷二四,载《续修四库全书》第348册"史部·编年类",上海古籍出版社1996年版,第500页。

半，另有百分之三十则出自为屡试屡败的考生设立的"特奏名"考试①。而糊名制与誊录制的发明则让科举考试制度本身更日趋完善，读书人不再抱怨"空有文章传海内，更无亲族在朝中"，代之而来，"朝为田舍郎，暮登天子堂"俨然成为读书人的集体意识。"丈夫落落掀天地，岂顾束缚如穷囚"，王阳明此诗颇能反映这种士大夫的精神气质。所以唐代贵族政治的没落导致的并不是君主成为绝对权力的主体（即内藤湖南所说的"君主独裁制度"），君主的权力在宋代并不是绝对的权威，立下"誓不杀大臣与言事官"规矩的宋太祖尝问赵普"天下何物最大"，普对曰："道理最大。"留正对此评论说："天下惟道理最大，故有以万乘之尊而屈于匹夫之一言，以四海之富而不得以私于其亲与故者。"②"道理最大"，被士人视为"立治之本"（"开辟宇宙以来，一以道理最大为立治之本"），此说极大地调动了士人参政、议政的积极性。即便是在政治环境开始恶化的明朝，"道理最大"也一直是士大夫始终不渝的信念。吕坤有言："公卿争议于朝，曰天子有命，则屏然不敢屈直矣。师儒相辩于学，曰孔子有言，则寂然不敢异同矣。故天地间，惟理与势为最尊，虽然，理又尊之尊也。庙堂之上言理，则天子不得以势相夺，即相夺焉，而理则常伸于天下万世。故势者，帝王之权也；理者，圣人之权也。帝王无圣人之理，则其权有时而屈。然则理也者，又势之所恃以为存亡者也。以莫大之权无僭窃之禁，此儒者之所不辞而敢于任斯道之南面也。"③ 明史名家孟森在评洪武廷杖酷烈一事时说："至明之廷杖虽酷，然正人被杖，天下以为至荣，终身被人倾慕，此犹太祖以来，与臣下争意气不与臣下争是非所养成之美俗。清则君之处臣，必令天下颂为至圣，必令天下视被处者为至辱，此则气节之所以日卑也。"④ 旨哉斯言！试对比清儒焦循对吕坤理势之辨的恶评即足以说明问题：里堂撰《理说》一文，开宗明义即说君长之设乃为平天下之争也，又说治天下以礼不以理，吕坤理为至尊，"真邪说也！孔子自言

---

① 包弼德著、王昌伟译：《历史上的理学》，浙江大学出版社 2010 年版，第 31 页。
② 留正：《增入名儒讲义两朝圣政》卷四七，载《续修四库全书》第 348 册"史部·编年类"，上海古籍出版社 1996 年版，第 571 页。
③ 吕坤：《呻吟语》卷一《谈道》，载王国轩、王秀梅整理《吕坤全集》中册，中华书局 2008 年版，第 645–646 页。
④ 孟森：《明史讲义》，中华书局 2016 年版，第 72 页。

谁之思？何种位？——儒学"思不出位"之中的"心性"与"政治"向度

事君尽礼，未闻持理以要君者。吕氏此言，乱臣贼子之萌也"①。

道理最大，还是权势最大，折射的是师道与君道之争。自二程开始，以道统自任便成了理学家的共同使命。程伊川曾专门上书皇帝讨论经筵制度，内中有语云："人君必有师傅保之官：师，道之教训；傅，傅其德义；保，保其身体。"又云："人主居崇高之位，持威福之柄，百官畏惧，莫敢仰视，万方承奉，所欲随得。苟非知道畏义，所养如此，其惑可知……从古以来，未有不尊贤畏相而能成其圣者也。"要之，"天下重任，唯宰相与经筵：天下治乱系宰相，君德成就责经筵"②。这些以师道训导君道的说法可视为对子思"以德抗位"、孟子"一正君而国定"思想的进一步发展。伊川还坚持讲官应该坐讲，讲官"坐而论道"的权利一直延续至元代，元末则稍有松弛。至明代，讲官跪讲似乎成了规矩，以至有钱唐争取站讲的权利事件发生。钱唐奉诏进宫讲《虞书》，他坚持陛立而讲，礼官视其"草野"，"不知君臣礼"而欲纠之，唐正色曰："以古圣帝之道陈于陛下，不跪不为倨。"当年太祖因览《孟子》"草芥寇雠"语，谓"非臣子所宜言"，而议罢其配享，诏有谏者以大不敬论，也是钱唐抗疏入谏曰"臣为孟轲死，死有余荣"，从而保证了孟子在孔庙之中的配享地位③。

毫无疑问，师道与君道在明代关系紧张乃至充满冲突。同属阳明后学、同被黄宗羲归为泰州学派的诸儒，对"出位"与"守位"就有不同的看法。王艮、何心隐辈纷纷以"见龙""亢龙"张扬于世（王艮乃有"圣人虽'时乘六龙以御天'，然必常以见龙为家舍"之语），以布衣任道而不袭时位自居。管志道则针锋相对地提出"群龙无首""圣学以潜为基"之立场，并明确指出群龙无首之义闭而不发，则见龙之风日长，"四民争持木以卑国法"，人人"妄自拟为帝王师者"，"天下其谁不曰'道在我'"，其结果只能是"以匹夫薄帝王"。管志道对王艮"抬匹夫之师道以压帝王"的做法颇为反感，他甚至对流行已久的孔子素王说大加鞭挞，认为素王之说本由汉儒附会《孔子家语》之说而来，这种素王意识只会导致"狂儒好张道帜"，"争以有首之伪龙见于世"。对于孟子，他的看法跟朱元璋保持高度一致："若

---

① 焦循：《雕菰集》卷十，载《续修四库全书》第1489册"集部·别集类"，上海古籍出版社1996年版，第206页。
② 《河南程氏文集》卷六，载程颢、程颐撰，王孝鱼点校《二程集》第2册，中华书局1981年版，第538、539、540页。
③ 张廷玉等：《明史》卷一百三十九列传第二十七，中华书局1974年版，第1038页。

孟子虽师孔子之学，而其传食诸侯，似不纯师孔子，而染战国纵横游士之余习。孔子以群龙之无首为天则，而孟子必以群龙之首尊孔子。亦非善体圣心者。孔孟何可以一律并坐哉？"以道统自任的程朱也认为："宋儒推尊师道，乃有匹夫接道统之说，其流至于好树道标而撇帝王之道，此非夫子垂教之初意也。"① 又说："孔子但言志于道，而不自有其道，孟子则若自有其道。孔子但述文王之文，而程朱直以道统属匹夫，掩帝王之文也。"② 为了扭转这种"以道统属匹夫，驾师道于君道之上"之局面，而恢复"上古君师道合"之典范，管志道一方面呼吁"毋以臣道踞师道，亦毋以师道抗君道"，另一方面则大树特树朱元璋君师合一之形象，甚至提出太祖真仲尼之怪论："上古君师道合，至文王之后而衰，春秋唯仲尼明之。秦汉以来，唯我太祖行之。儒者类知仲尼之为真太极，而不知太祖之为真仲尼也。"③ 太祖君师道合的形象并非管志道一人所主张，杨复所、周海门都有相似的看法。魏月萍教授对此现象有以下评价：究竟谁为"师"？"师道"价值如何体现？谁可以掌握"道统"？道统的权力是什么？道统与治统如何竞争而取得合法性与正当性？这一系列问题"暴露了晚明出现制衡师道与世俗化的保守力量"。她对余英时16世纪士大夫重建合理秩序的实践方向已从朝廷转移到社会的看法亦有所保留④。确实，即便在王阳明心学内部，在大礼议问题、三教关系问题、君道与师道关系问题上，立场亦并非一致。

无论如何，对"谁"之"思"的敏锐意识，反映了"无位者""位卑者"不安其位、心系天下的情怀。本来"以惟仁者，宜在高位"乃儒家政

---

① 管志道：《惕若斋集》中册卷三《续订中庸章句说》，转引自魏月萍《君师道合：晚明儒者的三教合一论述》，联经出版事业股份有限公司2016年版，第189页。
② 管志道：《从先维俗义》卷四《述而不作》，载《四库全书存目丛书》子部第88册"子部·杂家类"，齐鲁书社1995年版，第400页。
③ 管志道：《问辨牍》之《答邹比部南皋书》，载《四库全书存目丛书》子部第87册"子部·杂家类"，齐鲁书社1995年版，第717—718页。
④ 魏月萍：《君师道合：晚明儒者的三教合一论述》，联经出版事业股份有限公司2016年版，第328—329页。管志道对泰州学派见龙主义之批判，该书有细致之讨论，见第167—176页。

谁之思？何种位？——儒学"思不出位"之中的"心性"与"政治"向度

治愿景，夫子"雍也可以使南面"更彰显出儒者对"高位"的期待①，从"高位"期待的落空到"高位"想象成为禁忌，"彼可取而代之"只是"世路英雄"在风云际会、改朝换代之际的一时豪言，圣王合体则成了儒家政治的千年乡愁。孟、荀时代，儒者尚有匹夫得天下的憧憬与"得势"和"不得势"的感慨："匹夫而有天下，德必若舜禹，而又有天子荐之者，故仲尼不有天下。"（《孟子·万章上》）"圣人之不得势者也，仲尼、子弓是也；……圣人之得势者，舜、禹是也。"（《荀子·非十二子》）汉时，儒者（如董仲舒再传弟子眭弘）仍有劝谏国君（汉昭帝）"求索贤人，禅以帝位"之举，其后，可谓每况愈下，"人皆可以为君"成了扣在孟子身上的政治上不正确的帽子②，"春秋时皇帝该孔子做，战国时皇帝该孟子做，秦以后皇帝该程朱做，明末皇帝该吕子做"③，则成为"狂怪丧心之论"。"自秦以来，凡为帝王者皆贼也"④，这番暗室中的窃窃私语，折射出对"高位"无望的儒者的"怨恨"与"无奈"。退而求其次，得君行道，已是可遇不可求之事。对于王安石遭遇宋神宗，朱子乃有"千载一时"之感叹⑤，次不可得，"觉民行道"便成了儒者整顿乾坤的在手"橹柄"。

"思不出位"作为一种职业管理的原则，"学者"当然不会反对，但这一原则只对在位者有效，不能把这一原则泛化为一种意识形态，成为限制"学者"运思与行道的尚方宝剑。究竟"谁"之思，问题在这里。

---

① "南面"，有谓天子及诸侯者，有谓卿大夫者。刘向《说苑·修文》明说："当孔子之时，上无明天子也，故言'雍也可使南面'。南面者，天子也。"朱子亦说："南面者，人君听治之位。"刘宝楠《论语正义》更是说："举位则德自见，盖德必称其位，而后为能居其位。故夫天子、诸侯、卿大夫、士位之差，即德之差。其德能为天子而为天子，则舜、禹之由登庸而进也。其德能为天子、诸侯而仅为卿大夫，或仅为士，则孔孟之不得位以行其道也。"

② 宋代非孟一派即以此批评孟子政治之不正确，如李觏《常语》即因"孔子之道，君君臣臣也；孟子之道，人皆可以为君也"，而斥孟子为"名学孔子而实背之者"。见氏撰、王国轩点校《李觏集》，中华书局2011年版，第539页。

③ 曾静：《知新录》，引自《大义觉迷录》卷二。

④ 唐甄著、吴泽民编校：《潜书·室语》，中华书局1963年增订二版，第196页。唐的这番话乃是在冬夜与妻妾私饮之"室语"。

⑤ 朱熹：《朱子语类》卷一百三十，载朱杰人、严佐之、刘永翔主编《朱子全书》第18册，上海古籍出版社、安徽教育出版社2002年版，第4034页。朱子对荆公得君屡发感慨，又如《跋王荆公进邺侯遗事奏藁》："甚矣神宗之有志，而公之得君也！"（朱熹：《晦庵先生朱文公文集》卷八十三，载朱杰人、严佐之、刘永翔主编《朱子全书》第24册，上海古籍出版社、安徽教育出版社2002年版，第3904页）再如《再跋王荆公进邺侯遗事奏藁》："夫以荆公之得神祖，可谓千载之一时矣。"（同上书，第3927页）

这一问题一直由近世贯穿到当今。康有为《论语注》（卷十四）对"思不出位"章阐述说："位者，职守之名，各有权限，不能出权限之外，故政如农功，日夜思之，思其始而究其终，责任所在，务以尽职。则所思者宜以不越职为宜。如兵官专司兵事，农官专司农事，不得及它，乃能致精也。若士人无位，则天地之大，万物之夥，皆宜穷极其理。故好学深思，无所不思，思用其极。程子曰：能思所以然是天下第一等学人。盖学人与有位正相反也，学者慎勿误会。"李泽厚在批评曾子"君子思不出其位"说法"太保守"时，特别援引康有为的上述话语，并引申说："'思不出位'本来自《易经》，但在那里又是别的意思，并非规范、要求。康注有意思，颇符合现代民主精神，难怪他要改孔子'天下有道则庶民不议'为'天下有道则庶民议'，即人均有议政之权利，这当然完全不同于曾子。因此'不谋其政'，不过是不应干预专家的专业知识领域而已。"①

杨树达在注疏《论语》"不在其位，不谋其政"章时，引郑国商人弦高退师事，并强调说："不在其位，不谋其政，经也；弦高佯为郑吏以犒秦，权也。国家存亡在呼吸之顷，如弦高以不在其位而不谋，则悖矣。此又古人行事深合辩证法者也。"②王文采又引曹刿论战事，并发挥说："古人虽思不出位，然祀与戎，国之大事，匹夫有责，亦不拘泥。"③确实，中国思想中的"位"字一直与"时""势"联系在一起，时势造英雄，该出位时就出位。但理学家的"出位"与其说是关乎国家之大事，不如说是关乎天下之大事，他们念兹在兹的是熔铸天下的"大道"。从徐节孝到李泽厚对"究竟'谁'之思"的解读所反映出的淑世情怀，跟杨树达、王文采所列举的"思不出位"的例外事件所反映的价值取向，虽有重叠，但精神旨趣上差异甚大。

五、政治或心性？即政治即心性？

"思不出位"究竟是一个政治命题还是心性命题？"位"究竟是"职位"还是"心位"？

从义理演进的角度看，儒家对"思不出位"的理解，是由一个从

---

① 李泽厚：《论语今读》，生活·读书·新知三联书店2004年版，第398页。
② 杨树达：《论语疏证》，江西人民出版社2007年版，第131页。
③ 王文采：《周易经象义证》下册，九州出版社2012年版，第452页。

（政治）职位上的不越权到（伦常）职位上的不越界再到（心性）职位上的不越出当下之过程。无疑，对"思"与"位"的理解有一个由外向内逐渐内敛化的过程。

"朝列之位"→"爵位"→"伦常之位"（人伦之位/天伦之位）的观念反映了儒家对人伦关系的重视，梁漱溟说中国社会是伦理本位的社会，中国政治是伦理本位的政治（伦理政治）。伦常就是以伦理的名分来组织社会，人总是在一伦常关系中存在。人处在不同的关系之中，人的"位"就不同。有一些"位"是有门槛要求的，是受资格限制的，如"朝列之位"，一人一位，只有合资格的人才能站在其位，站错位在政治上、在道德上都是严重的错误，社会中只有少数人有"爵位"，只有一个人有"君位"或"王位"。但"伦常之位"则是普遍性的，每一个人都在伦常之中占有自己的位置，这个位置不设门槛①。人生在世，总在伦常之位中存在，这个位是"无所逃于天地之间"的"位"，是构成人之所以为人的"位"，是构成性的（constitutive）"位"，无之，则人不成其为人，在这些"位"上欠缺，人生总是有所欠缺。这个伦常的"位"，说到底是人生而拥有的情义之位。无论身处何种境地（"时位"），这个基于情义的伦常之位不能"失位"，对这个"位"要有敏锐的意识与真切的感受。"位的意识""位感"不是一套抽象的知识，而是嵌入身心之中的一种"体知"、一套"诚于中形于外"的身体礼仪与行动。显然，这就是《孟子》所说的"正位"。正位的观念无非是伦常之位所内蕴的德性、价值之表达。"正位"是人之本己、本真的身份，是"天爵""天职""天性""天分"，从自家的生命之中体现、实现此天爵、天职，即是成己之历程。这些天爵、天职、天性、天分在理学家那里被统摄为天理、性理，而"性"与"理"均是一个功能性概念（functional concept），即在一个"关系"之中发挥作用的功能性概念。父之"性"、父之"理"并不只是要描述某个人在某个方面的性质，更是要说明某个为"父"的人应该尽何种职责，他在天道（自然）秩序之中、在伦常之中占有何种"位置"。理学家往往以天

---

① 倘若说有门槛，那也只是自然的门槛，这个自然的门槛，可分为先天与后天两种：后天，如因为早夭，则无缘拥有父的身份；先天，如因为无弟，则无缘拥有兄的身份。再如因为降生为男，故只能拥有子、夫、父而不能拥有女、妻、母的身份，反之亦然。一个人的身心只要得到恰当的发育与成长，他就会在自己的人生之旅中拥有自己的完整伦常。而无论在哪种情况下，只要他出生为人，他就拥有父母，就拥有子或女的身份，这是天伦。

道性命之学命名这套义理系统,而基于性天相通的"天道(自然)—人道(社会)—心性(精神)"三位一体则是其基本架构。在治世层面,这套天道性命之学即有"全体大用"(体—用—文)之说(此所谓外王学);在治心层面,这套天道性命之学则集中于成圣、希天、复性之工夫论说(此所谓内圣学)。全体大用的外王学以三代王道政治理念提升现实政治的品位,重建政治宪纲,成圣、希天、复性的内圣学则以寻孔颜之乐的为己之学扭转汉唐儒学之注疏辞章取向,彰显出儒学超越性的宗教情怀。这就意味着"心性之位"与"人道之位"(伦常之位)并非"非此即彼"的两个选项。儒学一方面将伦常之位所内蕴的职责称为"天职"(天爵),另一方面又将"心之官则思"的"思"称为"天职",在尽人道之位(伦常之位)的"天职"之外,并不存在一个寡头的心性的天职、思之天职,成己即是成人、成物。将心性与政治对置为两个互不兼容的选项,一度是宋明理学批评佛老二氏的撒手锏。此亦从一侧面说明以单向度的心性儒学刻画宋明理学,进而批评宋明儒学之不妥。

  在宋明理学之中,心学一系对"思不出位"的理解,通常将"位"视为心位,这种将本来富含社会、政治意味的"位"字收摄为内心的心位,表面看来会带来社会与政治向度的弱化,其实不然。心学一系心外无物、心外无事、心外无理,实将天下物、事、理都纳入心的关怀范围,用象山的话说,"宇宙中理,皆吾性分中理;宇宙内事,皆吾职分内事"。这种"匹夫匹妇不与被尧舜之泽,若己推而纳诸沟中之心",乃是人性政治(仁政)所不可缺者。①它为儒者关心社会、参与政治提供了沛然莫之能御的精神动力。②它为在位者、为政者超越个人利益、部门利益提供了以天下为公的情怀。③它为理想政治提供了一个先天的标准。有不忍人之心斯有不忍人之政,衡量一个政治是否基于人性的政治,最终的标准只能是不忍人之心。由不忍人之心而生的不忍人之政的理念即便一时无法成为现实,但它一直是身处权力之争、利益交换的政治现实之中的人们依然没有丧失对人性政治(仁政)的想象的精神根源。④心性健康者方能安分守职,方能"思不出位",越位侵权是心性败落的象征。⑤当现实政治日趋平庸、低下乃至危险之际,只有心性健康且强大者,才能不为时位所限制,而有所担当。反过来说,政治参与、社会实践既是磨炼心性又是实现心性的必由之路。在利益、权力面前,守位而不越权妄动,这正是在职业上的"思不出位"之中磨炼自己的"不动心";在资源分配、司法审判之

谁之思？何种位？——儒学"思不出位"之中的"心性"与"政治"向度

中，能做到不偏不倚，这正是磨炼自己的是非之心；在救世、淑世的行动之中，这正是成就自己的恻隐之心、万物一体之心。心学一系政学合一、仕学合一的思想就说明了这一点。用王心斋的话说，"学外无政，政外无学"①。心性的品位与政治的品位原是同位的。这也就不难理解心学一系何以经世、救世的情怀分外鲜明，同样也不难理解真正给出顶层政治设计蓝图的学者（如黄宗羲、康有为）往往拥有浓厚的心学背景的原因所在。

无心性的政治，是霸政，是无根的政治；无政治的心性，是空心，是冷漠的心性。一言以蔽之，政治无心性则盲，心性无政治则空。

（本文原刊于金泽、赵广明主编《宗教与哲学》第5辑，社会科学文献出版社2016年版，有改动）

---

① 王心斋：《与林子仁》，载王艮撰、陈祝生等校点《王心斋全集》，江苏教育出版社2001年版，第62页。心斋尚有"即事是学，即事是道"之语。这些看法都源自乃师王阳明。兹举王阳明《传习录》两个条目，可略窥此仕学合一、政学合一之意味："有一属官，因久听讲先生之学，曰，'此学甚好。只是簿书讼狱繁难，不得为学'。先生闻之，曰，'我何尝教尔离了簿书讼狱，悬空去讲学？尔既有官司之事，便从官司的事上为学，才是真格物。如问一词讼，不可因其应对无状，起个怒心。不可因他言语圆转，生个喜心。不可恶其嘱托，加意治之。不可因其请求，屈意从之。不可因自己事务烦冗，随意苟且断之。不可因旁之谮毁罗织，随人意思处之。这许多意思皆私。只尔自知。须精细省察克治。惟恐此心有一毫偏倚，枉人是非。这便是格物致知。簿书讼狱之间，无非实学。若离了事物为学，却是着空'。"（陈荣捷：《王阳明传习录详注集评》，台湾学生书局1983年版，第297页）又："郡守南大吉以座主称门生。然性豪旷，不拘小节。先生与论学有悟。乃告先生曰，'大吉临政多过。先生何无一言'？先生曰，'何过'？大吉历数其事。先生曰，'吾言之矣'。大吉曰，'何'？曰，'吾不言，何以知之'？曰，'良知'。先生曰，'良知非我常言而何'？大吉笑谢而去。居数日，复自数过加密。且曰，'与其过后悔改，曷若预言不犯为佳也'？先生曰，'人言不如自悔之真'。大吉笑谢而去。居数日，复自数过益密。且曰，'身过可勉（免）。心过奈何'？先生曰，'昔镜未开，可得藏垢。今镜明矣。一尘之落，自难住脚。此正入圣之机也。勉之'。"（陈荣捷：《王阳明传习录详注集评》，台湾学生书局1983年版，第415－416页）

什么是经典世界

陈少明

什么是经典？这个问题已经有层出不穷的见解。但什么是经典世界这一问题，应该没有现成的答案，因为没有人这样提问。对它的分析，正是本文的任务。简单地说，它是对经典文化的一种理解，或者一种讨论方式。有经典，就有经典文化。但研究经典，并不等于研究经典文化。研究经典可以选择特定的文本，研究经典文化则需要突破个别文本的限制。其工作需要在经典之间，更可能延伸到经典之外进行。两者的差别，用俗一点的比喻，正如树木与森林的关系。研究森林不只是研究树木的叠加，对土壤、气候、阳光、水分的了解，都是分内之事。借"经典世界"这个概念，笔者拟对经典的历史文化作用及其机制，做一个整体分析，目标不仅在于拓宽固有的历史视野，还在于从中获取某些具有哲学意义的观点。我们的研究对象，集中于中国传统本身。至于想要得到期待的收获，除了努力，还需要洞察力和运气。

一、"经典世界"的界说

用"某某世界"来比喻自己的研究对象的做法在学界很流行，不特别界定的话，很容易让读者混淆。最简便的办法，是将它同相近的概念如"思想世界""历史世界"做对比。本杰明·史华兹（Benjamin I. Schwartz）写过一本《古代中国的思想世界》，很有影响。他在序言中声称，自己"主要处理的不是全体人民匿名的'心态'（mentalities），而是其思想已记载于文本之中的少数人的深刻思考"[1]。所谓心态，指的是其时在文化人类学影响下的思想史时尚的对象。而他专注于思想成品的原因或理由，在于这些思想精英"所代表的思想潮流必定会对后代的整个统治阶级

---

[1] 本杰明·史华兹著、程钢译、刘东校：《古代中国的思想世界》，江苏人民出版社2004年版，第3页。

以及民间文化产生深远的（直接的和间接的）影响。而且，就像生活于其他古代高级文明之中的他们的同龄人一样，他们和现代的学问家同样都是对生命和实在这类普遍问题充满着关怀的真理追求者。这些思想拥有它们自身内在的、可供比较研究之用的价值；而且，它们提出的某些具有深刻意义的问题，至今仍能引起人们的普遍关注。它们没有过时"①。很显然，史华兹的思想世界指的是呈现在经典文本中的思想遗产。经典世界自然也以经典文本为中心，就此而言，两者有重要的一致性。但思想世界中的思想对象，主要是思想家表达为概念论说的观念，而经典世界则以载入经典的人物及事件为中心。前者是观念，后者是形象。虽然形象背后也有思想，但两者焦点有差别。这种差别会影响我们对经典文化功能的看法。同时，经典世界所考察的经典文本范围更加广泛，它包括某些流行但未必思考精湛的读本。

"历史世界"最著名的论述者，莫过于余英时的《朱熹的历史世界——宋代士大夫政治文化的研究》。作者把其研究同一般哲学史或思想史区分开来，也类似史华兹所概括的"思想世界"。他说："我的理想中的'知人论世'既不是给朱熹（1130—1200）写一篇传略，也不是撮述其学术思想的要旨，更不是以现代人的偏见去评论其言行。我所向往的是尽量根据最可信的证据以重构朱熹的历史世界，使读者置身其间，仿佛若见其人在发表种种议论，进行种种活动。"② 余氏的信念是："历史世界的遗迹残存在传世的史料之中，史学家通过以往行之有效和目前尚在发展中的种种研究程序，大致可以勾画出历史世界的图像于依稀仿佛之间。"③ 这意味着，"历史世界"是把以往称作思想背景的东西直接推到前台来。"世界"这个词，由表达时间的"世"与表达空间的"界"合成，但它不是时空的同义词，因为"世"是以人的生命为尺度的时间单位，儒家今文经学讲"三世说"，就是以孔子所见世、所闻世与所传闻世为划分的依据。因此，它天然具备人类活动舞台的意义，人及其活动才是世界的主角。就

---

① 本杰明·史华兹著、程钢译、刘东校：《古代中国的思想世界》，江苏人民出版社 2004 年版，第 10 页。

② 余英时：《朱熹的历史世界——宋代士大夫政治文化的研究》上册《自序二》，生活·读书·新知三联书店 2004 年版，第 5 页。

③ 余英时：《朱熹的历史世界——宋代士大夫政治文化的研究》上册《自序二》，生活·读书·新知三联书店 2004 年版，第 6 页。

此而论，经典世界与历史世界也颇类似。两者的区别在于：历史世界的研究即便使用经典文献，也是利用其为探讨历史事实的史料。就史料而言，是否来自经典并不重要。而经典世界试图呈现的，就是经典作品试图表达的内容。两个世界不一定是相互匹配的。例如，《论语》提供孔子及其弟子或时人的言行记录，而其所涉时代为历史上的春秋晚期。但我们说《论语》世界并不等于春秋时代，因为《论语》世界的主角是圣人或先师孔子，而春秋时代的中心人物则是帝王将相。经典不是史料。

那么，究竟什么是经典？这个问题存在两种回答的方式，一种是提供一个抽象的定义，另一种是直接列举大家公认的文本。第一种提出经典是隐含重大思想价值，且对历史文化的发展产生深远影响的文本。第二种直接举出"四书""五经"，或《老子》《庄子》。实际上，人们不是根据前者（定义）去寻找后者（经典），而是依据后者（经典）推导出前者（定义）。同时，经典文本的价值，通常不是通过同普通文本的对比，而是在不同经典文本之间比较才获得确认的。就中国传统而言，经典不是单数，而是成集群的。集群里不同文本的经典地位并不一样，儒家经典是整个经典系统的源头或中心，由此衍生出来的经史子集，正是这个世界的逐步扩展。不仅汉代开端的经书章句注疏之学深化了相关的知识与观念，后来的诗歌、小说、戏曲等，也延伸了经典部分有故事或带感性的内容，成为连接经典与民间文化的桥梁。不但不同经典之间意义或功能不一样，有的居于中心，有的居于边缘，而且整个经典世界的边界并不确定。即是说经典文本中原本创造的人物事迹，也可能出现甚至活跃在非经典文本中，这就造成经典世界边界的模糊。但是，这种现象不但不会导致我们认识的失焦，相反，它成了我们观察经典实际影响力的重要途径。

二、起源：文本与言传

什么是经典世界的问题源自对"六经"的理解。《庄子·天下》说："《诗》以道志，《书》以道事，《礼》以道行，《乐》以道和，《易》以道阴阳。"事与行系行为，志与和为情感，阴阳则是自然背景，基本上围绕着人与事展开。章学诚则直接用"六经皆史"加以概括："六经皆史也。古人不著书；古人未尝离事而言理，六经皆先王之政典也。"[①] 而最能体

---

① 章学诚著、仓修良编：《文史通义新编》，上海古籍出版社1993年版，第1页。

现政典之义者,莫过于《尚书》。章氏以为,从《尚书》到《左传》,再到《史记》《汉书》,在叙事上一脉相承。"《尚书》《春秋》皆圣人之典也。""《尚书》一变而为左氏之《春秋》,《尚书》无成法而左氏有定例,以纬经也;左氏一变而为史迁之纪传,左氏依年月,而迁书分类例,以搜逸也;迁书一变而为班氏之断代,迁书通变化,而班氏守绳墨,以示包括也。"① 经史相承,以先王故事为中心,孔子传经自然也无例外:"事有实据而理无定形,故夫子之述六经,皆取先王典章,未尝离事而著理。后儒以圣师言行为世法,则亦命其书为经,此事理之当然也。"② 也即孔子称圣同样基于传经述先王事迹的功绩。

  以演化的眼光看文化,诞生于文明早期的经典,通常以记录经验性知识为主。经典需要文字,才能记载储存知识。依章太炎所言,"文字初兴,本以代声气,乃其功用有胜于言者。言语仅成线耳,喻若空中鸟迹,甫见而形已逝,故一事一义得相联贯者,言语司之。及夫万类坌集,棼不可理,言语之用,有所不周,于是委之文字"③。同时,"一实之名,必与其德若,与其业相丽……太古草昧之世,其言语惟以表实,而德业之名为后起"④。这一说法,至少就汉字起源而言,可以成立。这意味着,以具体名词或动词为主的文字,不适合抽象论理。此外,知识首先是经验的储备,只有在可直接运用的知识不能应付新的情景时,才需要超越经验的预言或理论。因此,早期经典没有太多的概念性内容,这合乎历史的逻辑。与此同时,经典之外,知识积累、运用与传播的更广阔途径是言传。载于经典的部分内容,有可能先于文字或者在文本之外诞生与运用。例如《诗》中部分诗歌的原创或使用者,未必是识字者。此即所谓"饥者歌其食,劳者歌其事"。即便是文字诞生,重要知识载诸文献之后,由于早期简册制作成本高,体积大,携带困难,同时识字者人数有限,注定不可能成为知识流通的便捷途径。因此,口耳相传是更基本的传播方式。这种传递方式对授受双方都有记忆力的要求,因此,方便记忆与传递的韵文与故事,成为最普及的"文本"。

---

① 章学诚著、仓修良编:《文史通义新编》,上海古籍出版社1993年版,第17页。
② 章学诚著、仓修良编:《文史通义新编》,上海古籍出版社1993年版,第37页。
③ 章太炎:《文学总略》,载《国故论衡》,上海古籍出版社2011年版,第54页。
④ 章太炎:《语言缘起说》,载《国故论衡》,上海古籍出版社2011年版,第31页。

司马迁说，孔子"以诗书礼乐教"（《史记·孔子世家》）。证之《论语》，孔子传经，包括制度规则与文献知识。首先是对礼的传承："夏礼，吾能言之，杞不足征也。殷礼，吾能言之，宋不足征也。文献不足故也，足则吾能征之矣。"（《八佾》）"殷因于夏礼，所损益可知也；周因于殷礼，所损益可知也；其或继周者，虽百世可知也。"（《为政》）其守礼的表现既包括做到"入太庙，每事问"，也体现在对"八佾舞于庭"这种僭礼行为的抨击中。文献知识则集中在传《诗》《书》上："子所雅言，《诗》《书》。执礼，皆雅言也。"（《述而》）所谓传《诗》，就是日常生活中引《诗》、论《诗》。如听到子贡用"如切如磋，如琢如磨"比喻提升道德境界的功夫，就赞扬他："始可与言《诗》已矣！告诸往而知来者。"（《学而》）"《诗》三百，一言以蔽之，曰：思无邪。""诵《诗》三百，授之以政，不达；使于四方，不能专对。虽多，亦奚以为？"（《子路》）《论语》引《诗》9次，论《诗》6次（其中1次引、论结合），超过任何经典。相比之下，引《书》则只有2次①。形成这一差别的一个重要原因，应该在于《诗》朗朗上口，易记易诵，方便运用。

其实，不是孔子对《书》不重视，而是传《书》同古代圣贤的事迹与评论混合在一起。《论语》一书提及的156个人中，历史人物有42个。这些人分帝王与贤臣，或者圣人与仁人。前者如尧、舜、禹、汤、文、武，后者则包括"殷有三仁"及泰伯、伯夷、叔齐、周公、管仲之流。内容集中见诸《尧曰》《泰伯》《微子》等篇章。论帝王是盛赞他们胸怀天下、主动让位的品格，谈贤人则如言"殷有三仁"："微子去之，箕子为之奴，比干谏而死。"（《微子》）有些人如同孔子的精神导师："甚矣，吾衰也！久矣，吾不复梦见周公！"（《述而》）值得注意的是，《论语》很少讲叙这些人物的具体情节，而是孔子在对话中直接加以评论。稍细致者，如同子路、子贡论管仲，观点不同，但对情节没有影响。这意味着对话双方对相关事迹清楚了然，因为这些内容就是平日传道的教材②。

除了借古圣先贤事迹传道，《论语》对孔子本人及其弟子的记述，更

---

① 引《诗》、引《书》在春秋时代是普遍现象，但普遍引《诗》多于引《书》，如《左传》引《书》46条，引《诗》则180多条（参见陈来《古代思想文化的世界——春秋时代的宗教、伦理与社会思想》，生活·读书·新知三联书店2002年版，第161、166页）。

② 参见陈少明《〈论语〉的历史世界》，载《中国社会科学》2010年第3期，第38－50、220－221页。

体现了儒家圣贤的智慧风貌。在《论语》中，除"与点"章（《先进》）和"祸起萧墙"章（《季氏》）叙述系统，结构完整外，大部分是记述者"断章取义"的对话。《汉书·艺文志》曾有"左史记言，右史记事"的说法。钱穆认为记事发展为史学，记言发展为子学，但"言"不一定就是理论。这种说法大致不错。就《论语》而言，其"言"需要分析。《论语》是孔子与弟子及时人的答问录，其言属于对话。对话与论理的不同在于，前者以特定的听众为对象，说听双方在特定的情境中，对对方的会话背景有一定的了解，故所说内容省略掉许多东西。用现代语言研究的说法，即"语言行为"①。对话语言的功能既不同于理论，也不同于报道，即其意义不在于（事实上的）真假，而在于是否适应于相关场合。对话体现说话者的身份关系、拥有的知识或信息、对问题的态度，以及主导对话进程的能力，等等。实质上，对话就是事件，关键对话即是大事件。对话者的形象也在对话过程中被塑造出来。《论语》的主角当然是孔子，夫子是以师的身份成为对话中心的。但也不限于孔子，还有其他人物常与之对话，在对话中表现自己的个性，或者被孔子特别提及，例如颜回、子贡、子路。更边缘的人物，如《微子》中的隐者，寥寥数语的引述，神情也跃然纸上。《论语》的思想价值，不是体现在系统的学理论述中，而是体现在性格鲜明的语言行为之中②。

正是言传与早期文明社会的知识应用与传播的相关性，以及《论语》对孔子以言传道行为的用心辑录，导致古圣先贤包括孔子及其弟子的事迹成为经典世界的中心或主题。

三、进入历史的通道

每个人都生活在自己的历史世界中。常人的世界很狭小，活动范围有限，世所周知者为数不多。即使是权倾一时者，去世之后也多无声无息。他们没有进入历史，因此不为后世所知。进入历史的基本通道，就是经典世界。进入经典的条件一般包括有社会影响力，拥有或者能行使重大权

---

① 相关理论参见 J. L. 奥斯汀著，杨玉成、赵东超译《如何以言行事——1955 年哈佛大学威廉·詹姆斯讲座》，商务印书馆 2012 年版；J. R. 塞尔著、张绍杰导读《表述和意义：言语行为研究》，外语教学与研究出版社 2001 年版。

② 参见陈少明《立言与行教：重读〈论语〉》，载刘小枫、陈少明主编《康德与启蒙——纪念康德逝世二百周年》，华夏出版社 2004 年版，第 165–184 页。

力,或者其行为导致重大历史事变,等等。但是,孔子说,"君子疾没世而名不称焉"(《卫灵公》)。儒家更关心的是,能否在生前建立起好名声。例如:"泰伯,其可谓至德也已矣!三以天下让,民无得而称焉。"作为对比:"齐景公有马千驷,死之日,民无德而称焉。伯夷、叔齐饿于首阳之下,民到于今称之。其斯之谓与?"(《季氏》)当然,坏名声也可能让其进入史乘,就如齐景公。恶名更"显赫"的则是桀、纣。子贡说:"纣之不善,不如是之甚也。是以君子恶居下流,天下之恶皆归焉。"意思是人一旦有了坏名声,有可能无形中获得比其行为之恶更甚的恶评。孟子说:"孔子成《春秋》,而乱臣贼子惧。"(《孟子·滕文公下》)着重的就是通过传播其恶名对作恶者进行惩罚。

通过经典进入历史,那些影响自身所处时代的至圣先贤或巨奸大恶者,自然有入门的机会。但是,那些事迹不那么显赫,而品行值得推崇者,能否进入历史,在古典时代则有偶然或者运气的因素。也以《论语》为例,有些人被提及,可能是因为孔子特别推崇,也可能是夫子在说明某一道理时随机举出的例子。这类本来很多人不一定知道的人物或事迹,因此引起后人的注意,并在其他相应的文献中得到"复活"的机会。《论语》中孔子虽盛赞伯夷、叔齐,但关于他们的情节仅一鳞半爪而已,只提到"饿于首阳之下""求仁而得仁"。而《史记》把伯夷、叔齐的故事,置于列传之首,且生动完整。司马迁评论说:"伯夷、叔齐虽贤,得夫子而名益彰。"(《史记·伯夷列传》)其实传说中让王的故事不只有他们,孔子还提到泰伯"三以天下让,民无得而称焉"。《庄子》中让王的传说更多,但司马迁因孔子的提点,而重视此二贤。此即所谓"得夫子而名益彰"。

另一个是蘧伯玉与史鱼的例子。子曰:"直哉史鱼!邦有道,如矢;邦无道,如矢。君子哉,蘧伯玉,邦有道,则仕;邦无道,则可卷而怀之。"(《卫灵公》)正因孔子提及,相关故事才有机会以更生动的形象进入传世的文献:"正直者顺道而行,顺理而言,公平无私,不为安肆志,不为危易行。……昔者卫大夫史鱼病且死,谓其子曰:'我数言蘧伯玉之贤而不能进,弥子瑕不肖而不能退。为人臣,生不能进贤而退不肖,死不当治丧正堂,殡我于室足矣。'卫君问其故,其子以父言闻。君造然召蘧伯玉而贵之,而退弥子瑕,徙殡于正室,成礼而后去。生以身谏,死以尸谏,可谓直矣。"(《韩诗外传》卷七《新序·杂事》)舞台上,有主角就有配角,以至反面角色,经典世界也是这样,才有机会为生活世界提供范型。

名声是对人的行为的评价,它是行为被社会价值尺度(名)衡量的结果。行为突出才有名可称,所谓被交口相赞。名而成声,意味着不是目击者之间的评价,而是通过口耳间交流,在更大范围内传播。这个范围既可超越行为直接影响的环境,也可跨其生命活动的界限。最有分量或最具声望者,当是见之青史。身后的名声是对传主没有改变其命运的回报,"这涉及到孔子或儒家的信念问题,它包含有超越个人甚至是时代的普遍价值,和生命的意义超越于生命之上两个方面。所谓价值的普遍性也就是由'名'所表达的基本原则,是可以传之后世而不变,或者说可通过史乘而得以跨世代传递的。而生命的意义,则并非以个体经验到的利害为界限,个人行为对他人或社会的间接影响,也是生命意义的组成部分"①。刘知幾这样评论成名、载史与劝世的关系:

> 夫人寓形天地,其生也若蜉蝣之在世,如白驹之过隙,犹且耻当年而功不立,疾没世而名不闻。上起帝王,下穷匹庶,近则朝廷之士,远则山林之客,谅其于功也,名也,莫不汲汲焉,孜孜焉。夫如是者何哉?皆以图不朽之事也。何者而称不朽乎?盖书名竹帛而已。向使世无竹帛,时阙史官,虽尧、舜之与桀、纣,伊、周之与莽、卓,夷、惠之与跖、蹻,商、冒之与曾、闵,但一从物化。坟土未干,而善恶不分,妍媸永灭者矣。苟史官不绝,竹帛长存,则其人已亡,杳成空寂,而其事如在,皎同星汉。用使后之学者,坐披囊箧,而神交万古;不出户庭,而穷览千载。见贤而思齐,见不贤而内自省。若乃《春秋》成而逆子惧,南史至而贼臣书。其记事载言也则如彼,其劝善惩恶也又如此。由斯而言,则史之为用,其利甚博。乃生人之急务,为国家之要道。有国有家者,其可缺之哉!故备陈其事,编之于后。(《史通·外篇·史官建置第一》)

著史述事的最终目的是传播价值,即昭示是非善恶的不同。是非善恶

---

① 陈少明:《儒家的历史形上观——以时、名、命为例》,载《华东师范大学学报(哲学社会科学版)》2012年第5期,第1—9页。

是价值取舍，但往往并非针对事，而是以善恶衡量人。善恶比是非更直观，它不需要通过复杂的推理才能领会，对其感受是人固有的能力。古今异世，是非纷争无常，但对忠奸正邪性质的认识，几乎没有变化。经典提供的标本或榜样，就在于通过它们唤醒读者的荣誉感或羞耻心，激发其生活中惩恶扬善的使命感。经典世界为现实世界提供范型和精神动力。

四、同一个"世界"

古代经典从其时间衍生次序，分经、子、史三个层次，并由兹分化为三种经典类型。其中，经指"六经"，子则是以孔、老为代表的诸子百家，史是从《春秋》（原属经）到《史记》所发展的史学。孔、老之间，《老子》五千言，全文几无涉及任何年代、地点、人物、事件、典章、制度，只有抽象概念可供引用，而《论语》则不然，尽是对人、事的记述与评点，并将所谓孔子所见、所闻、所传闻的内容并入其间。由于孔子以传承古代经典为使命，所以《论语》不仅对儒家还对庄子、韩非等人的影响，使得它在经典世界的扩展史上处于承前启后的地位。《论语》向后《论语》世界辐射的，不仅是前《论语》世界的故事，更有《论语》世界本身的事迹与观念。

《汉书·艺文志》说："《论语》者，孔子应答弟子、时人及弟子相与言而接闻于夫子之语也。当时弟子各有所记。夫子既卒，门人相与辑而论纂，故谓之《论语》。"这意味着它不是一本有计划的书，而是对孔子及其弟子言行的记录。体裁为语录体，可以是一情景，也可以是几句话。所记之话，形式上有对话，也有（因省略背景或其他会话者形成的）独白。对话内容虽然也偶有争辩（如与子路辩"正名"）或责难（如责宰我"不仁也"），但大多是问答，即学生或时人问，孔子回答。因此，尽管记录者并非同一人，时间也不一样，但都有一个共同的角度，即从学生的视角看老师。因此，它塑造了孔子师的形象。这个师既是韩愈说的能传道、授业、解惑的师，也是某些君王的政治顾问。

先秦讲故事形象最生动者，莫过于《庄子》；子书中传《论语》最为独特者，也是《庄子》。粗略地计算，《庄子》中关于庄子的故事有26则，但关于孔子及其弟子的故事，则达46则。当然，这些故事绝大部分不是全假的，就是半真半假。全假指的是人物压根不是真实的，半假则人物为真，或部分为真，事件有可能是假的。庄子或孔子的故事，就属于半真半假的范畴。判断其内容是否为真,有两个层次:一是依据人物或人物关系;二是依据其故事线索。而参照的标准,自然是《论语》。例如,《庄子》中不但出现叫孔子,或者叫颜回,或者叫子贡、子路的人物,而且孔子是后三者的老师,博学谦恭且诲人不倦。同时,这三个学生中,一个好学寡言,一个能说会道,一个直率鲁莽。人物、关系加性格,就是《论语》的投影。故事线索则是这样,《论语》有孔子赞颜回:"居陋巷,一瓢饮,一箪食,人不堪其忧,回也不改其乐。"而《庄子·让王》则让孔子问颜回"家贫居卑,胡不仕乎",引来颜回一番生活能够简单自给,"所学夫子之道者足以自乐"的高论,以至孔子感叹:"今于回而后见之,是丘之得也。"说《让王》故事受《论语》启发,并不为过。但就情节而言,《让王》中的颜回已经学之于孔子而超越孔子了。这种重讲故事的例子,在《庄子》中俯拾皆是,虽然其思想内容偏离《论语》的程度各异。按司马迁的说法,庄子言老子之术,剽剥儒墨,是儒家的思想对手(《史记·老子韩非列传》)。这更能说明,《论语》是其后不同思想派别可以共享的素材,其经典化的程度最高。同时,这也意味着,经典世界寄托于不同价值倾向的文本共同构筑的平台,它是不同时代及不同人物可以穿越的共同舞台。经典世界是同一个世界。

把所有这一切整合在一起的,是司马迁的《史记》。《史记》是纪传体,即以人物故事为主要体裁。与诸子讲故事的重要区别在于,它不是为说明某些具体道理而列举松散的事例,而是把故事纳入共同的时空结构中,即给予时间先后及空间前后左右的定位,让叙事的秩序显现出意义。同时,司马迁力图讲述可信的故事。例如,在对老子的身份没有把握时,就列举三种不同的说法以供参考。这与他推崇儒家的知识观念是一致的。而且,也是司马迁在《史记》中首先把儒家的故事整理成历史,包括《孔子世家》《仲尼弟子列传》《儒林列传》。《孔子世家》是第一份关于孔子的传记,其素材近40则来自《论语》。"太史公曰:《诗》有之:'高山仰止,景行行止。'虽不能至,然心乡往之。余读孔氏书,想见其为人。适鲁,观仲尼庙堂车服礼器,诸生以时习礼其家,余祗回留之不能去云。天下君王至于贤人众矣,当时则荣,没则已焉。孔子布衣,传十余世,学者宗之。自天子王侯,中国言六艺者折中于夫子,可谓至圣矣!"(《孔子世家》)通过对孔子形象的精心描绘,司马迁向历史宣告,是道德而非权势,才是中国文化的价值所在。因此,其传连同孔子弟子及其再传弟子,即有《仲尼弟子列传》《儒林列传》之作。"太史公曰:学者多称七十子之徒,誉者或过其实,毁者或损其真,钧之未睹厥容貌,则论言弟子籍,出孔氏古文近是。余以弟子名姓文字悉取《论语》弟子问并次为篇,疑者阙焉。"(《仲尼弟子列传》)经司马迁之笔,儒家学派整体由此进入并活跃于经典世界,垂两千年而不绝。

穿插于不同文本中最富于戏剧性的故事,当是孔子"厄于陈蔡"。它源于《论语·卫灵公》所记:"在陈绝粮,从者病,莫能兴。子路愠见曰:'君子亦有穷乎?'子曰:'君子固穷,小人穷斯滥矣。'"在传世文献中,我们至少可以读到9个不同的版本。它含有儒、道、墨利用该故事进行思想斗法的情节,可以分三组解读。其中,一组出现在《庄子》中,《山木》两则,《让王》一则。《让王》主旨讲"得道者,穷亦乐,通亦乐,所乐非穷通也",接近儒家。《山木》则变成隐士思想的传声筒,最离谱者,是让孔子在道家人物的劝告下,在危机时刻竟然"辞其交游,去其弟子,逃于大泽,衣裘褐,食杼栗,入兽不乱群,入鸟不乱行"。第二组来自三篇儒家文献,包括《荀子·宥坐》《孔子家语·困誓》《史记·孔子世家》。《孔子家语》借孔子之口为弟子励志:"吾闻之,君不困不成王,烈士不困行不彰,庸知其非激愤厉志之始于是乎在。"《荀子》则借时、命之分,强调"君子博学深谋,修身端行,以俟其时"。《史记》则是孔子以"匪兕匪虎,率彼旷野"的诗句为题,考验子路、子贡与颜回三个弟子的思想觉悟。结果水平排列依次为颜回、子贡、子路。第三组也很有趣,针对墨家文献把孔门师弟描述成一群危机时刻不能自制的放纵之徒,《孔丛子》等儒家倾向的文献展开反驳。其中,《吕氏春秋·审分览·任数》和《孔子家语·在厄》编了两则内容差别微妙的故事,强调孔门师弟危难之中如何洁身自好,共渡难关①。

这些不同版本的人物故事,更像是一部不断改编的系列电视剧,即便借助同一题材表达不同的思想主题,也很少有人标榜自己真实而指责他人虚假的情况。哪个版本更有意义,取决于故事是否更生动、更吸引人。这意味着这些进入经典文本的形象,离开了原本产生其故事的现实土壤后,产生了独立的生命力。它们重新活在经典世界中。其实,孔子的形象,从

---

① 参见陈少明《"孔子厄于陈蔡"之后》,载《中山大学学报(社会科学版)》2004年第6期,第147-154、265页。

《论语》中的君子,到《孟子》中的圣人,再到今文经学中的素王,或者谶纬中的神,就是在经典世界中实现其更新换代的。顾颉刚"层累地造成的古史说"的根据之一,就是"'时代愈后,传说中的中心人物愈放愈大。'如舜,在孔子时只是一个'无为而治'的圣君,到《尧典》就成了一个'家齐而后国治'的圣人,到孟子时就成了一个孝子的模范了"①。这与经典世界的其他人物事迹本质上无区别,只是他用寻找真相的眼光去观察,便发现到处都是问题。其实,经典世界的人物事迹是否有价值,不在于它是否真实,而在于它能否传世。一旦传世,它就影响了其后的历史世界。就连顾氏提及的孟姜女哭长城的故事,也是这样获得其意义的②。

这些现实生活中的人与事,一旦通过经典进入历史,便不限于一两个文本上孤零的记述,而是一片没有固定疆域的广袤的原野。概言之,经典世界内部由不同文本形成的界限,并不构成那些舞台人物的活动障碍。同时,进入经典世界的人物,自有独立于其历史原型的命运。两者正是经典世界有自己的生命力,疆域可以得到不断拓展的表现。

五、"活化石"与"矿藏"

经典世界体现在经典文献中,这些文献在时间中演变、积累甚至扩大。前期文献可以分为经、子、史三个层次或三类体裁,其中,经是最原始的素材,子是对经的述与议,史则是述(讲故事)的发展。直至汉代,述的内容依然层出不穷,虽然从诸子开始,议向论发展,成就也斐然可观。但也是从汉代开始,以儒家经学为核心的经典文化,逐渐从故事的编写向经书的注释发展。注释包括对文献知识的注与对思想意义的释,由此又有不同层次或不同类型的经学的衍生,如今文与古文、汉学与宋学之类。这就导致一种基本现象,即前期经典中的人事与问题,成为后期经学讨论的对象,而一旦讨论造成影响,讨论者的讨论,包括行为与观点,又汇入经典世界之中。义理或者哲学论说,是围绕前期文本留下的问题演化而来的。但是,什么样的问题才会得到重视,却无一定之规。有的问题一

---

① 顾颉刚:《与钱玄同先生论古史书》,载《古史辨》第1册,上海古籍出版社1982年版,第60页。

② 参见顾颉刚《我是怎样编写〈古史辨〉的?》,载《古史辨》第1册,上海古籍出版社1982年版。

直受到关注，有的问题则是在特定的时代才得到发掘。前者是思想的"活化石"，后者则是沉默的"矿藏"。

关于"孔颜之乐"的思想史线索，是"活化石"的典型例证。《论语》开篇即是："学而时习之，不亦说乎？有朋自远方来，不亦乐乎？人不知而不愠，不亦君子乎？"（《学而》）孔子论颜回是"人不堪其忧，回也不改其乐"（《雍也》），评论自身是"发愤忘食，乐以忘忧，不知老之将至"（《述而》）。至战国，乐的议题由孟子、庄子分别发展。孟子不仅有人生三乐之说，还特别从政治哲学的角度提出"独乐乐"不如"与人乐乐"，"少乐乐"不如"与众乐乐"的共乐问题。庄子也讲乐，从《让王》中颜回"所学夫子之道者足以自乐"的说法看，论题也承自《论语》。但与孟子不同，庄子强调的是自乐或者独乐，而非共乐。魏晋时的《列子》，也沿袭庄书的观点。至北宋，据二程的说法，他们早岁向周敦颐问学时，"周茂叔，每令寻颜子、仲尼乐处，所乐何事"。同样是北宋五子之一的邵雍，则以"安乐先生"自居。至南宋，《朱子语类》中就有许多朱子同弟子关于《论语》之"乐"的讨论。朱子提出"非是乐仁，唯仁者故能乐"。至明代王阳明，则又有"'乐'是心之本体"之说，更以"致乐知"为乐的工夫。直至当代，李泽厚径直把中国文化概括为"乐感文化"[①]。所谓活化石，指的是这一议题不仅有久远的根源或传统，而且它依然"活"在当代思想或文化之中。

当然，大量以故事形式出现的原始问题，常以其情节生动、内涵丰富而吸引不同时代注家或读者的注意，但不一定如"孔颜之乐"一样得到反复开掘。这类题材，不仅存在于《论语》或其他儒家作品中，儒家之外如道家的《庄子》，也是储藏丰富的宝地。以《庄子》为例，《齐物论》中的"吾丧我"，为什么不是吾丧吾、我丧我或者我丧吾？两者同样作为使用者借以指称自身的代词，究竟还有哪些更隐蔽的差别？即使在今天，这也是关于自我的有深刻启发性的思考。还有千古论梦一绝的庄周梦蝶，其神奇不在于梦境的构造，而在于"不知周之梦为胡蝶与，胡蝶之梦为周与"的问题。这个没有任何哲学词汇的寓言，今天受过基本哲学训练者很容易看出，它蕴含着对主体观念的解构。表面上，谁梦谁的区分凭日常经

[①] 参见陈少明《论乐：对儒道两家幸福观的反思》，载《哲学研究》2008年第9期，第44—51、128页。

验似乎不难判断，但严格证明，特别是在人类有可能通过特定的技术手段，把梦"做成"电视连续剧的情况下，靠连贯的生活秩序来判断梦与被梦的主、客体关系，难度陡然加大。也许这对新一代哲学家会更有吸引力。《秋水》中的鱼乐之辩同样耐人寻味。在庄子与惠施的争论中，庄子关于鱼之乐的判断没能得到合乎逻辑的辩护，它更多的是利用修辞的技巧而占上风的。但奇怪的是，历代诠释者包括郭象、王夫之这样的大哲学家，几乎都没有揭露庄子逻辑上的破绽，反而为其论点叫好。这意味着，他们不在乎论证的手段，只倾心于其观点。那它涉及的必然是人生观或世界观的问题。这种占主流的解释，给我们的文化或被我们的文化打了印记，它将是吸引人们寻求理解其心灵结构的新途径。这类有思想的故事，不只生产于先秦，还有人们熟知的魏晋玄学中王弼的"圣人体无""圣人有情无累"之说，宋明理学中王阳明的"庭前格竹"与"南镇观花"等，数不胜数。这些案例依然在等待或者吸引更精深的诠释。矿藏处于沉默的状态，可以有两层意思：一是知道某种矿物的价值，但不知道去哪里找；二是即使摆在眼前，也不知道它的价值。后者只有在人们掌握或发展相关知识后，才会对之赏识，有发掘的意愿或努力。因此，后世或者当代思想知识的发展，经常是人们对经典重新发现的契机或动力。

一般来说，经典对后世社会政治生活的意义，是时间距离越短，影响越直接。《汉书·东方朔传》记东方朔奉承君上"诚得天下贤士，公卿在位咸得其人"时说："譬若以周、邵为丞相，孔丘为御史大夫，太公为将军，毕公高拾遗于后，弁严子为卫尉，皋陶为大理，后稷为司农，伊尹为少府，子赣使外国，颜、闵为博士，子夏为太常，益为右扶风，季路为执金吾，契为鸿胪，龙逢为宗正，伯夷为京兆，管仲为冯翊，鲁般为将作，仲山甫为光禄，申伯为太仆，延陵季子为水衡，百里奚为典属国，柳下惠为大长秋，史鱼为司直，蘧伯玉为太傅，孔父为詹事，孙叔敖为诸侯相，子产为郡守，王庆忌为期门，夏育为鼎官，羿为旄头，宋万为式道候。"东方朔靠引述历史名人讨好君主，所提人物多系后世不了解的，但汉代皇帝却能心领意会，因为汉人去古未远，这些属于常识。放在后世，那些人物得一个个进行说明，皇上才听得进去。但这并不意味着经典在时间拉长以后，对社会政治生活就毫无意义。除了传说中的当代人物，人们托付大事时也会引诸如"诸葛一生唯谨慎，吕端大事不糊涂"之类的语句。我们还可举更切近的例子，即围绕《论语》"亲亲互隐"章展开的辩论。

这一被概括为"亲亲互隐"或"父子相隐"事件的原始记录为："叶公语孔子曰：'吾党有直躬者，其父攘羊，而子证之。'孔子曰：'吾党之直者，异于是，父为子隐，子为父隐，直在其中矣。'"(《子路》)就如"厄于陈蔡"一样，它在其后也演化出若干情节有异、立场不同的故事。这些记载分别见诸《庄子》《韩非子》《吕氏春秋》《淮南子》等文献。更重要的是，其观念还通过经学的讨论，从伦理影响发展到传统社会的礼俗秩序与司法制度①。相关的价值取向在传统社会已经不言而喻，但从21世纪初开始，它突然成为现代学者激辩的一个题材。批判者的观点，强调它以血缘伦理为基础，有违公平正义，甚至助长腐败。肯定者的立场，则基于家庭伦理的维护，且吸取"文革"时期政治伦理危害家庭关系的惨痛教训。参与争论者阵容鼎盛，双方均斗志昂扬。结集的争论文字就有100万字以上②。其影响之大，越出学术界，导致2012年新出台的《中华人民共和国刑事诉讼法》第一百八十八条规定："经人民法院通知，证人没有正当理由不出庭作证的，人民法院可以强制其到庭，但是被告人的配偶、父母、子女除外。"这"除外"的部分，正与家庭亲属关系相关。争论的辩护方为此而肯定并欢呼自己的胜利。由经典的讨论而引发当代法律条文的修订，非常出人意料。这不只是矿藏的发现，简直是休眠火山的重新爆发。

对比一下可以发现，经典影响历史与事件影响历史，模式有别。历史事件对其后历史的影响，像是桌球撞击，在连锁反应过程中，力量不断减弱。如秦朝的建立，对秦代政治制度、社会生活影响最大，但对其后时代的影响便随时间的推移而逐渐缩小，以至于最终可能被人忽略。人们可能会追寻事件的原因，或原因的原因，但不会无休止地追溯原因的原因的原因……具体事件如某次政变或某次战争，其影响的时间范围均一样。究其原因，是对后世的影响被不断变化累积的经验因素阻隔，失去了直接性。但经典对后世的影响不一样，每个时代的读者都可以直接读到相同的文本。在文字信息清晰，或者经专业解读明白的情况下，后代与前人具有平

---

① 参见陈壁生《经学、制度与生活——〈论语〉"父子相隐"章疏证》，华东师范大学出版社2010年版。
② 参见郭齐勇主编《儒家伦理争鸣集——以"亲亲互隐"为中心》，湖北教育出版社2004年版；《〈儒家伦理新批判〉之批判》，武汉大学出版社2011年版。

等接受经典内容的机会。这种影响的模式不是链式，而是辐射式的，即在过去的某个时间点发出的光源，可以直接投射到未来不同的时段。至于影响的大小或性质，受不同接受者特定的环境与问题意识左右，而与时间的远近无关。更有意思的是，经典世界与后来历史的关系，还有可能是互动式的。前面谈及，进入经典世界的人物事迹有自己的生命力，也就是形象会变化，甚至被修正。而造成这种变化的正是不同时代的解释者或文本衍生者。这导致经典世界本身也会发展甚至变革，最显著的事实就是"四书"取代了"五经"，从而让孔子完全取代周公的中心地位。更有颠覆性的，则是"五四"以来孔子代表的传统形象的两次颠倒。第一次从天上到地下，至"文革"后期的批孔为最低点。第二次则重新从地下向天上爬升，这是 21 世纪以来正在呈现的趋势。必须承认，从长时段的眼光看，经典世界对我们时代的影响整体上正在减弱。但是，即便如此，它的生命力很可能还是被怀疑主义者低估了。

六、共同体如何"想象"

不管是"活化石"还是"矿藏"，所论及的均系经典对生活的直接影响，但这些不同的素材之间往往是零散不连贯的。事实上，经典世界对生活世界的作用，不一定都通过引经据典来实现。那种潜移默化的作用，更值得重视，但这需要整体的理解。安德森（Benedict Anderson）在其《想象的共同体——民族主义的起源与散布》中提出："所有伟大而具有古典传统的共同体，都借助某种和超越尘世的权力秩序相联结的神圣语言为中介，把自己设想为位居宇宙的中心。因此，拉丁文、巴利文、阿拉伯文或中文的扩张范围在理论上是没有限制的。"[①] "不过这种由神圣语言所结合起来的古典的共同体，具有一种异于现代的民族想象共同体的特征。最关键的差别在于，较古老的共同体对他们语言的独特的神圣性深具信心，而这种自信则塑造了他们关于认定共同体成员的一些看法。"[②] 同时，作者又认为："资本主义、印刷科技与人类语言宿命的多样性这三者的重合，

[①] 本尼迪克特·安德森著、吴叡人译：《想象的共同体——民族主义的起源与散布》，上海人民出版社 2005 年版，第 12 页。

[②] 本尼迪克特·安德森著、吴叡人译：《想象的共同体——民族主义的起源与散布》，上海人民出版社 2005 年版，第 12 页。

使得一个新形式的想象的共同体成为可能,而自其基本形态观之,这种新的共同体实已为现代民族的登场预先搭好了舞台。"① 所谓印刷科技的意义,就是借助文字使信息广泛传播成为可能。语言文字只是媒介,重要的是其携带的信息。在安德森那里,关键在于那些能让读者把自己的生活与之相联系的故事。就此而言,中国这种古典共同体形成的文化机制与之并无不同。这正是经典世界于今日最大意义之所在。

章太炎在宣扬民族主义时,强调用"国粹激动种性,增进爱国的热肠"。除语言文字、典章制度外,他特别提及记存人物事迹的重要性。"若要增进爱国的热肠,一切功业学问上的人物,须选择几个出来,时常放在心里,这是最紧的。就是没有相干的人,古事古迹,都可以动人爱国的心思。当初顾亭林要想排斥满洲,却无兵力,就到各处去访那古碑古碣传示后人,也是此意。"② 其思路与安德森的说法异曲同工。太炎所强调的这些能激动种性的国粹,事实上就储存在经典世界中。问题在于,如何通过它来"想象"一个共同体的存在。它包含两种意义:其一,想象的意思是什么?其二,为何能促进共同体的形成?

以人物事迹为中心,故事可以听,也可以读。听是通过语言,读则借助文字,两者可以接受相同的故事。差别在于,口述故事可能内容不稳定,但讲述者的情绪会影响听众;而书面故事内容固定,但没有讲述带来的情感互动。但无论是听还是看,目的都不是作为媒介的声音或字符,而是通过它们捕捉其携带的意义。它是由名词、动词等实词构造的句子,及其所联结起来的意群。只有把它们即时转化为意识中的图景,你才能听懂或看懂相关的故事。这就是听讲或阅读的想象。与抽象理论不一样,这些图景是经验中可以用感官感知的。但它与回顾曾经经历过的场面的那种想象也不一样,通过阅读体验的对象可能是你在生活中不熟悉或者无缘遭遇的,如古代人物事迹。与抽象理论不同,故事会唤起听众或读者的情感。其中,最能打动人的事物就是人本身。在理解或领会故事的过程中,听众或读者的精神世界也不同程度地经历着被塑造的过程。其实,神奇的不是语言文字,而是它所描述的那

---

① 本尼迪克特·安德森著、吴叡人译:《想象的共同体——民族主义的起源与散布》,上海人民出版社2005年版,第45页。
② 章太炎:《东京留学生欢迎会演说辞》,载汤志钧编《章太炎政论选集》上册,中华书局1977年版,279-280页。

个经典世界,是经典世界中的人物事迹及其所体现的道。

表面上看,阅读是每个读者孤立的行为,即便有所交流,也是在有限的范围内,绝不可能到达用"民族"来衡量的规模。而且,不同的读者之间产生思想的直接交流,并不一定就能形成共有的思想群体。约翰·塞尔扩展现象学的意向性概念,认为意向性不局限于个体意识,也可以有集体的意向性。他以足球运动为例,参加球赛的双方,必须都有把球踢入对方(或者阻止对方攻入自己的球门)的意愿,这样比赛的时候,整支队伍才会出现为共同目标协调配合的可能,集体战术才会存在或奏效。这是朝向未来的集体意向。那么,能否设置朝向过去呢?凭借经典的阅读或者聆听,是可能性之一。经典与今天的流行文字不同,它是传世的。不仅同一时代有不同的读者,不同时代也有不同的读者。这些读者不仅互不认识,所处的生活世界也可能截然不同,然而因为阅读共同的文本,竟然都想象过同样的人物事件及环境,为相同的事物激动或沉思。这就是以经典阅读为中心的不断跨世代而扩大的"朋友圈"。这个"朋友圈"塑造价值,示范品位,提供认同。经典则是其共同的意向中心。就其意识活动形式而言,它只是想象的;但就其意识行为功能而言,则是真实有力量的。它为民族认同奠定了心理基础。

民族的定义五花八门,但基本形态只有两种:一种是血缘的,由婚姻及生殖繁衍而成;另一种是文化的,即精神价值的认同,或者称为种族的与文化的。汉族的形成,包括两方面的因素,即既有通婚带来的所谓民族融合,也有价值认同形成的共同体意识。儒家历来强调后者,所谓华夏夷狄之分,看的是文化。孔子说:"夷狄之有君,不如诸夏之亡也。"(《论语·八佾》)强调的是文化的优劣之分,而非种族主义。故孟子说:"臣闻用夏变夷,未闻变于夷者也。"(《孟子·滕文公上》)韩愈也说:"孔子之作《春秋》也,诸侯用夷礼则夷之,进于中国则中国之。"(《原道》)辛亥革命爆发之后,中华民族新概念形成。章太炎解释说:

> 中国云者,以中外别地域之远近也。中华云者,以华夷别文化之高下也。即此以言,则中华之名词,不仅非一地域之国名,亦且非一血统之种名,乃为一文化之族名。故《春秋》之义,无论同姓之鲁、卫,异姓之齐、宋,非种之楚、越,中国可以退为夷狄,夷狄可以进为中国,专以礼教为标准,而无有亲疏之别。其后经数千年,混杂数

千百人种,而其称中华如故。以此推之,华之所以为华,以文化言,可决知也。故欲知中华民族为何等民族,则于其民族命名之顷而已含定其义于其中。①

章太炎不同于杨度,他用"历史民族"取代"文化民族",但本质上并无不同。他说:"近世种族之辨,以历史民族为界,不以天然民族为界。""故今世种同者,古或异;种异者,古或同。要以有史为限断,则谓之历史民族。"② 其意义"不仅仅是指以其种族的历史为认同的根据,而是以历史记载和历史记忆中的种族作为认同的根据;这即是说,历史记忆和历史记载是确定'能否构成为一个种族'的前提条件"③。其实,语言、风俗与历史,三者构成文化的基本内容,而经典世界正是文化的结晶。记载是外在的符号,记忆才具有内化的意义。共同的想象联结共同的感情,没有共享故事的共同体,只是契约的产物,是空洞的或无根的。对于千千万万的普通人来说,故事比说理更能激发认同的力量。一言以蔽之,经典世界是民族认同最深厚的文化土壤。

七、一个知识社会学的视角

用"经典世界"这个概念论述经典文化的功能,既不是哲学史研究,也不是一般的文化史论述。文化史需要依时空秩序叙述它的形态与演变,而我们只是对概念的某些结构特征进行初步描述与分析。我们也可以把它理解成一种知识社会学的考察。据古典的观点,卡尔·曼海姆(Karl Mannheim)把知识社会学分为两个类型,一种是对特定思想现象的研究方式,另一种是探讨知识与社会之间的一般关系。当我们把对经典文化的各种功能,如塑造人格榜样、影响政治行为、累积思想资源,以至提供认同信念等,分别进行描述分析时,就类似于做特定思想文化现象如何影响社会生活的具体研究。但如果把这些悬搁起来,或者后退一步,看看它与

---

① 章太炎:《中华民国解》,载《章太炎全集》之《太炎文录初编》别录卷一,上海人民出版社2014年版,第258页。
② 章太炎:《序种姓》上,载《章太炎全集》之《訄书重订本》,上海人民出版社2014年版,第169页。
③ 张志强:《一种伦理民族主义是否可能——论章太炎的民族主义》,载《哲学动态》2015年第3期,第5-12页。

其他知识形态的研究方法及功能有何区别,可能就接近于一般性研究。

科学哲学家卡尔·波普尔（Karl R. Popper）有一个关于知识的"第三世界"理论。其三个世界区分如下："第一,物理客体或物理状态的世界;第二,意识状态或精神状态的世界,或关于活动的行为意向的世界;第三,思想的客观内容的世界,尤其是科学思想、诗的思想以及艺术作品的世界。"① 波普尔强调,第三世界独立于第二世界,"客观意义上的知识是没有认识者的知识,是没有认识主体的知识"。其价值可以通过下面的设想来认识,假如第一世界的物理系统（包括工具在内的人造物）被严重破坏,或者第三世界的创造或发明者（如科学家或知识分子）在灾难中大规模受伤害时,只要第三世界的知识以图书的形式或在其他信息载体中存在,恢复或重建就是可以期待的事情。反之,如果是第三世界的毁灭,就类似于文明的完全倒退,一切得从头开始。此外,人类改造自然的成功,其利用的知识不是直接与第一世界打交道就能获得的,而是"通过我们自己和第三世界之间的相互作用,客观知识才得到发展"②。因此,知识问题的核心在第三世界。

波普尔承认,第三世界的首先发现者应该是柏拉图,证据就是后者关于理念世界的观点。但是,在波普尔的第三世界与理念世界之间,存在两项重要的差别。第一,理念世界是神圣的、不变的,而第三世界是人造的、可变的。后者同时包含各种真实的与虚假的理论,还有问题及推测与反驳。第二,理念世界是一种终极理论,它用于解释其他事物,但本身不需要被解释。因此,它的成员是"形式或理念——成为事物的概念、事物的本质或本性,而不是理论、论据或问题"③。因此,在波普尔看来,理念世界对推动客观知识的发展意义不大。

回到经典世界上来,参照波普尔关于"思想的客观内容的世界,尤其是科学思想、诗的思想以及艺术作品的世界"的界定,经典世界类似于第三世界。但是,波普尔所谓客观知识的焦点在"科学思想",否则,诗与

---

① 卡尔·波普尔著、舒炜光等译:《客观知识——一个进化论的研究》,上海译文出版社1987年版,第114页。
② 卡尔·波普尔著、舒炜光等译:《客观知识——一个进化论的研究》,上海译文出版社1987年版,第120页。
③ 卡尔·波普尔著、舒炜光等译:《客观知识——一个进化论的研究》,上海译文出版社1987年版,第132页。

艺术何来"真实与虚假""推测与反驳"的问题？经典世界的主角是人物及其事迹，其故事当然有思想内涵，但它的思想不在于真与假，而在于善与恶、美与丑或智与愚。它不生产客观知识，却会塑造价值。反之，经典世界与柏拉图的理念世界比，却有重要的共同点，都是意义世界，或者典范世界。但是，正如波普尔所说的，理念世界是独立不变的，其成员不是人，而是理念或本质。经典世界的人虽然主要为圣贤豪杰，但总包含可以在经验上理解的人性要素，否则他们就没法成为常人的榜样。同时，由于经典世界与生活世界处于互动状态之中，因此，它本身是一个活动或有生命力的世界。严格来说，三种世界的比喻中，只有经典世界最具备"世界"的意义。

其实，波普尔的第三世界与柏拉图的理念世界还有重要的差别，即波普尔的世界是三重的，而柏拉图的世界只有两重：理念与现实，或本质与现象。自然与人都是现象，掌握理念就是企图获取一把衡量经验或现象的标杆。波普尔的标杆由人直接掌握，发展第三世界其实是发展合乎标准的有效手段，这种手段最终得体现在对第一世界的有效变革中。我们的经典世界产生于历史世界，但它并非静止不动的，而是有自己的活力的。就此而言，它更类似于波普尔而不同于柏拉图的世界。但历史世界是有时空变化的，或者说可区分为不同的时代。每个时代的读者都站在自己的生活世界上，看待由此前历史世界产生的经典。可一旦时间推移，这个时代的生活世界对于后代来说，夏商周就成为历史世界的组成部分。对于春秋来说，夏商周三代是历史世界，而对于战国来说，春秋也是历史世界。依此类推，秦汉、隋唐、宋明等的前后关系也一样。人们在不同时代的生活世界进入经典世界，目的不是通过它去了解历史世界的真相，而是借助它理解和规范自己的生活世界。只是这个过程不是单向的接纳，而是互动的过程。在这一过程中，经典世界与生活世界的意义同时得到丰富和发展。

对经典世界的这种理解，可能与富于怀疑精神的现代史家意见不同。当顾颉刚得出古史是"层累地造成"的结果之后，他的态度是："我们在这上，即不能知道某一件事的真确的状况，但可以知道某一件事在传说中的最早的状况。我们即不能知道东周时的东周史，也至少能知道战国时的东周史;我们即不能知道夏商时的夏商史,也至少能知道东周时的夏商史。"① 傅斯年则说:"研究秦前问题,只能以书为单位,不能以人为单位。而以书为单位,一经分析之后,亦失其为单位,故我们只能以《论语》为题,以《论语》之孔子为题,但不能以孔子为题。孔子问题是个部分上不能恢复的问题,因为'文献不足征也'。"② 这种理智的态度与方法,贡献足以归入波普尔的客观知识世界之中。今日越来越多的出土文献,正好给有志于探究历史世界真相的史家带来福音。但是,毫无疑问,那些内容真实性并不完全可靠的传世经典,比那些可能更原始但被埋没的文献,对塑造传统更有力量。因此,研究经典与研究历史虽然可能面对共同的文本,但意义并不一样。文献证诸历史,而经典则面向未来。

回到开篇的问题。经典世界是理解经典文化的一种观点。它以经典文献中的人物事迹为中心,展示一幅拟真的历史生活图景。经典内容的故事化,与早期知识的储存、应用与传播皆以言传为基本途径相关。成名是世俗的人通过经典进入历史的入场券,其功能在于树立榜样,垂范后世。经典世界的人物事件穿越于不同的经典文本中,具有独立于其历史原型的生命力。这些题材对后世的作用,通常存在"活化石"与待发掘的"矿藏"两种现象。其影响模式不是传递式的,而是辐射式的。经典世界的最大意义,在于借助跨时代的阅读想象,汇聚塑造民族认同的文化力量。这个世界不是波普尔的第三世界,也非柏拉图的理念世界。进入经典世界不是为了探求历史世界的真相,而是为现实世界挖掘更多的精神资源。显然,这项研究不同于哲学史研究,也非文化史研究,而是对文化史的一种反思。其学术分野,位置也许是边缘性的,可以是知识社会学,也可以属于哲学。笔者期待,这项论述不是建构一个庞大的观念楼阁,而是展示可以继续拓展的关于文化的新视野。

(本文原刊于《中国哲学年鉴2017》,哲学研究杂志社2017年版,有改动)

---

① 顾颉刚:《与钱玄同先生论古史书》,载《古史辨》第1册,上海古籍出版社1982年版,第60页。
② 傅斯年:《评〈春秋时的孔子和汉代的孔子〉》,载《古史辨》第2册,上海古籍出版社1982年版,第141页。

孔子思想的哲学解读

——以《论语》为文本

冯达文

一、何谓哲学

书写《中国哲学史》，首先要论及的无疑是孔子和集中体现孔子思想的《论语》：要揭明孔子不仅是思想家，更是哲学家；《论语》并非仅是人生格言，还有深邃的哲学义理。可哲学是什么？评定一个思想家是不是哲学家，一本著作是不是哲学著作，标准是什么？这就复杂了。

我们看20世纪初甚有影响的胡适写的《中国哲学史大纲》。胡适认定："凡研究人生切要的问题，从根本上着想，要寻一个根本的解决，这种学问，叫做哲学。"① 对人生而言，什么东西更切要、更根本呢？他列举了六项，其中第一项便是"天地万物怎样来的"②，这一项属于宇宙论。为了满足宇宙论要求，胡适把《周易》放进孔子的篇章里加以讨论。这便显得十分牵强。

稍后，冯友兰编撰的《中国哲学史》（上、下册）首先介绍了西洋哲学涉及的范围，认为一般包含三大部分：宇宙论、人生论、知识论。"所谓中国哲学者，即中国之某种学问或某种学问之某部分之可以西洋所谓哲学名之者也。"③ 冯友兰这是以西洋哲学为判断标准裁决中国哲学。在孔子那里，与宇宙论相关联的，只有"天""天命"一类的概念。可是，冯先生认为："孔子之所谓天，乃一有意志之上帝，乃一'主宰之天'

---

① 胡适：《中国哲学史大纲》，上海古籍出版社1997年版，第1页。
② 胡适：《中国哲学史大纲》，上海古籍出版社1997年版，第1页。
③ 冯友兰：《中国哲学史》，载《三松堂全集》第2卷，河南人民出版社2000年版，第249页。

也。"① 然则孔子为宗教家,而非哲学家也。及至1947年发表的《中国哲学简史》,冯先生把哲学定义为"对人生的系统反思"②。该书把宇宙看作人类生存的背景,弱化了宇宙论作为哲学根基的意义,在论及孔子之时才稍微谈及孔子的"天命"观。然而,弱化了宇宙论,必亦减杀哲学味,可见亦还显不足。

倒是冯友兰先生又以形式上的系统与实质上的系统,对中西哲学的差别做出区分③,甚有启发。但是,如果中国哲学,特别是孔子的思想只重视"实质",如何才可以避免人们把这些"实质"当作杂乱的经验内容看待,从而得以回护其哲学属性?这无疑也是一大难题④。

近二三十年来,杜维明、葛瑞汉、郝大维、安乐哲等一批学者对孔子和儒家作为哲学的研究有了更深入的展开。杜维明在《论儒学的宗教性》一书中,就有限的个人在参与群体的永续性的发展中如何实现自我的转化与体认到神圣的终极意义并得以证成"天人一体"观,很好地回应了作为哲学架构必须涉及的普遍性问题⑤。葛瑞汉则指出:孔子的思想虽然似乎

---

① 冯友兰:《中国哲学史》,载《三松堂全集》第2卷,河南人民出版社2000年版,第303页。

② 冯友兰著、赵复三译:《中国哲学简史》,新世界出版社2004年版,第3-4页。

③ 冯友兰称:"中国哲学家之书,较少精心结撰,首尾贯串者,故论者多谓中国哲学无系统。上文所引近人所谓'吾国哲学略于方法组织'者,似亦指此。然所谓系统有二:即形式上的系统与实质上的系统……中国哲学家之哲学之形式上的系统,虽不如西洋哲学家;但实质上的系统,则同有也。讲哲学史之一要义,即是要在形式上无系统之哲学中,找出其实质的系统。"(氏著:《中国哲学史》,载《三松堂全集》第2卷,河南人民出版社2000年版,第252-253页)

④ 牟宗三以外延的真理与内容的真理对中西哲学做出区分,与以形式的系统、实质的系统的区分相似。牟先生称:外延的真理不掺入主体,内容的真理系属主体(参见牟宗三《中国哲学十九讲:中国哲学之简述及其所蕴涵之问题》,台湾学生书局1983年版,第20-21页)。此说极有见地。不同的人构成不同的主体,如何获得客观普遍性意义?这也不是没有问题的。

⑤ 杜维明称:"人虽然束缚于大地,但却力求超越自身与天结合……由于我们束缚在大地上,所以我们是有限的。我们是存在于特定时空的独特的个人,我们每一个都遭遇到和生存于一个独特的人的处境之中。然而,我们之嵌陷于某一特定的尘世处境,并不妨碍我们参与群体的,而且事实上也是神圣的终极的自我转化的工作。"(氏著:《论儒学的宗教性》,载郭齐勇、郑文龙编《杜维明文集》第3卷,武汉出版社2002年版,第468页)杜先生这是从人参与群体生活的方面证成"天人一体"。

是面向凡俗的，但在人际间的礼仪习俗中即蕴含神圣的东西①。郝大维、安乐哲更用"点域论"揭示：孔子作为特殊的个人，通过消弭部分与整体的区分，得以成为万物之域中意义与价值的一个独特焦点，从而使自身和自己传播的思想获得宗教性品味②。

依上述论说可见，一个思想家要被认作哲学家，一部著作要成为哲学论著，从存在论的维度看，必须关涉普遍性与永恒性的问题；从认识论或工夫论的维度看，必须关涉与普遍性、永恒性相应或为普遍性、永恒性所需的先验性或超验性问题；从价值论的维度看，必须关涉由普遍性、永恒性引发的神圣性问题。上述各名家为了确认孔子是哲学家，《论语》是哲学著作，都致力于揭示孔子和《论语》已经很好地回应了这些问题。他们的努力诚为后来者指点了方向，但是否已经把所有问题解决得十分圆满，则还有待检讨。

二、《论语》中孔子作为哲学家的困惑

孔子之为哲学家，《论语》之为哲学著作，这种判定之所以成为学界的一大困扰，而又使学界的解说得以不断出新，就在于孔子与《论语》在传递与表达思想上有一种独特的途径与独特的言说方式。

孔子是让自己的思想根植于世间的日常生活与日常情感的。这也就是人们所说的，他是于世间日常生活与日常情感的流出处，指点为仁（人）之道的。

---

① 葛瑞汉特别谈到孔子的礼仪行为。他称述："礼仪行为，通过行为者不经分析而产生的交互作用发挥影响，的确有着性质上不同于作为目的之方法的计划的行为功效。有'德'之人没有关于习俗的抽象知识，但却能用轻易得来的技能与美德驾驭它们，虽然'无为'，但能强化周围的秩序。在孔子的凡俗的一面有这样一种认识，神圣的东西被理解为独立于个人意志之外的向善的力量，它并非源于外在的精神领域而是固着在人际间的礼仪关系的自发性（spontaneity，或译为'自然'——译者注）之中。"（葛瑞汉著、张海晏译：《论道者：中国古代哲学论辩》，中国社会科学出版社2003年版，第32–33页）葛瑞汉这里即揭明孔子思想虽然基于凡俗，但神圣的东西就隐含在凡俗世间礼仪的传承之中。

② 郝大维、安乐哲以"点域论"谈作为个人的孔子与作为整体的"天"的关系。他们写道："在孔子的内在宇宙中，个体处在一个消弭了部分与整体区分的世界，他得以成为万物之域中意义和价值的一个独特焦点，而获得整合化性质以实现这同样的结合事业。"（郝大维、安乐哲著，何金俐译：《通过孔子而思》，北京大学出版社2005年版，第243页）他们又称：孔子"真正参与到意义创造的事业。因此，儒家传统中，不仅'天'是人格化的'天'，而人也是'神'化的人"（同上书，第302页）。郝、安以此说明天与人的一体性。

《论语》中随处可见孔子在日常生活与日常情感流出处指点为仁（人）之道。如谈及"孝"，"父母在，不远游，游必有方"（《里仁》），"父母，唯其疾之忧"（《为政》），"父母之年，不可不知也，一则以喜，一则以惧"（《里仁》）即是。"孝"与"悌"就是"仁"的起点与根基。可见被认作孔子的核心概念的"仁"即缘于"情"。及樊迟直接问"仁"，孔子答以"爱人"，"爱"自亦为"情"。孔子又称："夫仁者，己欲立而立人，己欲达而达人。"（《雍也》）仁者之推己及人，亦依于情感。牟宗三称："孔子从哪个地方指点仁呢？就从你的心安不安这个地方来指点仁。"① 亦即认为孔子以"情"（不安之心）说"仁"。李泽厚更称孔子与《论语》建构起来的仁学体系实属"情本体"②。

然而，世间日常生活是不断变动的，面对不同的生活境遇，其情感之发生也必是有所不同的。因此，孔子论"仁"便亦不同。如前引樊迟问仁，孔子答以"爱人"。这是我们最喜欢引用的一句话，证见孔子以"爱"为"仁"。但在另一场合，孔子却又说："唯仁者能好人，能恶人。"（《里仁》）这就不是只讲"爱"了。及孔子称："刚、毅、木、讷近仁。"（《子路》）此则以"仁"为个人的精神品格。再称："博学而笃志，切问而近思，仁在其中矣。"（《子张》）此更从求学态度论"仁"。显见，孔子只是随境随情所到处指点"仁"之所在，并未通过抽象的方式做"类"的归纳。"仁"不成为一个"类"的概念。

"仁"为精神取向，"君子"则具"仁"之人格化意义。孔子论"君子"也说法不一。如说"君子怀德，小人怀土；君子怀刑，小人怀惠"（《里仁》），"君子喻于义，小人喻于利"（《里仁》），这是从超越功利的角度谈"君子"，是孔子最常说的一类话语。然而孔子又说"君子欲讷于言而敏于行"（《里仁》），"君子思不出其位"（《宪问》），"君子不忧不惧"（《颜渊》），"君子以文会友，以友辅仁"（《颜渊》），"君子所贵乎道者三：动容貌，斯远暴慢矣；正颜色，斯近信矣；出辞气，斯远鄙倍矣"

---

① 牟宗三：《中国哲学十九讲：中国哲学之简述及其所蕴涵之问题》，台湾学生书局1983年版，第78页。

② 李泽厚称："孔学特别重视人性情感的培育，重视动物性（欲）与社会性（理）的交融统一。我以为这实际上是以'情'作为人性和人生的基础、实体和本源。""在'学'的方面，则似乎不必再去重建各种'气'本体、'理'本体、'心性'本体的哲学体系了。'情本体'可以替代它们。"（氏著：《论语今读》，生活·读书·新知三联书店2004年版，第16、8页）

(《泰伯》),等等。这里所谓的君子广泛涉及个人的精神品格和待人接物的不同态度,显见孔子对"君子"也并未给出一个具"类"意义的定义。

"仁""君子"作为孔子与《论语》的核心概念都未被抽象处理,都可以从不同的角度做不同的理解。然而,孔子思想又如何能够满足哲学的普遍性与永恒性诉求呢?又如何可以成"仁",得以做"君子"?

孔子说:"仁远乎哉?我欲仁,斯仁至矣。"(《述而》)又说:"有能一日用其力于仁矣乎?我未见力不足者。"(《里仁》)这无疑是认为"仁心"作为人的自然—本然情性是自然—本然具足,无待于外的,故求仁得仁。及君子所为,也只不过是自己"笃于亲"以为民之榜样,使民"兴于仁"而已①。"笃于亲"既源于自然—本然情性,"兴于仁"便亦是自然—本然情性之感通。自然—本然者,即无须着意、无须用功,如孟子所说"良知""良能"即是。诚然,这里强调的是"仁"的先验性。

然而,我们又知道,《论语》中孔子是极其重视"学"与"思"的。《论语》所载孔子教诲的第一句就是:"学而时习之,不亦说乎!"(《学而》)孔子后来叙述自己成长的经历时又称:"吾十有五而志于学。"(《为政》)其在教学过程中更反复告诫:"学而不思则罔,思而不学则殆。"(《为政》)"好仁不好学,其蔽也愚;好知不好学,其蔽也荡。"(《阳货》)"君子学以致其道。"(《子张》)这些都认为要在"学"与"思"上下功夫,才能成"仁"、做"君子"与求"道"。此又似以"经验"为入路了。

孔学究竟是经验的,还是先验的,这也是个问题。

再,仁人君子与外在世界有什么样的关系?

按,孔子强调仁人君子是从每个人的内在情感自然—本然地证成的,自当极重人无惧于外的自立自主性。外在世界有被指为鬼神的,孔子却"不语怪力乱神"(《述而》),又或称"敬鬼神而远之"(《雍也》);有被指为"天命"或"天道"的,弟子子贡却称"夫子之言性与天道,不可得而闻也"(《公冶长》);孔子也表示,如果自己认信的"道"不能为"天命"所接纳,宁可"乘桴浮于海"(《公冶长》)。这些都表达了一种无所畏惧的自主意识与对外界的抗争精神。

---

① 《泰伯》记称:"君子笃于亲,则民兴于仁。"《颜渊》又记:"君子之德风,小人之德草,草上之风,必偃。"

然而，在《论语》里，孔子更多地还是强调人要有敬畏感："道千乘之国，敬事而信。"（《学而》）"君子敬而无失，与人恭而有礼。"（《颜渊》）"居处恭，执事敬，与人忠。"（《子路》）尤其令人不解的是，孔子甚至还称："君子有三畏：畏天命，畏大人，畏圣人之言。小人不知天命而不畏也，狎大人，侮圣人之言。"（《季氏》）依此又见，孔子并没有意识到自己有主体性，有自我做主的精神。人是不是可以自我做主，属价值论范畴。显见，在价值论问题上，孔子似乎也有并不一致的说法。

前面提到的各家，对孔子这些不一致甚至矛盾的说法，已做出种种解释，但总觉得还不够圆满。由之，下面笔者也试图做出新解。

三、孔子思想对普遍性与永恒性的回应

首先涉及的问题自当是：孔子和《论语》立足于世间日常情感，面向的都是具体的、个别的且变动不居的事相，可以满足哲学的普遍性与永恒性诉求吗？

我们知道，依西方哲学传统，具有普遍永恒意义的哲学建构，必须超越具体、个别、变动不居的现实现象世界，舍弃为时空所限定的任何经验内容，取纯逻辑的推演，做形式化的处理，才可以完成①。这种建构方式，引为基督教的一神论信仰，便是必须割断与世间污浊生活的关联，终极追求才能证成。就是说，普遍与永恒、真与善，都只在世间生活之外，才可以求得。

然而，掏空世间生活给出的东西，其实只是一个假设，怎么可能在真实的世界中和真与善相遇呢？

我们看孔子与孔子后学的思路。依孔子和儒家的看法，在现实世间，每个人都有父母兄弟姐妹；每个人的生命成长与生活经历都离不开父母兄弟姐妹，这才是人最真实的存在状况。而且，每个人的生命成长与生活经历，不仅离不开自己的父母兄弟姐妹，亦离不开社会他人，离不开社会他

---

① 郝大维、安乐哲称："在柏拉图的《蒂迈欧篇》（*Timaeus*）中，理念或形式独立于宇宙并且提供宇宙创造的范型。亚里士多德'不动的原动者'（Unmoved Mover）是第一实体，是万物之永恒不变的非物质之源。它是用以说明所有运动、变化以及我们对自然界认知的原理。原理，恰如其定义本身所表明的那样，从来都不是由宇宙或者任何内在于它的要素决定的。"（郝大维、安乐哲著，何金俐译：《通过孔子而思》，北京大学出版社 2005 年版，第 14 – 15 页）郝、安这里揭明的正是西方哲学的传统。

人的父母兄弟姐妹，这同样是人最真实的存在状况。这里所谓最真实的，就意味着它不是"空"或"无"的，不是理论假设；它是指不管什么地域、什么年代、什么族群，每个人每时每刻都无法割舍、无法离弃的。这不正意味着，回归现实世间生活，不仅可以找到真与善，亦且已然体现了普遍性、永恒性的诉求吗？

依西方哲学的思路，人们也许会说，现实世间每个人不都是具体的与有限的吗？由一个个具体有限的人拼凑起来的公共生活与交往，怎么可能具有普遍性与永恒性意义？实际上，这种看法是把人与社群、历史切割开来，做原子式或单子式的认定才发生的问题①。

要知道，在孔子把视域遍及世间日常生活之"在在处处"时，固已涵盖所有时空场域的一种普遍性与经久性；而于"在在处处"指点"为仁之道"时，又已确认所处的时空场域不是经验性的、杂散的凑合，而是蕴含内在关联的连续统一体。每个人与亲族、社会他人和整个世界都是一个连续统一体，密不可分，因之，每个人以自己具体有限的努力，为父母兄弟姐妹和社会他人做出奉献，即可以在族群乃至世界无限的延续与发展中证得普遍与永恒。像孔子面对川流不息的黄河所表达的"逝者如斯夫"（《子罕》）那种立志把自己的不懈努力融汇于生生不已的天地宇宙整体的生命感悟，孟子的"万物皆备于我，反身而诚，乐莫大焉"（《孟子·尽心上》）一语所传递的我与万物一体产生的那种愉悦的心理情感，正是将有限融入无限才可以成就的精神心态。不妨说，哲学追求上的普遍性、无限性，西方学人所取的形式的进路，其实只是从外延的覆盖性上立论的；孔子及其开创的儒学关切的却是内涵（冯友兰先生所称"实质"），是从随时随地在在处处做价值的肯定与证成（"当下即是"）而求取的。价值的肯定性延伸为存有论做更清晰的表达，便有西晋时期儒家学者裴頠为回应"贵无论"而作的《崇有论》。该论指出：每一物类、每个人及其活动固然是具体的、个别的且有限的，但所有具体、个别、有限的事物、个体

---

① 黑格尔曾指出："在考察伦理时永远只有两种观点可能：或者从实体性出发，或者原子式地进行探讨，即以单个的人为基础而逐渐提高。后一种观点是没有精神的，因为它只能做到集合并列，但是精神不是单一的东西，而是单一物和普遍物的统一。"（黑格尔著，范扬、张企泰译：《法哲学原理》，商务印书馆1961年版，第173页）黑格尔此说诚可参照。

及其活动的总和,即可以满足哲学所需的整全性与无限性要求①。裴頠的回应准确地体现了孔子和儒家的基本立场。孔子与后学的这些回应表明,立足于现实世间生活,可以建构起哲学体系。哲学所追求的普遍性与无限性,可以在现实世间生活中给出。

孔子之为哲学家,《论语》之为哲学文本,应该从这一视角得到理解。

四、孔子与《论语》的先验性品格

回到现实世间生活为何能够满足哲学建构的先验性问题,则如上面所说,孔子深信在世间日常生活中培育的情感具有自然—本然性。孔子和孟子都认定,在世间日常生活中与父母兄弟姐妹朝夕相处孕育的"亲亲之情",和与社会他人的父母兄弟姐妹经常交往而培育的同类同情心、不忍人之心,实是无须经受后天的任何训习,自然—本然具足的。如孔子所说"我欲仁,斯仁至矣"(《述而》),孟子认"亲亲之仁""敬长之义"为"不学而能""不虑而知"之"良能""良知"(《孟子·尽心上》),即是。自然—本然具足者,即没有被经验知识过滤、改变过的,无疑就是先验的。诚然,孔子哲学不乏先验性品格。

问题在于:如果孔子(和孟子)是立足于世间日常生活中自然—本然地孕育的亲亲之情、不忍人之心,确认这种亲亲之情、不忍人之心是无须经过后天训习,已然具足于心的,为什么他又反复强调要有"学"与"思"的功夫?"学"与"思"不就是传递经验知识吗?如果孔子仅仅只是一个传递经验知识的教书先生,又岂能称之为哲学家呢?

要回答这一问题,必须注意以下两点:

其一,如上所说,孔子没有"类"的概念。孔子在在处处缘"情"而发,指点为"仁"之道,却并没有给"仁"下一个"类"的定义("仁者爱人"亦是针对具体个人的)。孔子不讲"类",不做"类"归,或被指认为孔子没有抽象能力,但事实恰恰显示,孔子没有把"仁"放进知识论的框架去做处理,从而使"仁"保持其先验性。这就意味着,孔子

---

① 裴頠《崇有论》称:"夫总混群本,宗极之道也。方以族异,庶类之品也。形象著分,有生之体也。化感错综,理迹之原也。夫品而为族,则所禀者偏,偏无自足,故凭乎外资。是以生而可寻,所谓理也。理之所体,所谓有也。有之所须,所谓资也。资有攸合,所谓宜也。择乎厥宜,所谓情也。识智既授,虽出处异业,默语殊途,所以宝生存宜,其情一也。"(房玄龄等:《晋书》第4册,中华书局1974年版,第1044页)

不做"类"的归纳,并不是孔子的不足,而恰恰是孔子的好处。由之,"仁"不至于蜕落为功利计算的手段与装饰物。

其二,孔子所处的时代,还没有形成"百家争鸣"的局面。一旦被卷进"百家争鸣"中去,思想的沉淀与传播便不得不采取论辩的方式,为说"理"的知识建构所纠缠。孔子很幸运,他只管随情所发,随心所欲地说自己想说的。这也确保了孔子思想的先验性。

弄清楚以上两点,我们就可以回答孔子为什么还要讲"学"与"思","学"与"思"被认作经验性训习,如何与他的思想的先验性保持统一的问题。

我们看《论语》,孔子所涉及的"学"的科目与内容,无非是《诗》《书》《礼》《乐》和《春秋》,有没有涉及《易》,则难有定论①。我们知道,孔子自称是"述而不作,信而好古"的。这意味着他和他的弟子所"学"所"思"的,与他们本持的信念是一致的。他们本持的信念,其实亦是在《诗》《书》《礼》《乐》的世代传承与熏习中受得的。世代传承与熏习受得的信念伴随着他们生命的成长,已然(自然—本然)构成为他们的本心本性,而"学"与"思"的作用,只在于唤醒这种本心本性,激发与强化这种心性。这就可见,"学"与"思"的提倡,不仅不存在经验与先验的紧张性,反倒是在生命成长过程中自然—本然禀赋的价值信念,借助"学"与"思",提升到了自觉的层次。孔子思想被赋予凸显主体性意义,正是借助这种提升实现的。

五、孔子的"敬畏"感与神圣性诉求

接下来的问题是,孔子的"敬畏"感又该怎样理解。

按,价值信念是在自然—本然中孕育,借自觉—自主加以提升的。提升之后,人人都可以自我做主,证入圣道。孔子为什么还要讲"恭""敬""畏"呢?讲"恭""敬""畏",意味着有一种外在的比自己更有

---

① 《泰伯》记孔子语:"兴于诗,立于礼,成于乐。"《季氏》记孔子诲儿子伯鱼:"不学诗,无以言。""不学礼,无以立。"《子罕》记孔子自述:"吾自卫反鲁,然后乐正,《雅》《颂》各得其所。"《卫灵公》又记孔子答颜渊问:"乐则《韶》《舞》,放郑声,远佞人。郑声淫,佞声殆。"可知孔子主要以《诗》《书》《礼》《乐》为教。《春秋》则为孔子所整理。《子路》记:"子曰:'南人有言曰:"人而无恒,不可以作巫医。"善夫!''不恒其德,或承之羞。'子曰:'不占而已矣。'"依此,孔子似亦涉《易》,不过不占重要地位。

力量的东西做主导,这才是需要采取的一种情感态度。

这实际上是如何看待人在价值认取上的内在主体性与某种外在客观支配力之间的相互关系及由之引发的宗教性问题。

学界面对这一问题,大体有三种解释方式:

一是认为孔子保留人格神信仰,他的"天""天命"观念直接传袭了殷商西周的神学意识。敬畏感表达的就是对神的至上性的一种认信。如上引冯友兰先生所说,即持这种看法。郝大维、安乐哲也认为:"《论语》中的'天'毫无疑问是拟人性的……他对天的认识无疑还是保留了拟人性的神的痕迹。"① 时下流行的多种教材也多持这种见解。然而,这种见解无法解释孔子"不语怪力乱神""唯性与天道不可得而闻也"等话语。

二是认为孔子"知天命""畏天命"一类提法,都不可以理解为有一种外在的律令或主宰。钱穆称述,孔子在面临危难之时,才"发信天知命之言",以表达对自己认取的"道"的自信②。李泽厚认定:"知天命""畏天命""可理解为谨慎敬畏地承担起一切外在的偶然,'不怨天不尤人',在经历各种艰难险阻的生活行程中,建立起自己不失其主宰的必然,亦即认同一己的有限,却以此有限来抗阻,来承担,来建立,这也就是'立命'、'正命'和'知天命'。"③ 钱穆、李泽厚的解释,实从文化使命的承担角度论"天"说"命"。李泽厚把外在世界的变迁看作是偶然的,会使使命承担的强度及其崇高感弱化。

三是认定孔子着意凸显的是人的主体性问题,"天""天命"在孔子思想中并不占有重要地位。牟宗三即称:"孔子所说的'天'、'天命'或'天道'当然是承《诗》、《书》中的帝、天、天命而来。此是中国历史文化中的超越意识,是一老传统。以孔子圣者之襟怀以及其历史文化意识(文统意识)之强,自不能无此超越意识,故无理由不继承下来。但孔子不以三代王者政权得失意识中的帝、天、天命为已足,其对于人类之绝大的贡献是暂时

---

① 郝大维、安乐哲著,何金俐译:《通过孔子而思》,北京大学出版社2005年版,第254页。
② 《论语·子罕》记:"子畏于匡,曰:'文王既没,文不在兹乎!天之将丧斯文也,后死者不得与于斯文也。天之未丧斯文也,匡人其如予何?'"钱穆释称:"孔子临危,每发信天知命之言。盖孔子自信极深,认为己之道,即天所欲行于世之道。自谦又甚笃,认为己之得明于此道,非由己之知力,乃天意使之明。此乃孔子内心诚感其如此,所谓信道笃而自知明,非于危难之际所能伪为。"(钱穆:《论语新解》,生活·读书·新知三联书店2002年版,第224-225页)
③ 李泽厚:《论语今读》,生活·读书·新知三联书店2004年版,第52-53页。

撇开客观面的帝、天、天命而不言（但不是否定），而自主观面开启道德价值之源、德性生命之门以言'仁'。孔子是由践仁以知天，在践仁中或'肫肫其仁'中知之、默识之、契接之或崇敬之。故其暂时撇开客观面的帝、天、天命而不言，并不是否定'天'或轻忽'天'，只是重在人之所以能契接'天'之主观根据（实践根据），重人之'真正的主体性'也。"① 牟宗三此说极其强调孔子思想凸显的"真正主体性"，并执认孔子"暂时撇开客观面的帝、天、天命而不言"。但孔子是"与命与仁"的，是否只顾及人的主体性而减杀对"天""天命"的敬畏感，亦还有待商榷。

笔者对上述说法多有借资，但也不尽然。

笔者认为孔子一方面重视人在价值信念上的自然—自主性（从自然—本然经学、思进达自觉—自主），另一方面也讲"恭""敬"甚至"敬""畏"，表显着以下三层意思：

其一，在世间日常生命成长过程中以及自然—本然状况下内化为我们本心本性的价值信仰（构成为内在主体性），就源自与体认着世代相继的思想传统，接续着先贤先圣的精神血脉（可指为外在客观性）。由之，我所禀得的价值信念，就不仅仅是属于我个人的，此即所谓"天生德于予"（《述而》）；我如何去做，也不仅仅是个人行为，此即所谓"文王既没，文不在兹乎"（《子罕》）。我们承载着以往一代又一代灌注于我们生命的血脉，又承担着把这些血脉一代又一代往下传递使之绵延不断的使命，责任重大，任重道远，岂能不抱恭敬、敬畏之心？"畏天命""畏圣人之言"正当此意。

其二，社会历史的变迁又总有不如人意的时候。这种变迁或决定于自然世界有其不为人力所能任意改变的节律，亦须我们敬而畏之。孔子"闻风雷必变"，颜渊死，孔子叹息"天丧予，天丧予"（《先进》）即此。但这种变迁更可能源自上层统治者（大人）的失德，且仅仅个人或少数人一时之失德，就可能导致整个社会的长期混乱（如孔子面对的现实），这无疑尤其可畏。这种情况下的"畏"，并不是出自对上层权威人物的惧怕，而只是忧心在失德情况下权威的滥用给社会带来的深重灾难。孔子把"畏大人"与"畏天命""畏圣人"并列，实表达了他对已经陷入深重灾难的

---

① 牟宗三：《心体与性体》上册，上海古籍出版社1999年版，第18页。

现实状况的深重忧虑①。

其三，作为一名君子，面对上层人物失德引发的社会的深重灾难，也不可以放弃崇高的价值理想，反倒要以更加敬谨的态度去持守这种理想，日夕警惕自己是否有所松懈。自己个人的持守和影响他人与社会的努力，在改变恶的变迁方面也许只起到微不足道的作用，但也要把它看作是历史赋予的神圣使命，而以顽强不息的精神心态去做出努力。孔子周游列国十四年，"累累若丧家之犬"，却还要"知其不可而为之"，他的这种具有献身性的精神心态，也体现了一种敬畏感。这似乎是孔子面对当时的时势（命）更加强调的一种敬畏精神。

诚然，孔子立足于世间日常生活、日常情感建构起来的以价值追求为核心的哲学体系，是必然认信价值意识的自然—自主性的。如果只是讲求自然—自主性，便难以避免把个体自我推向一种绝对性。阳明后学出现的"满街都是圣人"的格局，即是个体自我的自主—自足性过分强调的结果。孔子虽然认信价值意识形成的自然—自主性，但他是置于世代相继的文化传统与精神血脉来谈这种自然—自主性的，这就使个人于自然—本然中习得的价值意识，因为承接着世代相续的文化传统与精神血脉而获得一种超越个体自我的客观的乃至神圣化的意义。

孔子让价值哲学、价值意识回归日常生活、日常情感，似是凡俗的，但是他从凡俗中指点出神圣所在。如果哲学的架构不可以缺失神圣的维度，那么孔子其实已经做得很是圆满。

六、孔子哲学作为一种范型开启的意义

通过以上分析可见，孔子思想能够回应与满足哲学所需的普遍无限性、先验性、神圣性等诉求，具足作为哲学体系的共同品格。

然而，孔子思想毕竟又不同于西方哲学。西方哲学的传统形态是通过舍弃现实生活、剥离经验内容，在纯形式的意义上建构起来的，因为太纯粹了，所以它与神的追求相契接。

---

① 钱穆注"畏大人"一语称："大人，居高位者，临众人之上，为众人祸福所系，亦非我力所能左右，故不可不心存敬畏。"释全章则称："畏者戒之至而亦慧之深。禅宗去畏求慧，宋儒以敬字矫之，然谓敬在心，不重于具体外在之当敬者，亦其失。"（氏著：《论语新解》，生活·读书·新知三联书店2002年版，第435页）钱穆谓"敬"有"具体外在之当敬者"，诚是。

孔子则不然。他从来不舍离现实生活世界，从来对生活世界充满感情，寄予期望。这就显示，孔子既具足作为哲学体系所需的共同品格，也呈现出自己的个性特色，表显为一种独特的范型。

孔子哲学的这种个性特色、独特范型，可以用什么来标识，用什么话语去界说呢？

许多学者会用"仁学""仁者爱人"来标识、界说。这似乎只是一种伦理学的视角，缺失哲学的维度；而且与宗教家难有区别，宗教家就很推崇无条件的、不加分别的"普遍之爱"①。我们大可不必让孔子扮演宗教家的角色，也不必与宗教家比"爱"。那么，如何表征孔子哲学的独特范型呢？笔者认为更能体现孔子哲学的独特范型的，是孔子的运思方式和由运思方式积淀而成的文化精神。

孔子的运思方式，就其回到现实世间生活去考虑社会与人生的问题而并未诉诸上苍而言，体现了一种理性的取向；而回到现实世间生活关切的却是人与人的情感，这又是有价值的，体现了信仰的取向。孔子的哲学作为一种独特范型，实际上可以界说为在理性与信仰之间保持平衡与张力的类型。所谓在理性与信仰之间保持平衡与张力，是指：它的理性的取向，是有信仰做底蕴的，因而不至于脱落为工具，"以义取利"所说即是；它的信仰的取向，又是经过理性洗礼的，因而不至迷失于狂躁，"天下有道则见，无道则隐"所指即是。

孔子回归现实世间日常生活、日常情感建构起来的这样一种哲学范型，与西方抛离世间日常生活、日常情感，以逻辑抽象与演绎的方式去建构的哲学，亦可以说是两种不同的哲学范型。对这两种不同的体系或范型，我们没有必要简单地做谁优谁劣的比较。但是还是应该指出：西方哲学通过抽象确立一个终极原则，对现实社会固有批判的意义；然待其需要给现实社会做正面建构时，却又不得不引入个别的经验。兹如西方近代倡设的"人人生而平等"说，就是抽去了人与人的种种差别而确立的。待人们感到不平等时，它可以化为批判的武器。可是在现实社会中如何加以贯

---

① 《新约·马太福音》记称："我告诉你们，要爱你们的仇敌，并且为迫害你们的人祷告。这样，你们才可以作天父的儿女。因为，天父使太阳照好人，同样也照坏人；降雨给行善的，也给作恶的。假如你们只爱那些爱你们的，上帝又何必奖赏你们呢？"(《新约》，中国基督教协会1997年版，第9页) 这是讲"普遍的爱"。

彻？小孩有没有平等投票的权利？妇女有没有投票的资格？凭什么做出判定？无非是一些关于成熟与不成熟的经验考虑。经验的引入，已使哲学追求从先验往下坠落。况且，经验的选取，既无先验做依据，又必带主观随意性。由此不能不引发先验原则与经验现实的紧张性，以及由这种紧张性连带引出的无限与有限、绝对与相对、世界与自我等种种的紧张性。现实有限个人回归不到无限世界，必然感到焦虑乃至恐惧。西方哲学热衷谈"焦虑""恐惧"，大概源于此！

孔子则不然。一方面，孔子是理性的、面向现实的。这就使自己可以容纳现实的变迁与经验的内容。孔子承认"权"的重要性，孟子称孔子为"圣之时者"（《孟子·万章下》）。孔子与孟子这种容纳变迁的心态即显示出一种理性。

另一方面，孔子又是很有价值持守的。理性的面向是正视现实，但不是随波逐流。理性面向的意义是从现实具体情况出发，去做价值的指引与提升。《中庸》中"尊德性而道问学""极高明而道中庸"，即是指，"德性"作为"极高明"的追求，不是悬空的，要从"道问学"切入，要从日常平庸的世间生活开始。在极其必要的时候，亦可以"杀身成仁""舍生取义"。此所谓极其必要，即不是盲目的，而是经过理性的选择与考虑的；但不管如何考虑，仁义作为终极追求，都是绝不可以放弃的。

尤须指出的是，孔子及其开创的儒家在信仰与理性之间保持平衡与张力的运思方式和文化精神，不特构成儒学作为一个哲学学派的独特品格，而且在铸造中华民族的国民性中发挥了重要作用。我们看中国历史：两千多年从来没有发生过大规模的宗教战争，此即表现了中国国民的理性态度；中国历史上也曾出现过分裂割据，但终以统一为归结，此实如钱穆所说，乃因中国人讲求"情"的内在融和①。

---

① 钱穆先生对东西文化做了一种类型上的区分："西方之一型，于破碎中为分立，为并存，故常务于'力'的斗争，而竟为四围之斗。东方之一型，于整块中为团聚，为相协，故常务于'情'的融和，而专为中心之翕……故西方史常表见为'力量'，而东方史则常表见为'情感'。西方史之顿挫，在其某种力量之解体；其发皇，则在某一种新力量之产生。中国史之隆污升降，则常在其维系国家社会内部的情感之麻木与觉醒……以治西史之眼光衡之，常觉我民族之啴缓无力者在此。然我民族国家精神命脉所系，固不在一种力之向外冲击，而在一种情之内在融和也。盖西方制为列国争存之局，东方常抱天下一统之想。"（氏著：《国史大纲（修订本）》上册"引论"，商务印书馆 1994 年版，第 23-25 页）此论甚有见地，仅录以供参考。

当今世界，价值信仰与工具理性各自被推向极端：信仰没有经过理性的洗礼，变得极其盲目而张狂；理性缺乏信仰做底蕴，完全蜕变为争夺利益的工具与伪装。各种对抗由此引发且变得愈加激烈。面对当今世界的这种现实，也许孔子和儒家及其铸造的中国国民性在理性与信仰之间保持平衡与张力的独特架构，及其关注现实而又力图把现实往价值信仰提升的实践精神，会来得更有魅力！

［本文原刊于《中山大学学报（社会科学版）》2018年第2期，有改动］

论毛郑与朱子对兴法之不同理解

黄少微

《诗》之"兴"为何，如何界定并区分"比"和"兴"，历来是说《诗》者聚讼纷纭的古老话题之一。本文无意于辨析"比""兴"之别，仅以《毛传》(《毛诗古文训传》的简称)、《郑笺》(郑玄所作《毛诗传笺》的简称)(二者或简称"毛郑")和朱子之解释为例，尝试辨析毛郑与朱子对"兴"法之不同理解，尝试了解其对《诗》义理解不同之缘由，进而探求朱子批驳《诗序》可能存在的思想根据，以期为当下读《诗》提供一种有益借鉴。

一、说"兴"：朱子对"兴"之不同理解

《诗》作为诗，首先是一种隐喻性的写作。《诗》中的诗，又多借助于"鸟兽草木"等兴象作为写作的开始。因而，解读兴象之寓意，自也是解《诗》的必经之路。兴象如何与下文诗意贯通，又落在对"赋比兴"的理解上。如朱子所言："三经是赋、比、兴，是做诗底骨子，无诗不有，才无，则不成诗。"[①] 且不论朱子对"赋比兴"的定位是否得当，但也可见三者对读《诗》、解《诗》之重要性非同一般。"赋比兴"三者，"赋"较易理解，铺陈其事是也。"比""兴"易混淆，"兴"又尤难解。"兴"与《诗》义关系如何？朱子言："有将物之无，兴起自家之所有；将物之有，兴起自家之所无。前辈都理会这个不分明，如何说得《诗》本指！"[②] 可见，如何理解"兴"义，是每位说《诗》、解《诗》者首先不得不面对的问题。

---

① 朱熹：《朱子语类》卷八十，载朱杰人、严佐之、刘永翔主编《朱子全书》第17册，上海古籍出版社、安徽教育出版社2002年版，第2740页。
② 朱熹：《朱子语类》卷八十，载朱杰人、严佐之、刘永翔主编《朱子全书》第17册，上海古籍出版社、安徽教育出版社2002年版，第2741页。

首先将《诗》与"兴"单独联系在一起的，应是孔夫子。《论语·泰伯》论《诗》，子曰："兴于《诗》，立于礼，成于乐。""兴于《诗》"，包咸《论语集解》释为："兴，起也，言修身当先学《诗》也。"① 包咸依《说文解字》训释"兴"，但对如何能"兴于《诗》"并未做更深的探讨。皇侃《论语义疏》引江熙释为："览古人之志，可起发其志也"②。"兴于诗"，在于起发人之心志，此解或出自"诗言志，歌咏言，声依永，律合声"一说，或源于《诗序》"诗者，志之所之也。在心为志，发言为声"一说。朱子承继此解并加以发挥，《论语集注》言："《诗》本性情，有邪有正，其为言既易知，而吟咏之间，抑扬反复，其感人又易入。故学者之初，所以兴起其好善恶恶之心，而不能自已者，必于此而得之。"③ 又曰："夫古人之诗，如今之歌曲，虽闾里童稚，皆习闻之而知其说，故能兴起。"④ 此处，朱子与皇侃都认为"兴于《诗》"在于兴起人之情志。朱子更是将"古人之《诗》"类比于南宋的词曲，是人人得而习之并能够被感发的。

然而，孔夫子是否也认为"兴于《诗》"之"兴"，在于《诗》对人之情志的起发？《论语·阳货》："子曰：'小子，何莫学夫《诗》？《诗》，可以兴，可以观，可以群，可以怨。迩之事父，远之事君，多识于鸟兽草木之名。'"此处，夫子明白无误地指出《诗》的四种用途：兴、观、群、怨。而能够说明《诗》可以"兴"（乃至"可以观，可以群，可以怨"）的原因当在下句："迩之事父，远之事君，多识于鸟兽草木之名。"此处，"事父""事君"，几可涵盖孔子论说的人类文明社会的核心体系，"鸟兽草木"，则又指向自然界。这句话囊括了人类文明社会与自然界。而比照于《诗经》中的记载，"事父""事君"所代表的社会生活与"鸟兽草木"的自然界确也是其主要内容。历代注家似也均将三者作为各个独立的部分来看。朱子《论语集注》言："人伦之道，《诗》无不备，二者举重而言……其余绪又足以资多识。"⑤ 其实，在极为推重礼法秩序的孔子处，"事父""事君"才是重要的事情，但何以又在此处提出"多识于鸟兽草

---

① 程树德撰，程俊英、蒋见元点校：《论语集释》第2册，中华书局1990年版，第529页。
② 程树德撰，程俊英、蒋见元点校：《论语集释》第2册，中华书局1990年版，第529页。
③ 朱熹：《四书章句集注》，中华书局1983年版，第104—105页。
④ 朱熹：《四书章句集注》，中华书局1983年版，第105页。
⑤ 朱熹：《四书章句集注》，中华书局1983年版，第179页。

木之名"？朱子释"多识于鸟兽草木之名"为"其余绪又足以资多识"，即学《诗》还能让人增长见识。通观《论语》中夫子对《诗》的谈论，"资多识"或并非夫子所认可的学《诗》的目的，学《诗》更多是为了"达于政"。子曰："诵《诗》三百，授之以政，不达；使于四方，不能专对；虽多，亦奚以为？"（《论语·子路》）皇侃《论语义疏》引袁氏云："《诗》有三百，是以为政者也。古人使赋《诗》而答对。"① 《诗》的作用在于"政"。朱子亦不否认此论点。《论语集注》："《诗》本人情，该物理，可以验风俗之盛衰，见政治之得失。其言温厚和平，长于风喻。故诵之者，必达于政而能言也。"② 朱子从政治的效验来谈论《诗》与"政"的关系。而观看夫子对《诗》的谈论，则《诗》与"政"的关联应表现在《诗》对"政"的作用上，即"诵《诗》"在于"通达政"，在于"使于四方可专对"。二者均强调学《诗》之后在政治上有所作用。因而，此处的"鸟兽草木之名"，并非只是简单的"资多识"。

《论语》中夫子论"名"的次数并不多，其最为人熟知的应是"名不正，则言不顺；言不顺，则事不成；事不成，则礼乐不兴"一句。除"鸟兽草木之名"外，《论语》还有5处论及"名"，如下：

  子曰："富与贵是人之所欲也，不以其道得之，不处也；贫与贱是人之所恶也，不以其道得之，不去也。君子去仁，恶乎成名？君子无终食之间违仁，造次必于是，颠沛必于是。"③（《里仁》）

  子曰："大哉尧之为君也！巍巍乎！唯天为大，唯尧则之。荡荡乎！民无能名焉。巍巍乎！其有成功也；焕乎，其有文章！"④（《泰伯》）

  达巷党人曰："大哉孔子！博学而无所成名。"子闻之，谓门弟子曰："吾何执？执御乎？执射乎？吾执御矣。"⑤（《子罕》）

---

① 程树德撰，程俊英、蒋见元点校：《论语集释》，中华书局1990年版，第901页。
② 朱熹：《四书章句集注》，中华书局1983年版，第144页。
③ 朱熹：《四书章句集注》，中华书局1983年版，第70页。
④ 朱熹：《四书章句集注》，中华书局1983年版，第107页。
⑤ 朱熹：《四书章句集注》，中华书局1983年版，第109页。

子路曰："卫君待子而为政，子将奚先？"子曰："必也正名乎！"子路曰："有是哉，子之迂也！奚其正？"子曰："野哉，由也！君子于其所不知，盖阙如也。名不正，则言不顺；言不顺，则事不成；事不成，则礼乐不兴；礼乐不兴，则刑罚不中；刑罚不中，则民无所措手足。故君子名之必可言也，言之必可行也。君子于其言，无所苟而已矣！"①（《子路》）

子曰："君子疾没世而名不称焉。"②（《卫灵公》）

考察夫子对"名"的使用，这里的"名"均不只是简单的科普意义上的"名字"那么简单。如"名不正，则言不顺"与"成名"说，"名"还指向能够赋予"名"以意义的礼乐秩序。同样，人类也以"名"来区分鸟兽草木之间内在的区别，那么，这里的名应当还包含使鸟兽草木独立成为其自己的那种独特属性，而属性的区分对应着内在秩序的初步形成。

从"名"包含着属性与秩序这一层意义出发，夫子所提出的"多识于鸟兽草木之名"与"事父""事君"的关联则颇为明显。"事父""事君"，指向礼乐秩序的安排建构；而此种秩序可以由多识于"鸟兽草木之名"而来。这像是人类形成社会团体时向自然社会学习的一种经验性总结。人类的秩序建构，来源于对自然秩序的学习与模仿，人类生活秩序与自然秩序密切相关。实际上，这种人类与自然的关联思维在战国诸子的论说中也均有充分的体现③。

因而，夫子言"兴于《诗》""《诗》可以兴"，其意义应不仅指《诗》能够兴发人之志意。"《诗》可以兴"，孔安国解为"引譬连类"④，正道出"兴"在连接自然与人类秩序方面的意义。而"兴于《诗》，立于礼"，"诗"与"礼"相联系，相互发生作用，则此处的"诗"也当是与礼乐秩序相关的"诗"。故《诗》之兴，在于人能够在认识鸟兽草木之

---

① 朱熹：《四书章句集注》，中华书局1983年版，第143页。
② 朱熹：《四书章句集注》，中华书局1983年版，第166页。
③ 参见葛瑞汉著、张海晏译《论道者：中国古代哲学论辩》，中国社会科学出版社2003年版；艾兰著、张海晏译《水之道与德之端：中国早期哲学思想的本喻》，上海人民出版社2002年版。
④ 程树德撰，程俊英、蒋见元点校：《论语集释》，中华书局1990年版，第1212页。

"名"所承载的自然属性与秩序的基础上，进而学习到人类自身"事父""事君"的那套礼乐秩序，由此，再通过礼仪的学习"立于礼"。也因此，"兴"连接了自然与人类社会的秩序。

而在《毛诗》的解《诗》体系中，"兴"也多寄托于"鸟兽草木"，同时也常在起兴的"鸟兽草木"之下指出其寓意。如《小雅·鹿鸣》首章"呦呦鹿鸣，食野之苹"，毛公曰："兴也。苹，萍也。鹿得萍，呦呦然鸣而相呼，恳诚发乎中，以兴嘉乐宾客，当有恳诚相招呼以成礼也。"① 毛公的注解都极为简短，但在这些名物的训解上常难得地详细注明其寓意。可见，在毛公的解《诗》体系里，"兴"应有隐喻的意味，鸟兽草木不只是一种简单的名物，其背后还隐含着一套自然界的秩序。

但"兴"所具有的隐喻的倾向，在朱子处却消失了。"兴于《诗》""《诗》可以兴"，朱子将"兴"理解为对情感的"兴起""感发"，而不是"引譬连类"下隐喻的理解。在《诗集传》中，朱子标注"兴"的位置也常与毛公不同。毛公标"兴也"多在发端，只有2篇例外。其中，《秦风·车邻》"兴"标在次章，或因首章没出现"鸟兽草木"的描写，而次章则有"阪有漆，隰有栗"。《小雅·南有嘉鱼》中"兴"则标在第三章，或是因为第三章有"南有樛木，甘瓠累之"的描写。但朱子标"兴也"却无定例，篇首、篇中、篇尾都可以，同时也出现"兴而比也"（如《周南·汉广》）、"赋而兴也"（如《郑风·野有蔓草》）等用法。毛公的"兴"要借诸鸟兽草木，兴象自有其内在的寓意，朱子却极少道出兴象的隐含寓意。

朱子也言："盖所谓六义者，《风》《雅》《颂》乃是乐章之腔调，如言仲吕调、大石调、越调之类。至比、兴、赋，又别。直指其名，直叙其事者，赋也；本要言其事，而虚用两句钓起，因而接续去者，兴也；引物为况者，比也。"② 朱子认为，"兴"是"虚用两句钓起""本要言"之事。在朱子处，兴象似乎没有很深的寓意，而更注重所"本要言"之事。

---

① 毛亨传、郑玄笺、孔颖达疏、龚抗云等整理：《毛诗正义》中册，北京大学出版社1999年版，第649页。
② 朱熹：《朱子语类》卷八十，载朱杰人、严佐之、刘永翔主编《朱子全书》第17册，上海古籍出版社、安徽教育出版社2002年版，第2737页。

"兴者，托物兴词。"① 朱子对"兴"的理解，类似于唐诗中的咏物，其重点在于理解诗篇中个人的情志。如：

> 问"比、兴"。曰："说出那物事来是兴，不说出那物事是比。如'南有乔木'，只是说个'汉有游女'；'奕奕寝庙，君子作之'，只说个'他人有心，予忖度之'；《关雎》亦然，皆是兴体。比底只是从头比下来，不说破。兴、比相近，却不同。《周礼》说'以六诗教国子'，其实只是这赋、比、兴三个物事。《风》《雅》《颂》，诗之标名。理会得那兴、比、赋时，里面全不大段费解。今人要细解，不道此说为是。如'奕奕寝庙'，不认得意在那'他人有心'处，只管解那'奕奕寝庙'。"②

这条语录可作为上条语录"本要言其事，而虚用两句钓起"的注解，依朱子所言，"南有乔木""奕奕寝庙，君子作之"此类兴象的描写是"兴"，不须多做理会；"汉有游女""他人有心，予忖度之"此类关于人类事物的记叙，才是"兴"之重点，人须多理会。可见，在朱子的解《诗》系统里，兴的重点不在于"鸟兽草木"诸兴象与人类社会所关联的寓意，而全然在兴词自身的意义上。此有言可证：

> 问："《诗传》说六义，以'托物兴词'为兴，与旧说不同。"曰："觉旧说费力，失本指。如兴体不一，或借眼前物事说将起，或别自将一物说起，大抵只是将三四句引起，如唐时尚有此等诗体。如'青青河畔草'，'青青水中蒲'，皆是别借此物，兴起其辞，非必有感有见于此物也。有将物之无，兴起自家之所有；将物之有，兴起自家之所无。前辈都理会这个不分明，如何说得《诗》本指！"③

---

① 朱熹：《诗传纲领》，载朱杰人、严佐之、刘永翔主编《朱子全书》第1册，上海古籍出版社、安徽教育出版社2002年版，第344页。

② 朱熹：《朱子语类》卷八十，载见朱杰人、严佐之、刘永翔主编《朱子全书》第17册，上海古籍出版社、安徽教育出版社2002年版，第2738－2739页。

③ 朱熹：《朱子语类》卷八十，载朱杰人、严佐之、刘永翔主编《朱子全书》第17册，上海古籍出版社、安徽教育出版社2002年版，第2741页。

《诗传纲领》引程子所言,更是将"兴"的意义落实到道德修养的层面。程子曰:"兴于诗者,吟咏情性,涵畅道德之中而歆动之,有'吾与点也'之气象。"又曰:"学者不可不看《诗》,看《诗》便使人长一格。"①

由此可见,朱子之"兴"较毛公之"兴",其意义与重点至少已有如下转变:①毛郑的"兴",是一种"引譬连类",其重点是"兴物"(兴象)与"兴词"(起兴之后的诗句)间内在关联的意义;朱子的"兴"是一种"托物兴词",《诗》的重点在兴词自身的意义。②毛郑的"兴物"有其内在的隐喻义,对"兴物"的理解关系着对"兴词"的解读,关系着对诗义的理解。朱子恰相反,其"兴物"(兴象)并无内在隐喻。对"兴"的不同理解,使得二者对"兴象"的理解也各有不同,进而对"兴词"的解读不同,以至对诗义的理解也发生了改变。

二、看"山":作为"栖止"的隐喻的消失

对于同一个文本,不同的解读方式和解读目的,都会导致与文本意义有出入甚至完全不同的理解。毛郑、朱子便是如此。

从对"兴"的不同理解出发,经由"兴"—"兴象"—"兴词"的解析,毛郑与朱子对《诗》义的理解由此发生差异。其中,是否理解"兴象"的隐喻义,成为毛郑与朱子解读《诗》本义的一个关键环节。这类例子在《诗》中不胜枚举,兹取《诗》中有代表性意义的"山"与"水"这两种兴象作为例证加以解说。

《诗》中多处涉及对"山"的描写。以"山"为核心词,与其相关的兴象有"北林"(《秦风·晨风》)、"南山"(《小雅·南山》)、"北山"(《小雅·北山》)、"丘阿"(《小雅·绵蛮》)、"卷阿"(《大雅·卷阿》)等。当《诗》以"山"起兴时,毛公多会标出"兴也",并注明其寓意。

《小雅·绵蛮》诗云:

> 绵蛮黄鸟,止于丘阿。道之云远,我劳如何!饮之食之,教之诲之,命彼后车,谓之载之。

---

① 朱熹:《诗传纲领》,载朱杰人、严佐之、刘永翔主编《朱子全书》第1册,上海古籍出版社、安徽教育出版社2002年版,第348—349页。

> 绵蛮黄鸟，止于丘隅。岂敢惮行？畏不能趋。饮之食之，教之诲之，命彼后车，谓之载之。
>
> 绵蛮黄鸟，止于丘侧，岂敢惮行？畏不能极。饮之食之，教之诲之，命彼后车，谓之载之。

首句"绵蛮黄鸟，止于丘阿"，《毛传》曰："兴也。绵蛮，小鸟貌。丘阿，曲阿也。鸟止于阿，人止于仁。"《郑笺》申之："止，谓飞行所止托也。兴者，小鸟知止于丘之曲阿静安之处而托息焉，喻小臣择卿大夫有仁厚之德者而依属焉。"① 在毛郑的解释里，黄鸟止于丘阿，喻人当止于仁。丘阿，作为人所当停歇之处（止于仁厚之德者）的隐喻。承接这一隐喻，其下六句《郑笺》曰："在国依属于卿大夫之仁者，至于为末介，从而行，道路远矣。我罢劳则卿大夫之恩宜如何乎？渴则予之饮，饥则予之食，事未至则豫教之，临事则诲之，车败则命后车载之。"② 由此可知在毛郑的解释里，黄鸟止于丘阿寓意人当止于仁者，亦即丘阿乃作为人所当停歇之处（止于仁厚之德者）的隐喻。

再如《大雅·卷阿》，其首句"有卷者阿，飘风自南"，《毛传》曰："兴也。卷，曲也。飘风，回风也。恶人被德化而消，犹飘风之入曲阿也。"《郑笺》云："大陵曰阿。有大陵卷然而曲，回风，从长养之方来入之。兴者，喻王当屈体以得贤者，贤者则猥来就之，如飘风之入曲阿然，其来也，为长养民。"③ 在毛公处，飘风入曲阿，喻恶人被德化而消，则曲阿作为"德化"的象征，同时，曲阿在此处也作为人所当停歇之处的隐喻。郑玄则以飘风入曲阿作为贤者归于王者的象征，曲阿亦作为人当停歇之处的隐喻。"卷阿"的此种解释，也使得毛郑所解诗意与《诗序》说相合。《诗序》云："《绵蛮》，微臣刺乱也。大臣不用仁心，遗忘微贱，不肯饮食教载之，故作是诗也。"又云："《卷阿》，召康公戒成王也。言求贤用吉士。"

"丘阿""卷阿"此等兴象明显属于"山"的意象；在《诗经》中，

---

① 毛亨传、郑玄笺、孔颖达疏、龚抗云等整理：《毛诗正义》中册，北京大学出版社1999年版，第1093页。

② 毛亨传、郑玄笺、孔颖达疏、龚抗云等整理：《毛诗正义》中册，北京大学出版社1999年版，第1094页。

③ 毛亨传、郑玄笺、孔颖达疏、龚抗云等整理：《毛诗正义》中册，北京大学出版社1999年版，第1323页。

论毛郑与朱子对兴法之不同理解

还有一组与"山"这一实体无关，但或许因其形态、功能的相似性，也具有"山"的寓意，如树林，可见于《秦风·晨风》中的"北林"：

> 䫹彼晨风，郁彼北林。未见君子，忧心钦钦。如何如何，忘我实多！
> 山有苞栎，隰有六驳。未见君子，忧心靡乐。如何如何，忘我实多！
> 山有苞棣，隰有树檖。未见君子，忧心如醉。如何如何，忘我实多！

在毛郑的解释里，"䫹彼晨风，郁彼北林"一句为"兴也"，毛公并注曰："䫹，疾飞貌。晨风，鹯也。郁，积也。北林，林名也。先君招贤人，贤人往之，驶疾如晨风之飞入北林。"《郑笺》云："先君谓穆公。"① 在毛郑的解释里，晨风入北林，兴喻贤人归往秦穆公，即秦穆公能招来贤才。北林作为贤人向往的归宿的隐喻。顺承这一解释，下句"未见君子，忧心钦钦"，毛公解为："思望之，心中钦钦然。"《郑笺》承上文并为《毛传》做引申："言穆公始未见贤者之时，思望而忧之。"其后一句"如何如何，忘我实多"，《毛传》曰："今则忘之矣！"《郑笺》申之："此以穆公之意责康公。如何如何乎？女忘我之事实多。"顺承"晨风""北林"的寓意，毛郑的解释恰与《诗序》相合。《诗序》言："《晨风》，刺康公也。忘穆公之业，始弃其贤臣焉。"②

考之先秦其他典籍的记载，对"山"的描写并不少见。如《论语》："仁者乐山，智者乐水。"仁者系之山。山或许因其生养万物之故，被作为人所当停歇之处的隐喻。《大学》也分享了这一隐喻："《诗》云：'邦畿千里，惟民所止。'《诗》云：'绵蛮黄鸟，止于丘隅。'子曰：'于止，知

---

① 毛亨传、郑玄笺、孔颖达疏、龚抗云等整理：《毛诗正义》中册，北京大学出版社 1999 年版，第 503 页。

② 《孔疏》疏解《诗序》意及毛郑，曰："䫹然而疾飞者，彼晨风之鸟也。郁积而茂盛者，彼北林之木也。北林由郁茂之故，故晨风飞疾而入之。以兴疾归于秦朝者，是彼贤人；能招者，是彼穆公。穆公由能招贤之故，故贤者疾而归之。本穆公招贤人之时如何乎？穆公未见君子之时，思望之，其忧在心，钦钦然唯恐不见，故贤者乐往。今康公乃弃其贤臣，故以穆公之意责之云：汝康公如何乎？忘我之功业实大多也。"（毛亨传、郑玄笺、孔颖达疏、龚抗云等整理《毛诗正义》中册，北京大学出版社 1999 年版，第 503 页）

其所止，可以人而不如鸟乎！'《诗》云：'穆穆文王，于缉熙敬止！'为人君，止于仁；为人臣，止于敬；为人子，止于孝；为人父，止于慈；与国人交，止于信。"① 可见，以山等具有生养性质的自然事物，作为人当停歇于仁者的隐喻，在先秦时或是一种普遍流行的观念。

相较之下，"丘阿""卷阿""北林"与人当止于仁者的隐喻观念在朱子处却不甚明显，几近消失。《诗集传》中关于"山"这类兴象的训释，朱子仅对其字义做简单说明。

如《小雅·绵蛮》首章，《诗集传》云："比也。绵蛮，鸟声。阿，曲阿也。后车，副车也。此微贱劳苦，而思有所托者，为鸟言以自比也。盖曰绵蛮之黄鸟，自言止于丘阿而不能前，盖道远而劳甚矣。当是时也，有能饮之食之，教之诲之，又命后车以载之者乎？"② 朱子认为此章是"比"，以鸟自比，同时，"止于丘阿"亦不是毛郑之"止于仁者"，而是在下文"道之云远，我劳如何"的理解下，认为是"止于丘阿而不能前"。在这样的理解下，朱子自不能解出《诗序》说的"大臣不用仁心"之意。同样，《大雅·卷阿》的理解也异于毛郑。《诗集传》曰："赋也。卷，曲也。阿，大陵也。岂弟君子，指王也。矢，陈也。此诗旧说召康公作，疑公从成王游歌于卷阿之上，因王之歌，而作此以为戒。"③ 朱子认为此章是赋，因而亦将其作为一种事实来描述，则"卷阿"之寓意自不待言。

再如《秦风·晨风》，《诗集传》曰："兴也。鴥，疾飞貌。晨风，鹯也。郁，茂盛貌。君子，指其夫也。钦钦，忧而不忘之貌。妇人以夫不在，而言鴥彼晨风，则归于郁然之北林矣，故我未见君子，而忧心钦钦也。彼君子者，如之何而忘我之多乎？"④ 在朱子的解释里，"北林"作为贤者归宿的隐喻消失殆尽；同时朱子贯注他对"兴"的理解，着重解释"兴词"，将"君子"释为"其夫"，从而使其诗意变为妇人思夫。在此种语境下，《诗序》说自不合于朱子之诗意，故《诗序辨说》云："此妇人

---

① 朱熹：《四书章句集注》，中华书局1983年版，第5页。
② 朱熹注、王华宝整理：《诗集传》，凤凰出版社2007年版，第201页。
③ 朱熹注、王华宝整理：《诗集传》，凤凰出版社2007年版，第231页。
④ 朱熹注、王华宝整理：《诗集传》，凤凰出版社2007年版，第90页。

念其君子之辞,《序》说误矣。"①

对"山"这一兴象之寓意的不同理解,使得毛郑与朱子对其所在章句的训释各异,从而在《诗》意的理解上也产生了分歧。而朱子又常依其对《诗》意之理解,认为《诗序》说非《诗》意,从而反复批驳《诗序》"全非《诗》意"。

在对《诗》意的理解基础上,朱子又常认为《诗序》说未明"《诗》之用",未道尽"《诗》之意"。而观览《诗集传》所言"《诗》之用""《诗》之意",主要因朱子认为《诗序》没有明确凸显周室王者的威仪,因而《诗集传》中朱子反复强调周王室的君臣之严敬。如《小雅·鹿鸣》,《诗序》言:"《鹿鸣》,燕群臣嘉宾也。既饮食之,又实币帛筐篚以将其厚意,然后忠臣嘉宾得尽其心矣。"《诗序辨说》曰:"《序》得诗意,但未尽其用耳。其说已见本篇。"②《诗集传》则曰:"此燕飨宾客之诗也。盖君臣之分,以严为主;朝廷之礼,以敬为主。然一于严敬,则情或不通,而无以尽其忠告之益,故先王因其饮食聚会,而制为燕飨之礼,以通上下之情。"③朱子训释的用意异于毛郑。《毛传》曰:"鹿得萍,呦呦然鸣而相呼,恳诚发乎中。以兴嘉乐宾客,当有恳诚相招呼以成礼也。""人有德善我者,我则置之于周之列位。"④在毛郑的解《诗》系统里,"山"是作为人所当停歇处的隐喻,这一停歇处,又多指仁君、王者,君王的威严、地位不言而喻,自然而然,如《郑笺》释《小雅·绵蛮》所言:"小鸟知止于丘之曲阿静安之处而托息焉,喻小臣择卿大夫有仁厚之德者而依属焉。"又如《郑笺》释《大雅·卷阿》所称:"回风,从长养之方来入之。兴者,喻王当屈体以得贤者,贤者则猥来就之,如飘风之入曲阿然,其来也,为长养民。"王者的地位、作用都隐藏在对"山"这类兴象的描写中,因而《诗序》也不会如朱子那般颇费心思重申王者的威严。

---

① 朱熹:《诗序辨说》,载朱杰人、严佐之、刘永翔主编《朱子全书》第1册,上海古籍出版社、安徽教育出版社2002年版,第378页。
② 朱熹:《诗序辨说》,载朱杰人、严佐之、刘永翔主编《朱子全书》第1册,上海古籍出版社、安徽教育出版社2002年版,第381页。
③ 朱熹注、王华宝整理:《诗集传》,凤凰出版社2007年版,第116页。
④ 毛亨传、郑玄笺、孔颖达疏、龚抗云等整理:《毛诗正义》中册,北京大学出版社1999年版,第649–650页。

三、观"水":作为"政教"的隐喻的消失

"水"亦是《诗》中常见的兴象,如"扬之水",《诗》中便有三篇以之起兴。以"水"为核心词,与之绵连的兴象还有"露水",如"零露""湛露"等。在毛郑的解《诗》体系里,"水"常作为政教的隐喻,如"扬之水"。

《王风·扬之水》云:

> 扬之水,不流束薪。彼其之子,不与我戍申。怀哉怀哉,曷月予还归哉?
> 扬之水,不流束楚。彼其之子,不与我戍甫。怀哉怀哉,曷月予还归哉?
> 扬之水,不流束蒲。彼其之子,不与我戍许。怀哉怀哉,曷月予还归哉?

首句"扬之水,不流束薪",《毛传》曰:"兴也。扬,激扬也。"《郑笺》申毛意,曰:"激扬之水至湍迅,而不能流移束薪。兴者,喻平王政教烦急,而恩泽之令不行于下民。"[1] 郑玄以流水激扬却不能移动束薪,兴喻政教恩泽不能下民,即以流水作为政教之隐喻。顺承此种寓意,下两句郑玄解为:"之子,是子也。彼其是子,独处乡里,不与我来守申,是思之言也。怀,安也。思乡里处者,故曰今亦安不哉,安不哉!何月我得归还见之哉!思之甚也!"[2] 在这种隐喻的理解下,其诗意应是:因王政恩泽不下民,民离家戍守边境,不得归家,心中充满忧怨。这正如《诗序》所言:"《扬之水》,刺平王也。不抚其民,而远屯戍于母家,周人怨思焉。"

虽然朱子未曾批驳此《诗》之《序》,但观《诗集传》中朱子对诗意的把握,应来自"不与我戍申""不与我戍甫""不与我戍许"这几句,

---

[1] 此处毛公虽未指出其寓意,但同样的句子也见之于《郑风·扬之水》中,于彼毛公曰:"激扬之水,可谓不能流漂束楚乎?"参见毛亨传、郑玄笺、孔颖达疏、龚抗云等整理《毛诗正义》上册,北京大学出版社1999年版,第304、369页。

[2] 毛亨传、郑玄笺、孔颖达疏、龚抗云等整理:《毛诗正义》上册,北京大学出版社1999年版,第304页。

尤其是"申""甫""许"这类包含历史信息的"诗眼"。朱子于首章言:"兴也。扬,悠扬也,水缓流之貌。彼其之子,戍人指其家室而言也。戍,屯兵以守也。申,姜姓之国,平王之母家也,在今邓州信阳军之境。平王以申国近楚,数被侵伐,故遣畿内之民戍之,而戍者怨思,作此诗也。兴取之不二字,如《小星》之例。"① 朱子详细训解"申"之方位及其历史背景,同时,朱子更明确指出此篇"兴"在于"不流"二字,即"兴取之不二字,如《小星》之例"。《召南·小星》有:"肃肃宵征,夙夜在公,寔命不同。""肃肃宵征,抱衾与裯,寔命不犹。""扬之水"与"束薪"的隐喻义在朱子的解释里并不可见。

再如《郑风·扬之水》:

> 扬之水,不流束楚。终鲜兄弟,维予与女。无信人之言,人实迋女。
>
> 扬之水,不流束薪。终鲜兄弟,维予二人。无信人之言,人实不信。

毛郑贯穿着上篇以"扬之水"作为"政教"的隐喻观念,毛公解首章为:"激扬之水,可谓不能流漂束楚乎?"② 郑玄申之:"激扬之水,喻忽政教乱促。不流束楚,言其政不行于臣下。"③《孔疏》疏《郑笺》:"激扬之水,是水之迅疾;言不流束楚,实不能流;故以喻忽政教乱促,不行臣下。由政令不行于臣下,故无忠臣良士与之同心,与下势相接,同为闵民无臣之事。"④ 依照此种隐喻,则其诗意正合《诗序》所言:"《扬之水》,闵无臣也。君子闵忽之无忠臣良士,终以死亡,而作是诗也。"

朱子的解释却未见到"扬之水,不流束楚"的隐喻义。《诗集传》言:"兴也。兄弟,婚姻之称,《礼》所谓'不得嗣为兄弟'是也。予女,

---

① 朱熹注、王华宝整理:《诗集传》,凤凰出版社2007年版,第51页。
② 毛亨传、郑玄笺、孔颖达疏、龚抗云等整理:《毛诗正义》上册,北京大学出版社1999年版,第369页。
③ 毛亨传、郑玄笺、孔颖达疏、龚抗云等整理:《毛诗正义》上册,北京大学出版社1999年版,第369页。
④ 毛亨传、郑玄笺、孔颖达疏、龚抗云等整理:《毛诗正义》上册,北京大学出版社1999年版,第370页。

男女自相谓也，人，他人也。迋，与逛同。淫者相谓，言扬之水则不流束楚矣，终鲜兄弟，则维予与女矣。岂可以他人离间之言而疑之哉？彼人之言，特诳女耳。"① 在朱子的解释下，不仅"扬之水，不流束薪"与下文无甚关联，同时，朱子还将"予与女"训为"男女自相谓也"，其诗意便成为"淫者相谓"之辞，异于毛郑，自然也不同于《诗序》说。故而，朱子认为此《诗序》有误，云："此男女要结之词，《序》说误矣。"②

露水是水的另一种形态，在毛郑的解《诗》体系里，常以露水不下流隐喻政教恩泽之不惠于民。如《郑风·野有蔓草》：

  野有蔓草，零露漙兮。有美一人，清扬婉兮。邂逅相遇，适我愿兮。
  野有蔓草，零露瀼瀼。有美一人，婉如清扬。邂逅相遇，与子偕臧。

又如《小雅·蓼萧》：

  蓼彼萧斯，零露湑兮。既见君子，我心写兮。燕笑语兮，是以有誉处兮。
  蓼彼萧斯，零露瀼瀼。既见君子，为龙为光。其德不爽，寿考不忘。
  蓼彼萧斯，零露泥泥。既见君子，孔燕岂弟。宜兄宜弟，令德寿岂。
  蓼彼萧斯，零露浓浓。既见君子，鞗革冲冲，和鸾雍雍，万福攸同。

《郑风·野有蔓草》首句"野有蔓草，零露漙兮"，《毛传》曰："兴也。野，四郊之外。蔓，延也。漙漙然盛多也。"《郑笺》云："零，落

---

① 朱熹注、王华宝整理：《诗集传》，凤凰出版社2007年版，第64页。
② 朱熹：《诗序辨说》，载朱杰人、严佐之、刘永翔主编《朱子全书》第1册，上海古籍出版社、安徽教育出版社2002年版，第372页。

也。蔓草而有露,谓仲春之时,草始生,霜为露也。"① 毛郑虽未对零露之寓意做一解说,但以毛郑解《诗》的统一性原则,《小雅·蓼萧》的解释可做其注解。《小雅·蓼萧》首句"蓼彼萧斯,零露湑兮",《毛传》云:"兴也。蓼,长大貌。萧,蒿也。湑湑然,萧上露貌。"《郑笺》申之:"兴者,萧,香物之微者,喻四海之诸侯,亦国君之贱者。露者,天所以润万物,喻王者恩泽,不为远国则不及也。"② 《郑笺》本《毛传》意,故在毛郑看来,露之润万物,寓意王者恩泽之惠四方。因而,《郑风·野有蔓草》孔颖达所疏亦非空穴来风。《孔疏》曰:"毛以为,郊外野中有蔓延之草,草之所以能延蔓者,由天有陨落之露,漙漙然露润之兮,以兴民所以得蕃息者,由君有恩泽之化养育之兮。今君之恩泽不流于下,男女失时,不得婚娶,故于时之民,乃思得有美好一人,其清扬眉目之间婉然而美兮,不设期约,邂逅得与相遇,适我心之所愿兮。由不得早婚,故思相逢遇。是君政使然,故陈以刺君。"③《孔疏》的解释顺承毛郑而来,以零露之润泽万物兴喻君有恩泽化育万民,使民得以繁息。在这种解释的思路下,诗意与《诗序》说相合。《诗序》云:"《野有蔓草》,思遇时也。君之恩泽不下流,民穷于兵革,男女失时,思不期而会焉。""《蓼萧》,泽及四海也。"

不过,在朱子的解释中并未见到露水的此种隐喻。朱子解《郑风·野有蔓草》云:"赋而兴也。蔓,延也。漙,露多貌。清扬,眉目之间,婉然美也。邂逅,不期而会也。男女相遇于野田草露之间,故赋其所在以起兴。言野有蔓草,则零露漙矣;有美一人,婉如清扬矣;邂逅相遇,则得以适我愿矣。"④ 朱子解其为"赋而兴",既是对相遇场景的直接描述,同时又借其起兴,在其解释里,"野有蔓草,零露瀼瀼"仅是一种景物的现实描写,并借景以抒情。承接此种解释,朱子将其解为男女不期而遇之诗。因而,朱子会认为《诗序》说所谓"君之不下流"乃"附益之语"。

---

① 毛亨传、郑玄笺、孔颖达疏、龚抗云等整理:《毛诗正义》上册,北京大学出版社1999年版,第375页。
② 毛亨传、郑玄笺、孔颖达疏、龚抗云等整理:《毛诗正义》中册,北京大学出版社1999年版,第723页。
③ 毛亨传、郑玄笺、孔颖达疏、龚抗云等整理:《毛诗正义》上册,北京大学出版社1999年版,第374页。
④ 朱熹注、王华宝整理:《诗集传》,凤凰出版社2007年版,第65页。

此种见解又见于《小雅·蓼萧》的辨说中。《诗集传》解此诗为天子宴诸侯时所歌之诗,"诸侯朝于天子,天子与之燕以示慈惠,故歌此诗。言蓼彼萧斯,则零露湑然矣;既见君子,则我心输写而无留恨矣。是以燕笑语而有誉处也。其曰既见,盖于其初燕而歌之矣"①。朱子认为:"《序》不知此为燕诸侯之诗,但见'零露'之云,即以为泽及四海,其失与《野有蔓草》同,臆说浅妄类如此云。"②

以"山"与"水"为核心,包括"北山""南山""丘阿""扬之水""零露"等,都是《诗》中常见的兴象。此外,如鸟类兴象,亦是《诗》中常见兴象,毛郑与朱子对其有不同解释,也可见二者在隐喻理解上的差异。如《小雅·小宛》首句"宛彼鸣鸠,翰飞戾天",朱子解为"彼宛然之小鸟,亦翰飞而至于天矣"③。朱子认为"鸣鸠"可高飞至天,但"鸣鸠"如何可"戾天"?《毛传》曰:"兴也……行小人道,责高明之功,终不可得。"《孔疏》疏之:"毛以为,言宛然翅小者,是彼鸣鸠之鸟也。而欲使之高飞至天,必不可得也。"④ 在毛公看来,"鸣鸠"是一种较小的鸟,并无能力飞上天空。此种特性,庄子也曾提及。《庄子·逍遥游》言:"蜩与学鸠笑之曰:'我决起而飞,抢榆枋而止,时则不至,而控于地而已矣。'"《庄子》虽是寓言,但依据此对话,可推知不能高飞至天应是"鸣鸠"的特性之一。但朱子仅依诗句字面义来解,没究其习性,亦不可见"鸣鸠"之"戾天"的隐喻,进而所解诗意也不同于毛郑,故而朱子提出不同于毛郑之理解:"此诗不为刺王而作,但兄弟遭乱畏祸而相戒之辞尔。"⑤

可见,毛郑解《诗》重在揭示出兴象之隐喻及其与下文诗句的关联,即自然之鸟兽草木与人间事物的关联意义,此"兴"是"引譬连类",是毛郑解《诗》的基本要点之一。在其解《诗》系统里,"山"与"水"

---

① 朱熹注、王华宝整理:《诗集传》,凤凰出版社2007年版,第130页。
② 朱熹:《诗序辨说》,载朱杰人、严佐之、刘永翔主编《朱子全书》第1册,上海古籍出版社、安徽教育出版社2002年版,第383页。
③ 朱熹注、王华宝整理:《诗集传》,凤凰出版社2007年版,第160页。
④ 毛亨传、郑玄笺、孔颖达疏、龚抗云等整理:《毛诗正义》中册,北京大学出版社1999年版,第869页。
⑤ 朱熹:《诗序辨说》,载朱杰人、严佐之、刘永翔主编《朱子全书》第1册,上海古籍出版社、安徽教育出版社2002年版,第386页。

的隐喻，都与王者、王教相关。王者的存在、王教的合理性，都隐含在对"山""水"的描写中，故而极少见毛郑着意花费笔墨阐述王者之位与王者之教的合理性，王者的存在自然而然。朱子则不然。《诗集传》中朱子并未如毛郑那样一一揭示兴象的隐喻，在朱子看来，兴象仅是"托物兴词"，其重点在"词"之真实义理，而非"物"之隐晦寓意。在此种解释下，朱子当不会领会隐含在"山""水"隐喻下的"王者"，故而朱子也常在《诗序》未突出文王，未彰显周王之威严时，认为《诗序》之说未明"《诗》之用"，或认为"《序》说粗浅"。

四、从"引譬连类"到"托物兴词"的转变

毛郑以"引譬连类"解"兴"，进而从兴象之隐喻入手，探讨诗意。朱子则以"托物兴词"解"兴"，故解读尤重"词"意。这是两种不同的解释方法，亦是两套不同的解释观念。

在毛郑的解释里，作为"引譬连类"的"兴"，连接起"鸟兽草木"所代表的自然秩序与"事父""事君"的人类社会秩序。其中存在一种预设，即人类社会的文明秩序源于对自然秩序的模仿与学习。自然与人类是一个整体，自然界与人类社会有其共通性，自然界与人类社会在秩序建构上是相通的。自然界的秩序也适用于人类社会的秩序。人们通过总结自然事物的各种经验，来建构社会的秩序。所以，水可以作为政教的隐喻。政教顺应民意，民众才得以繁息。流水之湍急，则犹如政教之苛刻烦急；零露之润物，犹如王政之恩泽于民。人类在察看自然事物的属性与自然秩序中，总结并建构起自己的文明秩序。这既可看作是上古人们对自然事物的一种经验性总结，也可视为上古圣人在天地之间对人类生活的一种安顿。

如《周易·系辞下》所述："古者包羲氏之王天下也，仰则观象于天，俯则观法于地，观鸟兽草之文，与地之宜，近取诸身，远取诸物。于是始作八卦，以通神明之德，以类万物之情。"① 观天法地而后作八卦，以此通类神明与万物。其中，也预设着天地自然有其共通性，同时"以类万物之情"，"物"不仅包含鸟兽草木诸类自然事物，也包含人类自身。因而，人类与自然有着共通性，人类能够通过对自然秩序的观察与模仿，

---

① 王弼注，孔颖达疏，李申、卢光明整理：《周易正义》，北京大学出版社1999年版，第350—351页。

来构建属于自身的礼法秩序。

秦汉去古未远,这种观念仍可见其踪影。如西汉董仲舒天人感应的思想体系中,"人副天数"一说也可视为此古老思想的归纳总结。毛郑的解释亦承此古老思想。在《毛传》《郑笺》中,他们以"引譬连类"来察看"兴"义,揭示兴象所具有的隐喻义,解释自然兴象与其"事父""事君"词句的关联义,指出"事父""事君"的秩序建构源于对"鸟兽草木"的自然秩序的模仿与学习。而朱子在理学的思想体系下解《诗》,认为"理"才是人类文明秩序的根源,读《诗》、解《诗》均是为求得"理"。

所以,朱子读《诗》只要人反复涵咏玩味,识得《诗》之"邪正"①,识得圣人所讲道理即可。在朱子看来,六经所载皆是天理,"六经是三代以上之书,曾经圣人手,全是天理"②。通经所以明理,更认为经之于理犹如传之于经:"解经不必做文字,止合解释得文义通,则理自明,意自足。今多去上做文字,少间说来说去,只说得他自一片道理,经意却蹉过了。要之,经之于理,亦犹传之于经。传,所以解经也,既通其经,则传亦可无;经,所以明理也,若晓得理,则经虽无,亦可。"③ 此也可见出,读经既是为明理,则经并非最重要的,读经也自非"第一义",理才是学者读经时所当理会体认的。如此,则可明白为何《诗集传》解《诗》时,朱子尤重兴象之后对"词"的理解,会在解释时只本着"兴词"的表面字义,阐释其义理。"兴"之阐释重点的转换,也是朱子在体认天理的解经实践中所做的选择。

同时,在朱子看来,天理人人各具,要体认天理亦当从切己的经验出发,读书只是明理的方式之一。"读书乃学者第二事。""读书已是第二义。盖人生道理合下完具,所以要读书者,盖是未曾经历见许多。圣人是经历见得许多,所以写在册上与人看。而今读书,只是要见得许多道理。

---

① 《朱子语类·读书法下》第八十八条:"读书只就一直道理看,剖析自分晓,不必去偏曲处看。《易》有个阴阳,《诗》有个邪正,《书》有个治乱,皆是一直路径,可见别无峣崎。"参见朱熹:《朱子语类》卷十一,载朱杰人、严佐之、刘永翔主编《朱子全书》第14册,上海古籍出版社、安徽教育出版社2002年版,第345页。
② 朱熹:《朱子语类》卷十一,载朱杰人、严佐之、刘永翔主编《朱子全书》第14册,上海古籍出版社、安徽教育出版社2002年版,第347页。
③ 朱熹:《朱子语类》卷一百三,载朱杰人、严佐之、刘永翔主编《朱子全书》第17册,上海古籍出版社、安徽教育出版社2002年版,第3422页。

及理会得了,又皆是自家合下元有底,不是外面旋添得来。"① 因而,读经是为观圣贤之意,因圣贤之意,以通达天理。而天理人生而具之,读经也要切近自身体认天理之自然。此外,经虽是圣人所言,但"圣人言语,皆天理自然,本坦易明白在那里。只被人不虚心去看,只管外面捉摸。及看不得,便将自己身上一般意思说出,把做圣人意思"②。因而,朱子强调读书须"切己"和"虚心"。"读书须是虚心切己。虚心,方能得圣贤意;切己,则圣贤之言不为虚说。""虚心切己。虚心则见道理明;切己,自然体认得出。"③ 读书须"切己",因天理人生而具之,读书是为体认得天理;"虚心",不先立己意,因圣人所言皆晓易明白,虚心去读才可明达圣人之言语。故而,在朱子的解《诗》实践中,"兴"原有的隐晦的隐喻,朱子自然不会去理会,而只将其当作日常的平实语言来涵咏诵读。由此看,在朱子的思想视野下,以《诗序》读《诗》,犹如未读经已先立一说,如此并未能真切读得《诗》意,体认得天理。而毛郑解《诗》又遵守《诗序》之说,因而朱子在批判《诗序》的同时,亦批驳毛郑的立说。

可见,朱子以"托物兴词"解"兴",平实读《诗》、解《诗》,正是在其所认可的天理自然的思想下的具体实践。因而,朱子读《诗》、解《诗》,便会强调"平"。朱子言:"大凡读书,先晓得文义了,只是常常熟读。如看《诗》,不须得着意去里面训解,但只平平地涵泳自好。"④ "读《诗》之法,只是熟读涵味,自然和气从胸中流出,其妙处不可得而言。不待安排措置,务自立说,只恁平读着,意思自足。须是打叠得这心光荡荡地,不立一个字,只管虚心读他,少间推来推去,自然推出那个道理。"⑤ 朱子读《诗》,只"平平地涵泳","只恁平读着"。在这一解读方式下,朱子自更关切《诗》的天理自然,对于名物之详细训解较毛郑也会

---

① 朱熹:《朱子语类》卷十,载朱杰人、严佐之、刘永翔主编《朱子全书》第14册,上海古籍出版社、安徽教育出版社2002年版,第313页。
② 朱熹:《朱子语类》卷十一,载朱杰人、严佐之、刘永翔主编《朱子全书》第14册,上海古籍出版社、安徽教育出版社2002年版,第335页。
③ 朱熹:《朱子语类》卷十一,载朱杰人、严佐之、刘永翔主编《朱子全书》第14册,上海古籍出版社、安徽教育出版社2002年版,第335页。
④ 朱熹:《朱子语类》卷八十,载朱杰人、严佐之、刘永翔主编《朱子全书》第17册,上海古籍出版社、安徽教育出版社2002年版,第2761页。
⑤ 朱熹:《朱子语类》卷八十,载朱杰人、严佐之、刘永翔主编《朱子全书》第17册,上海古籍出版社、安徽教育出版社2002年版,第2760页。

有所简略，自不会去解读毛郑解《诗》系统中兴象的隐喻。在其解读下，《诗》能见出天理之自然，而《诗》意也显得更为平实。

综合毛郑与朱子之解《诗》，可知二者因对兴法定义之不同，从而对《诗》中诸兴象之隐喻的理解也互异，最终使得二者常在《诗》义的理解上产生分歧，以至朱子质疑、辩驳《诗序》之是非。诚然，毛郑以"引譬连类"解"兴"，"兴"之要在于兴象所具有的隐喻义——王者的象征已存在于"山""水"等隐喻中，王者的存在自然而然。他们所要阐释的，是诗教在王政中的作用——这既包括对王者自身的教化，也包括王者如何用《诗》教化邦国。因面向王者的教化，所以《诗》义须曲折隐微，也因此《诗序》屡言古之"美刺"。因面向邦国政治，所以《诗序》谈"乱世之君子"，谈"民众流散"。朱子以"托物兴词"解"兴"，"兴"之要在于"兴词"所寄托之理。"六经"皆是天理，读《诗》在于体认天理。天理自然，因而《诗》只须"平平"读去，由此体认天理，从而去除气质之遮蔽，得其性情之正，从而学以成圣。因而，从朱子所解之《诗》义来看，《诗序》与毛郑所解自常有不合天理自然之处，朱子对其批驳亦是自然而然。而《诗序》之是非、汉唐诗家解释之得失，由此也可窥其一端。当下读《诗》，汉唐诗经学自不可废，而以朱子为代表之宋代诗经学亦不可弃——一者指向王者之教，一者指向圣人之学。二者对构建古代文官阶层——文明的担当者的共同信仰、对传统文明的传承，都有深远的影响。

（本文写于2015年春，摘自硕士论文，原刊于柯小刚主编《诗经、诗教与中西古典诗学》，同济大学出版社2016年版，有改动）

"心是灵气"作为道学共识

——道学史考察及其意义

赖区平

一、问题和思路

近现代以来，道学研究极为丰富多彩，其中一个基本问题即是"心之理气归属"（形上形下归属）问题：心属理抑或属气，心是形而上者抑或形而下者？[①] 以对其中极具代表性的朱子学之研究为例，相关研究已极为深入，此可从观点、态度、论题之形成过程、研究方法等四方面来看：（1）就观点而言，主要有三种：①朱子以心为灵气[②]，是形而下者。大多学者持此说，如蒙文通、钱穆、张岱年、冯友兰、唐君毅、杨儒宾、陈立胜、牟宗三、劳思光、刘述先、李明辉等先生。②心是理气之合，是形上形下合一。持此说者有钱穆、唐君毅、陈立胜、蒙培元、韩强、杨祖汉等先生。③心不属理也不属气，心不可以理气（形上形下）言。在此，有两点须加以说明：首先，心属气表明心至少有气的面向，但并未表明心没有理的面向；其次，不同观点未必截然冲突。有的学者如钱穆、唐君毅、陈立胜等先生既主张"心是灵气"，也认为心是理气之合，有理气两面，钱穆先生还指出其中有分言、合言之别。这表明不同观点可能是从不同面向来立论的，并提醒我们关注观点与问题的对应性。心与理气之关系有不同方面，如心之归属（心属理抑或属气）、心之含具（心含理与气，是理气之合）、心之实现（心与理一，心即理），后面将看到，将后两者跟心之

[①] 按，理气（道器）与形而上者、形而下者大致对应，理为形而上者，气为形而下者。二程、朱子学、阳明学、蕺山学、东林学等都如此看。但在张横渠等那里，气也可为形而上者，太虚元气、本然之气乃形而上者。总之，气未必都是形而下者，但形而下者必是气。本文讨论以心之理气归属问题为主，而包含形上、形下问题。

[②] 这表明心至少有属气的面向，但并未表明心只属气，也未表明是否认同此观点。

归属区别开来十分必要。如上述后面两种观点，就不能仅从心之理气归属方面来看，也可能是在谈心之含具等问题，并有重要的积极意义。(2) 更重要的是，即使观点相同者，其评价态度也可相反。如牟宗三等批评朱子之说，却主张心不属气而属形上之理；而钱穆等则认同心属气，甚至未多加辨析。(3) 学者多基于此问题（心是形下之气或形上之理）而给朱子学定性（道德他律或自律），进而给朱子学定位（别子为宗或儒家正宗）。此思路并非古已有之。从论题重要性及形成过程来看，心之理气归属成为论证等方面的重要论题，实始于牟宗三。近现代学者对道学的分系，多基于此论题。(4) 从研究方法及材料来看，学者多基于对朱子部分文献和整体精神之把握而展开论述，但对程朱一系以外学者之说远未经翔实的文献考论，甚至对程朱后学之说也未加详考。总之，道学史上有关心之理气归属问题的论说，仍可做更翔实的考察，进而可将朱子之说置于道学史视野做合适的定位①。

基于以上问题研究的总结，首先，以下将问题聚焦在心之理气归属问题的心气关系方面，以此为突破口。其次，在心气关系方面注重朱子学派等之说，而研究途径或思路则是在整个道学史上对诸儒文献做一较系统的梳理，尤其着重考察心学一系的心气关系问题，以求得出具有共识性的道学义理。诚然，此考察方式是迂回的，但在朱子学等相关研究义理论证及文献考论分歧百出、纷争未定的情形下，将朱子学著名的"心者气之灵"等说置于整个道学史的视野下加以定位，并使道学史的思想文献相互参照印证，未必不是解决问题更有效且省力的方式。

二、道学史视野下的考察

以下大致依时间顺序选取道学史上的 5 组人物，来考察心之理气归属，尤其是心气关系问题：周濂溪、张横渠、程明道、程伊川、朱子学，阳明学，蕺山学②。

---

① 以上总结及具体引述，请参见赖区平《朱子学的"心之理气归属问题"研究史》（未刊稿）。

② 笔者有另文详细梳理有关"心是灵气"的道学史文献，其中，以表格的方式列出道学史上诸多学派学者有关"心是灵气"的论述，包括陆象山、甘泉学、东林学、王船山，以及朱子学、阳明学其他人物，还有既不属陆王心学又多批评朱子学的儒者。限于篇幅，此处从略。

1. 周濂溪、张横渠

周濂溪（敦颐）言："二气交感，化生万物。万物生生，而变化无穷焉。惟人也，得其秀而最灵。"① 人得秀气而最灵，灵即气之灵，尤指人之心而言。则濂溪以心为灵气②。

张横渠（载）主张太虚即气，虚空即气。"太虚无形，气之本体，其聚其散，变化之客形尔。""太虚不能无气，气不能不聚而为万物，万物不能不散而为太虚。"③ 太虚属气，是本然的无形之气。横渠之气论，显然可见。基于此，心之为气，自所当然。横渠言："由太虚，有天之名；由气化，有道之名；合虚与气，有性之名；合性与知觉，有心之名。"《正蒙初义》载："太虚属理，气化属气，气即阴阳之气变变化化者也。性虽合虚与气，而以太虚之理为主。气在心，则有知觉，故合性之理与知觉之气而谓之心。心者，气之灵而理所寓者也。"④ 心是气之灵，心属气，而理寓于心。在此，知觉、心都包含气的面向。

而牟宗三先生认为，横渠虽多有"滞辞"，但太虚仍属理而不属气⑤。但也有学者批评此解释⑥。其实以太虚指理，朱子早已如此解⑦，并且说：此非横渠原意，横渠仍是以太虚为清虚一大之气。"如以太虚太和为道体，却只是说得形而下者"，"如'太和'、'太虚'、'虚空'云者，止是说气"⑧。而朱子体贴横渠宗旨，认为横渠"本要说形而上，反成形而下"，

---

① 周敦颐撰、陈克明点校：《周敦颐集》，中华书局1990年版，第4-5页。
② 另参见朱子的注解："阴阳五行，气质交运，而人之所禀独得其秀，故其心为最灵。"（朱熹：《太极图说解》，载朱杰人、严佐之、刘永翔主编《朱子全书》第13册，上海古籍出版社、安徽教育出版社2002年版，第74页）
③ 张载撰、章锡琛点校：《张载集》，中华书局1978年版，第7页。
④ 王植：《正蒙初义》卷一，载《景印文渊阁四库全书》第697册，台湾商务印书馆1986年版，第441页。
⑤ 参见牟宗三《心体与性体》（一），载《牟宗三先生全集》第5册，联经出版事业股份有限公司2003年版，第439-440、466、475、480-482页。
⑥ 参见杨立华《气本与神化：张载哲学述论》，北京大学出版社2008年版；葛艾儒著、罗立刚译《张载的思想（1020—1077）》，上海古籍出版社2010年版，第40-49页；吕伟《论牟宗三对张载气学思想的解读》，载《三峡论坛（三峡文学·理论版）》2010年第1期，第132-136、150页。
⑦ 参见朱熹《朱子语类》卷六十，载朱杰人、严佐之、刘永翔主编《朱子全书》第16册，上海古籍出版社、安徽教育出版社2002年版，第1942-1944页。
⑧ 朱熹：《朱子语类》卷九十九，载朱杰人、严佐之、刘永翔主编《朱子全书》第17册，上海古籍出版社、安徽教育出版社2002年版，第3328-3329页。

"他亦指理，但说得不分晓"①。故朱子仍将太虚解为理，力求"成全"横渠。无论如何，朱子认为横渠原意正是以无形之气为太虚。

杨儒宾先生曾将气学分为两种类型：先天型气学学者如张横渠、王船山（夫之）"几乎都同意朱子对心的著名的定义：'心为气之灵'，但他们几乎都不同意心、理有本体论意义的差异"；而后天型气学学者王浚川（廷相）、吴苏原（廷翰）、颜习斋（元）、戴东原（震）主张"'人心'本来就是一种'气'，气与世界本来就是有联系的脐带"②。抛开个中分歧，气学学者共同主张：心为气之灵，心有气的面向。

2. 程明道、程伊川

程明道（颢）善于体认万物一体之仁："至仁，则天地为一身，而天地之间，品物万形为四肢百体……医书有以手足风顽谓之四体不仁，为其疾痛不以累其心故也。"③ 又如：

> 医书言手足痿痹为不仁，此言最善名状。仁者，以天地万物为一体，莫非己也。认得为己，何所不至？若不有诸己，自不与己相干。如手足不仁，气已不贯，皆不属己。故"博施济众"，乃圣之功用。④

仁者以天地万物为一体，仁意味着一体、一气之感通，气不相贯通则为不仁。陈立胜先生指出，张横渠以气论来说一体，而"对张载《西铭》极为推崇的大程子（当然也包括小程子）不可能不对其中的'一体'论述背后所涉及的'气论'了然于心，认真检视大程子'一体'论述的文本，亦不难发现，在其'一体'的证成之中依然存在'气论'的预设。'天地为一身'此身实在就是'一气流通'、'一气贯通'的大身子，这在其著名的'不仁'的论说之中表露无遗……'气已不贯'即'不仁'，这

---

① 朱熹：《朱子语类》卷九十九，载朱杰人、严佐之、刘永翔主编《朱子全书》第17册，上海古籍出版社、安徽教育出版社2002年版，第3335、3331页。

② 杨儒宾：《两种气学 两种儒学——中国古代气化身体观研究》，载《中州学刊》2011年第5期，第143—148页。

③ 《河南程氏遗书》卷四，载程颢、程颐撰，王孝鱼点校《二程集》第1册，中华书局1981年版，第74页。

④ 《河南程氏遗书》卷二上，载程颢、程颐撰，王孝鱼点校《二程集》第1册，中华书局1981年版，第15页。

"心是灵气"作为道学共识——道学史考察及其意义

一说法强烈地表明,一体之仁即天地万物这个大身子的'一气贯通'"①。在明道,万物一体,而"心"乃一体中之灵气,是贯通天地万物之灵气;而这至少也是自明道、横渠以来儒学"万物一体、一体之仁"说题中应有之义②。

程伊川(颐)也是一体之仁的弘扬者。"人者,位乎天地之间,立乎万物之上;天地与吾同体,万物与吾同气。"③ 此以"同气"来说人与天地万物之同体。或问:"人之形体有限量,心有限量否?"伊川答:"论心之形,则安得无限量?"又问:"心之妙用有限量否?"伊川答:"自是人有限量,以有限之形,有限之气,苟不通之以道,安得无限量?孟子曰:'尽其心,知其性。'心即性也。在天为命,在人为性,论其所主为心,其实只是一个道。苟能通之于道,又岂有限量?天下更无性外之物,若云有限量,除是性外有物始得。"④ "心之形"有限量,从理气方面来看,气可以"形"言,而理则不可,这表明心有属气的面向。其下言"有限之形,有限之气"指人有限量,这表明人之形体与人之心皆是有限量的,形体与心皆为"有限之形,有限之气"。而性(道、理)则无限量,心只有"通之于道"(心与理一),方可无限量⑤。

伊川又言:"自性之有形者谓之心,自性之有动者谓之情。"⑥ "形"字实可兼形气、形著二义:心作为形气之灵而形著形上之性。对此明儒汪石潭(俊)言:"性可以意会,而不可以象求。故曰'性即理'也。若心则涉于有象而可言矣。程子有言:'自性之有形者谓之心,自性之能动者

---

① 陈立胜:《王阳明"万物一体"论——从"身—体"的立场看》,华东师范大学出版社 2008 年版,第 45 页。
② 程明道"讲'仁'一定是连带着心气而言……程明道对身—心关系的理解,无疑地预设了形—气—神(心)的一体观,因为心是气之精灵"。参见杨儒宾《理学的仁说——一种新生命哲学的诞生》,载《从〈五经〉到〈新五经〉》,台湾大学出版中心 2013 年版,第 146 页。
③ 《礼序》,载程颢、程颐撰,王孝鱼点校《二程集》第 2 册,中华书局 1981 年版,第 668 页。
④ 参见朱熹《论孟精义》,载朱杰人、严佐之、刘永翔主编《朱子全书》第 7 册,上海古籍出版社、安徽教育出版社 2002 年版,第 790 页。
⑤ 朱子认为程子此解"至矣",极表赞同。参见朱熹《四书或问》,载朱杰人、严佐之、刘永翔主编《朱子全书》第 6 册,上海古籍出版社、安徽教育出版社 2002 年版,第 994 页。
⑥ 《河南程氏遗书》卷二十五,载程颢、程颐撰,王孝鱼点校《二程集》,中华书局 1981 年版,第 318 页。

谓之情。'其旨微矣。"① 虚灵之心涉于"有象",实即灵气,心乃是形著本性的虚灵之形气。

3. 朱子学

经过以上的初步考察,当可更贴切地理解朱子学对心之理气归属问题的看法。朱子(熹)有关以心为灵气的文献不少,如学者常引的朱子之言:"所觉者,心之理也;能觉者,气之灵也。""心者,气之精爽。"② 即以心为灵气。对此,如前所述,钱穆、牟宗三、刘述先、李明辉等先生已多有考论③,此不赘述。

朱子后学中亦多有论及此者,如清儒童龙俦(能灵)论朱子"心者,气之精爽":"盖只是气也,气之粗者凝而为形,其'精爽'则为心。气之'精爽'自能摄气,此心所以宰乎一身也。且既曰'精爽',则亦无气之迹而妙于气矣。顾只是气之'精爽',非形而上之理也。"值得注意的是,其中还专门驳斥以心为"形而上下之间"的说法:

> 或疑:心非形而上者,而语"神明之妙",又似非形而下,则以为形而上下之间。今据朱子"气之精爽"一言,便须断为形而下之器也。罗整庵《困知记》亦尝云尔。即朱子亦尝答学者曰:"心比于性,微有迹,比气自然又灵。""比性微有迹",即形而下者矣。④

按明儒罗整庵(钦顺)言:"朱子尝言:'神亦形而下者。'又云:'神乃气之精英。'须曾实下工夫体究来,方信此言确乎其不可易。不然,则误以神为形而上者有之矣。黄直卿尝疑《中庸》论鬼神有'诚之不可

---

① 黄宗羲撰、沈芝盈点校:《明儒学案》下册卷四十八《诸儒学案中二》,中华书局 2008 年版,第 1144 页。
② 朱熹:《朱子语类》卷五,载朱杰人、严佐之、刘永翔主编《朱子全书》第 14 册,上海古籍出版社、安徽教育出版社 2002 年版,第 219 页。
③ "以朱子学中的'心'属于气,几乎已成为台湾学界之共识。"参见李明辉《朱子对"道心""人心"的诠释》,载蔡振丰编《东亚朱子学的诠释与发展》,台湾大学出版中心 2012 年版,第 90 – 94 页。
④ 童能灵撰,王明华、李毅、莫天成校注:《理学疑问》,载曾海军主编《切磋五集》,华夏出版社 2015 年版,第 234、235 页。另,东林陈几亭(名龙正)也对"何以心是形而下者"做出明确的肯定和说明。参见陈龙正《几亭外书》卷二《心性分上下》,载《续修四库全书》第 1133 册"子部·杂家类",上海古籍出版社 1996 年版,第 268 页。

掩'一语，则是形而上者。朱子答以'只是实理处发见'，其义愈明。"①
可见罗、童二氏认为，神、心乃是形下之气。

4. 阳明学

王阳明（守仁）曾以精、气、神来说良知②，又言：

> 今夫茫茫堪舆，苍然隤然，其气之最粗者欤！稍精则为日月、星宿、风雨、山川，又稍精则为雷电、鬼怪、草木、花卉，又精而为鸟兽、鱼鳖、昆虫之属；至精而为人，至灵至明而为心……所谓心者，非今一团血肉之具也，乃指其至灵至明、能作能知者也。此所谓良知也。③

从"茫茫堪舆，苍然隤然"直至"至精而为人，至灵至明而为心"，皆为气，其中又分不同的层次：从"最粗"之苍苍者天，到"稍精"之物，到"又稍精"之物、植物，到"又精"之动物，直到"至精""至灵至明"之人、心、良知。良知（本心）是至精至灵之气，这点是明确的。阳明又言：

> 盖天地万物与人原是一体，其发窍之最精处，是人心一点灵明，风雨露雷，日月星辰，禽兽草木，山川土石，与人原只一体。故五谷、禽兽之类皆可以养人，药石之类皆可以疗疾，只为同此一气，故能相通耳。④

---

① 罗钦顺撰、阎韬点校：《困知记》续卷上第47条，中华书局2013年版，第93页。按童氏言："心即神。"参见童能灵撰，王明华、李毅、莫天成校注《理学疑问》，载曾海军主编《切磋五集》，华夏出版社2015年版，第239页。

② "夫良知一也，以其妙用而言谓之神，以其流行而言谓之气，以其凝聚而言谓之精，安可以形象方所求哉？真阴之精，即真阳之气之母。真阳之气，即真阴之精之父。阴根阳，阳根阴，亦非有二也。"参见陈荣捷《王阳明〈传习录〉详注集评》卷中第154条，华东师范大学出版社2009年版，第129页。

③ 王阳明撰、钱明编校、吴光复校：《王阳明全集：新编本》第5册，浙江古籍出版社2011年版，第1608-1609页。按，此段又略见引于黄宗羲撰、沈芝盈点校《明儒学案》上册卷二十五，中华书局2008年版，第585-586页。

④ 陈荣捷：《王阳明〈传习录〉详注集评》卷下第274条，华东师范大学出版社2009年版，第197页。另参见同书卷下第336条，第227-228页。

对此，陈立胜先生专门点出："'发窍'一词前面那个'其'字尤为吃紧。这个'其'指的正是前面的'主语''天地万物'。"① 人与天地万物同体，一气相通，人心（良知）乃天地万物发窍之最精处，亦即气之最精处。阳明万物一体论是"从'气'申说万物一体之意。日人上田弘毅曾对王阳明文本做过统计，认为王阳明气的观念共有8种，其中'生气日完'、'同此一气'两种含义出现在王阳明的万物一体的思想之中，'这种万物一体的根据，就在于人和自然之物，全部是由同一气所组成。像这样把气作为万物的根源，不只意味着气仅仅是物质性的根源，而且它还被认为是生生流转的世界的生命力'。其实，王阳明的气论最后，尚有人的'心气'与'天地之气'相应之说，此亦蕴含一体之意味"②。王阳明倡言万物一体；而且与前述张横渠、程明道之说一样，王阳明的万物一体论也有气论的背景，万物至少在气上达成一体，是一气相通的，也即万物一气；而心乃是万物一气中之至精至灵者，是万物中至为灵明之气，气在人心这里达到了自觉；尤其是，所谓心，不是别的，而正是指本心良知，也就是说，心（本心）是灵气，良知乃万物一体中之灵窍、灵气。由此也可见，在宋明理学的论述中，万物一体（一气）③ 与心（良知）是灵气，有着内在的关联④。

其实，阳明同时也常言"心即理、良知即是天理、良知是理之灵处"⑤，而这与心有属气的面向，良知是灵气之说，并不矛盾。凡此也都为阳明后学所坚持⑥。

---

① 陈立胜：《王阳明"万物一体"论——从"身—体"的立场看》，华东师范大学出版社2008年版，第43页。

② 陈立胜：《王阳明"万物一体"论——从"身—体"的立场看》，华东师范大学出版社2008年版，第44页。上田弘毅的研究见小野泽精一、福永光司、山井涌编，李庆译《气的思想：中国自然观与人的观念的发展》，上海人民出版社2014年版，第420-422页。

③ "万物一体"是宋明理学的基本精神，对此已有不少研究，如陈立胜先生有翔实的论证，并揭示王阳明万物一体论的"同此一气"面向，参见氏著《王阳明"万物一体"论——从"身—体"的立场看》，华东师范大学出版社2008年版，第1、23-39、40-46页。

④ 承蒙《哲学与文化》匿名审稿人提出："万物一体、一气与人心之为灵气的联结，是否为理学发展脉络的基本共识？"根据张子、程明道、阳明学在气论基础上的万物一体论，这个"联结"确可说是道学共识，虽然跟"心是灵气"之共识一样，这个"联结"也较少被专门论及。它主要在程明道、王阳明、王龙溪等处有较显豁的论述。感谢匿名审稿人的指教。

⑤ 陈荣捷：《王阳明〈传习录〉详注集评》卷上第3条，华东师范大学出版社2009年版，第17页；同书卷上第118条，第83页；同书卷中第169条，第144页。

⑥ 关于"心即理"与"心是灵气"的关系问题，笔者有另文梳理。

"心是灵气"作为道学共识——道学史考察及其意义

王阳明高弟王龙溪(畿)也以良知为"灵气、气之灵"和"性之灵"①,且这两方面都非偶尔提及,而是常常称说:这显然是龙溪明确自觉的基本观念。关于良知是灵气、气之灵,龙溪言:

> 千古圣学,只一知字尽之。知是贯彻天地万物之灵气。②

> 欲明《春秋》之义,莫先辨于是非,究明一体之学。良知者,是非之公,自圣以至于途人,皆所同具,无是非之心,非人也。良知者,天地之灵气,原与万物同体。手足痿痹,则为不仁,灵气有所不贯也。③

> 天地间,一气而已……其气之灵,谓之良知。④

> 乾,天德也。天地灵气,结而为心……良知者,气之灵,谓之乾知,亦谓之明德。⑤

王龙溪"明确地将王阳明的'良知'称为'灵气':'良知是人身灵气。医家以手足痿痹为不仁,盖言灵气有所不贯也。'王阳明一体之仁脱自程明道之'仁者以天地万物为一体',个中传承之契机被龙溪一语道破"⑥。万物一体,即是万物一气,而良知是一体中之灵气,故能做头脑、主宰。凡此皆同于程明道及乃师王阳明。龙溪甚至将万物一气而良知为灵气的说法称为千圣学脉,并将其溯源、归功于王阳明:

---

① 有关良知为性之灵,可参见王畿撰、吴震编校整理《王畿集》卷二《白鹿洞续讲义》、卷四《留都会纪》,凤凰出版社2007年版,第46、89页。
② 王畿撰、吴震编校整理:《王畿集》卷一《三山丽泽录》,凤凰出版社2007年版,第12页。
③ 王畿撰、吴震编校整理:《王畿集》卷十三《太平杜氏重修家谱序》,凤凰出版社2007年版,第360页。
④ 王畿撰、吴震编校整理:《王畿集》卷八《易与天地准一章大旨》,凤凰出版社2007年版,第182页。
⑤ 王畿撰、吴震编校整理:《王畿集》附录一《大象义述》,凤凰出版社2007年版,第652 - 653页。另参见同书卷四《东游会语》、卷五《南雍诸友鸡鸣凭虚阁会语》,第84、112页。
⑥ 陈立胜:《王阳明"万物一体"论——从"身—体"的立场看》,华东师范大学出版社2008年版,第45页。

> 通天地万物一气耳，良知，气之灵也。生天生地生万物，而灵气无乎不贯，是谓生生之易。此千圣之学脉也。我阳明先师慨世儒相沿之弊，首揭斯旨以教天下，将溯濂洛以达于邹鲁，盖深知学脉之有在于是也。①

> 我阳明先师始倡而明之，良知者心之灵气，万物一体之根……手足痿痹，则谓之不仁，灵气有所不贯也。②

阳明所首倡的，并非古已有之的"心（良知）是灵气"之说，而是点出良知宗旨、致良知教，而良知之为灵气所具有的感触神应之本然能力，也体现于致良知教中。

总之，在王阳明与王龙溪那里，良知是气之灵，有属气的面向，这点毫无可疑。此外，阳明后学聂双江（豹）、夏于中（良胜）、张元岵（次仲），阳明挚友湛甘泉（若水），以及甘泉后学许敬庵（孚远）、冯少墟（从吾）、唐曙台（伯元），阳明和甘泉的共同弟子蒋道林（信），都曾论及心作为灵气、形而下者，限于篇幅，此处从略。

在此详引心学诸家之说，旨在表明：心属气、"心是灵气"是其自觉的、确定的基本观念。但是，例如牟宗三先生说：心学一系"如果间亦有'心即气'、'理即气'之语意，则必须看成圆顿化境上之'即'，而不是概念断定上之'即'，如明道所说'道亦器，器亦道'之类是也"③。认为心只属理而不属气，"心即气"犹言"理即气"。但如我们所见，王阳明、王龙溪等（湛甘泉、高景逸、刘蕺山等同样如此）并非"间有"（偶尔有）"心是灵气"之说，而是常常言及，尤其是龙溪；且显然以良知有属气的面向，即在概念断定上说良知是灵气。如阳明从气之最粗者说到气之至精至灵至明者，后者即是心，并明确说此心即是良知；而龙溪屡称"天地间，一气而已……其气之灵，谓之良知""天地灵气，结而为心"等，

---

① 王畿撰、吴震编校整理：《王畿集》卷十三《欧阳南野文选序》，凤凰出版社 2007 年版，第 348 页。

② 王畿撰、吴震编校整理：《王畿集》卷十三《赠宪伯太谷朱使君平寇序》，凤凰出版社 2007 年版，第 370 页。

③ 牟宗三：《心体与性体》（二），载《牟宗三先生全集》第 6 册，联经出版事业股份有限公司 2003 年版，第 29–30 页。

都表明心有属气的面向,心是灵气。凡此言论皆须直面,如强做他解,认为此只是偶尔谈及,或此是圆顿地说,或此是"滞辞",则难以令人信服。如从万物一体、一气的道学共识方面来看,则心有属气的面向,良知是灵气之说,并无甚新奇之处。

5. 蕺山学

黄梨洲(宗羲)《明儒学案》曾说:"性以理言,理无不善,安得云无善?心以气言,气之动有善有不善,而当其藏体于寂之时,独知湛然而已,亦安得谓之有善有恶乎?"① 性以理言,心以气言,心之为气昭然可见。然此说实本于其师刘蕺山(宗周):

> 性者心之理也,心以气言,而性其条理也。离心无性,离气无理,虽谓"气即性,性即气",犹二之也。②

蕺山以喜怒哀乐为"四气、人心四气、一气之通复"③。"一性也,自理而言,则曰仁义礼智;自气而言,则曰喜怒哀乐。一理也,自性而言,则曰仁义礼智;自心而言,则曰喜怒哀乐。"④ 又言:"喜怒哀乐即仁义礼智之别名。以气而言,曰'喜怒哀乐';以理而言,曰'仁义礼智'是也。理非气不著,故《中庸》以四者指性体。"⑤ 又以喜怒哀乐之气匹配春夏秋冬之气,且以之为形而下者:"虽风雨露雷未始非春夏秋冬之气所成,而终不可以风雨露雷为即是春夏秋冬;虽笑啼詈骂未始非喜怒哀乐所发,而终不可以笑啼詈骂为即是喜怒哀乐。夫喜怒哀乐,即仁义礼智之别名;春夏秋冬,即元亨利贞之别名。'形而下者谓之器,形而上者谓之道'

---

① 黄宗羲撰、沈芝盈点校:《明儒学案》下册卷三十六,中华书局2008年版,第853页。按,此语又见于同书卷六十,第1474页。
② 刘宗周:《复沈石臣》,载吴光主编《刘宗周全集》第3册,浙江古籍出版社2007年版,第363页。
③ 刘宗周:《读易图说》《答董生心意十问》《圣学宗要》《学言》,载吴光主编《刘宗周全集》第2册,浙江古籍出版社2007年版,第132、138-139、258-259、339、393、399页。
④ 刘宗周:《学言》,载吴光主编《刘宗周全集》第2册,浙江古籍出版社2007年版,第391页。
⑤ 刘宗周:《读易图说》,载吴光主编《刘宗周全集》第2册,浙江古籍出版社2007年版,第138页。

是也。"① 此显然以春夏秋冬、喜怒哀乐为形而下者、器（气），而仁义礼智、元亨利贞为形而上者、道（理）。

蕺山又直言"心"为形而下者：

> 《大学》言心到极至处，便是尽性之功，故其要归之慎独。《中庸》言性到极至处，只是尽心之功，故其要亦归之慎独。独，一也。形而上者谓之性，形而下者谓之心。②

心为形而下者，而相应于性之为形而上者，但二者都作为本然之独体，显然此心即是本心。又《原性》言：

> 夫性因心而名者也。盈天地间一性也，而在人则专以心言，性者，心之性也……然则尊心而贱性可乎？夫心囿于形者也，形而上者谓之道，形而下者谓之器也。上与下一体而两分，而性若跂于形骸之表，则已分有常尊矣……此性之所以为上，而心其形之者与？③

心性不可截然分离，而浑然合一之中又可有辨，形上形下一体而两分：心囿于形，是形而下者，同时又可形著形上之性理。此义同于前述程伊川之说。

三、"心是灵气"作为道学共识、常识

以上考察足以证明，在心气关系方面，宋至明清之道学家几乎无一例外地认定：心（本心）有属气的面向，心是灵气。这不是朱子学独有的观念，而是整个宋明道学的基本共识。在此有两点须加以说明：心是灵气之心，不只是指一般有善有恶之心，而是包含纯善的本心、良知；"心是灵气"并非

---

① 刘宗周：《商疑十则，答史子复》，载吴光主编《刘宗周全集》第2册，浙江古籍出版社2007年版，第345页；另参见同册《读易图说》，第132、139页。

② 刘宗周：《学言》，载吴光主编《刘宗周全集》第2册，浙江古籍出版社2007年版，第390页。

③ 刘宗周：《原性》，载吴光主编《刘宗周全集》第2册，浙江古籍出版社2007年版，第280－281页。

指心仅属气而不属理，而是表明心（本心）至少有属气的面向①。

其实对这一基本观念，早期道学并无明确的表述，甚至朱子也没有"心是灵气"之类的明确说法。这或许使人怀疑他们并不认同此说；但联系整个道学、儒学及中国文化传统，对此现象更合适的解释应是，"心是灵气"为整个儒家乃至传统文化中的基本观念，甚至它不仅是思想界的共识，而且是古人不言而喻的基本生活常识。换言之，它本身并不成其为一个"问题"：它是基本的、重要的观念，却不是一个在论证上有分歧、有讨论之必要性的重要论题。直到明代在王龙溪、高景逸、刘蕺山、黄梨洲等那里，相关文献才逐渐丰富。可见只是在道学的进一步开展中，此观念才逐渐显题化，但仍难说是"基本"论题。由此也可理解，何以近现代学者蒙文通、钱穆等先生未多加辨析就认同它。

自牟宗三先生以来，学界多有批判朱子学"心是灵气"之说（同时又认定并赞同心学主张心只属理而不属气的观点），但仍有学者不同程度地认可此说。如唐君毅先生等认为心是理气之合，心绾合理气②。杨儒宾先生指出朱子以心为气之灵至少有准超越的意义③。陈立胜先生更明确指出"心是灵气"乃"理学共识"："'心'在王阳明那里当然不能简单地与'血肉之心'划等号，但也绝不应因此而认为它是与身体没有任何关系的'纯粹意识'，心亦无非是'气'，一种至清至灵之气而已，这应是理学家们的共识。"④确实，将"心是灵气"说放在整个道学史的视野来看，则知此不过是人所共知的常识。

然而，这样一个基本共识、常识，到最后却被遮蔽、批评，真令人惊异：这个反转是如何成为可能的？其中难免伴随着对传统观念的扭曲和遗忘，以及新的、变形的思想预设的引入。更值得追问的是，这一道学共识之重新确认有何积极意义？以朱子学研究为例，对朱子学"心是灵气"之说的批评，构成了大部分对朱子学的批评性研究的基点，包括基于此进而

---

① 至于心理关系的问题，笔者有另文论述。
② 唐君毅：《中国哲学原论·导论篇》，中国社会科学出版社2005年版，第309、310页。
③ 杨儒宾：《作为性命之学的经学——理学的经典诠释》，载《从〈五经〉到〈新五经〉》，台湾大学出版中心2013年版，第26-27页。
④ 陈立胜：《王阳明"万物一体"论——从"身—体"的立场看》，华东师范大学出版社2008年版，第47页。值得注意的是，其论述并非仅从朱子学方面来说心为灵气，而是侧重点出阳明心学之心（良知）为灵气。

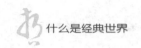

批评：①朱子学只承认心具理而不认可心即理（因为心是形下之气，与理不在同一形上层次）；②心、性、情三分（心、情乃形下之气，无法与形上之性合一，只能是三分结构）；③敬是空头涵养（只能涵养形下之心气，而不能涵养形上之本心）；④工、夫二分（一边是涵养心气的敬，另一边是摄知众理的格物致知）；⑤心不能作为真正的主宰（作为灵气的心最多只是道德行动的管家而非主人）；⑥最终，朱子学被定性为他律道德，定位为别子为宗。凡此批评诚然清晰而深刻，但如明确"心是灵气"乃道学共识，当能重新看待以上问题。

这一共识也有助于重思理学与心学之异同及道学的分系标准问题。以往多认为理学与心学在内容上有根本差异：理学只承认心具理/性即理而否认心即理，而心学还承认心即理。心即理在此被理解为：心不属气而是形上之理。由此，理才即存有，即活动。而程朱理学的理只存有而不活动，这从心的角度来看，即心不是理，而只属气。其中关键仍在于心，即心之理气归属问题：心是否即理，属理还是属气，决定了理是否即活动。但如明确"心是灵气"乃道学共识，则当重思心即理的含义。其实，心有两种说法：分言与合言。分言之，性属理，心属气；合言之，则心即理、心性一也，心是理气合一之物。因此认为心是灵气，或心是理气之合，都有道理，即从分言和合言的方面来说（而说心既不属理也不属气，其本意也是为了守护本心的道德意义）；而心即理也并非指心不属气而仅属理，而是说心能恰当自如地展现四端，发出行动。总之，心是灵气、心即理、心是理气之合的说法并不冲突。仅就内涵而言，心即理也是道学共享的观念。理学与心学之差异及道学之分系标准，不在于是否认同心即理。

但如说心是灵气、心即理就其内涵而言皆为道学共识，那理学与心学还有何差异？这些基本共识或许可启发我们将眼光从内涵或内容上的差异转到言说方式或结构的差异上来：理学与心学之关键差异不在于是否认同心即理，而在于是否强调心即理，在于对天道心性及其直接主导之工夫是倾向于罕言，还是倾向于雅言。这可溯源到两派在儒学话语体系观上的差异，并归结于工夫论上问题意识的差异①。

（本文原刊于《哲学与文化》2019年第4期，在此略加修订）

---

① 限于篇幅，以上只做概述，笔者有另文详论。

"六家""六艺"与"一家之言"

——司马迁《太史公自序》新探

李长春

古典史学和古典经学之间的关系,从晚周到秦汉,大抵经历了孔子点史成经、左氏以史解经、史迁缘经立史等不同样态。若从源头处看,经学和史学虽各自独立,但相互依存,且互为因果。无史则无经,无经亦无史。从流变来讲,经学和史学一直保持着某种张力,在互相影响和互相渗透中发展。在上述几种样态之中,孔子点史成经,学人应无异议;左氏是否解经已是陈年旧案,本文无意再提;唯司马迁《史记》、班固《汉书》与经学的关系,现代学人或避而不谈,或言而不尽。史迁之书,作为政治史学当之无愧的典范,若不能在与孔经比较的意义上确认其精神取向与思想特质,则古典史学之为"古典"的意义就无法获得深入的发掘和细致的考察。故而本文将通过解读史迁《太史公自序》(以下简称《自序》),重审司马谈《论六家要旨》(以下简称《要旨》)的要旨,重温司马迁关于"六艺"的论说,进而重建《太史公书》与孔子《春秋》的关系。

一、《太史公自序》的"自序"

《史记》最初的书名大概是《太史公书》(或《太史公》《太史公记》)。《太史公自序》首先是《太史公书》的自序;它在全书之中,又位于《列传》之末,作为《列传》中的一篇,恰好补足七十之数。也就是说,《自序》同时兼有两种性质:一为全书之序;一为太史公之传。

作为《太史公书》的自序,自然要解释此书的性质和著者的立意。书之有"序"约有二义:一为明端绪,即阐发著述大端,通论写作要旨;一为别次序,即罗列各篇主题,排定篇次先后。《自序》的结构,明显是由前后两个部分组成:第一部分从司马氏世系写起,写两代太史公的生平和志业,一直写到《太史公书》为何而作。第二部分则是一百三十篇总目,即从《五帝本纪》开始，逐篇罗列篇名，申明该篇作意和主旨，并暗示乙篇何以次于甲篇之后，又何以位于丙篇之前。显然，《自序》的两个组成部分，前一部分明全书之端绪，后一部分定各篇之次序。为了论述方便，我们权且把前一部分称作"大序"，后一部分称作"小序"。本文的论述将主要集中在《自序》的"大序"部分。

作为太史公本人的自传（自序），自然要详载太史公的生平和志业①。而因担任武帝时代汉廷太史而被称作"太史公"的又不止一个，而是司马谈和司马迁父子二人，所以，《自序》又必然是两代太史公的合传。两代太史公的合传这一性质极其重要，因为《太史公书》中大凡合传的传主之间总是异中有同，同中有异。太史公将两人合传，用意要么是为见同中之异，要么是为见异中之同。如果忽视《自序》的合传性质，或者忽视合传以同见异或者以异见同的特性，就无法准确地了解和把握这篇导引全书的

---

① 《史记集解》引如淳曰："《汉仪注》：太史公，武帝置，位在丞相上。天下计书先上太史公，副上丞相，序事如古《春秋》。迁死后，宣帝以其官为令，行太史公文书而已。"对武帝时是否有"太史公"一职，以及其秩是否为两千石，位是否在丞相之上，后世多持异议。同书又引瓒曰："《百官表》无太史公，《茂陵中书》司马谈以太史丞为太史令。"《史记索隐》："案，《茂陵书》谈以太史丞为太史令，则'公'者，迁所著书尊其父云云也。然称'太史公'皆迁称述其父所作，其实亦迁之词，而如淳引卫宏《仪注》称'位在丞相上'，谬矣。"《史记正义》又引虞喜《志林》反驳《索隐》云："古者主天官者皆上公，自周至汉，其职转卑，然朝会座位犹居公上。尊天之道，其官署犹以旧名尊而称也。"又引《史记》之文为证，"下文'太史公既掌天官，不治民，有子曰迁'，又云'卒三岁而迁为太史公'，又云'太史公遭李陵之祸'，又云'汝复为太史，则续吾祖矣'"，认为"观此文，虞喜之说为长"。然而，以王国维、钱穆为代表的现代学者大多支持《索隐》的看法。他首先强调《百官公卿表》中只有"太史令"而无"太史公"，而"太史令"又是奉常的属官，与太乐、太祝、太宰、太卜、太医五令丞联事，秩六百石而非两千石。然后又引《报任安书》中"向者仆常侧下大夫之列，陪外廷末议"以及"文史星历，近乎卜祝之间"作为太史官卑职低的佐证。然而，他们都忽视了一点：武帝即位之后所推行的一系列新政，如封禅、巡守、建明堂、改正朔等，都需要"天官"的参与甚至主导。在这个时候，作为"天官"的太史，其地位和作用自然不同于宣帝时期的"太史令"。且如果此时的太史不是在国家政治生活中扮演重要角色，何以司马谈会因为不能扈从武帝封泰山禅梁父而"发愤且卒"？一个六百石的下大夫有什么资格因为不能参加封禅大典而感到怨愤呢？又且，太初元年的改历，即汉儒极力鼓吹和推进的"改正朔"，就是在时任太史司马迁的直接推动和主持下完成的。修订历法对于一个农业帝国而言在象征意义上其重要性不亚于今日之修订宪法。如此重大的任务怎么可能交由一个六百石的下大夫来主持？《报任安书》满纸血泪，所发皆愤激之辞。"侧下大夫之列"犹孔子言"随大夫后"，乃谦辞也。岂可以孔子真为鲁大夫之末？以史官"近乎"卜祝之间，可知史官不在卜祝之间。此处乃是极言太史对国家政治生活的影响太小罢了，以《自序》之太史"为天官，不治民"证之可也。又《隋书·经籍志·史部序》云："其后陵夷衰乱，史官放绝，秦灭先王之典，遗制莫存。至汉武帝时，始置太史公，命司马谈为之，以掌其职。"亦一证也。

"六家""六艺"与"一家之言"——司马迁《太史公自序》新探

文字。司马迁和司马谈的"同"显而易见，以至于两千年来的读者大多迷惑于《自序》绚烂的文辞，把太史公父子看作是为了同一伟大著述目标奋斗不已、薪尽火传的典范。但是，司马迁把自己和父亲写入同一列传，显然不只是因为两代太史公都志在著史这个"同"的一面，还是为了彰显两代太史公截然不同的时代境遇和由此而生的对以往历史和当代生活截然不同的看法。只有在和司马谈的对比之中，司马迁的著述风格和精神取向才能得到更加充实的理解和更加完整的展现。这一点，会在本文后面的论述中逐渐展开。

严格地讲，两代太史公的合传，仅仅占据了《自序》的"大序"部分。《自序》的"小序"部分则是分序一百三十篇——当然也包含《自序》：

> 维昔黄帝，法天则地，四圣遵序，各成法度；唐尧逊位，虞舜不台；厥美帝功，万世载之。作五帝本纪第一。
> ……………
> 维我汉……列传第七十。①

这即是说，《自序》作为《太史公书》的序，包含在一百三十篇之中，为全书作结；"小序"又包含在《自序》之中，为全文作结。一百三十篇中，《自序》的"小序"文字最多，也最引人注目。其文曰：

> 维我汉继五帝末流，接三代绝业。周道废，秦拨去古文，焚灭诗书，故明堂石室金匮玉版图籍散乱。于是汉兴，萧何次律令，韩信申军法，张苍为章程，叔孙通定礼仪，则文学彬彬稍进，诗书往往间出矣。自曹参荐盖公言黄老，而贾生、晁错明申、商，公孙弘以儒显，百年之间，天下遗文古事靡不毕集太史公。太史公仍父子相续纂其职。曰："於戏！余维先人尝掌斯事，显于唐虞，至于周，复典之，故司马氏世主天官。至于余乎，钦念哉！钦念哉！"罔罗天下放失旧闻，王迹所兴，原始察终，见盛观衰，论考之行事，略推三代，录秦汉，上记轩辕，下至于兹，著十二本纪，既科条之矣。并时异世，年

---

① 司马迁：《史记》第10册，中华书局1982年版，第3301-3321页。

差不明,作十表。礼乐损益,律历改易,兵权山川鬼神,天人之际,承敝通变,作八书。二十八宿环北辰,三十辐共一毂,运行无穷,辅拂股肱之臣配焉,忠信行道,以奉主上,作三十世家。扶义俶傥,不令己失时,立功名于天下,作七十列传。凡百三十篇,五十二万六千五百字,为《太史公书》。序略,以拾遗补艺,成一家之言,厥协《六经》异传,整齐百家杂语,藏之名山,副在京师,俟后世圣人君子。第七十。①

不难发现,"小序"大致也可以分作两部分。从"维我汉继五帝末流"到"钦念哉",显然对应"大序";从"罔罗天下放失旧闻"到"第七十",则对应"小序"。在对应"大序"的这一部分中,谈、迁父子的著述事业显然是作为一个整体被叙述的。也就是说,司马迁在这里丝毫没有提及自己和父亲司马谈在精神取向和著述旨趣上有任何不同。然而,果真是这样吗?

如果把这段对应"大序"的文字和"大序"做一比照,我们就会惊讶地发现,这段文字竟然和"大序"大异其趣,因为"大序"中最为重要的部分——司马谈论"六家"和司马迁论"六艺"——竟然在"小序"中只字未提。这段文字告诉我们:汉帝国有着"继五帝末流,接三代绝业"的帝国雄心和政治理想,它需要一部足以与这种雄心和理想相匹配的伟大历史著作;"周道废,秦拨去古文,焚灭诗书,故明堂石室金匮玉版图籍散乱"的历史境遇和文化处境迫切地需要伟大的著作诞生以继其斯文;"萧何次律令,韩信申军法,张苍为章程,叔孙通定礼仪",汉帝国政治建国的历程需要一部同样伟大的著作来记述和表彰;"曹参荐盖公言黄老,而贾生、晁错明申、商,公孙弘以儒显",诸子百家纷纷登场,在帝国政治舞台上寻找着自己的位置。为一个前所未有的文化盛举准备条件、酝酿契机的大部分因素似乎都已经提到——唯独没有正面提及司马谈的《要旨》和司马迁的"六艺论"。

没有提到的,恰恰是"大序"的主体部分。

---

① 司马迁:《史记》第10册,中华书局1982年版,第3319–3320页。

二、《论六家要旨》的"要旨"

一直以来,《要旨》都被看成一篇讨论"学术史"的重要文献。学者一般都会认为,在这篇文章中,司马谈通过对先秦思想"辨章学术,考镜源流",进行了系统的总结和梳理①。又因为在这篇文章中,司马谈几乎对先秦各家学说都予以分析评说,既肯定其长处,又指出其缺陷,所以即便有着非常强烈和鲜明的道家立场,这篇文章依旧被现代学人视为对先秦思想"公正客观"的评价。还有,司马谈仅有这一篇文章传世,而这篇文章又被司马迁收入了《自序》。如前所述,《自序》兼有两代太史公的"合传"和《太史公书》的"自序"双重性质。因为前者,《要旨》被误认为是谈、迁父子思想上的共识;又因为后者,《要旨》被当成阅读《太史公书》的直接导引。把《要旨》当作谈、迁父子思想上的共识,所以就出现了司马迁是否为道家等荒诞不经的问题;把《要旨》当成阅读《太史公书》的导引,当发现正文立场处处与《要旨》的论述不合时,便得出《太史公书》错乱驳杂,甚至司马迁自相矛盾的结论。对《太史公书》的各种误解和误读,大多与此相关。

把《要旨》当成"学术史"文章来看,当然不能算作完全读错。但是至少可以毫不夸张地说,用"学术史"这样一个后设的视角,肯定没有真正看到《要旨》的"要旨"。看不到《要旨》的"要旨",也就很难说真正读懂了《要旨》。那么,《要旨》的"要旨"究竟是什么?换言之,《要旨》究竟是一篇什么性质的文章?司马谈在这篇文章中究竟想要表达什么?

这个问题不难回答。《要旨》开篇即云:

《易大传》:"天下一致而百虑,同归而殊途。"②

---

① 在晚近的研究中,这种看法不断得到加强。有学者由其"学术史"意义引申出"文献学"的价值,强调《要旨》是司马氏父子进行文献校勘工作的重要成果,认为司马氏父子的工作启发并影响了向、歆父子的工作,所以也应该把《要旨》看作《叙录》《七略》的先声。参见《〈太史公自序〉的"拾遗补艺"》,载逯耀东《抑郁与超越:司马迁与汉武帝时代》,生活·读书·新知三联书店2008年版,第35 - 89页。

② 司马迁:《史记》第10册,中华书局1982年版,第3288页。

这段引文虽然位于篇首，却很少引起读者的重视。人类有一个共同的问题，但是对这个问题的考虑各有不同；人类有一个共同的归宿，但是达到这个归宿的途径千差万别。司马谈引用《易传》的这段文字作为开篇，不是无关紧要的闲笔，而是要引出一系列问题：人类所面对的共同问题（所要达到的最终归宿）究竟是什么？对这个共同问题和共同目标都有哪些不同的思考和主张？这些问题，至少从表面上看，是《要旨》所要逐一展开和认真回答的。

也就是说，要面对"天下何思何虑"这样一个根本性的问题，老太史公首先必须做出自己的回答：

> 夫阴阳、儒、墨、名、法、道德，此务为治者也，直所从言之异路，有省不省耳。①

阴阳、儒、墨、名、法、道德等各家各派，无不是在探讨如何"为治"这一人类生活的根本问题。用今天的话说，在司马谈看来，此前的哲学都是政治哲学。只是因为表达方式的不同，有的自觉，有的不自觉罢了。这即是说，在《要旨》中，司马谈是以政治哲学来定位"六家"，把"六家"放在政治哲学的框架内，评说其是非，论定其短长的。

与同样是从道家立场出发对先秦思想进行评论的《庄子·天下》稍做比较，《要旨》着眼于政治哲学这一特征会显得尤为明显。《天下》开宗明义："天下之治方术者多矣，皆以其有为不可加矣。古之所谓道术者，果恶乎在？曰：'无乎不在。'曰：'神何由降？明何由出？''圣有所生，王有所成，皆原于一。'"② 今之"方术"无不源自古之"道术"，无不分有着古之"道术"。今之"方术"是古之"道术"分裂的结果。"方术"的兴盛意味着"道术"的分裂。"道术"的分裂导致"天下大乱，贤圣不明，道德不一"。方术的兴盛使"天下多得一察焉以自好。譬如耳目鼻口，皆有所明，不能相通"。虽然百家学说"皆有所长，时有所用"，但是他们"不该不遍"，都是"一曲之士"。他们"判天地之美，析万物之理，察古人之全"，自然"寡能备于天地之美，称神明之容"，这样一来，"内

---

① 司马迁：《史记》第 10 册，中华书局 1982 年版，第 3288–3289 页。
② 郭庆藩撰、王孝鱼点校：《庄子集释》下册，中华书局 2004 年版，第 1065 页。

"六家""六艺"与"一家之言"——司马迁《太史公自序》新探

圣外王之道"当然也就"暗而不明,郁而不发"①。这里虽然也用了"内圣外王之道"来指称"道术",但是它显然不是后世儒家所理解的"内圣"和"外王"。"内圣"既不是儒家意义上的成德之教,"外王"也不是儒家意义上的致用之学。"内圣外王"显然是强调古之"道术"的整全性。换言之,古之"道术"是整全的"一"。从它化生出各种"方术"来看,它具有本源的意义;从它被各种"方术"分有和呈现来看,它又具有本体的含义。"道术将为天下裂"是整个《天下》的核心。这句之后,《天下》分别列举了墨子和禽滑厘,彭蒙、田骈和慎到,关尹和老聃,庄周,惠施和公孙龙这五组人物,写他们各自有所得也有所蔽,有所见也有所不见。他们各有所得,因为他们各自领悟了一部分古之"道术";他们又各有所蔽,因为他们都对各自所见的古之"道术"固执拘泥,执其一端而不顾其他。不难看出,《天下》是在道的视野里来评判各家学说的是非得失的,所以可以认为它采取了一个近似于形而上学的视角。换言之,《天下》虽然也会提及诸子关于社会政治的看法,但是,从根本上讲,它不是着眼于政治哲学,而是着眼于作为本源的"道术"和由其分裂而成的各种"方术"的关系这样一个具有形而上学意味的问题。

《要旨》把诸子学说都看成是政治哲学,所以,对各家学说在形而上的层面有何终极依据自然也就漠不关心。甚至一个思想和学说在理论上是否成立,也不属于司马谈考虑的范围。司马谈只关心一个问题:"六家"的学说,哪些可以实施?哪些不能实施?或者说,对于帝国政治而言,哪些有用?哪些没用?对阴阳、儒、墨、法、名诸家,司马谈的评论是:

> 尝窃观阴阳之术,大祥而众忌讳,使人拘而多所畏;然其序四时之大顺,不可失也。儒者博而寡要,劳而少功,是以其事难尽从;然其序君臣父子之礼,列夫妇长幼之别,不可易也。墨者俭而难遵,是以其事不可遍循;然其强本节用,不可废也。法家严而少恩;然其正君臣上下之分,不可改矣。名家使人俭而善失真;然其正名实,不可不察也。②

---

① 郭庆藩撰、王孝鱼点校:《庄子集释》下册,中华书局2004年版,第1069页。
② 司马迁:《史记》第10册,中华书局1982年版,第3289页。

阴阳家"大祥而众忌讳",如果以此为政,就会"使人拘而多所畏",所以它是不能用来指导政治生活的,但是可以用来"序四时之大顺";儒家学说"博而寡要,劳而少功",当然不能完全根据它来安排政治生活,其可取之处仅仅在于对"君臣父子之礼"和"夫妇长幼之别"的强调;墨家学说"俭而难遵",所以也不能应用于实际的政治,但是它主张"强本节用"是没有错的;法家思想"严而少恩",也不能作为政治的指导,只能用来"正君臣上下之分";"名家使人俭而善失真",更不能用来指导现实政治了,只能用它来"正名实"。总之,一句话,阴阳、儒、墨、法、名五家,都不能作为指导现实政治的根本思想。

司马谈分明是想要说:要选择指导现实政治的根本思想,非道家莫属。司马谈用了足足超过论述前五家所用文字总和的篇幅来宣讲道家所具有的优势:

> 道家使人精神专一,动合无形,赡足万物。其为术也,因阴阳之大顺,采儒墨之善,撮名法之要,与时迁移,应物变化,立俗施事,无所不宜,指约而易操,事少而功多。儒者则不然。以为人主天下之仪表也,主倡而臣和,主先而臣随。如此则主劳而臣逸。至于大道之要,去健羡,绌聪明,释此而任术。夫神大用则竭,形大劳则敝。形神骚动,欲与天地长久,非所闻也。①

首先,这段文字至少涉及如下三个方面:一是道家思想的综合性,它"因阴阳之大顺,采儒墨之善,撮名法之要",堪称集各派思想之大成;二是道家思想的可行性,它"与时迁移,应物变化,立俗施事,无所不宜",而且"指约而易操,事少而功多";三是作为现实政治的指导思想,道家与儒家相比所具有的优越性。其次,这段文字至少隐含着两个重要的问题:一是从这段文字所列举的道家思想的理论特征来看,司马谈所说的道家,显然不是庄子意义上的道家,更不是老子意义上的道家,因为老庄的时代,还没有儒、墨、名、法的分野,更不用谈什么采其善撮其要。"因阴阳之大顺,采儒墨之善,撮名法之要"的乃是秦汉时期的"新道家",而不是先秦的"原道家"。二是从这段文字所批评的儒家人物在现实政治

---

① 司马迁:《史记》第 10 册,中华书局 1982 年版,第 3289 页。

"六家""六艺"与"一家之言"——司马迁《太史公自序》新探

中的表现来看,司马谈所说的儒家,也明显不是孔孟意义上的儒家。孔子虽然强调君主是天下的仪表,但是从不主张人臣对君主要无条件地绝对服从。相对于孔子对君臣关系的温和态度,孟子就显得激烈很多,他不但以教导君王的老师的面目出现,甚至直接肯定"汤武革命"的积极意义。由此可见,"主倡而臣和,主先而臣随"用在孔孟儒家身上显然是不太合适的。如果它确有所指,那么把它用在汉初的叔孙通、武帝时期的田蚡等儒者身上倒还贴切。换言之,司马谈这里所说的儒家,也不是孔孟的"原儒家",而是参与汉代现实政治建构的"新儒家"。

如此看来,《要旨》根本就不是在"辨章学术,考镜源流",甚至不是在谈论晚周诸子思想学说的要旨。这些根本不是司马谈的兴趣所在。他想要做的是描述和评论自己时代里阴阳、儒、墨、名、法、道德诸家的政治主张,以及它们落实到现实政治中会有何等表现。如果上述论证还略显单薄,我们列举司马谈对上引评论儒、道两家的文字所做的解释,便可以看得十分清楚。关于儒家:

> 夫儒者以《六艺》为法。《六艺》经传以千万数,累世不能通其学,当年不能究其礼,故曰"博而寡要,劳而少功"。若夫列君臣父子之礼,序夫妇长幼之别,虽百家弗能易也。①

说"儒者以《六艺》为法",大抵不错,但是,"《六艺》经传以千万数"显然不是说先秦儒家。孔子时代,虽有"六艺",但似乎还未分经传;孟子时代,虽有经传之分,但还谈不到"以千万数"。至于"累世不能通其学,当年不能究其礼",明显指的是汉代经学大盛以后的状况。可见,"博而寡要,劳而少功"显然是在批评西汉立于学官的博士经学。而批评的重点,也不是经学能不能在学理上成立,而是经学所引申出的政治主张能不能在现实中推行。在司马谈看来,答案当然是否定的。如果说儒家经学还有什么可取之处,就只剩"列君臣父子之礼,序夫妇长幼之别"了。关于道家:

> 道家无为,又曰无不为,其实易行,其辞难知。其术以虚无为

---

① 司马迁:《史记》第 10 册,中华书局 1982 年版,第 3290 页。

本，以因循为用。无成势，无常形，故能究万物之情。不为物先，不为物后，故能为万物主。有法无法，因时为业；有度无度，因物与合。故曰"圣人不朽，时变是守。虚者道之常也，因者君之纲"也。群臣并至，使各自明也。其实中其声者谓之端，实不中其声者谓之窾。窾言不听，奸乃不生，贤不肖自分，白黑乃形。在所欲用耳，何事不成。乃合大道，混混冥冥。光耀天下，复反无名。①

司马谈认为，道家的特征是："无为无不为"；"虚无为本"，"因循为用"；"不为物先，不为物后"；"有法无法"，"有度无度"。这些只是讲道之用，根本不涉及道之体。也就是说，司马谈只注重作为统治术的道，根本不关心作为形上本体（或者本源）的道。这也验证了前文所论司马谈只有政治哲学的兴趣而无形而上学的兴趣。而接下来的"群臣并至……复反无名"这段申述道家思想的文字，与其说接近写下《道德经》五千言的老子，不如说更接近韩非《解老》《喻老》所理解的老子。考虑到黄老道家"采儒墨之善，撮名法之要"的特点，这段文字几乎可以看作是黄老学派的思想纲领甚至是政治宣言了。

《要旨》的结尾写道：

凡人所生者神也，所托者形也。神大用则竭，形大劳则敝，形神离则死。死者不可复生，离者不可复反，故圣人重之。由是观之，神者生之本也，形者生之具也。不先定其神［形］，而曰"我有以治天下"，何由哉？②

这段文字从形神关系的角度讨论人的生死问题。但是这里显然不是针对普通人的讨论，因为普通人不存在"治天下"的问题。能够"治天下"的只有天子。也就是说，司马谈在写作《要旨》的时候，至少预设了某位天下的治理者作为自己潜在的读者。这段文字又似乎是在讲天下的治理者不能够长生的原因，好像与"六家要旨"并无多大关系。但是，如果联想到从秦皇到汉武，无不贪生恶死，不断派人求仙访药，司马谈为什么要以

---

① 司马迁：《史记》第 10 册，中华书局 1982 年版，第 3292 页。
② 司马迁：《史记》第 10 册，中华书局 1982 年版，第 3292 页。

"六家""六艺"与"一家之言"——司马迁《太史公自序》新探

这段文字结尾,也就不难理解了。

由此可见,《要旨》根本就不是一篇讨论先秦"学术史"的文章,而是一篇讨论秦汉帝国应当何去何从的政论文。

三、扑朔迷离的"司马谈遗嘱"

至此,我们可以基本判定:《要旨》是一篇黄老道家的政治哲学论纲,阴阳、儒、墨、名、法诸家之所以被貌似公允地论及,是因为在司马谈看来,它们理论上的偏颇,恰好可以反衬黄老道家的圆融;它们在政治实践中的失,恰好可以反衬黄老道家的得。而司马谈对其他五家的重视程度也不一样。他显然更青睐儒家。这一方面表现在开篇总论各家时,专门论述道家的文字中要夹入对儒家的批评;另一方面表现在全篇收尾的部分,讲到治天下者太过有为而形神骚动时,表面上批评积极有为的君主,实际上暗含了对儒家的戏谑和嘲讽。对于其他各家,则一视同仁。

司马谈为何偏偏要跟儒家过不去呢?

《自序》中,《要旨》前后各有一段文字:

> 太史公学天官于唐都,受《易》于杨何,习道论于黄子。太史公仕于建元元封之间,愍学者之不达其意而师悖,乃论六家之要指曰:
> ……
> 太史公既掌天官,不治民。有子曰迁。①

从司马迁的记述来看,司马谈所学大概是三个部分:天文学、易学和道论。天文学和易学属于"太史公"这个职务必须具备的专业技能,没有多少政治方面的含义。而黄子所授的道论,就应该是汉代流行的黄老学说,这个背景决定了司马谈基本的思想立场。至于传授司马迁道论的黄子其人,应该就是景帝时与辕固生争论汤武革命问题的黄生。《儒林列传》里记载了这场非常有名的争论:

> 黄生曰:"汤武非受命,乃弑也。"辕固生曰:"不然。夫桀纣虐乱,天下之心皆归汤武,汤武与天下之心而诛桀纣,桀纣之民不为之

---

① 司马迁:《史记》第10册,中华书局1982年版,第3288—3293页。

使而归汤武,汤武不得已而立,非受命为何?"黄生曰:"冠虽敝,必加于首;履虽新,必关于足。何者,上下之分也。今桀纣虽失道,然君上也;汤武虽圣,臣下也。夫主有失行,臣下不能正言匡过以尊天子,反因过而诛之,代立践南面,非弑而何也?"辕固生曰:"必若所云,是高帝代秦即天子之位,非邪?"于是景帝曰:"食肉不食马肝,不为不知味;言学者无言汤武受命,不为愚。"遂罢。是后学者莫敢明受命放杀者。①

研习《齐诗》的辕固生和传授道论的黄生关于汤武革命的不同看法实际上反映了汉帝国政治处境和意识形态选择的两难。儒家赞成汤武革命,实际上是强调政治变革和政权转移的合理性。这对马上得天下的汉帝国来讲具有极其重要的意义:它既可以为汉帝国的存在提供正当性论证,又能深入说明帝国统治方式和政治模式变革的必要性。而黄老道家反对汤武革命之说也并非没有道理。汉帝国一旦接受了儒家对其存在的合法性的解释,也就等于认可了天命转移的必然性。如此,则必然会埋下动摇帝国根基的种子。换言之,黄老道家在政治与生活中的积极作用更多地表现在维护帝国的稳定,而其消极作用也就相应地表现为过于注重稳定而使得帝国政治缺乏应有的活力和创造力。

儒家和黄老的争论不仅存在于学者之间,甚至在帝国最高统治者那里,黄老作为帝国政治的指导思想也在景帝时开始受到强劲的挑战。《儒林列传》载:

> 窦太后好老子书,召辕固生问老子书。固曰:"此是家人言耳。"太后怒曰:"安得司空城旦书乎?"乃使固入圈刺豕。景帝知太后怒而固直言无罪,乃假固利兵,下圈刺豕,正中其心,一刺,豕应手而倒。太后默然,无以复罪,罢之。②

窦太后召辕固生问老子,显然是想逼迫辕固生承认黄老的权威。辕固生极为不屑地贬称《老子》书为"家人言",言下之意是它根本不值得王

---

① 司马迁:《史记》第 10 册,中华书局 1982 年版,第 3122—3123 页。
② 司马迁:《史记》第 10 册,中华书局 1982 年版,第 3123 页。

"六家""六艺"与"一家之言"——司马迁《太史公自序》新探

公大臣尊奉,更不配成为汉帝国的官方意识形态。对既有意识形态的蔑视必然会招致旧的意识形态维护者的痛恨甚至惩罚。儒家对黄老的最初挑战险些让这位固执己见的儒生赔上了性命。

儒家对黄老的挑战在景帝时期仅仅算是拉开序幕。意识形态领域的争夺,在武帝即位之后的几十年里显得尤为激烈。在儒家学说取代黄老学说成为帝国意识形态的过程中,武帝是一个极为关键的人物。年轻的刘彻是个胸怀大志、奋发有为的皇帝,如果继续推行黄老道家无为而治的治国方略,就不可能改变汉朝建立七十年来因循守旧无所作为的局面。只有改弦更张,尊奉儒学,才可能为武帝展开他的帝国宏图提供相应的思想资源。所以,武帝选择了扶持儒家和任用儒生。

武帝即位的建元元年(前140)是中国历史上用年号纪年的开始。这一年发生了几件对汉帝国而言具有转折性意义的重大事件。一是诏选贤良。武帝命丞相、御史、列侯、中二千石、二百石、诸侯相举贤良方正、直言极谏之士。此后这一方式作为汉代选拔人才的重要制度被确立下来。二是罢黜百家。丞相卫绾上书,认为所举贤良方正所学不同,主张各异,不仅有儒生,还有法家、纵横家的信徒。卫绾认为他们各说一套,不但不能治理国家,反而会扰乱朝政,建议把儒家以外的各家人物均罢黜不用。武帝同意了他的建议。三是任用窦婴为相。儒家人物窦婴接替卫绾成为丞相,同时,尊奉儒学的田蚡担任了太尉,窦婴和田蚡又推荐儒生赵绾任御史大夫,推荐儒生王臧担任汉武帝的郎中令。这样,汉帝国中央政府的首脑基本上都成了儒家人物。四是议立明堂。赵绾、王臧进入汉帝国中央决策机构之后,在窦婴、田蚡的支持下提出恢复儒家理想中的明堂制度,立明堂以朝诸侯,并按照儒家经典的要求举行朝会、祭祀、庆赏、选士、教学、养老等活动。

《儒林列传》里记载了第一次议立明堂的始末:

> 兰陵王臧既受《诗》,以事孝景帝为太子少傅,免去。今上初即位,臧乃上书宿卫上,累迁,一岁中为郎中令。及代赵绾亦尝受《诗》申公,绾为御史大夫。绾、臧请天子,欲立明堂以朝诸侯,不能就其事,乃言师申公。于是天子使使束帛加璧安车驷马迎申公,弟子二人乘轺传从。至,见天子。天子问治乱之事,申公时已八十余,老,对曰:"为治者不在多言,顾力行何如耳。"是时天子方好文词,

> 见申公对,默然。然已招致,则以为太中大夫,舍鲁邸,议明堂事。太皇窦太后好老子言,不说儒术,得赵绾、王臧之过以让上,上因废明堂事,尽下赵绾、王臧吏,后皆自杀。申公亦疾免以归,数年卒。①

武帝登基之后由儒生们所推动的第一场用儒家经典资源形塑帝国政治的改制运动就这么夭折了,而这场运动的推动者也为此付出了生命的代价。可见,年轻的武帝虽然想借助儒家思想再造他的帝国,但是面对坚信黄老学说的窦太后所施加的强大压力似乎也无计可施。儒家和黄老对帝国意识形态指导权的争夺到了极为激烈的程度。

正是在这个时候,信奉黄老之学的司马谈担任了太史公一职。

前引《自序》云,司马谈仕于建元、元封之际。《汉书·律历志》云:"武帝建元、元光、元朔各六年,元狩、元鼎、元封各六年,太初、天汉、太始、征和各四年,后元二年,著纪即位五十四年。"从建元到元封的三十多年,正是汉武帝内修法度,外攘夷狄,逐步用儒家(尤其是春秋学)提供的思想资源和政治理想改造并且重塑汉帝国的重要时期,也是儒学逐步击败并取代黄老学说成为新的国家意识形态的关键时期。由于史料不足,我们很难推测信奉黄老学说的司马谈进入帝国中央担任太史公一职究竟是出于窦太后的意愿还是汉武帝的想法。如果是窦太后的意愿,那显然是因为他的思想倾向和政治立场;如果是汉武帝的想法,那就可能是考虑到他对天文学和易学的熟悉,毕竟,太史是一个专业化程度极高的职位。

随着窦太后的去世,黄老在帝国政治中的影响力日益减弱,儒家学说在汉代的内政、外交、军事、法律各个方面发挥着越来越重要的作用。与之相伴的是,随着"罢黜百家"成为汉帝国选拔人才的基本政策被确立,黄老学说的主张者和信奉者无一例外都成了帝国政坛上的失意者。汉武帝要修正承秦而来的法律和制度,儒家经典中丰富的制度论说可以为其提供参照;汉武帝要建明堂、封禅、巡狩,儒家经典中大量的礼制仪轨可以供其依托;汉武帝要征战四夷尤其是讨伐匈奴,《春秋》公羊学的"大复仇"思想正好又为其提供了最佳的理论根据。总之,武帝时代的汉帝国亟待解决的方方面面的重大课题,都为儒家进入历史舞台的中心位置提供了

---

① 司马迁:《史记》第10册,中华书局1982年版,第3121—3122页。

"六家""六艺"与"一家之言"——司马迁《太史公自序》新探

契机。而主张因循和无为的黄老思想显然无法解决汉帝国所面临的这些严峻的政治课题,自然也就日益丧失对帝国政治的主导权而退居时代的边缘。励精图治的汉武帝既然不喜黄老之学,信仰黄老的司马谈在汉武帝时代的境遇也就可想而知。

司马迁写道:

>是岁天子始建汉家之封,而太史公留滞周南,不得与从事,故发愤且卒。而子迁适使反,见父于河洛之间。太史公执迁手而泣曰:"……今天子接千岁之统,封泰山,而余不得从行,是命也夫,命也夫!……"①

汉武帝封泰山、禅梁父,对于汉朝而言,乃是帝国历史上最为盛大的典礼。司马迁说它的意义是"接千岁之统"——和西周文、武、周公时代的盛况遥相呼应。对于帝国历史而言,如此重大的事件,太史公司马谈却"留滞周南",而"不得与从事",最终"发愤且卒"。试问,司马谈为何会"留滞周南"?什么事情能让太史公不去参与封禅的大典?难道对于司马谈的太史生涯而言这不是至关重要的时刻吗?司马谈"发愤且卒"的"愤"又从何而来?

虽然史无明文,但我们仍旧可以稍做推测。汉武帝太过有为的励精图治,司马谈一定不以为然。《要旨》说:"神大用则竭,形大劳则敝,形神离则死……不先定其神[形],而曰'我有以治天下'……"这明显就是在批评汉武帝。司马谈对黄老学说的信仰和坚持,非但不能获得汉武帝的认可,相反必然会激起武帝极为强烈的反感。让双方都感到难堪的是:汉武帝想借助儒家的学说开创属于自己的历史,而他所开创的历史却不得不由坚守黄老立场的司马谈来记录和评价。司马谈稍早也曾受命和博士诸生一起议定封禅之礼,但是他们的工作最终都遭到了汉武帝的否定。对这一事件的细节,史书语焉不详。但是,可以肯定的是,汉武帝显然对这位在他执政以后的三十年里一直坚持旧思想不肯认同他所制定的新国策的老太史已经忍无可忍。不让司马谈参与封禅大典堪称对老太史最为严厉的惩罚和报复。而对于司马谈而言,"留滞周南,不得与从事"算得上其太史

---

① 司马迁:《史记》第10册,中华书局1982年版,第3295页。

生涯最为悲惨和失败的一幕。因为和皇帝持不同的政见,身为太史却连帝国事业最辉煌伟大的一幕都不能亲自见证,司马谈怎能不"发愤且卒"呢?

对帝国伟业的自豪和对汉武帝的愤懑一起构成了司马谈遗嘱的基调。依司马迁的记述,老太史公弥留之际依然念念不忘自己未完成的著述事业:

> 余先周室之太史也。自上世尝显功名于虞夏,典天官事。后世中衰,绝于予乎?汝复为太史,则续吾祖矣。今天子接千岁之统,封泰山,而余不得从行,是命也夫,命也夫!余死,汝必为太史;为太史,无忘吾所欲论著矣。且夫孝始于事亲,中于事君,终于立身。扬名于后世,以显父母,此孝之大者。夫天下称诵周公,言其能论歌文武之德,宣周邵之风,达太王王季之思虑,爰及公刘,以尊后稷也。幽厉之后,王道缺,礼乐衰,孔子修旧起废,论《诗》《书》,作《春秋》,则学者至今则之。自获麟以来四百有余岁,而诸侯相兼,史记放绝。今汉兴,海内一统,明主贤君忠臣死义之士,余为太史而弗论载,废天下之史文,余甚惧焉,汝其念哉![①]

这段话列举了司马迁必须完成一部伟大著作的四个理由:①如果要让司马氏家族的史官传统不就此终结,司马迁必须著史;②司马谈含恨而死,要完成他未竟的事业,司马迁必须著史;③孔子作《春秋》已经四百多年,需要有人重新接续孔子的事业;④汉帝国真正实现了海内一统的伟大成就,客观上需要一部与之相匹配的伟大著作。

如果仅仅依据这段文字就认为司马迁写作《史记》的原因和动力就是司马谈的遗嘱,那就太过于简单了。以往的学者过于轻视这段文字,所以对它的解读大多不能令人满意。这段话显然为司马迁的著述提供了两个最主要的历史依据:一个是司马氏家族的史官传统,另一个是从周公到孔子的"制作"传统。司马谈希望自己的儿子能够接续家族的史官传统,应无多大问题。但是,作为黄老道家思想代言人的司马谈,怎么可能让自己的事业继承人接续周公和孔子的"制作"传统呢?司马谈不是在《要旨》

---

① 司马迁:《史记》第10册,中华书局1982年版,第3295页。

"六家""六艺"与"一家之言"——司马迁《太史公自序》新探

里猛烈地批评儒家学说吗?老太史公不是在儒学复兴的时代里备感落寞吗?这位因循守旧的史官不是因被支持儒家的武帝抛弃而"发愤且卒"吗?他怎么可能让司马迁去传递周公和孔子传递过来的儒家薪火呢?

这个问题实在不易回答。如果我们稍微留心一下,便会发现,"司马谈遗嘱"在《自序》里实际上共被提到过三次:"大序"中两次,"小序"中一次。几处含义或有重叠,但文字几乎完全不同。此处最为繁复,其他几处则较为简略。怎么解释这种差异呢?如果说其他几处较为简略的文字是被缩略了的"司马谈遗嘱",难道就不能说此段较为繁复的文字是被扩充了的"司马谈遗嘱"?

要回答"司马谈遗嘱"究竟有没有被"扩充"的问题,我们就得看看记录这段"遗嘱"的司马迁跟他的父亲在思想上有无不同。司马迁出生于景帝末年至武帝初年,他成长的历程正伴随着儒学的复兴。司马迁有幸跟随大儒董仲舒学习《春秋》,后又跟着孔安国研习《尚书》。显然,司马迁的学术背景是新兴的儒学,而不是主张因循的黄老。两代太史公在学术背景和思想立场上大异其趣。在《孔子世家》后面的"太史公曰"里,司马迁说自己对孔子"虽不能至,然心乡往之"。又说,自己曾经适鲁,"观仲尼庙堂车服礼器,诸生以时习礼其家",以至于"祗回留之不能去"①。可见,孔子乃是司马迁的精神偶像,孔子的事业曾经深深地震撼过青年司马迁的灵魂。对司马迁的这一思想维度,我们很难设想贬抑儒家的司马谈会完全认同。

信奉儒学的司马迁在儒学复兴的年代里显然成了时代的宠儿。司马迁这样描写自己早年的经历:

> 迁生龙门,耕牧河山之阳。年十岁则诵古文。二十而南游江、淮,上会稽,探禹穴,窥九疑,浮于沅、湘;北涉汶、泗,讲业齐、鲁之都,观孔子之遗风,乡射邹、峄;厄困鄱、薛、彭城,过梁、楚以归。于是迁仕为郎中,奉使西征巴、蜀以南,南略邛、笮、昆明,还报命。②

---

① 司马迁:《史记》第6册,中华书局1982年版,第1947页。
② 司马迁:《史记》第10册,中华书局1982年版,第3293页。

与司马谈受到汉武帝的冷遇不同，青年司马迁颇受汉武帝青睐；与司马谈晚年的黯然和伤感形成鲜明对照的是早年司马迁的春风得意。可以毫不夸张地说，司马迁在武帝时期的一系列政治变革中曾经发挥过极为重要的作用。《太史公书》的写作，既与司马谈晚年的失意和落寞有关，又与司马迁早年的得意和自豪有关。当然，司马迁在写这段文字的时候还是保持了最大限度的克制：他既没有刻意渲染拥护黄老政治的父亲在帝国的改制运动中受到的冷遇和感到的悲凉，也没有过分地夸张自己在武帝早期的得意和风光。两代人在一个大时代里不同的命运浮沉，被他写得波澜不惊。

四、闪烁其词的"答壶遂问"

在"大序"中，与司马谈论"六家"相对应的，乃是司马迁论"六艺"。司马迁论"六艺"，是以和壶遂对话的形式写出的。而司马迁和壶遂的对话，又是通过部分重述"司马谈遗嘱"引出的：

先人有言："自周公卒五百岁而有孔子。孔子卒后至于今五百岁，有能绍明世，正《易传》，继《春秋》，本《诗》《书》《礼》《乐》之际？"意在斯乎！意在斯乎！小子何敢让焉？[①]

这段话清楚地表明：历史中存在着一个伟大的精神谱系。这一谱系从周公开始，五百年后被孔子接续；孔子之后又过了五百年，现在谁又能成为这个精神谱系的接续者呢？司马迁当然不能直接说他认为自己就是，他只能把它说成父亲临终的教诲，说成是"先人有言"。如此一来，自己写《太史公书》，就是受命（秉承父命）而作，而不是自高自大无知妄作。坚称自己的著述乃秉承父命是必需的，构造一个由周公到孔子的精神谱系并把自己纳入这一谱系中更是不可或缺的。

前引"司马谈遗嘱"，对周公和孔子为何能共同构成一个精神谱系做出了详细的说明：周公的伟大在于能够通过他的"制作"，彰显出他所处时代最伟大的政治德性和政治风尚（"论歌文武之德，宣周邵之风"）。不仅如此，他还把自己时代最伟大的政治德性和政治风尚追溯到祖先的睿智

---

① 司马迁：《史记》第 10 册，中华书局 1982 年版，第 3296 页。

"六家""六艺"与"一家之言"——司马迁《太史公自序》新探

思考和艰辛努力("达太王王季之思虑,爰及公刘,以尊后稷")上。换言之,周公的伟大在于他把自己所处的政治共同体的政治品格和历史共同体的文化品性紧密地连接起来。而孔子所做的工作,则是在一个政治品格被败坏("王道缺")、文化品性被丢失("礼乐衰")的时代里,通过自己的"制作"活动挽回或者重建业已衰亡的政治品格和文化品性("修旧起废,论《诗》《书》,作《春秋》")。这里,周公的"制作"和孔子的"制作"是不是同一种意义上的"制作"这个问题被有意无意地忽略了。而这一忽略恰好为司马迁把自己的著述活动也纳入这一谱系预留了足够的空间。既然孔子是继承周公的事业,而孔子的"制作"又不同于周公的"制作",那么继承孔子事业的司马迁所进行的著述活动也就不一定要和孔子完全相同了。

但是,司马迁必须说明,自己在什么意义上可以被视作这一精神传统的继承者,又在什么意义上和他的先行者之间存在着差异和不同。对于司马迁而言,这个问题无疑是复杂、微妙又无法回避的。在古典作品中,复杂微妙的思想大多需要借助一个对话者、提问者甚至质疑者才能阐发出来。所以,这个时候必须有另一个人以讨论者的身份参与进来,这个人就是他的好友壶遂。

壶遂总共提出了两个问题。第一个是:"昔孔子何为而作《春秋》哉?"

司马迁对这个问题的回答,大概有三层意思:①引述董仲舒的《春秋》论说;②阐述司马迁对"六艺"的总体看法,以及《春秋》应当如何在"六艺"的系统中被认识和定位;③说明《春秋》为什么是"礼义之大宗"。这里的第一层意思只是讲汉儒基于公羊学的理解对《春秋》所具有的一般性认识,它不构成司马迁本人对这个问题的解释。但是,司马迁的解释并不与之相悖,而是在此基础上进一步引申、发挥并且补充了汉儒的一般性理解。

汉儒普遍认为,《春秋》之作,是为了"上明三王之道,下辨人事之纪",目的是"别嫌疑,明是非,定犹豫,善善恶恶,贤贤贱不肖,存亡国,继绝世,补敝起废",所以是"王道之大者"。司马迁显然认为,这样理解《春秋》还远远不够。要清楚地认识《春秋》,首先必须明了"六艺"的性质:

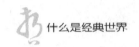

《易》著天地阴阳四时五行，故长于变；《礼》经纪人伦，故长于行；《书》记先王之事，故长于政；《诗》记山川溪谷禽兽草木牝牡雌雄，故长于风；《乐》乐所以立，故长于和；《春秋》辨是非，故长于治人。是故《礼》以节人，《乐》以发和，《书》以道事，《诗》以达意，《易》以道化，《春秋》以道义。①

这段文字分别论及"六艺"的内容、特点和功用。不难看出，从"六艺"的内容和性质来看，大多与政治生活密切相关；而从其功用来看，"节人""发和""道事""达意""道化""道义"几乎都在政治生活中扮演着重要角色。这很容易让人联想到司马谈《要旨》开篇总论阴阳、儒、墨、名、法、道德诸家时，概括说："此务为治者也，直所从言之异路，有省不省耳。"换言之，和司马谈从政治性来评论"六家"要旨一样，司马迁也是从政治性来看待"六艺"的性质。不仅如此，司马迁论"六艺"，显然是针对司马谈《要旨》中对儒家的批评而来。司马谈不是说儒家学说"博而寡要，劳而少功"吗？司马迁却说：

拨乱世反之正，莫近于《春秋》。《春秋》文成数万，其指数千。万物之散聚皆在《春秋》。②

儒家经典很多，涉及的内容虽然广博，但是"六艺"并非平行并列，它们的重要性是有差别的。在司马迁看来，"六艺"之中最为重要的当属《春秋》。若欲拨乱反正平治天下，最为紧要的莫过于《春秋》。《春秋》"文成数万"，不算太"博"；又"其指数千"，不能说"寡要"。"万物之聚散皆在《春秋》"，研习《春秋》怎么可能"劳而少功"呢？

司马迁又说：

《春秋》之中，弑君三十六，亡国五十二，诸侯奔走不得保其社稷者不可胜数。察其所以，皆失其本已。故《易》曰"失之毫厘，差以千里"。故曰"臣弑君，子弑父，非一旦一夕之故也，其渐久

---

① 司马迁：《史记》第10册，中华书局1982年版，第3297页。
② 司马迁：《史记》第10册，中华书局1982年版，第3297页。

"六家""六艺"与"一家之言"——司马迁《太史公自序》新探

矣"。故有国者不可以不知《春秋》,前有谗而弗见,后有贼而不知。为人臣者不可以不知《春秋》,守经事而不知其宜,遭变事而不知其权。为人君父而不通于《春秋》之义者,必蒙首恶之名。为人臣子而不通于《春秋》之义者,必陷篡弑之诛,死罪之名。其实皆以为善,为之不知其义,被之空言而不敢辞。夫不通礼义之旨,至于君不君,臣不臣,父不父,子不子。夫君不君则犯,臣不臣则诛,父不父则无道,子不子则不孝。此四行者,天下之大过也。以天下之大过予之,则受而弗敢辞。故《春秋》者,礼义之大宗也。夫礼禁未然之前,法施已然之后;法之所为用者易见,而礼之所为禁者难知。①

司马谈说"儒者以《六艺》为法。《六艺》经传以千万数,累世不能通其学,当年不能究其礼"。如果把"以千万数"的"六艺"经传同等看待,当然就会"累世不能通其学"。但是,如果认识到《春秋》是"礼义之大宗","六经"中分出主次轻重,自然也就用不着皓首穷经,又怎么会"当年不能究其礼"呢?司马迁又认为,《春秋》之中,之所以"弑君三十六,亡国五十二,诸侯奔走不得保其社稷者不可胜数",是因为他们都"失其本"。被他们丢掉的这个"本",就是"《春秋》之义",就是"礼义之旨"。换言之,对于政治生活而言,礼文固然重要,礼义却更为根本。《春秋》之所以在"六经"之中至为重要,并非因为它关涉礼仪节文,而是因为它指向礼文背后的"礼义"。"礼义"是礼的根本原则和最高原理,它是处理现实政治问题所必需的政治智慧的源泉。政治活动的参与者,无论是君主,还是大臣,都应该通晓《春秋》之义。否则,为人君者"必蒙首恶之名",为人臣者"必陷篡弑之诛"。司马迁还强调,政治人物的某些政治行动中,最终的效果往往和最初的动机相悖。这当然是因为他们缺乏足够的政治智慧,用司马迁的话来说,就是他们不通"礼义之旨"。司马谈论及儒家的可取之处时曾说:"若夫列君臣父子之礼,序夫妇长幼之别,虽百家弗能易也。"司马迁说,如果"不通礼义之旨",必然会导致"君不君,臣不臣,父不父,子不子"的情形出现,结果必然是"君不君则犯,臣不臣则诛,父不父则无道,子不子则不孝"。也就是说,如果没有《春秋》所承载的"礼义之旨",司马谈所言之"列君臣父子之

---

① 司马迁:《史记》第 10 册,中华书局 1982 年版,第 3297—3298 页。

礼，序夫妇长幼之别"又怎么可能实现？

壶遂的第二个问题是："孔子之时，上无明君，下不得任用，故作《春秋》，垂空文以断礼义，当一王之法。今夫子上遇明天子，下得守职，万事既具，咸各序其宜，夫子所论，欲以何明？"① 孔子作《春秋》，是特定人物在特定历史条件下的产物，司马迁与孔子的时代完全不同，境遇也不一样，怎么可能学孔子"作《春秋》"呢？

司马迁的回答令人颇为费解："唯唯，否否，不然。"这是说《太史公书》是在模仿《春秋》，还是没有模仿？抑或这个提问本身就有问题？

如果按照上述分析，把《春秋》理解为"礼义之大宗"，认为它提供了政治生活的根本原则和最高原理，提供了解决意图和效果相背离问题的政治智慧，那么要让司马迁在言辞的层面承认自己模仿《春秋》一定非常困难，因为这对于一个汉代的著述者而言，非但不可，简直是大逆不道。作为儒者，模仿《春秋》有拟圣之嫌；作为汉臣，以孔子自况不就等于贬损自己的帝国和时代吗？但是，司马迁的的确确借助"司马谈遗嘱"把自己纳入从周公到孔子的精神谱系中，这又是他无法否认或回避的。所以，他必须为此做出解释或者说明：

余闻之先人曰："伏羲至纯厚，作《易》《八卦》。尧舜之盛，《尚书》载之，礼乐作焉。汤武之隆，诗人歌之。《春秋》采善贬恶，推三代之德，褒周室，非独刺讥而已也。"②

司马迁采用了和先前一样的手法，先为"六经"重新定性，然后从"六经"的总体定性出发为《春秋》定位：《易》之八卦，体现的是伏羲之德；《尚书》《礼》《乐》，表现的是尧舜之盛；《诗》歌颂的是汤武之隆。所以，"六经"之作，大概都和古代圣王的德业相关联，准确地说，都是为了表彰古代圣王的盛德大业。《春秋》也不例外。它"采善贬恶"，是为了"推三代之德"，是为了"褒周室"。这一说法显然不是时人的共识，尤其是《春秋》"褒周室"，恐怕很难为汉儒所认可。在公羊家眼中，孔子作《春秋》，乃是晚年恢复周礼的理想失落之后把希望寄托于未来的

---

① 司马迁：《史记》第 10 册，中华书局 1982 年版，第 3299 页。
② 司马迁：《史记》第 10 册，中华书局 1982 年版，第 3299 页。

"六家""六艺"与"一家之言"——司马迁《太史公自序》新探

产物。《春秋》非为"从周"所写,而是为"新周"而作。说它"褒周室",大概要引来公羊家的非议。司马迁把它托诸并非儒家立场但有史官身份的"先人",便显得合情合理了。

既然《春秋》之作不仅在于讥刺乱世君臣,更在于彰显三代盛德,那么,至少在彰显三代盛德这一点上,《春秋》是可以模仿的:

> 汉兴以来,至明天子,获符瑞,封禅,改正朔,易服色,受命于穆清,泽流罔极,海外殊俗,重译款塞,请来献见者,不可胜道。臣下百官力诵圣德,犹不能宣尽其意。且士贤能而不用,有国者之耻;主上明圣而德不布闻,有司之过也。且余尝掌其官,废明圣盛德不载,灭功臣世家贤大夫之业不述,堕先人所言,罪莫大焉。①

《易》《书》《礼》《乐》《诗》《春秋》,都是各自所处伟大时代的见证。而汉代的伟大客观上要求有一部与之相称的伟大著作来见证这个历史。在这个意义上,模仿《春秋》显然是无可非议的,何况,司马氏父子的史官身份让他们相信承担这一使命对于他们而言责无旁贷。换言之,司马迁的《太史公书》的确是为他的汉帝国所作。《太史公书》的写作是为了理解和表彰帝国历史的政治品性和帝国人物的政治德性。包括《春秋》在内的"六经"无不是在描述寄托于历史中的某种政治理想,《太史公书》自然也在继承这个传统,将太史公父子的政治理想寄托于当代的历史叙述之中,寄托于对当代何以形成的历史追溯之中。

但是,问题仍然没有得到解决。我们会问,司马迁果真会如他所宣称的那样,认为《春秋》既是在讥刺乱世君臣,又是在彰显三代盛德吗?如果是,那他如何解释一般常识中《春秋》"贬天子"和自己言辞中《春秋》"褒周室"的矛盾呢?如果不是,司马迁所宣称的《春秋》"褒周室",难道只是一种假托之辞?换言之,如果《春秋》"褒周室"之说在事实上不能成立,司马迁对汉帝国政治品性的赞颂和圣君贤臣们丰功伟业的记载也将成为浮在《太史公书》表面上的波纹而已。那么,这些波纹底下的潜流又是什么?

最后,司马迁说:

---

① 司马迁:《史记》第10册,中华书局1982年版,第3299页。

> 余所谓述故事,整齐其世传,非所谓作也,而君比之于《春秋》,谬矣。①

这难道不是在模仿孔子,说自己"述而不作"吗?

五、结语:从"小序"看"一家之言"

从《自序》的"小序"来看,《太史公书》的写作,既跟汉帝国的自我认识和自我定位有关("我汉继五帝末流,接三代绝业"),又跟汉帝国的文化使命和文明担当相连("周道废,秦拨去古文……"),还跟汉帝国教政体系的建立并日趋完善同步("萧何次律令,韩信申军法……")。此外,它还是诸子百家学说在汉初重新活跃起来的结果("自曹参荐盖公言黄老,而贾生、晁错明申、商……")。

随着统一的大帝国的建立,试图以某一学说为主,吸纳和融合其他各家思想精华,以期最大限度地消化甚至转化先秦文化遗产,成为秦汉时期相当多重要论著的共同追求。从《吕氏春秋》开始,到《淮南鸿烈》,再到《春秋繁露》,大抵都是如此。司马迁父子的著述活动,显然是这个吸纳并融合先秦思想精华并转化此前的一切文化遗产的学术潮流的一个重要组成部分。跟同时代的其他重要思想家一样,谈、迁父子也热切地希望通过自己的著述活动,积极参与塑造(或者重塑)汉帝国的政治品格。与同时代其他思想家的不同之处在于,谈、迁父子相继担任史官,因此具有更为得天独厚的著述条件。尤其是经历了秦火的浩劫和秦汉之际的战乱之后,"天下遗文古事靡不毕集太史公",这种从事著述的条件就显得弥足珍贵。从这个意义上看,我们当然有理由认为写作《太史公书》是两代太史公共同的志业。

两代太史公对《太史公书》的写作有着不同的期许。老太史公作为黄老道家的信徒,其学术视野仅限于诸子。司马谈的志向在于通过自己的著述活动,将六家要旨融合为一,建立一个以黄老道家为主的思想体系,争夺汉帝国意识形态的主导权,进而使清净无为继续作为基本国策指导帝国政治。司马谈生活在黄老政治无法延续而儒学却迅速复兴的时代,所以,他对儒学能否充当现实政治的指导思想充满疑虑,对倚重儒生的汉武帝积

---

① 司马迁:《史记》第 10 册,中华书局 1982 年版,第 3299–3300 页。

"六家""六艺"与"一家之言"——司马迁《太史公自序》新探

极有为而导致帝国内外政治的纷争扰攘深感不安。小太史公的学术背景与正在复兴的儒学密切相关,他还同时接触过今文经学和古文经典。司马迁的志向在于通过自己的著述活动,按照自己对政治生活的洞察和思考,提炼和塑造秦汉帝国的政治品性。为此,司马迁必须接过司马谈的问题,即把先秦以来主要的思想文化遗产(六家要旨)重新熔铸为一。与司马谈不同的是,司马迁基于对经学的了解和认知,获得了一个与父亲完全不同的历史视野,这一历史视野的转换使得他的著述有了与司马谈完全不同的旨归。因此,如果站在司马谈的立场理解司马迁(或者《太史公书》),认为其书只是用道家的历史观评论汉朝当代历史,那就是驴唇马嘴,南辕北辙了。

那么,能否认为,司马迁接过司马谈的问题之后所做的工作仅仅是把黄老道家置换成了儒家(或者今文经学)呢?大概也不能。这是由于:儒学固然是司马迁主要的思想资源,但是司马迁的思考往往越出了儒学所能接受的分寸和界限;今文经学对司马迁的影响固然至关重要,但是司马迁著史并不拘泥于今文家说,今文以外的各类经说无不兼采。换言之,司马迁当然要处理司马谈遗留的问题,即他必须去"整齐百家杂语";同时,他又要解决自己更为迫切的问题,即如何才能"厥协六经异传"。如果说"整齐百家杂语"的工作是对诸子百家(主要是六家)的超越,那么"厥协六经异传"所要做的必然是对儒家经学内部种种异说的超越。司马迁在《自序》的"小序"和《报任安书》中两次提到"成一家之言"。所谓成一家之言,既包含对"百家杂语"的超越,又包含对"六经异传"的超越。换言之,只有在"整齐百家杂语"和"厥协六经异传"的基础上,我们才能理解司马迁是如何"成一家之言"的。

司马谈力图借助黄老道家的思想视野实现对先秦诸子的超越,司马迁又力图借助儒家经学的视野来实现对司马谈的黄老道家思想立场的超越。在这一过程中,司马迁又必须通过自己创造性的工作超越儒家经学内部的种种差异。

司马迁对儒家经学内部种种差异的超越是如何完成的呢?他显然是通过发明孔子的"述""作"大旨,重建从周公到孔子的精神谱系,并把自己的著述行为纳入这一精神谱系中来完成的。司马迁表面上借董仲舒之口重申了汉儒对《春秋》的一般看法,实际上补充了自己对孔子为何作《春秋》的两种认识。这两种认识又分别指向政治智慧和政治美德。司马迁本人在《太史公书》的写作过程中，又恰恰是依据这两种认识来确立其著作与《春秋》的关系的。阐明这一点，对准确理解《太史公书》的"述""作"之旨至关重要。

（本文原刊于干春松、陈壁生主编《经学研究》第2辑《经学与建国》，中国人民大学出版社2013年版，有改动）

性质语词与命名难题

——"白马非马"再审视

李 巍

"白马非马"是先秦名辩思潮的流行论题,但从传世文献来看,只有《公孙龙子·白马论》有详细论述。这个限制,既决定了不可能甩开公孙龙而理解"白马非马",更意味着对"白马非马"的解读首先是为了理解公孙龙。那么,这个论题在公孙龙思想中占据什么位置,更确切地说,他对"白马非马"的证成与其以"正名"为中心的思想宗旨有何关系,就是要害问题。但长期以来,人们更关心的是"白马非马"的论证及其有效性,仿佛知道这个论题如何能够"讲得通",就已经知道了它的全部。实则不然,因为对《白马论》的观察,如果是从贯穿整个《公孙龙子》的"正名"诉求来看,会发现"白马非马"的成立究竟服务于怎样的名实观,依旧是晦暗不明的问题。那么公孙龙对此论题的阐述,作为构成其思想的一部分的真正意义,并未得到揭示。而这正是本文意欲探究之处。要提出的基本观点是,"白马非马"真正谈论的不是"白马"与"马"之别,甚至也不是"白"与"马"之别,而是"白"这个性质语词的含义在命名活动中起限定作用与不起作用的差别,也即《白马论》中以下两种情况的差别:

A. 白定所白。
B. 不定所白。

此"定"与"不定"之分,就是《公孙龙子·名实论》说的"位其所位"与"出其所位"之分,也是《坚白论》说的"离"与"不离"之分。这些区分的揭示,都与"白"这类性质语词的命名难题相关,也是公孙龙的正名理论意欲解决的核心问题。

一、论证与翻译

首先要说的是仅关注"白马非马"的论证在文本研究中可能存在的局限。一般而言,如果若干古汉语句子构成的语段 T 是一个论证,则不难发现,刻画其论证结构,实际刻画的是它在现代汉语中的翻译,比如 T'。应该说,在关于论证本身的形式及其有效性的研究中,T 与 T' 的差别无关紧要,因为此时要考虑的不是自然语言内的翻译,而是从自然语言到形式语言的翻译。所以即便现代汉语的译文实际表达的是与古汉语原文不同的论证,但对刻画论证形式及其有效性的目的来说,它们都只是自然语言提供的样本或例子。可是,如果人们不仅限于研究论证本身,更要借此推进对具体文本的研究,自然语言中的翻译问题就开始变得重要。因为只要刻画 T' 的论证是为了理解 T,译文是否忠于原文就一定是比论证是否成立更基本的问题。

因此,在想方设法证明"白马非马"如何"说得通"时,首先必须考虑的是《白马论》中阐述这个论题的语句是否得到了恰当的翻译。但这个前提,是许多尝试以刻画论证来解读文本的论者未能充分重视的地方。比如以《白马论》开篇的论证为例:

[1] 马者,所以命形也。
[2] 白者,所以命色也。
[3] 命色者,非命形也。
[4] 故曰:白马非马。

A. C. 格拉哈姆已经指出,[1]~[3] 只能说明"白"不是"马",而非"白马非马"①。为了理解 [4],人们通常考虑的就是论证问题,即通过形式刻画来说明 [4] 从 [1]~[3] 中推出的有效性。但正如以下案例所见,这类论证有效性的说明,正因为忽视了更初始的翻译问题,实际上对理解《白马论》文本没有直接的帮助。

为方便讨论,可将上引的 [1]~[4] 表示为 T_1,引述《白马论》

---

① A. C. Graham, *Disputers of the Tao: Philosophical Argument in Ancient China*, La Salle: Open Court, 1989, p. 85.

其他论证将依次表示为 T_2，T_3，……。关于 T_1 的典型刻画，首先要提到 J. 赫梅莱夫斯基①。他以 A 表示"作为对象的马类"，B 表示"作为对象的白类"，Φ 表示"命令形状（且仅命令形状）"，Ψ 表示"命令颜色（且仅命令颜色）"，$X \wedge Y = 0$ 表示 X 与 Y 的交集为空，因此，T_1 就是：

(1) ΦA
(2) ΨB
(3) $[(X)\Psi X] \wedge [(X)\Phi X] = 0$
  (3a) $B \neq A$ (3b) $A \not\subset B$
(4) $B \wedge A \neq A$

这里，(3a)(3b) 是赫梅莱夫斯基所添加并认为是公孙龙在其推理中省略的前提。其理由则是，(3a) 可从 (1)(2)(3) 推出；至于 (3b)，因为早期中国的思想家并不承认或重视类的包含关系，故被省略掉也很正常。所以，赫梅莱夫斯基认为《白马论》的 T_1 论证虽不完善，但有效②。然而他对论证有效性的以上说明，正因为存在两个翻译问题，不能真正帮助我们理解文本。一个问题是，将"非"解释为两个对象类的"不等"，这很难说是符合文本的理解。正如成中英和 R. H. 斯温所指出的，这个古汉语动词通常只是简单的否定词；另一个问题更严重，就是将"命色""命形"的"命"解释为"命令"，不仅在翻译上不成立，反而使得整个刻画偏离了原文谈论命名问题的主旨。

由此再看成中英和斯温③，他们认为，不必超出"非"表否定的日常用法，只要将"白"理解为"白色对象"或"某物是白的"，就能从外延语境中说明 T_1 的有效性。比如以 H 表示"马"，C 表示"色"，S 表示

---

① J. Chmielewski, *Language and Logic in Ancient China: Collected Papers on the Chinese Language and Logic*, edited by Marek Mejor, Warszawa: Komitet Nauk Orientalistycznych PAN, 2009, pp. 178 – 185.

② J. Chmielewski, *Language and Logic in Ancient China: Collected Papers on the Chinese Language and Logic*, edited by Marek Mejor, Warszawa: Komitet Nauk Orientalistycznych PAN, 2009, pp. 181 – 182.

③ Chung-yin Cheng, Richard H. Swan, "Logic and Ontology in the Chih Wu Lun of Kung-sun Lung Tzu", *Philosophy East and West*, Vol. 20, No. 2 (Apr., 1970), pp. 137 – 154.

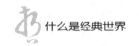

"形"，W 表示"白"，就能将 T_1 表示为：

(1) $\forall x(Hx \to Sx)$
(2) $\forall x(Wx \to Cx)$
(3) $\forall x \neg(Cx \to Sx)$
(4) $\forall x(Wx \wedge Hx \to \neg Hx)$

某种意义上，成中英和斯温就是看见赫梅莱夫斯基的刻画中存在翻译问题，才给出了新的刻画。但实际上，他们只是修正了赫梅莱夫斯基对"非"字的过度解释，然而后者在翻译上面临的另一问题，即无法表明 T_1 的核心是讲命名，在新刻画中仍然存在。不过，新刻画的问题不是错误地翻译了"命"，而是没有翻译。比如"命色者，非命形也"，本身讲的是命名颜色的东西不命名形状。但按以上刻画中的（3），只能被理解为任一事物并非如果有颜色，那么就有形状，这同样偏离了 T_1 的主旨。所以，二人虽以树形图证明了从（1）（2）（3）推出（4）的有效性①，但对理解《白马论》来说，同样没有实质的帮助。

相比之下，冯耀明提供的第三种刻画会显得更贴合文本②。他正是有见于 T_1 的主旨是讲命名，所以在形式刻画中，首先引入关系谓词 R 表示 x 命名 y，并以 a_1 表示"马"，a_2 表示"白"，c 表示"白马"，b_1 表示"形"，b_2 表示"色"，如此就能将 T_1 表示为：

(1) $a_1 R b_1$
(2) $a_2 R b_2$
(3A) $(cRb_2) \wedge (cRb_1)$
(4) $\forall x \forall y [(xRb_2) \wedge (yRb_1) \to \neg(x=y)]$
(5) $\neg(c = a_1)$

这可能存在问题，尤其体现在"白者，所以命色也"的刻画上。因为

---

① Chung-yin Cheng, Richard H. Swian, "Logic and Ontology in the Chih Wu Lun of Kung-sun Lung Tzu", *Philosophy East and West*, Vol. 20, No. 2 (Apr., 1970), pp. 137–154.
② 冯耀明：《公孙龙子》，东大图书股份有限公司2000年版，第42–43页。

《公孙龙子·坚白论》虽然提示了有作为抽象事物的白本身（whiteness），所以这句话或可理解为"白"指称了作为独立对象的某个色；但 a_2Rb_2 说的并不是"白"指称了某个色，而是指称了作为对象的颜色本身，这不但难以理解，和文本的意思也相差太大。实际上，"白者，所以命色也"说的只是"白"命名了事物的颜色。这种"命"，不能理解为把"色"当作一个单独事物加以指称，而应是语词的含义表达了事物特征的某种限定，比如"白"的含义限定了马的颜色（详见下文）。因此，当冯耀明将"白者，所以命色也"刻画为 a_2Rb_2，并以自然演绎法证明上列（1）～（5）的论证有效时，问题还是出在翻译上，所以仍然无助于理解《白马论》的文本。

这些情况，大概足以说明人们虽能为"白马非马"的论证有效性提供不同形式的说明，但对理解文本来说，不从恰当的翻译出发，任何论证形式的刻画都不能对本文研究提供实质的帮助，而充其量不过是逻辑学中的做题训练。有鉴于此，就让我们把研究《白马论》的注意力从论证问题转到翻译问题上。这时，研究的重心就不再是"白马非马"如何"说得通"，而是这个论题在文本中的意思。

二、指称与含义

无论怎么解释"非"，都能直观地看出"白马非马"讲的是"白马"与"马"这两个语词有别，并且绝不是语词本身的差别（比如"白马"与"马"字数不同），而一定和语词表达的东西有关。这或者是就对象来说，"白马"与"马"应用的范围不同，即指称不同；或者是就对象可被把握的特征来说，"白马"与"马"表达的限定不同，即含义不同。

就《白马论》文本来看，应该是后一种情况。比如：

T_2：求马，黄、黑马皆可致；求白马，黄、黑马不可致。使白马乃马也，是所求一也。所求一者，白者不异马也；所求不异，如黄、黑马有可有不可，何也？可与不可，其相非明。故黄、黑马一也，而可以应有马，而不可以应有白马。是白马之非马，审矣。

举证"马"应用的对象包括黄马、黑马，"白马"应用的对象仅限于白马，似乎就是在"白马"与"马"指称不同的意义上肯定"白马非马"。但上述引文论述"求马,黄、黑马皆可致;求白马,黄、黑马不可致"的理由,并不是黄、黑马属于"马"所指谓的类,但不属于"白马"指谓的类;而是"黄、黑马一也,而可以应有马,而不可以应有白马",即黄、黑马的颜色符合"求马"的要求,却不符合"求白马"的要求。由此得出"白马之非马,审矣"的结论,这就意味着"白马"与"马"的差别不主要是指称对象的种类不同,而是语词含义对事物特征的限定不同。

这一点,也能从《白马论》的以下说法中得到确认:

T_3:白者不定所白,忘之而可也。白马者,言白定所白也。定所白者,非白也。马者,无去取于色,故黄、黑皆所以应。白马者,有去取于色,黄、黑马皆所以色去,故唯白马独可以应耳。无去者,非有去也,故曰:白马非马。

把黄、黑马"可以应有马,而不可以应有白马"的理由归于"马"这个词不拣选颜色("无去取于色"),但"白马"拣选颜色("有去取于色"),再次表明"白马"与"马"的差别不在于指称,而在于含义,即是否表达了对事物颜色的限定。因此,所谓"白者不定所白",如说是"白"的限定不起作用,应该就是离"白"言"马"时,语词的含义"无去取于色"。但因为使用"白马"这个复合词时"有去取于色",则"白马"之"白"的限定就不可忽视。是故,"白马"与"马"的含义差别就能从"白定所白"与"白者不定所白"的差别来看。比如,紧跟着说的"定所白者,非白也",作为"[白]定所白者,非[不定之]白也"的缩略语,正可视为"白马非马"的另一表述。也就是说,这个论题真正涉及的不是"白马"与"马"的差别,而是"白"这个词的含义在命名活动中构成限定与不构成限定的差别。

那么最简单地说,"白马非马"的意思就是有色之马不是无色之马,正如:

T_4:马固有色,故有白马。使马无色,有马如已耳,安取白马?故白者非马也。白马者,马与白也;马与白,马也(耶)?故曰:白马非马也。

性质语词与命名难题——"白马非马"再审视

引文后半部分将"白马非马"解释为"白"加"马"的组合不等于"马",则"白马"不是"马"就能归因于"白者非马也",即只有将"白""马"区别开,才能证明两者的结合不等于部分。但此处与"马"相区别的"白",显然不是T_3中"不定所白,则忘之可也"的"白",而必须是"定所白"的"白马"之"白",后者表达了对马色的明确限定。基于此,"白者非马也"的区别应该就是上述引文一开始的"马固有色"的"有色"与"使马无色"的"无色"之别。这时,如果"白"的含义能被界定为"有色",就能将"白马"的含义界定为"马"的含义加上"有色"("马固有色,故有白马");同时,如果承认"马"的含义不包括"有色"("使马无色,有马如已耳"),就能在"马"之"有色"并非"无色"的意义上,得出"白马非马"的结论。

因此概括地说,T_4就是从"白"与"马"的含义不同来推论"白马非马"。而前引《白马论》的T_1从"白"表颜色、"马"表形状和表颜色的名称不表形状来推论"白马非马",也是基于含义来看。因为"命色"或"命形",很难理解为"白"或"马"指称了作为个体对象的颜色或形状,而只能理解为它们的含义表达了某物有某色或某物有某形的限定。在这种情况下,"白马"就不能理解为指称一类事物的一个名称,而应视为表达两种含义的两个名称。正如:

T_5:有白马,不可谓无马者,离白之谓也。不离者,有白马不可谓有马也。

T_4讲的"马"之"有色"并非"无色",T_5讲的"马"之"离白"并非"不离",都是对"白马非马"的肯定,但后者更清楚地表明"白马"是能分别对待的两个名称。而这正因为是就语词的内涵来说的,所以只要承认"命色者非命形也",或"命形"者(即"马")"无去取于色",就能从"白"不是"马"中直接推出"白马非马"。

但这种诉诸含义的论证,如果是从指称的角度看则不成立。正如《白马论》客方所认为的:

T_6:马未与白为马,白未与马为白。合马与白,复名白马。是相与以不相与为名,未可。故曰:白马非马未可。

这就是从指称来看，用作单名的"马"与"白马"之"马"适用的对象不同（"相与以不相与为名，未可"）。所以，不能将"白马"视为"白"与"马"的组合，并因此推出"白马非马"。问题是，公孙龙对"白马非马"的证成并不是就语词的指称来说，而是就含义来说。他确乎看到了，一个名称除了能被用于命名某个对象，更表达了对对象特征的某种限定。不抓住这一点，就不能合乎文本地理解这个论题。

三、"位"的限定

以上指出了《白马论》从"白""马"含义的不同推论"白马非马"。因此"白马"与"马"的差别就能理解为在命名活动中，"白"的含义是否发挥作用的区别。而此区别，如说是"白马"有颜色限定，"马"无颜色限定，就能依据文本表示为：

论　题：白马　　／　马
表述1：定所白　／　不定所白
表述2：有色　　／　无色
表述3：不离　　／　离白

而既然语词含义的作用主要是表示事物是否具有某种特征的限定，则来自T_3的"[白]定所白者，非[不定之]白也"，就是最能体现"白马非马"精义的表述。也正因此，本文特别主张《白马论》对"白马非马"的阐述，实质是在谈"白"的含义。而这样看来，"白马非马"的成立在公孙龙的整个正名思想中占有什么位置，这个问题就能收缩为类似"白"的语词，也就是表性质的语词，其含义对命名活动有何影响。

要回答这个问题，首先要关注《白马论》与《名实论》的关系，后者是公孙龙阐述其名实观的纲领文件，从中可见性质语词的含义对命名活动的影响与"位"的观念有关：

［1］天地与其所产焉，物也。
［2］物以物其所物而不过焉，实也。
［3］实以实其所实而不旷焉，位也。
［4］出其所位，非位。位其所位焉，正也。

[1]～[3]依次论述"物""实""位"。与"天地"及其产物皆可无差别地称为"物"不同,"实"是一事物成其所是("物其所物")因而能区别于其他事物("不过焉")的标志。因此,如果把"物"视为具体的个体,"实"就应是具体个体的特征或性质,比如白马之色。① 并且,这些特征一定是经验上可被把握的,因为"位"所代表的就是"实"充实于"物"("实其所实")的表现("不旷焉")。而此表现的情形,按[4]所述,应当有两种情况:一是"出其所位",如果理解为某"实"并不在某"物"上占"位"呈现,就相当于《白马论》所说的"使马无色,有马如已耳"时白性质的"不定所白";二是"位其所位",如理解为某"实"在某物上占"位"呈现,也能以《白马论》的"马固有色"或"[白]定所白者"为例,就是白的性质表现为马之白。

现在,基于将"实"解释为呈现于物的经验性质,则与之对应的"名"就应是"白"之类的性质语词;至于"马",既然用来"命形",也能说是一种性质语词。不过,"马"的命名问题在《白马论》中没有展开,比如"命形"之"形"究竟是轮廓、形态还是形体,我们无法根据文本判断,所以只能宽泛地视为马类事物的固有特征。但即便如此,也能感受到《名实论》与《白马论》的相关性,比如上引前者的抽象论述,就能以后者为例来理解;而反过来,也能期待后者对"白马非马"的证成可以从前者的论述中找到依据。比如上引《名实论》的语句[4]"出其所位,非位",如视为"出其所位,非[位其所]位"的缩写,则正可与《白马论》的"[白]定所白者,非[不定之]白也"构成对应:

A. 白定所白 / 不定之白
B. 位其所位 / 出其所位

如果将 B 视为 A 的理论表述,"白马非马"就能从"位"的角度得到解释,即倘使"白马"与"马"的差别主要是语词含义对事物特征的限定不同,则此不同就能说是白色性质是否占"位"于马。

而当这样理解时,《白马论》证成"白马非马"的用意,就能从《名

---

① 这与墨家和荀子以"实"为具体个体的思路不同,参见陈声柏、李巍《从"物"、"实"之别看公孙龙名学的价值——以荀况为参照》,载《中国哲学史》2008 年第 1 期,第 44-51 页。

实论》的"正名"纲领来看，这包括：

[1] 夫名，实谓也。
[2] 其名正，则唯乎其彼此焉。
[3] 知此之非此也，知此之不在此也，则不谓也。
[4] 知彼之非彼也，知彼之不在彼也，则不谓也。

基于对"实"的解释，可知[1]所表达的名实相应原则，主要是针对性质语词来说；至于[2]～[4]，则是专门谈论这种名实关系的内容。但首先要指出的是，反复出现的"彼""此"指的并不是具体的"彼物""此物"，而是在一事物中占"位"呈现的"彼实""此实"，也就是一事物呈现的各种特征，比如马色、马形。那么[2]所强调的，就是一个性质语词必须与它所表示的这种或那种性质构成严格对应（"唯乎其彼此"）。再根据[3]和[4]，这种严格对应包括两个原则：一是"非"则"不谓"，即在某物中占"位"呈现的"实"并非某"名"之"实"，则不能以该"名"称谓。比如《白马论》说的"命色者非命形也"，若理解为在马中占"位"呈现的形状不能以"白"命名，就是基于"非"则"不谓"的原则。与之相应，另一原则是"不在"则"不谓"，即当某"名"之"实"不在某物占"位"呈现，也不能以该"名"称谓。比如《白马论》说的"使马无色"时"安取白马"，若理解为白色"不在"某马占"位"呈现（"不定所白"），则不能以"白马"称该马，就能看作"不在"则"不谓"的表现。鉴于此，[1]～[4]所阐述的命名原则就不仅是宽泛地强调名实相应，更是强调作为性质语词的"名"只与在"物"中占"位"呈现的特征之"实"——或者概括为"在物之实"——构成严格对应。而倘使《白马论》就是依据这个原则展开论述的，则可知对"白马非马"的证成，其真正用意就是要强调"白马"只对应于白色"位其所位"或"白定所白"的马。说得更简单些，就是"白马"只命名白马。

可是，对性质语词的命名来说，无论《白马论》还是作为其理论依据的《名实论》，如果最终得出的就是这样一个常识性的结论，那不是太无聊了吗？难道任何一个有常识的人会把"白马"一词应用到黄、黑马的身上吗？的确，出现这样的疑问，表明强调某个性质语词只命名事物呈现的某种性质，这只是常识观点。但公孙龙着力证成它，若非无聊而为，就很可能是从常识中看到超出常识的问题。而这就是以下要阐述的性质语词的命名难题。

四、"离"的发现

对命名难题的讨论，须着眼《公孙龙子》的另一重要篇章《坚白论》。因为不用假定整部著作的各篇构成了完整自洽的理论系统（就像现代学术著作中的章节一样），也能看出，《白马论》对"不定所白"的揭示，以及《名实论》对"出其所位"的揭示，正与《坚白论》对"离"的揭示一致。所谓离，虽然在《坚白论》中主要指坚白石的坚硬、白色能离开具体石头，也即"藏"在某个领域，但一般说来，就是指某物虽有某种性质，但并不是必定呈现于该物的情况。因此，"离"正可视为"不定"或"出其所位"的另一种表述。

因而《白马论》的"定"与"不定"之分，以及《名实论》的"位其所位"与"出其所位"之分，又依据《坚白论》文本，表述为某性质与某事物"离"与"不离"的区分：

A. 不定所白 ／ 白定所白
B. 出其所位 ／ 位其所位
C. 离 ／ 不离

于是就能推断，《名实论》一定强调"名"只与"在物之实"相应，并以《白马论》为此纲领的具体演示，即在"白马"只命名有白性质的马的意义上证成"白马非马"。这绝不是重复常识，而是针对《坚白论》所述"离"的情况来说的。这种情况显然超出了常识理解的范围，但不论从何种意义上说，首先都能看到，无条件地主张名实相应，就会在某"实"与"物"相"离"（或"藏"）的时候出现"有名无实"的情况。因之，"名实相应"的原则就会遭遇严峻挑战。

那么，就让我们把注意力转到《坚白论》，看看该篇是怎样阐述"离"的可能性的。按该篇为主客对辩体，主方论"离坚白"，大致是以坚白石之坚硬、白色能够与石相"离"而退藏于密。这看似违反事实，故客方反对说：

其白也，其坚也，而石必得以相盈。……坚白域于石，恶乎离？

初看起来，这个反驳就是基于牟宗三所谓客观主义之立场①，即主张坚硬、白色在事实上为坚白石所有。但仔细观察，上述反驳其实包括：

（1）坚白石是坚硬、白色的（"坚白域于石"）。
（2）必然的，坚白石是坚硬、白色的（"石必得以相盈"）。

（1）是事实判断，（2）则为模态判断，而客对离坚白的反对，实际是从（1）来推论（2）。但这存在问题，因为如果能设想一种情况（counterfactual condition）是被叫作"坚白石"的东西并不坚硬或没有白色，就只能说：

（3）必然的，这坚白石是这坚白石。
（4）必然的，坚是坚。
（5）必然的，白是白。

却不能像客论（2）那样说坚硬、白色"石必得以相盈"。

理解了客方的观点，再细读《坚白论》文本，会发现主方对离坚白的倡导，绝非否定"坚白域于石"的事实判断，而是针对二者"石必得以相盈"的模态判断，认为存在坚白石并非坚白的可能。这包括两种情况，一是：

[1]物白焉，不定其所白。
[2]物坚焉，不定其所坚。
[3]不定者兼，恶乎其石也？

这是强调坚硬、白色是一切坚物、白物共有的性质（"兼"），并不限定在某些事物上（"不定其所白""不定其所坚"）。以此，就存在坚或白不著显于石，或坚物和白物的集不包括石头（"恶乎其石"）的可能。另

---

① 牟宗三：《名家与荀子》，吉林出版集团有限责任公司2010年版，第107页。

性质语词与命名难题——"白马非马"再审视

一种情况是：

[1] 坚未与石为坚而物兼。未与物为坚而坚必坚。
[2] 其不坚石物而坚。天下未有若坚而坚藏。
[3] 白固不能自白，恶能白石物乎？
[4] 若白者必白，则不白物而白焉。
[5] 石其无有，恶取坚白石乎？

这是说，坚、白不但有可能不在石头上，更可能不驻于任何物，有某种独立的存在（"未与物为坚""不白物而白焉"）。但这样的坚、白并不在现实中（"天下未有"），只能说是"藏"起来了，也就是某种抽象事物。至于石头，作为具体的事物，当然不在这些抽象事物所处的领域内（"石其无有"），又遑论坚白石（"恶取坚白石乎"）？

基于这两种情况，主方眼中的"必"就只有"坚必坚""白者必白"，却没有坚白"石必得以相盈"。也正因此，才提出了"离"的观念：

[1] 藏故，孰谓之不离。
[2] 故离也。
[3] 离也者，因是。
[4] 离也者，天下故独而正。

这正是因为肯定坚白石之坚白可"藏"，所以断定二者能与石相"离"。那么所谓离，指的就是坚白石并不坚白的情况。当然，正如上述，这绝不是事实性的"离"，而是强调坚白不必然著显于石，甚至不必然著显于物，于是就有独立存在的坚本身（hardness）、白本身（whiteness），也就是所谓"独而正"的抽象事物。因此就能看到，与《白马论》"白定所白"与"不定所白"的区分相似，《坚白论》则有"坚"与"石之坚"或"白"与"石之白"的区分，并能更确切地理解为某性质本身因为是与具体物相"离"的抽象者，所以与它在事物中的具体呈现有别。

这个区别，从现代观点看，当然可以有不同的表述。比如以 Φ 表示某性质本身，Φ′表示该性质在具体物中的呈现，则 Φ 与 Φ′的区别既能说是逻辑上的个体词与谓词之别，也能说是哲学上的语义饱和与不饱和之

· 143 ·

别。但公孙龙关注的，则是能否命名的区别。那就是，无论《白马论》讲的"白者不定所白，忘之而可也"，还是《名实论》讲的"出其所位"则"非位"，应该都是强调Φ′与具体事物分"离"成为"独而正"的Φ时，不能以"名"称谓。换句话说，为了避免有"名"无"实"或某"实""出其所位"的情况，只有将命名活动限定为针对Φ′的命名，也就是一个"名"只能应用到"在物之实"上，才能确保名实相应是一条有意义的命名原则。所以，《名实论》对"位其所位"的强调，《白马论》对"白定所白"的强调，其宗旨正可说是要解决由《坚白论》揭示的"离"可能给命名活动造成的难题。

五、"名"的范畴

由上能再次确认，"白马非马"真正谈论的不是"白马"与"马"的差别，而只是前者中不可忽视的"白"与后者中"忘之而可也"的"白"的差别。而这种差别如果就是《名实论》中"位其所位"与"出其所位"的区别，并能归因于《坚白论》对"离"的揭示，就可说这三篇文章在整个《公孙龙子》中具有内在的理论关联。而由上述可知，这个关联正可概括为从命名难题的发现到解决，并且这主要是对"白"这类表示普遍性质的语词来说的。

其实一般说来，命名难题大多出现在性质语词上，因为对专名、类名或范畴词来说，命名恰当与否，可以通过外延或对象来确认。比如后期墨家所谓：

〔经〕名，达、类、私。
〔说〕名。"物"，达也。有实，必待文〔之〕多〔名〕也。命之"马"，类也。若实也者，必以是名也。命之"臧"，私也。是名也止于是实也。

以上将"名"分为达名、类名、私名三种，皆就外延来说。达名"物"，相当于畴词，能总括一切个体；类名"马"则是命名某一类个体；至于私名，如"臧"，是仅限于命名特定个体的专名或名字。这三类"名"的使用是否恰当，要考察语词指称的对象。但对于"白"这类表示普遍性质的语词，仅仅考虑能被称为"白"的事物有哪些是不够的，还必须考察这个语词的内涵对命名活动的影响。

表面上看,"白"似乎既能命名具体的白物,也能命名白本身。因此在使用这个语词前,必须先确定它指什么。而这又正取决于对语词内涵即白的概念的理解。比如,将之理解成"是白的"(用形容词 white 表示),那就指谓了某种性质,如白马之白、白石之白。但若理解成"白本身"或"白性"(用名词 whiteness 表示),则已经是在指谓个体。可见,性质语词的使用比个体词要复杂得多。而造成命名难题的根本,就是当"白"表白性时,已经不是性质语词,而是个体词了。但白性本身是现实世界没有的("天下未有"),则作为个体词的"白"所指谓的就不仅是个体,更是抽象的个体。

但这种命名形式的出现,按蒯因的解释,不过是人类语言习得中的某些混淆使然①:首先是对物质名词与性质词的混淆。比如"白",不仅被理解为白色物质,还被理解为白色物质的共性,这就推动了从"white"到"whiteness"的变化。进而则是社会交往的属性本体论中对语词和对象的混淆。比如某人对某白马的颜色做出一番描述,又对另一马说"它也一样"——所谓也一样,不过是为交流便利而采纳的省略表达,但人们往往会将只有语法缩略功能的"也一样"理解成两匹马具有共同的属性,这就混淆了语词与对象,并会使"white"走向"whiteness"。所以,正如蒯因所说,指谓某种性质本身的个体词亦即"抽象单独词项"(abstract singular term)并没有高尚的起源②,换句话说,认为"whiteness"果真指谓某种抽象事物,只是一种幻觉。

这意味着性质语词本身并没有命名难题,只是将一个性质语词视为抽象单独词项时,才会出现既表示某物的性质,又表示该性质本身(抽象个体)的麻烦。但基于蒯因的论证,再回到公孙龙,能看出他的名实观恰是排斥抽象单独词项的。因为《名实论》讲的名实相应,如果只是"名"与"位其所位"的"在物之实"相应,则如坚白本身之类的抽象事物就已被排除在正名理论的论域之外。那么,当《白马论》强调"白者不定所白,忘之而可也"时,如果正是依据《名实论》"出其所位"则"非位"的命名原则,就等于强调"不定所白"的"白"——也就是作为抽

---

① W. V. Quine, *Word and Object*, MA: MIT Press, 1960, pp. 121 – 123.
② W. V. Quine, *Word and Object*, MA: MIT Press, 1960, p. 123.

象单独词项的"白"——不是真正的"名"(所以"忘之可也")。是故对"白马非马"这个论题来说,如果真正谈论的不是"白马"与"马"或"白"与"马"之别,而只是"白定所白"与"不定所白"之别,那就是要将作为性质语词的"白"(命名某白物之白)与作为抽象单独词项的"白"(命名白本身)区别开。而只要后者不是真正的"名",即便承认有与马相"离"的白本身,也根本不用考虑"白"的命名问题。因此公孙龙对性质语词之命名难题的解决,据《白马论》来看,就是通过将作为抽象单独语词的"白"排除在"名"的范畴外,使"白"始终用作命名某物之白的性质语词。而在"白马"只命名白色的马这个意义上说的"白马非马",看似是不用说的常识,实际就是强调"白"只是性质语词,而非抽象单独词项("忘之而可也")。

但确切说来,将抽象单独词项排除在"名"的范畴外,还只是解决命名难题的第一步。要确保"名"只与"在物之实"相应,除了要考虑哪些语词能被视为确有所"命"的"名",还必须考虑哪些性质是确能占"位"的"实"。就后者言,既然《坚白论》对"离"的探讨已经表明某"实"不必然"在物",则其所以"在物",就只能因为"物"有某种特性,令"实"的呈现成为可能。这个特性,就是《指物论》中的"指"——但并不是通常理解的"共相""观念"或"意义",而是将事物可在经验上被具体指出,看作"物"的一种特性即可指性。那么某"实"得以"在物"呈现,原因无他,就在于"物"是具有可指性的"物"。因而"名"只与"在物之实"相应,就必须以"物"之"可指"为其前提,如《指物论》中的"天下无指物,无可以谓物",就是强调事物没有可指性,就不能以"名"称谓,即不能称谓那"在物之实"。因此从"名实"到"指物",才是公孙龙解决命名难题的完整思路。但此义笔者已有专文讨论①,本文则是回溯性地观察此命名难题在公孙龙那里是如何被发现的。

(本文原刊于《逻辑学研究》2018年第3期,有改动)

---

① 李巍:《物的可指性——〈公孙龙子·指物论〉新解》,载《哲学研究》2016年第11期,第40-45页。

汉代礼治的形成及其思想特征

李宗桂

自西汉到清末，两千年的中国传统社会是以礼为标榜、以礼治为旗帜的社会。

礼是什么？是制度，是规范，是习俗。什么是礼治？按照习惯性的或者约定俗成的看法，就是用礼去治理，根据礼的原则和价值去治理天下。礼治，是一种治国方略、一种政治价值取向、一种古典的和谐社会理想。从学理的层面看，礼治包括礼学、礼仪。换言之，包括礼治理论和礼治制度的层面，而后者更多地体现在实践方面。

从汉代到清代的中国传统社会的礼治，其观念、制度、规范等层面的建构，主要是在汉代形成的。换言之，我们今天所讲的中国传统礼治，形成于汉代。

汉代礼治作为一个完整的思想体系，作为全新的价值系统，其形成有一个漫长的过程。宏观地看，整个两汉社会历史和思想文化的发展，就是一个礼治思想体系和价值观念逐渐形成的过程。这个过程，大致可以分为这样几个阶段：孕育阶段——从高祖立国到文景时期（西汉前期）；确立阶段——从武帝罢黜百家，独尊儒术，到宣帝时期石渠阁会议和《礼记》的定稿及其流行（西汉中期）；成熟阶段——东汉章帝时期白虎观会议及《白虎通义》的出现。其间，伴随着官吏选拔制度和其他相应的政治、社会制度的建立和健全。限于篇幅和论述的重心，本文主要从礼治思想和礼治秩序的层面论说问题。

一、礼治孕育阶段：从高祖立国到文景时期

西汉高祖立国以后，叔孙通、陆贾、贾谊等人所做的工作，属于礼治初创阶段的工作。

草莽出身的刘邦，最初并没有认识到儒学对巩固统治者利益的作用，并不懂得儒学的守成价值。经过儒生们的开导，他才真正明白其中的道理。史书记载，陆贾针对高祖不喜儒学的毛病，"时时前说称《诗》《书》"，被高祖痛骂："乃公居马上而得之，安事《诗》《书》？"陆贾居然大胆对曰："居马上得之，宁可以马上治之乎？且汤、武逆取而顺守之，文武并用，长久之术也。……乡使秦已并天下，行仁义，法先圣，陛下安得而有之？"（《史记·郦生陆贾列传》）高祖和陆贾的这场争论，实质上是如何看待儒学的守成功能的问题，大而言之，是如何看待礼治的功能。好在高祖有点儿文化自觉的意识，尽管面对陆贾的诘难颇为不快，但仍然要其著书阐明秦亡汉兴的道理，以及历史上的经验教训。于是，"陆生乃粗述存亡之征，凡著十二篇。每奏一篇，高帝未尝不称善，左右呼万岁。号其书曰'新语'"（《史记·郦生陆贾列传》）。陆贾《新语》新在什么地方？从总体上看，就是新在针对秦朝灭亡的历史教训，明确提出了尚德行仁的治国方略，认为"天道不改而人道易"。国家社会治乱的关键，在于"行仁义，法先圣"。"危而不倾，佚而不乱者，仁义之所治也。"（《新语·道基》）仁义之治，当然是礼治。陆贾所倡导的礼治，主要是指治国方略，同时也涵摄着以儒家仁义为核心的价值取向。值得注意的是，陆贾强调"文武并用，长久之术也"。过去不少论者认为这是陆贾思想中儒道兼综或者儒法并用的表现，其实，这是儒家思想自先秦荀子以来形态更新的必然结果，是儒家思想的本质表现。在荀子那里，既隆礼，又重法，但法从属于礼，礼统率着法。荀子所谓"礼者，法之大分，类之纲纪也"（《荀子·劝学》）便是明证。荀子既认为"法者，治之端也"（《荀子·君道》），更强调"礼"是"强国之本"（《荀子·议兵》）、"人道之极"（《荀子·礼论》）、"国之命在礼"（《荀子·天论》）。这些说明作为战国末期儒家思想集大成者的荀子，实际上主张治国之道在于文武并用。明白了这个道理，我们就不难看出陆贾文武并用、董仲舒德主刑辅、汉宣帝"霸王道杂之"思想的发展逻辑，从而也就不难理解儒家礼治的某种特质。

贾谊进一步推进了礼治的思想。他认为，国家的安危不是一朝一夕形成的，而是长期积累的结果。"以礼义治之者积礼义，以刑罚治之者积刑罚。刑罚积而民怨倍，礼义积而民和亲。故世主欲民之善同，而所以使民之善者或异。或导之以德教，或驱之以法令。导之以德教者，德教行而民康乐；驱之以法令者，法令极而民哀戚。哀乐之感，祸福之应也。"（《汉书·贾谊传》）这是在治国方略上十分清楚地提倡礼治。在制度建设层面，贾谊主张"改正朔、服色、制度，定官名，兴礼乐"。贾谊还运用五行学说，倡导汉朝"色尚黄，数用六"，论证汉朝是按照五行生胜原则承"运"而出。为了统治秩序的安稳，他在其著名的《治安策》中，利用秦朝暴亡的惨痛教训，极力倡导礼治。他说："秦灭四维而不张，故君臣乖乱，六亲殃戮，奸人并起，万民离叛，凡十三岁而社稷为虚。"在贾谊看来，秦朝灭亡的根本原因，就是没有弘扬礼、义、廉、耻，不施仁义，不行礼治。因此，他在《治安策》中明确指出："如今定经制，令君君臣臣上下有差，父子六亲各得其宜，奸人亡所几幸，而群臣众信上不疑惑。此业一定，世世常安，而后有所持循矣。"贾谊的这些思想，是汉代礼治发展的重要环节。从思想发展的脉络看，贾谊的礼治思想主要承袭了孔孟，同时引进了阴阳理论。而阴阳理论的掺入，客观上促成了礼治思想最终走向谶纬神学、形成宗教信仰的可能，这在后来的董仲舒思想特别是谶纬思想中表现得特别明显。

如果说陆贾和贾谊是在思想理论的层面做礼治建设工作，那么，叔孙通则在制度层面做了更多的贡献。

叔孙通被刘邦拜为博士，为刘邦稳定天下、认识礼仪的价值做了重要贡献。刘邦登基后，他对刘邦说："夫儒者难与进取，可与守成。"明确指出儒学对国家社会的功能在于"守成"。他对刘邦表白："臣愿征鲁诸生，与臣弟子共起朝仪。"并指出："礼者，因时世人情为之节文者也。"他愿意"颇采古礼，与秦仪杂就之"。也就是说，叔孙通所要为刘邦制定的朝仪，既有古礼，也有秦礼，是二者的综合创新。叔孙通的这个建议，得到了刘邦的采纳："可试为之。令易知，度吾所能行为之。"经过一番努力，叔孙通和其所征的儒生及其他热衷制礼者所制定的朝仪得到刘邦的首肯。在长乐宫建成的那年，诸侯群臣举行朝拜大礼。在庄严的气氛中，"诸侯王以下莫不震恐肃敬。……诸侍坐殿上皆伏抑首，以尊卑次起上寿。……无敢喧哗失礼者。于是高帝曰：'吾乃今日知为皇帝之贵也！'"刘邦去世，惠帝继位后，让叔孙通"定宗庙仪法"。"汉诸仪法，皆通所论著也。"(《汉书·叔孙通传》)可见，叔孙通对刘汉王朝礼治的开启，起了重要的作用。在很大程度上，叔孙通在汉初所制定的各种仪法，就是汉代礼治制度化的奠基。

与思想家们的基调一致，西汉前期的最高统治者们也认识到了礼治的价值，从而使礼治思想得到了进一步的贯彻。班固在《汉书·叔孙通传》末尾评论说："高祖以征伐定天下，而缙绅之徒骋其知辩，并成大业。"班固的这个结论,过去人们并不在意,今天看来,是颇有深意,也颇有见地的。高祖刘邦靠军事暴力夺得天下,儒生们则依靠自己的智慧,阐发儒学的守成价值,说服高祖实行礼治。通过刘邦之类的政治家运用行政力量,思想家和政治家合作,形成了初步的礼治局面,"并成大业",即此之谓也。班固画龙点睛地说:"叔孙通舍枹鼓而立一王之仪,遇其时也。"何谓"遇其时"?遇到刘邦能够采纳礼治建议之时也!所以,过去长期认为刘邦不重礼仪,仅是草莽皇帝的看法,是片面的。

高祖刘邦在天下既定之后,"命萧何次律令,韩信申军法,张苍定章程,叔孙通制礼仪,陆贾造《新语》"(《汉书·高帝纪》)。汉文帝即位二十三年,"专务以德化民,是以海内殷富,兴于礼义"(《汉书·文帝纪》)。班固在《汉书·景帝纪》末尾称赞文景之治说:"五六十载之间,至于移风易俗,黎民醇厚。周云成、康,汉言文、景,美矣!"所谓移风易俗,实际上就是改变秦朝的苛政,用儒家的礼义指导政治,使得"黎民醇厚"。也正是因为这样,才出现了两千年中国封建社会的第一个盛世——文景之治。从思想文化的层面看,文景之治是西汉礼治的初创成果。

二、礼治确立阶段:从武帝到昭帝、宣帝时期

西汉中期,是汉代礼治思想的确立阶段。这个时期,是以汉武帝和董仲舒为代表的政治家和思想家们协力创建礼治价值系统的时期。正是他们的建树,使得礼治作为一种价值体系和治国方略,由先秦孔孟荀的理想变成了现实。

武帝即位以后,对礼治的建设是逐渐推进的。即位当年(建元元年,前140),即下诏令各级官吏"举贤良方正直言极谏之士",但同时采纳丞相王绾的建议,罢黜"申、商、韩非、苏秦、张仪之言",以免"乱国政"。这是汉代立国以来,最高统治者从治国方略的高度,第一次明确取缔法家和纵横家思想。这里透露出的思想取向,是要采用与法家严刑峻法之治和纵横家以游说辩说为特征的学说相反的思想理论。显然,这是为儒家学说作为国家意识形态的登台开辟道路。就在同年,武帝又"议立明堂,遣使者安车蒲轮,束帛加璧,征鲁申公"(《汉书·武帝纪》)。建元六年(前135),"置五经博士"。元光元年(前134),先是"令郡国举孝廉各一人",进而下诏贤良,要求他们提供如何才能真正实现"章先帝之

洪业休德,上参尧舜,下配三王"的方略,并且"咸以书对,著之于篇,朕亲览焉"。在这种情势下,"于是董仲舒、公孙弘等出焉"(《汉书·武帝纪》)。这就是说,武帝即位不久,很快就在为全面实行礼治寻找方略。后来的事实证明,正是董仲舒和公孙弘等人的出现,把儒家礼治思想提供给武帝,而武帝又通过行政的力量,使得儒家礼治理想成为汉代社会的现实,并开辟了此后封建礼治的道路,奠定了基本的模式。除了前文引述的材料,我们从《汉书·武帝纪》中还可看到很多相关的记载。

元朔元年(前128),汉武帝下诏曰:"公卿大夫,所使总方略,一统类,广教化,美风俗也。夫本仁祖义,褒德禄贤,劝善刑暴,五帝三王所由昌也。朕夙兴夜寐,嘉与宇内之士臻于斯路。故旅耆老,复孝敬,选豪俊,讲文学,稽参政事,祈进民心,深诏执事,兴廉举孝,庶几成风,绍休圣绪。……进贤受上赏,蔽贤蒙显戮,古之道也。"(《汉书·武帝纪》)臣下奏议曰:"不举贤,不奉诏,当以不敬论;不察廉,不胜任也,当免。"对此,史书记载"奏可"。元朔五年(前124),武帝又下诏,强调"导民以礼,风之以乐"。同时指出,"今礼坏乐崩",故须"令礼官劝学,讲义洽闻,举遗兴礼,以为天下先"(《汉书·武帝纪》)。丞相公孙弘奏请为博士设弟子员,得到武帝的批准,此后"学者益广"。元狩六年(前117),武帝在诏书中曰:"仁行而从善,义立而俗移。"元鼎二年(前115),武帝又在其诏书中曰:"仁不异远,义不辞难。"元封元年(前110),又在其诏书中表白:"朕以眇身承至尊,兢兢焉惟德菲薄,不明于礼乐。"这类重视礼义,倡导孝廉,力图确立礼治的思想,在《武帝纪》(特别是武帝的诏书)中在在皆是。这和汉朝立国以后从高祖到文景时期的境况已经迥然不同!考诸史实,正如班固在《汉书·武帝纪》末尾的赞语中所说:"汉承百王之弊,高祖拨乱反正,文、景务在养民,至于稽古礼文之事,犹多阙焉。孝武初立,卓然罢黜百家,表章'六经'。……兴太学,修郊祀,改正朔,定历数,协音律,作诗乐,建封禅,礼百神,绍周后,号令文章,焕焉可述。"(《汉书·武帝纪》)应当说,班固这个评说是准确的。正是武帝的这种文治之功,最终使汉代礼治得以确立。

武帝以后,昭、宣二帝继承了武帝以礼治国的思路。与武帝在位长达半个多世纪(54年)不同,昭帝在位仅13年,建树不大。尽管如此,昭帝仍然为保宗庙而在诏书中说自己:"战战栗栗,夙兴夜寐,修古帝王之事。通《保傅传》《孝经》《论语》《尚书》,未云有明。"(《汉书·昭帝纪》)有趣的是,从《汉书·昭帝纪》看,昭帝有若干诏书,但直接谈论礼学或者涉及礼治的,仅有始元五年(前82)的诏书。这除了因为昭帝在位时间短,更为重要的原因,可能是昭帝"承孝武奢侈余敝师旅之后,海内虚耗,户口减半",形势十分严重。而昭帝幼年(9岁)即位,大将军霍光辅政,面对经济凋敝的严峻形势,"光知时务之要,轻徭薄赋,与民休息"(《汉书·昭帝纪》)。恢复经济,疏解民困是当时第一要务,自然谈不上什么礼治的建设。但在昭帝登基八年左右的始元、元凤之际(前80年前后),"匈奴和亲,百姓充实",经济逐渐恢复以后,还是实行了"举贤良、文学"的先王(武帝)之政。这种举措,是西汉礼治确立时期的顺天应人之举。其实,昭帝以农为本、轻徭薄赋、与民休息的施政纲领,是在政治实践的层面贯彻了其前辈(文景)的礼治思想,与武帝和后来的宣帝等在礼治理论及其制度建构方面的努力,是互为表里的。

　　值得重视的是继昭帝而出的宣帝。昭帝元平元年(前74),霍光在奏议中指出,刘询"师受《诗》《论语》《孝经》,操行节俭,慈仁爱人,可以嗣孝昭皇帝后,奉承祖宗,子万姓"(《汉书·昭帝纪》)。这个奏议被认可。不久,刘询即皇帝位,就是汉宣帝。从霍光的奏议可以看出,刘询能够被推举继承皇位,根本的原因就是他接受了儒家礼治思想的熏陶,具有儒家所希望的"慈仁爱人"的帝王风范。正是由于宣帝浸淫于儒学礼治的氛围之中,深切认识到儒学的守成作用,所以,他在位期间大力推行礼治,甚至以九五之尊参与学术讨论,并亲自裁决学术争论。从《汉书·宣帝纪》的记载来看,宣帝在诏书中关于儒学、礼治的议论甚多。在其即位的第二年即本始二年(前72),他在诏书中盛赞武帝的武功的同时,充分表达了对武帝的文治之功的仰慕:"建太学,修郊祀,定正朔,协音律;封泰山,塞宣房,符瑞应,宝鼎出,白麟获。功德茂盛,不能尽宣……"本始四年(前70),在关于地震的诏书中,宣帝要求"博问经学之士"出来辅助政治,并"令三辅、太常、内郡国举贤良方正各一人"(《汉书·宣帝纪》)。地节三年(前67),又在关于地震的诏书中要求:"有能箴朕过失,及贤良方正直言极谏之士,以匡朕之不逮,毋讳有司。"(《汉书·宣帝纪》)宣帝还表示,自己"不能附远",是因为自己"不德"。同年,还曾专门下诏要求"举贤良方正以亲百姓",并说自己之所以这样做,是因为唯恐"羞先帝圣德"。地节四年(前66),宣帝在诏书中说:"导民以孝,则天下顺。"元康元年(前65),宣帝在诏书中说:"朕不明'六

汉代礼治的形成及其思想特征

艺',郁于大道,是以阴阳风雨未时。"这当然可能是矫饰,但"六艺"、大道成了政治清明、国泰民安的动因,毕竟说明儒家礼治成了宣帝治国的重心。何况武帝要"导民以礼",宣帝则要"导民以孝"。礼,当然包括孝;孝,自然是礼的表现。可见武帝、宣帝之间,其思想真正是一脉相承!元康三年(前63),宣帝在诏书中说自己早年曾在张贺的辅导下"修文学经术"。甘露二年(前52),宣帝召集臣下讨论匈奴朝贺的事宜。臣下对曰"圣王之制,施德行礼",宣帝诏曰:"盖闻五帝三王,礼所不施,不及以政。"(《汉书·宣帝纪》)这些情况表明,宣帝自幼接受儒家思想的熏陶,即位后坚持用儒家思想治国,为礼治的实现做了努力。

从思想文化史的角度看,宣帝在位期间值得重视并且影响深远的有两件事:一是出席石渠阁会议,参与经学问题的讨论,并亲自裁决是非;二是关于治国之道的那段"汉家自有制度,本以霸王道杂之"的宣言。

宣帝甘露三年(前51),"诏诸儒讲'五经'同异。太子太傅萧望之等平奏其议,上亲称制临决焉"(《汉书·宣帝纪》)。这就是经学史上著名的石渠阁会议。史料表明,武帝即位不久,即大力表彰儒学,设立五经博士,令其讲授儒学经典。武帝罢黜百家,独尊儒术后,儒学大盛。但经学有不同派别,今文经学、古文经学并存,齐学、鲁学同在;有的立为官学,有的未列官学;经学内部意见分歧,各自是其所是而非其所非。宣帝为了评判经学内部的是非,统一认识,在石渠阁召开了经学会议。参加这次会议的大都是今文经学家,因此有人认为这是今文经学家内部辩论"五经"异同的会议。这次会议的讨论焦点,是《公羊春秋》和《穀梁春秋》的异同。宣帝喜好《穀梁春秋》,在这个名为"平公羊、穀梁同异"(《汉书·儒林传》)的会议上,以公羊博士严彭祖等人为一方,以穀梁派学者尹更始、刘向等为一方,相互论辩。最终穀梁派取得胜利,"乃立梁丘《易》、大小夏侯《尚书》、穀梁《春秋》博士"(《汉书·宣帝纪》)。"由是穀梁之学大盛",《穀梁春秋》从此列为官学。公羊学是齐学,穀梁学是鲁学,这次会议,以鲁学的胜利而告终,从此齐、鲁并立。我们知道,武帝用董仲舒,立《公羊春秋》为官学,从此公羊学大盛;而宣帝自己喜好《穀梁春秋》,利用石渠阁会议,在"稽古礼文"的背景下,立《穀梁春秋》为官学,此后穀梁学大盛。这当然可以看作是皇帝个人爱好使然。值得注意的是,从武帝尊公羊,到宣帝尊穀梁,反映出统治者在实行礼治的时候,在思想文化方面走的是一条逐渐宽广的道路,奉行的是一统政治

· 153 ·

下的多元文化取向。更值得注意的是，武帝和宣帝都是以九五之尊参与经学讨论，并运用政治权力进行裁决，反映了汉代礼治的形成和发展始终是在政治家和思想家的合作中进行这一时代特点。

　　毫无疑问，武帝也好，宣帝也罢，其治国方略都是以礼治国。但是，为什么宣帝要宣称汉家制度是"霸王道杂之"？其实，"霸王道杂之"既是儒家思想，也是儒家治国方略。《汉书·元帝纪》记载，宣帝驳斥太子（后来的元帝）"宜用儒生"的建议时道："汉家自有制度，本以霸王道杂之，奈何纯任德教，用周政乎！且俗儒不达时宜，好是古非今，使人眩于名实，不知所守，何足委任？"学界对这段话的含义，历来有所误读，以致误导社会。很多解读都认为宣帝并不赞成仅仅使用儒家思想，而要同时使用法家思想；把王道理解为儒家之道，把霸道理解为法家之道。其实，这种理解是有问题的。根据儒家思想的价值系统，以及有汉一代思想文化和政治社会发展的历程，稍做沉思，我们便可看到，所谓汉家制度，是霸王杂用，崇实重今的。儒家思想、德教、周政，并非不用，也不是不能用，而是不能"纯"用，也就是在治国方略和实践中，不能只用德教。同时，儒生、儒家不是不用，也不是不能用，而是"俗儒"不能用——不达时宜、是古非今、眩于名实、不知所守的儒生，就是"俗儒"。实际上，任何一个王朝、任何一个政权的存在和发展，帝王都必须很好地履行国家职能——牧师的职能和刽子手的职能，二者缺一不可。宣帝不过是道出了统治者的真话而已。当然，宣帝的论说，也表明了统治者对儒生、儒学的态度——择利而行，为我所用。其实，从孔孟到荀子再到董仲舒，都强调与时偕行，重视现实社会政治的引导，其最终目标是建构层级有序、长治久安的社会。如果说，孔孟思想的价值主题是仁礼，其解决问题的方式更多的是关注德教，那么，从荀子的隆礼重法到董仲舒的德主刑辅，则已经非常明确地表明儒家礼治的基本模式或者说治国之道的两手策略——王霸杂用！因此，宣帝的治国方略和儒家的礼治思想，并不是矛盾的，而是一致的！在很大程度上讲，宣帝对汉家制度是"霸王道杂之"的宣导，就是对董仲舒德主刑辅（阳德阴刑）治国方略的进一步肯定。可见，西汉武帝、宣帝之类的政治家和董仲舒之类的思想家，在礼治模式的选择和实现途径上，并无二致！霸道当然可以是法家思想，但并不仅仅是法家思想。儒家也有霸道，只不过儒家的霸道是纳入德治的框架中，是在以礼治国的旗帜下进行而已。

汉代礼治的形成及其思想特征

当然,建设礼治思想体系和礼治政治模式,仅有汉武帝这类政治家的努力是远远不够的。董仲舒、公孙弘等思想家群体的出现,以及和政治家的合作,才是汉代礼治得以确立的根本原因。

西汉前中期,包括叔孙通、陆贾、贾谊、公孙弘、董仲舒在内的一批思想家,在总结秦朝速亡的教训的基础上,先后提出了一系列以礼治国的思想。其中,以董仲舒的思想最为深刻、系统,发挥的功能最大,影响最为深远。从价值系统的层面看,董仲舒的最大贡献,不仅整合了当时的制度文化,更整合了当时的思想文化,从而锻造了以三纲五常为核心的封建文化价值体系,提供了人们的安身立命之道、国家的长治久安之道①。以三纲五常为核心的封建文化价值体系,从表现形式到思想实质,都属于礼治的范畴。

值得注意的是这个时期《礼记》定本的完成以及《礼记》的流行。关于《礼记》的年代,学术界有不同看法。冯友兰先生在其《中国哲学史史料学初稿》中认为,《礼记》是一部儒家著作总集,各篇的著作人不能十分确定。各篇的时代也不一致,大概都是战国到西汉初年的作品②。冯先生在后来出版的《中国哲学史新编》第3册中,虽然没有明确阐述《礼记》的年代,却将《礼记》放在董仲舒(该书第二十七章)之后、刘安(第二十九章)之前论述,独立成为一章(第二十八章《〈礼记〉与中国封建社会的上层建筑》)③。可见,冯先生认为《礼记》反映了西汉中期的思想。张岱年先生认为:"《礼记》是由战国时期至汉初的儒家著作选录而成的",是宣帝时期的儒家学者编订的④。任继愈先生主编的《中国哲学发展史·秦汉卷》认为,"《礼记》的作者非一人,著作时代从战国延续到汉初,而以汉初儒家的作品比例最大";包括大、小戴在内的《礼记》全书,是"表现了汉初封建宗法主义思潮的一部论文汇集"⑤。研究

---

① 限于篇幅,此处不再赘述,有兴趣的读者,可参见李宗桂《董仲舒道德论的文化剖析》,载《孔子研究》1991年第3期,第58—65页;《论董仲舒对封建制度文化的整合》,载《学术研究》1994年第1期,第55—61页。
② 冯友兰:《中国哲学史史料学初稿》,上海人民出版社1962年版,第73页。
③ 冯友兰:《中国哲学史新编》第3册,人民出版社1985年版,第90—133页。
④ 张岱年:《中国哲学史史料学》,生活·读书·新知三联书店1982年版,第81—82页。
⑤ 任继愈主编:《中国哲学发展史·秦汉卷》,人民出版社1985年版,第164—165页。

西汉礼学的专家也认为《礼记》定本形成于西汉中期的宣帝时期①。笔者认为，包括大、小戴《礼记》都基本定型于西汉中期，而《小戴礼记》最终由东汉的马融、郑玄编订。当然，《礼记》的思想源远流长，其某些篇章可能形成较早，但就其基本思想而言，就其全书整体结构和篇章而言，其完成是在西汉中期。戴德、戴圣由于其礼学学养和成绩，而被选为礼学博士，在宣帝时期，与庆普一道被立为学官的礼学三家。由于官方的重视，以及礼学学者的努力，特别是社会的需求，宣帝时期及其后，礼学进一步流行。到东汉经马融、郑玄注释整理，《礼记》影响更大，最终成为《十三经注疏》的内容之一。皮锡瑞在其《经学历史·经学昌明时代》中说："武、宣之间，经学大昌，家数未分，纯正不杂，故其学极精而有用。"皮氏这段话，应当很能说明问题。武帝宣帝时期，经学昌盛，这已是史实并为学界所公认。问题在于，"其学极精而有用"是指什么？在儒家价值系统中，有用，当然是现实的功用，所谓资治而已！经学昌盛，对社会秩序的稳定，对人心的宣导，说到底，对礼治的实现，当然是极其"有用"！昭帝曾明示："公卿当用经术，明于大谊。"公卿处理政务，要以经术为指导原则和具体方法，否则就违背了"大谊"。自武帝以后，朝廷处理政务，往往援引经义为据。宣帝以下，儒者日益得势，元、成、哀三朝，位极丞相高位者，都是当时的大儒。甚至普通官吏中，也有不少名儒。史载："自曹掾书史，驭吏亭长，门干街卒，游徼啬夫，尽儒生学士为之。"②为什么会这样？道理很简单，儒术有助于吏治！

正是汉武帝之类的政治家和董仲舒之类的思想家的合作，最终使得封建社会的礼治模式得以确立。从此后直到清末，封建国家的治理模式都是以儒家思想为旗帜，以纲常名教为基本价值理念，以德主刑辅为基本方略，这就是封建礼治。因此，我们说汉代礼治的确立，是在西汉中期的武、昭、宣时期，当不为过。

需要说明的是，汉代博士制度的建立和完善，也是汉代礼治建构过程中的重要方面。从武帝设立五经博士，到后来出现的专经博士（精通某一经的博士，例如《公羊春秋》博士、《穀梁春秋》博士、《礼记》博士，乃至大、小夏侯《尚书》博士，大、小戴《礼记》博士等），表明礼治在

---

① 华友根：《西汉礼学新论》，上海社会科学院出版社1998年版，第135－173页。
② 《文献通考·选举八》引刘敞《送焦千之序》。

教育方面的完善。而以礼治为中心的教育制度特别是博士制度的完善,对礼学和礼治的发展,起了十分重要的作用①。

三、礼治成熟阶段:东汉章帝时期

汉代礼治的成熟阶段在东汉时期,尤以东汉章帝时期白虎观会议的举行及《白虎通义》的出现为标志。章帝少年时期就"好儒术",登基以后,继承并光大了宣帝时期的礼治思想,以儒家思想治国,重视礼治建设。建初四年(79),章帝在诏书中说:"盖三代导人,教学为本。汉承暴秦,褒显儒术,建立'五经',为置博士。其后学者精进,虽曰承师,亦别名家。孝宣皇帝以为去圣久远,学不厌博,故遂立大、小夏侯《尚书》,后又立京氏《易》。至建武中,复置颜氏、严氏《春秋》,大、小戴礼博士。此皆所以扶进微学,尊广道艺也。中元元年诏书,'五经'章句烦多,议欲减省。至永平元年,长水校尉儵奏言:先帝大业,当以时施行。欲使诸儒共正经义,颇令学者得以自助。孔子曰:'学之不讲,是吾忧也。'又曰:'博学而笃志,切问而近思,仁在其中矣。'於戏,其勉之哉!"(《后汉书·章帝纪》)这段话反映了章帝自觉地继承自武帝以来罢黜百家,独尊儒术的思想路线,及其以礼治国的方略,并且巧妙地引出进一步解决思想统一的问题。既要扶进微学、尊广道艺,又要反对和防止"五经"章句繁多、歧义纷出的弊端,故要求诸儒"正经义",使得学者有所遵守。在这种思路下,章帝顺理成章地召开了中国思想文化史上有名的白虎观会议。史载:"(章帝)于是下太常,将、大夫、博士、议郎、郎官及诸生、诸儒会白虎观,讲议'五经'同异,使五官中郎将魏应承制问,侍中淳于恭奏,帝亲称制临决,如孝宣甘露石渠故事,作《白虎议奏》。"(《后汉书·章帝纪》)白虎观会议讨论的问题,表面上是讲论"五经"同异,实际上是为了进一步统一思想。所谓正经义,即端正关于儒学经典的意义的认识,统一观点。"正经义"是为制定《汉礼》做准备,同时其本身也是制礼的一个重要步骤。

---

① 汉代博士制度问题,学术界有相当的研究成果,限于篇幅,此处不再赘述。有兴趣的读者,可参见黄开国《汉代经学博士与建置变化》,载氏著《经学管窥》,陕西人民出版社2005年版,第37-60页;顾颉刚《博士制度和秦汉政治》,载氏著《周予同经学史论著选集》,上海人民出版社1983年版,第728-753页;王克奇、张汉东《论秦汉郎官、博士制度》,载安作璋、熊铁基《秦汉官制史稿》上册,齐鲁书社1984年版,第409-491页。

值得注意的是，汉章帝在正经义、制《汉礼》的过程中，采用的是召开御前会议的方式，由各方面人物讨论"五经"经义的异同，最终由"帝亲称制临决"，即由章帝本人裁决学术思想文化的是非高下。这种仿照其先辈汉宣帝主持石渠阁会议并由宣帝"亲称制临决"的做法，无论其方式还是思想实质，都如出一辙！不难看出，从武帝举贤良对策、"罢黜百家，独尊儒术"，到宣帝石渠阁会议"上亲称制临决"，再到章帝白虎观会议"帝亲称制临决"，显示了汉代最高统治者对建构新型意识形态、礼治模式的高度重视。同时，也反映了汉代最高统治者运用行政力量干预学术思想文化，利用儒家思想为现实政治服务的特征。政治利用学术，学术被政治利用；政治家对儒学实行为我所用的方针，思想家自觉不自觉地参与现实政治的运作，以求实现自己的治世理想，是汉代学术思想文化的显著特点。当然，这也是秦汉以降中国传统思想文化的一个显著特点。

  白虎观会议的最终成果是《白虎议奏》和《白虎通义》。《白虎议奏》已经失传，《白虎通义》由班固整理编辑，流传至今。《白虎通义》以阴阳五行理论为基础，对董仲舒以后的今文经学，以及哀平以降的谶纬神学所宣扬的君权神授、天人感应等理论做了总结和发挥，并重点论述了封建社会的政治秩序和自然秩序的合理性和神圣性。该书虽仅以43条名词的汇集解释来说明问题，但其内容十分繁杂，本质上是对封建等级制度的具体阐释和明确规定。它援谶入经，使谶纬和今古文经学融为一体，确立了以"君为臣纲，父为子纲，夫为妻纲"为重心的"三纲六纪"的封建道德观，封建伦理纲常从此实现了系统化、绝对化和神圣化。《白虎通义》的这些观点和论说，是对宣帝石渠阁会议关于礼问题的讨论的深化。石渠阁会议讨论的礼的主要问题有丧服、谥法、祭祀、宗庙、继嗣、乡射、大射等封建社会最重要的礼。研究礼学的专家认为，这场讨论"为汉代礼制的完备，进一步奠定了基础"①。其实，阴阳五行理论、三纲五常的封建道德观等，早在董仲舒的《春秋繁露》和《天人三策》中就已提出，只不过《白虎通义》把它进一步系统化、礼仪化了。特别重要的是，《白虎通义》更为明确地从礼治建设的层面，从纲常名教入手，拓展并深化了董仲舒的相关思想。这种拓展和深化的一个重要表现，就是借助政治力量使

---

① 安作璋、熊铁基：《秦汉官制史稿》上册，齐鲁书社1984年版，第133页。

纬书法典化、礼典化①，经纬合一，经学神学化，神学经学化，把儒学的宗教特点和功能明确地彰显出来。

正经义、制《汉礼》，统一思想，是否就是"铁板一块"？当然不是。即使在章帝那里，也要表现出形式上对不同学术见解的某种程度的尊重。白虎观会议四年之后，建初八年（83），章帝下诏曰："'五经'剖判，去圣弥远；章句遗辞，乖疑难正；恐先师微言将遂废绝，非所以重稽古，求道真也。其令群儒选高才生，受学《左氏》《穀梁春秋》《古文尚书》《毛诗》，以扶微学，广异义焉。"（《后汉书·章帝纪》）用《后汉书·儒林传》的说法，就是"网罗遗逸，博存众家"。

白虎观会议数年之后，章帝命礼臣曹褒制定《汉礼》。曹褒的父亲曹充，在光武帝建武年间为博士，曾随从光武帝巡狩泰山，定封禅礼。早在明帝即位时，曹充就上疏："五帝不相沿乐，三王不相袭礼，大汉当自制礼，以示百世。"可见，制定《汉礼》是曹氏父子思考的重心，也是父子相袭的事业。当然，由于历史条件的限制，曹充为朝廷制定《汉礼》的理想未能实现。这个理想最终由其子曹褒在章帝时代实现。

章帝一直以"述尧理世，平制礼乐，放唐之文"（《尚书璇玑铃》）为追求，而曹褒为了逢迎章帝而上疏曰："昔者圣人受命而王，莫不制作礼乐，以著功德。功成作乐，化定制礼，所以救世俗，致祯祥，为百姓获福于皇天者也。今皇天降祉，嘉瑞并臻，制作之符，甚于言语。宜定文制，著成《汉礼》，丕显祖宗盛德之美。"（《后汉书·曹褒传》）曹褒这个奏疏十分符合章帝的心意。但是，太常巢堪等人认为制定《汉礼》是"一世大典，非褒所定，不可许"。而章帝则坚持"朝廷礼宪，宜时刊立"，于是，于元和三年（86）下诏曰："汉遭秦余，礼坏乐崩，且因循故事，未可观省，有知其说者，各尽所能。"（《后汉书·曹褒传》）曹褒深刻领会到了章帝的用意，于是本着"人臣依义显君，竭忠彰主"的立场，"当仁不让"地上疏章帝："具陈礼乐之本，制改之意。"名儒班固提出，改定礼制应当广泛召集京师诸儒"共议得失"，遭到章帝的拒绝。章帝认为，那样一来，会出现"会礼之家，名为聚讼，互生疑异，笔不得下"的局面。

---

① 关于《白虎通义》的性质，学界有说是经学，也有说是法典，还有说是礼典。参见王四达《〈白虎通义〉与汉代社会思潮》第八章《述尧理世：从理论指导到制度落实——从〈白虎通义〉是"法典"还是"礼典"谈起》，南方出版社2002年版，第200—218页。

因此，他于章和元年（87）召曹褒一人制定《汉礼》："令小黄门持班固所上叔孙通《汉仪》十二篇，敕褒曰：'此制散略，多不合经。今宜依礼条正，使可施行。'"曹褒接受诏令后，"乃次序礼事，依准旧典，杂以《五经》谶记之文，撰次天子至于庶人冠婚吉凶终始制度，以为百五十篇"（《后汉书·曹褒传》）。当年十二月，曹褒将其制作的《汉礼》奏上，"帝以众论难一，故但纳之，不复令有司平奏"。章帝去世、和帝即位后，太尉张酺、尚书张敏等"奏褒擅制《汉礼》，破乱圣术，宜加刑诛"。和帝虽然没有采纳他们的意见，但终究没有推行《汉礼》。《后汉书·曹褒传》说曹褒"博物识古，为儒者宗"。这个评价可谓极高。须知，西汉董仲舒才被史家推尊"为儒者宗"（《汉书·五行志》）。当然，即使曹褒还够不上董仲舒那样"为儒者宗"的贡献和地位，但毫无疑问，曹褒之所以被史家给予如此高的评价，根本原因在于他为汉王朝定礼制。道理很简单，汉初叔孙通制礼，固然是采用经礼，但同时也"参酌秦法"，虽然有助于解决当时社会的某些弊端，"然先王之容典盖多阙"，以至贾谊、董仲舒、王吉、刘向之辈"愤愤叹息所不能已也"。汉章帝"专命礼臣，撰定国宪，洋洋乎盛德之事焉"。曹褒撰定的《汉礼》，就是章帝所需要的"国宪"，就是贾谊、董仲舒们想做而当时没能做成的"大业"。遗憾的是，章帝晏驾，和帝即位后，在重臣的反对下，《汉礼》没能施行，"斯道竟复坠矣"（《后汉书·曹褒传》）。虽然曹褒制定的《汉礼》没能在当时实行，但制定《汉礼》的思想趣味及其所倡导的以礼仪化为特征的礼治模式，在后来的社会政治实践中被统治者逐步实现。

总的说来，章帝一心一意制作《汉礼》，为了统一思想而"正经义"，而召开白虎观会议，甚至"称制临决"，最终形成了《白虎通义》，并进一步制定了《汉礼》，从而基本完成了以儒家思想为核心的封建价值体系的建构，表明汉代礼治已经达到了成熟的阶段。《后汉书·章帝纪》末尾的"赞"语说章帝"左右艺文，斟酌礼律"，其治道是"体之以忠恕，文之以礼乐"，正是对其礼治成就和特征的中肯评价。

四、汉代礼治的思想特征

东汉章帝之后，由于礼治理论和礼治制度的成熟，汉代礼治在比较平稳的轨道上发展。尽管由于种种因素的影响，东汉的国力呈现逐渐衰退的趋势，但作为治国方略和政治价值取向的礼治，并没有出现衰退，相反，它还进一步得到巩固。这主要表现为东汉经学的发展,特别是何休、郑玄注解儒家经典,巩固了礼治的思想文化成果。其实,魏晋时期统治者标榜的"以孝治天下",从思想发展和治国方略的发展脉络来看,就是汉代礼治的延续。从这个意义上讲,汉代礼治的建设是成功的。

其实,我们说东汉章帝以后汉代礼治进入巩固期,还可将经学大家皮锡瑞关于经学历史的相关论述作为补证。皮氏认为:"经学自汉元、成至后汉,为极盛时代。"① 经学的核心是礼学,经学极盛,自然礼学也极盛。东汉名教的出现,自与东汉经学特别是作为其核心的礼学的兴盛密切相关。至于把以礼学为核心的经学作为选官标准,与选官制度相结合,而各级官吏也以礼学为行政准则,更是巩固了礼治的成果。皮锡瑞对当时情况的描述,可以作为一个参考:"宰相须用读书人,由汉武开其端,元、成及光武、明、章继其轨。……四海之内,学校如林。汉末太学诸生至三万人,为古来未有之盛事。"②"后汉取士,必经明行修;盖非专重其文,而必深考其行。"③

综合上文所述,我们从汉代礼治的发展历程,可以看到其若干思想文化特征。

其一,思想家与政治家合作。汉代礼治形成的一个重要因素,是汉高祖、汉武帝及其后以昭、宣、元、成、平、章等皇帝为代表的政治家,和叔孙通、陆贾、贾谊、公孙弘、董仲舒、司马迁、戴德、戴圣、刘向、刘歆、班固、扬雄、马融、何休、郑玄等思想家(礼学家)的合作。礼治要从理论变成实践,要从思想的层面落实到制度的层面,进而影响到行为的层面,需要中介。这个中介,就是政治特别是行政的环节。而以最高统治者皇帝为代表的官方,正是这个中介环节的体现者和实施者。这种情况,决定了汉代礼学、礼治的现实性和实践性品格,以及不可避免地依附政治、为政治所用的可能性。东汉名教的出现及其崩解,便是典型反映。当然,由于政治家的参与和认可,汉代礼学发展迅猛,奠定了后世礼学的基本规模和价值取向,这也是思想家寻求、构建长治久安之道的精神慰藉。

其二,皇帝参与学术讨论并裁决是非。从武帝举贤良对策,到宣帝石

---

① 皮锡瑞著、周予同注释:《经学历史》,中华书局1959年版,第101页。
② 皮锡瑞著、周予同注释:《经学历史》,中华书局1959年版,第101页。
③ 皮锡瑞著、周予同注释:《经学历史》,中华书局1959年版,第124页。

渠阁会议,再到东汉章帝白虎观会议,经历十余朝,横贯两汉时期,历时二百余年,皇帝关注并参与学术讨论,并亲自裁决学术问题,形成了最高统治者直接干预学术的传统。这样,皇帝既是最高政治权威,也是最高学术权威。学术的独立性被统治者的现实政治需求挤压,变得畸形,成为政治的附庸。这既说明汉代礼治的形成和成熟本身就是现实政治需要的结果,也说明汉代礼治的出现本身并不是学术独立发展的成果。正因为如此,学术、学者对现实政治和社会应当保持的距离,便被消弭于无形之中。这对后世的影响极为深远。

其三,儒学独尊而又有文化包容。武帝罢黜百家,独尊儒术,本身是一种治国方略的自觉选择,而不是对学术争鸣的参与。换言之,武帝对儒学、儒生,并不是从所谓学理的层面看待的,而是从为我所用的政治立场出发的。因此,武帝采用儒学治国,实行礼治,未必就全然否定甚至要消灭其他学说。历史表明,在罢黜百家,独尊儒术的思维框架下,其他学派的学说照样存在,并没有被消灭、被禁止,只不过不被当作国家意识形态,不被作为治国安民的基本方略而已。同样,在礼治的旗帜下,即使在儒学阵营内部,也一直存在着经学内部的今文古文之争,在礼治方面的古礼今礼之辩、经礼变礼之论。兼容并包,遐迩一体,"万物并育而不相害,道并行而不相悖"(《礼记·中庸》)的思想,在汉武以后儒学独尊的态势下,实际上已经做到。问题只是在于,统治者在治国理念、意识形态、指导思想方面,坚持一元论而反对多元论;但在文化、思想发展方面,还是赞成并实行多样化发展。《礼记》里的《大学》《中庸》思想,能够逐步传播开来,本身就证明汉代意识形态一元化态势下的文化多样化,是可以做到的。

其四,礼治的形成和儒学独尊的实现相一致。汉代礼治的形成过程,就思想发展和文化价值体系建构的进程而言,本身就是儒学独尊的实现过程。汉代礼治要解决的根本问题,是新型价值体系建构的问题,是长治久安的问题。政治家和思想家经过长期的探寻,以及二者之间的磨合,最终在选择儒家思想作为官方意识形态方面取得了一致,其标志性事件便是罢黜百家,独尊儒术方略的制定和实行。从汉代思想文化发展的事实来看,礼治的形成并不是一蹴而就的,儒学独尊的实现同样不是一蹴而就的。武帝之前姑且不说,就是武帝采纳董仲舒罢黜百家,独尊儒术的建议后,礼治的发展和儒学的独尊也经历了漫长的历程。如果从武帝时期算起,到东汉章帝时期,也已二百余年。章帝时期举行的白虎观会议,及其成果《白虎议奏》和《白虎通义》的出现,标志着汉代礼治的成熟,同时也标志着罢黜百家,独尊儒术的真正实现。质言之,汉代礼治的形成和儒学的独尊,就思想文化发展的轨迹而言,是同步的。此后的整个中国封建社会,始终是以礼治国,以礼治为标榜,而其社会政治的指导思想,始终是儒学。

其五,专制政治日益巩固和完善。汉代礼学的形成和完善,就其思想实质和社会功能来看,巩固并完善了汉代封建专制政治制度及其秩序。无论两汉社会发展是坎坷曲折还是坦荡顺畅,汉代礼学的形成及完善,在客观上都起到了"资治""弼教"的作用。两汉包括皇帝制度、仕进制度在内的整个官僚制度,以学校制度为核心的教育制度,以三纲五常为核心的道德价值体系,以仁义道德为标榜的治国方略,等等,无不对专制政治的巩固和完善起了重大作用。质言之,汉代礼学越是发展,越是完善,作为一种体制的专制政治就越是巩固,作为一种思想观念的专制政治就越是深入人心,也越能钳制人们的思想。我们不能把礼治说成是民本政治,更不能将其歪曲成民主政治。我们只能采用历史主义的态度并承认,汉代专制政治的出现有其历史的必然性和合理性。在礼治包裹下或者采用礼治形式的专制政治,相对于秦朝的暴虐政治,是一个历史的进步。何况礼治更加符合时代需求,更符合宗法社会的社会心理和民间情怀。

其六,天人合一的思想贯穿始终。汉代礼治形成的过程,是以天为宗、以德为本的天人合一思想发展的过程。天是万物之祖、百神之君,"王者宜求端于天","人副天数","天人之际,合而为一",天道神圣,人道效法天道,服从天道,是汉代礼治建构的基本出发点。《礼记·礼运》就明确宣示:"夫礼必本于天,淆于地,列于鬼神,达于丧、祭、射、御、〔乡〕①、冠、昏、朝、聘。故圣人以礼示之,故天下国家可得而正也。"可见,礼的原则和价值出于天,通于人,君主以礼治国,天下国家就和谐有序了。这种思维方式和价值理念是天人合一的典型表现。至于董仲舒以天人感应为核心的天人合一思想,则是另外一种典型。这种典型的目的在于将三纲五常的礼治愿望纳入天人合一的框架,以增强其神圣性和号召力。董仲舒径直说:"王道之三纲,可求于天。"(《春秋繁露·基义》)在

---

① 据邵懿辰《礼经通论》补。

他心目中,"仁义制度之数"都来源于天①。至于两汉流行特别是东汉泛滥的谶纬神学,则更是不言而喻的天人合一思想的另外一种极端表现。总之,汉代礼治的形成,其背后有力的思想理论支撑,便是天人合一思想。在很大程度上,中国传统社会的天人合一思想,是成熟于汉代的,是在汉代礼治的形成过程中逐渐定型的。

其七,崇古、征圣、宗经。汉代礼治的形成和成熟过程,蕴含并体现了崇古、征圣、宗经的特征。以古为尚,唯古是从,以五帝三王、往圣先贤为价值准则,以先王之道为行事依据。圣人即是君主,所有君主特别是既往的君主,都是效法的榜样,都是论证问题的依据。儒家经典成为君主治国安邦、人民安身立命的价值原则。朝廷议政论事,官吏行政,都援引儒家经典为自己张目。至于士大夫和庶民,则更是不能离开经典,离经就是叛道!这样,古人、圣人、经典,三者相互融贯,成为汉代礼治建构中的明显思想轨迹。这种崇古、征圣、宗经的思维方式和价值取向,贯穿四百余年的两汉时期,并成为影响后世的一个重要思想基因。

(本文原刊于《哲学研究》2007年第10期,有改动)

---

① 限于篇幅和主题,此处不详论,有兴趣的读者,可参见李宗桂《相似理论、协同学与董仲舒的哲学方法》,载《哲学研究》1986年第9期,第45-50页;《秦汉医学与董仲舒的"天人感应"论》,载《哲学研究》1987年第9期,第45-52页。

论政治生活的有限性

——以孟子"窃负而逃"为核心的考察

刘 伟

一、事件

"窃负而逃"这一典故出自《孟子·尽心上》,针对这一典故,中国学术界曾进行过旷日持久的讨论。这里"旧事重提",除了想理顺这则故事的思想脉络,还想借此着重讨论一下政治生活的限度问题。

故事是这样的:

> 桃应问曰:"舜为天子,皋陶为士,瞽瞍杀人,则如之何?"孟子曰:"执之而已矣。""然则舜不禁与?"曰:"夫舜恶得而禁之?夫有所受之也。""然则舜如之何?"曰:"舜视弃天下,犹弃敝屣也。窃负而逃,遵海滨而处,终身欣然,乐而忘天下。"

这首先是孟子与弟子进行的一场"思想试验",既然是试验,也就不是现实发生过的历史事件。桃应假设:在舜当天子的时候,如果其父瞽瞍杀了人,此时作为"大法官"的皋陶应该怎么办?孟子的回答是:(皋陶)将瞽瞍抓起来法办就好。桃应追问:难道舜不应当利用天子之权"阻挠"皋陶法办自己的父亲吗?孟子回答:(作为天子的)舜怎么可以阻挠司法呢?桃应仍不满足:那舜该怎么办?孟子回答:此时舜正确的做法是弃天下如敝屣,偷偷地背着瞽瞍逃到海滨,快乐地生活,甚至忘记天下(也忘记自己曾经是天子这回事)。

《论语》有一则一般被称为"直躬证父"的对话,说的是叶公自豪地对孔子说,他所在的乡党中有一个正直的人,父亲不当占有了人家的羊,他(或主动或被动地)出来作证;孔子回答说,自己乡党中正直的表现是,遇到此类事情，父亲和儿子相互为对方隐瞒。从故事内容上看，"窃负而逃"几乎是"直躬证父"的全面升级版本，至少体现在以下几个方面：

（1）直躬之父偷羊是一般民事案件，甚至算不上犯罪，可杀人几乎在任何法律体系中都是有罪的。

（2）偷羊者和他的儿子都是普通人，只不过在叶公看来，这个儿子有着与众不同的"正直"而已；可是在"窃负而逃"中，杀人者是天子的老爹，而这个天子几乎是中国历史上最杰出的孝子典型——舜。

（3）叶公强调直躬的正直，只是说他"证"明此事，但至于是主动检举还是被迫举证，文中不详；孔子推崇的"隐"则是消极的不举证而已；可是在"窃负而逃"的故事里，孟子"安排"舜主动背着父亲逃跑了，立场鲜明。

"窃负而逃"的"负"字，尤其值得注意，因为它表明是舜本人选择与父亲逃到海滨，而非随着犯罪的父亲举家而逃。需要指出的是，两个故事仍然在一个重要的细节上一以贯之。在孔子看来，正直的人应该隐瞒此事，请注意，"隐"揭示的并不只是不作证，而是不声张此事使之成为一个公共事件。孟子安排背着父亲逃跑，用了一个"窃"字，也是让舜在杀人事件成为一个公共事件之前逃跑，当然有如果此事事发，将无从逃跑的可能，但其中也包含着这一理念：儿子不能让亲人的罪或过成为一个公共事件（话题）。

从种种迹象上看，这则对话是桃应有意设计的，用来检测在极端的情况下，圣人应对此事的最佳方式①。孟子的回答步步经心，在遣词造句上更是深思熟虑，最终呈现给我们一则精致的思想试验，其中包含着诸多现实生活中几乎不可能的"小概率事件"：

前提条件：最孝顺的天子、最称职的法官②、最"混蛋"的天子

---

① 朱子以为："桃应，孟子弟子也。其意以为舜虽爱父，而不可以私害公；皋陶虽执法，而不可以刑天子之父。故设此问，以观圣贤用心之所极，非以为真有此事也。"（朱熹：《四书章句集注》，中华书局2012年版，第367页）

② 《尚书·舜典》："帝曰：'皋陶，蛮夷猾夏，寇贼奸宄。汝作士，五刑有服，五服三就。五流有宅，五宅三居。惟明克允！'"《大禹谟》："皋陶曰：'帝德罔愆，临下以简，御众以宽；罚弗及嗣，赏延于世。宥过无大，刑故无小；罪疑惟轻，功疑惟重；与其杀不辜，宁失不经；好生之德，洽于民心，兹用不犯于有司。'"

论政治生活的有限性——以孟子"窃负而逃"为核心的考察

之父。

事件：天子之父杀人。

可能的场景一：天子之父杀人，东窗事发，正直的法官缉拿天子之父。

可能的场景二：天子之父杀人，尚未事发，孝顺的天子弃位偷偷地背着父亲逃跑。

按孟子的回答，在场景一，舜身为天子，不能也不应该干预皋陶执法；可在场景二，首先预设瞽瞍杀人尚未事发，所以，舜才有条件在事发之前偷偷地背着（"窃负"）父亲逃跑，可是，这同时意味着，舜已经放弃天子之位。场景一和场景二是互斥的，这不仅体现在此事是否成为公共事件这一条件上，更体现在舜的选择上：天子不能干预司法，要想让父亲免于刑罚就必须放弃天子之位。所以，在孟子设想的情境之中，根本不存在天子徇私舞弊的问题，就在舜逃跑的那一刻，他已经不再是天子了。

既然是思想试验，那么，作为旁观者，笔者更愿意设想第三个可能的场景：瞽瞍杀人已经事发，成为一个公共事件，而此时的舜该怎么办？坐视父亲被法办，而坚持不干预司法，这样就回到了场景一。与之相反的是，舜一旦干预司法，就违背了孟子关于场景一的回答。可是，场景一的前提是"舜为天子"，作为天子的舜不能干预法官执法。如果舜放弃天子之位呢？于是，有了这样的可能：舜此时放弃天子之位（这样就不存在阻挠皋陶的权力了），以普通人的身份对抗司法（劫囚或者劫法场），再将父亲背到海滨。如此一来，舜的行为就从消极地妨碍国家司法，变成了积极地对抗国家机器。

孟子和桃应的对话没有将这一场景列为选项，因此，我们根本不可能从这则文本中找到答案。笔者关心的问题是：在孟子的思想试验里，这两个行为有本质的差别吗？且看下面的分析。

二、罪与罚

《论语》有一类人叫作"逸民"[①]，如伯夷、叔齐之类。"逸"和

---

① 《论语·微子》："逸民：伯夷、叔齐、虞仲、夷逸、朱张、柳下惠、少连。"

"免"两个字都基于一个共同的意象:兔子逃逸①。进一步说,就是从可见的当下在场中逃离。伯夷、叔齐这些人之所以被称作"逸民",是指他们从政治生活中抽身而退。"逸民"与"隐士"不同:前者强调从政治生活中逃离,强调从"在"到"不在"的过程;而后者则侧重不在政治生活(甚至是社会生活)之中。"免",在孔子那里,大多数指免于政治处罚②。

舜背着自己的父亲逃到海滨,不也是一种"逃逸"吗?当然,从今天的立场来看,"逃逸"仍然要分为两种:一种是无罪而逃,比如伯夷、叔齐;另一种则是有罪而逃,比如瞽瞍。所以,很多人会觉得伯夷、叔齐的逃跑是正当的,而瞽瞍逃跑则是不正当的。按《孟子》记载,伯夷为了躲避纣的统治,跑到了很远的北海之滨:

> 孟子曰:"伯夷,目不视恶色,耳不听恶声。非其君不事,非其民不使。治则进,乱则退。横政之所出,横民之所止,不忍居也。思与乡人处,如以朝衣朝冠坐于涂炭也。当纣之时,居北海之滨,以待天下之清也。故闻伯夷之风者,顽夫廉,懦夫有立志。"(《孟子·万章下》)

> 伯夷辟纣,居北海之滨。(《孟子·离娄上》)

笔者认为,没有任何读者会觉得伯夷是一个"罪人"。我们今天也用"得罪"这个词,"得罪于某人"一般意指因某一行为引起对方的不满,其中既不预设该行为一定违背伦理道德(或触犯法律),也不意味着对方可以加诸我必需的惩罚。事实上,先秦也使用"得罪"这一术语,比如孟子就说过"为政不难,不得罪于巨室"(《孟子·离娄上》),与今天的用法相差无几。这样一来,便产生了一个疑问:如果伯夷得罪于纣,他是否有罪?这取决于古代对"罪"这一字的界定,以及"罪"字的用法。

---

① 《说文解字》:"逸,失也,从辵兔,兔谩訑善逃也;免,兔逸也,从兔不见足,会意。"
② 《论语·为政》:"子曰:'道之以政,齐之以刑,民免而无耻;道之以德,齐之以礼,有耻且格。'"《论语·公冶长》:"子谓南容:'邦有道,不废;邦无道,免于刑戮。'以其兄之子妻之。"《论语·雍也》:"子曰:'不有祝鮀之佞而有宋朝之美,难乎免于今之世矣!'"

论政治生活的有限性——以孟子"窃负而逃"为核心的考察

我们先看一下"罪"这个字。按《说文解字》：

> 罪，捕鱼竹网，从网、非，秦以罪为辠字。
> 辠，犯法也，从辛从自，言辠人蹙鼻苦辛之忧。秦以辠似皇字，改为罪。①

由此可知，今天我们使用的"罪"字，不是本字，其本字是"辠"，因为秦始皇自称"皇帝"，而"辠"与"皇"之篆文写法相近，故以"罪"字取代"辠"字。"罪"之本意是捕鱼用的竹网，故字形从"罒"；而"辠"字之义则是触犯法律。墨子后学更是将"罪"直接定义为触犯官方的禁令（《墨子·经上》），也可以说是触犯法律。这样说来，"罪"涉及的是犯罪者与国家之间的关系，而非犯罪者与受害人之间的关系。若以杀人为例，杀人犯罪首先是因为杀人者触犯了法律规定不许杀人这一规则。

接下来，我们可以再考察一下"得罪"这一术语在先秦的用法。孟子说过，为政的要诀在于"不得罪于巨室"，"得罪"和"于"连用，其意为巨室加诸为政者之罪责。《墨子》中亦可以找到类似的用法：

> 子墨子言曰："天下之所以乱者，其说将何哉？则是天下士君子，皆明于小而不明于大。何以知其明于小不明于大也？以其不明于天之意也。何以知其不明于天之意也？以处人之家者知之。今人处若家得罪，将犹有异家所，以避逃之者，然且父以戒子，兄以戒弟，曰：'戒之慎之，处人之家，不戒不慎之，而有处人之国者乎？'今人处若国得罪，将犹有异国所，以避逃之者矣，然且父以戒子，兄以戒弟，曰：'戒之慎之，处人之国者，不可不戒慎也！'今人皆处天下而事天，得罪于天，将无所以避逃之者矣。然而莫知以相极戒也，吾以此知大物则不知者也。"（《墨子·天志下》）

所谓"处若家得罪"，在《墨子·天志上》中表述为"处家得罪于家长"，就是在一个家族中生活的人，触犯了家长而（获）得到来自家长的

---

① 许慎：《说文解字》，中华书局1963年版，第157、309页。

罪责。所以，此"罪"只限于得罪者和家长之间的关系，相应地，避免此罪责的方式便是脱离这种关系。因此，处家得罪者可以逃离此家，处国得罪者可以逃离此国。以此绳之，"罪"之义为犯法或者犯禁，则可以完整地表述为因触犯国家之法而得罪于国家，而不是得罪于受害人。

既然得罪者可以通过逃离法律管辖的范围而脱罪，那么我们有必要琢磨一下其背后的理念，这便涉及与"罪"相关的概念——刑罚。刑和罚据说是两个程度不同的概念：

> 辠，犯法也。罚为犯法之小者，刑为罚辠之重者。五罚轻于五刑。①

我们今天也用违法和犯罪来标示不同程度的过错。可不论如何，刑罚都是因触犯法律而施加的惩罚，只不过刑罚背后的意义为何，值得深思。在古代，司寇执掌刑罚，《周礼·大司寇》云"以五刑纠万民"，郑康成训"纠"为"察异之"，即孙诒让所谓"察其善恶而别异之"②。如此说来，刑罚的意义就是将那些触犯法律之人标识出来，以区别于一般人。从相反的角度看，刑罚察"异"的目的是变"异"为同，即实现共同体的同一性。《礼记·王制》所载司寇之职同样规定，"凡执禁以齐众，不赦过"，并"关执禁以讥，禁异服，识异言"。同样的道理在传统文献中屡见不鲜：

> 司徒修六礼以节民性，明七教以兴民德，齐八政以防淫，一道德以同俗。(《礼记·王制》)

> 子曰："道之以政，齐之以刑，民免而无耻；道之以德，齐之以礼，有耻且格。"(《论语·为政》)

> 夫圣人之治国，不恃人之为吾善也，而用其不得为非也。恃人之为吾善也，境内不什数；用人不得为非，一国可使齐。为治者用众而

---

① 许慎撰、段玉裁注：《说文解字注》，浙江古籍出版社1998年版，第182页。
② 孙诒让：《周礼正义》第11册，中华书局1987年版，第2743页。

舍寡，故不务德而务法。(《韩非子·显学》)

准此可知，法律和与之相关的刑罚的意义在于维系统一的生活方式和价值观念，而非"以牙还牙"式的报复，这一点在"流刑"上体现得更加明显。据《尚书》说，在上古尧舜时期，中国发明了流刑，将那些不法之徒发配到边疆去①。蛮荒地带不利于生存，这在客观上当然是一种报复式的惩罚，但《大学》的作者不这样理解：

唯仁人放流之，迸诸四夷，不与同中国，此谓唯仁人为能爱人，能恶人。(《礼记·大学》)

"不与同中国"一语便道出了流刑的本质，甚至可以说明刑罚的本质。既然法律和刑罚的根本目的是维系共同体的同一性，那么，因触犯法律而退出共同体不但合法，而且合理。论者论及"窃负而逃"而指责孟子之说者，往往混淆"罪"和"恶"这两个概念，前者是法律概念，后者是道德概念。杀人者因触犯刑律而犯罪，但不必然是恶。在孟子的思想试验中，试验参数只设定瞽瞍杀人，至于杀人动机和手段皆搁置不论。论者以瞽瞍为恶，这一观感多半来自历史现实中瞽瞍的所作所为，却忽略了这是一个假想的试验。

三、政治的限度

如果"罪"的含义决定了"得罪于某"只要脱离于"某"预先设定的关系，便可以免罪，就如同墨子所说：得罪于家长，可以逃到其他的家；得罪于诸侯国君，则可以逃到其他的诸侯国。这样的例子在先秦比比皆是，这里笔者只想举《春秋》开篇讲的"郑伯克段于鄢"这则故事，想必大家对此都不陌生。郑庄公的母亲偏爱小儿子共叔段，这母子二人处心积虑地想干掉郑庄公，取而代之。老辣的郑庄公（或装作）一再隐忍，最终共叔段聚众谋乱，庄公一举将其徒众打败。《春秋》只一句"郑伯克段于鄢"，而在《左传》的叙事中，共叔段最后逃到了共国；《公羊传》

---

① 《尚书·舜典》："流宥五刑，……流共工于幽州，放驩兜于崇山，窜三苗于三危，殛鲧于羽山，四罪而天下咸服。"

和《穀梁传》都认为郑庄公杀了自己的弟弟，且此行为是不义的，《穀梁传》还进一步给出了最佳的处理方式——假装慢慢地追赶，让对方有机会逃跑，《穀梁传》中的说法是"缓追逸贼，亲亲之道也"。"逸"是"逸民"的"逸"，直译就是逃跑。既然是逃跑，肯定不是从郑国的国都跑到郊区，而是逃到郑国之外去，如《左传》所说的共国。可是，按照这个原则，舜的父亲杀人该逃到哪儿去呢？孟子说，舜最应当做的是，背着父亲逃到海滨。

为什么要逃到海滨？按照前面的逻辑，逃到海滨是因为海滨乃是政治的边界。在孟子的观念里，海滨确实可以视为政治的边界。如前文所引：

（伯夷）当纣之时，居北海之滨，以待天下之清也。（《孟子·万章下》）

伯夷辟纣，居北海之滨。（《孟子·离娄上》）

不但伯夷曾经逃到北海之滨，辅佐文王的太公望也曾如此：

太公辟纣，居东海之滨，闻文王作兴，曰："盍归乎来！吾闻西伯善养老者。"（《孟子·尽心上》）

《孟子·离娄上》也有类似的表述。纣和舜个人的道德品行自然有霄壤之别，却有一个共同的身份——天子，或者说是天下共主。"辟"直译为躲避，可以引申为逃出其统治范围，所以伯夷和太公为了躲避殷商天子的统治，不得已逃到了海滨。同样，舜为天子，皋陶为天子之法官，瞽瞍杀人触犯的也是天子之法，所以逃到海滨就不难理解了，因为海滨是（天下）政治的边界。

按《尔雅·释地》的解释，"九夷、八狄、七戎、六蛮，谓之四海"。而郭璞《尔雅注疏》云：

九夷在东，八狄在北，七戎在西，六蛮在南，次四荒者。①

---

① 郭璞注、邢昺疏：《尔雅注疏》，北京大学出版社1999年版，第199页。

论政治生活的有限性——以孟子"窃负而逃"为核心的考察

按照《尔雅·释地》的说法，距离中国最远的是"四极"，其次是"四荒"，再次就是"四海"。而之所以用"四海"指称蛮夷，乃是因为"海"与"晦"相通，用以说明蛮夷在礼义方面晦暗不明①。《庄子·逍遥游》开篇讲"北溟"，成玄英《庄子疏》云"溟，犹海也"②，且《逍遥游》文本亦有"穷发之北有溟海者"的说法，足证"海"有晦暗不明之义。不论"海"所代表的晦暗之义是指蛮夷晦暗于礼义，还是指四海对于我们来说是晦暗不明、难以理解的，都揭示了两种不同的生活方式和价值原则，因此将四海作为中国天子统治的边界，并无不妥。

需要简单补充一下，所谓封建制，封土不封民，君主治下的民众与君主之间并不存在绝对的依附关系。梁惠王认为自己治国已经尽心尽力，如果国内某地发生饥荒，则或疏散民众，或赈济钱粮，但其他国家的百姓仍然没有成群结队地投奔自己，他很不理解。梁惠王的疑惑，恰可以说明民众可以自由迁徙，而孟子本人也说过"域民不以封疆之界"（《孟子·公孙丑下》）。在封建社会，君主的政治合法性体现为对土地的拥有。天子广有四海之内；将其中某一片土地分封给亲属或功臣，便产生了诸侯；诸侯进一步分封，便产生了卿大夫。所以，"君"这一称呼不限定于天子和诸侯，而是有土地的人。《仪礼·丧服》有云"为其君布带、绳屦"，《传》解释云"君，谓有地者也"③。生活在君主所有的土地之上，就是广义的臣，君臣关系由此确定；反之，一般情况下，脱离国君拥有的土地，君臣关系便就此终结。所以，政治（法律）的有限性，首先是基于政治权力适用的政治空间的有限性。

政治的有限性还表现在，在特定的政治空间之内，总是（可能）存在着高于政治（法律）原则的原则。以最极端的复仇为例，任何一个成熟的法律体系，一定禁止复仇，这不仅是维护政治权力最基本的权威，也是维护共同体秩序的必要条件。法律规定对犯罪者进行肉体惩罚甚至肉体消灭，就已经剥夺了受害者个人进行报复的权利。可在中国传统经典中，却保留着复仇合理的思想。《公羊传·庄公四年》记载：

---

① 郭璞注、邢昺疏：《尔雅注疏》，北京大学出版社1999年版，第200页。
② 郭庆藩撰、王孝鱼点校：《庄子集释》第1册，中华书局1961年版，第2页。
③ 郑玄注、贾公彦疏：《仪礼注疏》下册，北京大学出版社1999年版，第561页。

> 纪侯大去其国。大去者何？灭也。孰灭之？齐灭之。曷为不言齐灭之？为襄公讳也。《春秋》为贤者讳。何贤乎襄公？复仇也。何仇尔？远祖也。哀公亨乎周，纪侯谮之。以襄公之为于此焉者，事祖祢之心尽矣。……远祖者，几世乎？九世矣。九世犹可以复仇乎？虽百世可也。……今纪无罪，此非怒与？曰：非也。古者有明天子，则纪侯必诛，必无纪者。纪侯之不诛，至今有纪者，犹无明天子也。……有明天子，则襄公得为若行乎？曰：不得也。不得则襄公曷为为之？上无天子，下无方伯，缘恩疾者可也。

此为《春秋》"复仇"的典型案例：齐襄公消灭了纪国，可《春秋》对齐侯这一擅自灭国的行为并未加以贬斥，理由是纪侯的祖先向周天子说齐襄公的九世祖齐哀公的坏话，直接导致后者被烹杀，所以齐襄公灭纪国的行为就是"复仇"，因而是正当的。细究《公羊传》的说法，不难发现，齐襄公这一复仇行为之所以正当，是因为当初纪国国君陷害齐哀公时，按照一般法律原则，应当受到相应的惩罚，而纪侯没有受到惩罚，则意味着法律或者政治原则存在缺陷（"无明天子"），故而可以搁置法律进行私人性的报复。由此，我们也可以理解《礼记》中关于复仇的说法：

> 父之仇弗与共戴天，兄弟之仇不反兵，交游之仇不同国。（《礼记·曲礼下》）

关于不共戴天之仇，孔疏的解释是："彼杀己父，是杀己之天，故必报杀之，不可与共处于天下也。"① 所谓报，就是"以牙还牙"式的报复，是法律之外底线式的正义。据《周礼·调人》的说法：

> 凡和难，父之仇辟诸海外，兄弟之仇辟诸千里之外，从父兄弟之仇不同国。

按照理想的状况，杀人者应躲避到四海之外，即"天下"之外，所以就与死者之子不处于同一个"天"之下。基于被杀者之子的立场，如果杀

---

① 郑玄注、孔颖达疏：《礼记正义》上册，北京大学出版社1999年版，第84页。

人者没有逃到海外,即意味着法律失去了效力,因而也失去了权威,所以要行使法律之外的报复。这又回到了《公羊传》设定的"复仇"的前提——政治原则出问题了。

法律出了问题,意味着政治共同体的秩序出了问题,此时可以奉行法律之外的正义,这是革命法理的基本原则。孟子显然承认,当政治秩序出问题时,臣民有革命的权利。巧合的是,《孟子》里也提到过一次"复仇":

> 孟子曰:"汤居亳,与葛为邻,葛伯放而不祀。汤使人问之曰:'何为不祀?'曰:'无以供牺牲也。'汤使遗之牛羊。葛伯食之,又不以祀。汤又使人问之曰:'何为不祀?'曰:'无以供粢盛也。'汤使亳众往为之耕,老弱馈食。葛伯率其民,要其有酒食黍稻者夺之,不授者杀之。有童子以黍肉饷,杀而夺之。《书》曰:'葛伯仇饷。'此之谓也。为其杀是童子而征之,四海之内皆曰:'非富天下也,为匹夫匹妇复仇也。'……"(《孟子·滕文公下》)

文中葛伯一次又一次的不义之举,终于将自己推到"恶贯满盈"的地步,而这最后的导火索就是杀了一个无辜的小孩。汤由此征伐葛伯,人们都认为征伐是正义的"复仇"。这里面存在两个问题:第一,说"复仇"是因为汤和葛伯之间是对等的法律主体,没有隶属关系,如果是殷天子讨伐葛伯,就不是复仇,而是执法;第二,葛伯杀害的是自己治下的民众,汤由此征伐葛伯,是超出自己政治权力范围行使"治外法权"。这说明,存在着政治原则之外的道义原则,我们可以称之为"天道"原则,所以,后世的起义或者造反者,大都以"替天行道"作为自己号召民众的口号。

最后补充一点,汤"跨地区"讨伐葛伯被视为正义的,说明在中国法律思想里,政治空间是有弹性的,所以文王才可能"三分天下有其二"(《论语·泰伯》)。所以,政治权力赖以存在的基础(拥有土地)也非一成不变,这又进一步说明,在中国传统思想中,政治是有限的。

四、人性:政治的还是前政治的?

想要深入理解孟子所说的"窃负而逃",只分析其中的法理依据是不够的,因为这里关系着孟子对人性的理解。舜的"窃负而逃"说明,在孟子看来，舜作为子的身份优先于作为君的身份。这是一个很容易得出的结论：每个人一生下来一定有父母，但是否有子女兄弟姐妹就未必，更不用说成为天子（君主）统治天下（一方）。父子代表的亲缘关系是一种自然伦理关系，君臣代表的从属关系可以表述为政治伦理关系。政治伦理关系或者更广泛的社会关系，到底是不是自然的，在不同的文化中有不同的理解。不过可以肯定的是，在以儒家为代表的中国传统思想文化中，君臣关系大多被理解为父子关系的延伸。《孝经》中有"资于事父以事君，而敬同"（《孝经·士章第五》）的说法，《论语》中则有云"长幼之节，不可废也；君臣之义，如之何其废之？……君子之仕也，行其义也"（《论语·微子》）。《孟子》中记载了这样一个例子：

> 咸丘蒙问曰："语云：'盛德之士，君不得而臣，父不得而子。'舜南面而立，尧帅诸侯北面而朝之，瞽瞍亦北面而朝之。舜见瞽瞍，其容有蹙。孔子曰：'于斯时也，天下殆哉，岌岌乎！'不识此语诚然乎哉？"（《孟子·万章上》）

按咸丘蒙的说法，一个国君在比他道德高尚之人面前不能以君自居，同样，一个父亲在有德之人面前也不能以父亲自居，故有俗语云"盛德之士，君不得而臣，父不得而子"。能说明这一俗语的实例便是，舜即位为天子的时候，尧和瞽瞍都要以臣下自居。咸丘蒙的说法及其所引俗语，都值得我们深思。咸丘蒙的说法无异于说，父子和君臣关系都不是天然正当的，而个人的道德品质应当成为所有人伦关系的基础。孟子断然否定了这种说法，认为这是一种"野人"之语（不雅），而正确的历史叙述应该参考《尚书》。《尚书》的一段佚文中，有这样的记载：

> 《书》曰："祗载见瞽瞍，夔夔齐栗，瞽瞍亦允若。"（《孟子·万章下》）

此句可以理解为：成为天子的舜依然敬事瞽瞍，见到自己父亲总是显得戒慎恐惧，瞽瞍亦因此相信并顺从于舜。这样一来，咸丘蒙用以证明"齐东野语"的实例便不成立了。孟子坚持认为，孝顺是人最基础的德性，如果违背了孝，舜的德性就是值得怀疑的。

论政治生活的有限性——以孟子"窃负而逃"为核心的考察

孟子始终相信,人的政治身份是派生的。所以,人生最为快乐的三件事情不包括君临天下,而是父母兄弟平安无事,所作所为无愧于天地,有机会教育天下英才①。在孟子的思想中,"乐"不止于一般的快乐,更指向的是在适合自己本性的情境中怡然自乐。如此一来,说明人的本性之中并不包含实现政治身份这一要求。故孟子云:

> 广土众民,君子欲之,所乐不存焉。中天下而立,定四海之民,君子乐之,所性不存焉。君子所性,虽大行不加焉,虽穷居不损焉,分定故也。君子所性,仁义礼智根于心。其生色也,睟然见于面,盎于背,施于四体,四体不言而喻。(《孟子·尽心上》)

君子本性所包含的内容,不因为个人的际遇(包括出仕与否)而增加或减少。在这个问题上,孟子似乎与孔子有些微妙的差异:孔子似乎更倾向于圣人应该是"博施济众"的②;孟子则认为,圣人本性自足,就算独善其身、孤独终老,也不妨碍其为圣人。所以,舜可以放弃天子之位,逃到渺无人烟的海滨,快乐地生活。

孟子的弟子万章和咸丘蒙一样,也是一个喜欢追问历史的人。有一次,他向孟子提问:商汤的贤相伊尹是不是为了当官,把自己打扮成一个厨子?孟子否定了这一说法:

> 伊尹耕于有莘之野,而乐尧舜之道焉。非其义也,非其道也,禄之以天下,弗顾也;系马千驷,弗视也。非其义也,非其道也,一介不以与人,一介不以取诸人,汤使人以币聘之,嚣嚣然曰:"我何以汤之聘币为哉?我岂若处畎亩之中,由是以乐尧舜之道哉?"汤三使往聘之,既而幡然改曰:"与我处畎亩之中,由是以乐尧舜之道,吾岂若使是君为尧舜之君哉?吾岂若使是民为尧舜之民哉?吾岂若于吾身亲见之

---

① 《孟子·尽心上》:"孟子曰:'君子有三乐,而王天下不与存焉。父母俱存,兄弟无故,一乐也。仰不愧于天,俯不怍于人,二乐也。得天下英才而教育之,三乐也。君子有三乐,而王天下不与存焉。'"

② 《论语·雍也》:"子贡曰:'如有博施于民而能济众,何如?可谓仁乎?'子曰:'何事于仁?必也圣乎!尧舜其犹病诸!夫仁者,己欲立而立人,己欲达而达人。能近取譬,可谓仁之方也已。'"

哉？天之生此民也，使先知觉后知，使先觉觉后觉也。予，天民之先觉者也；予将以斯道觉斯民也。非予觉之，而谁也？"（《孟子·万章上》）

孟子曾将伊尹称为"圣之任者"（《孟子·万章下》），也是所谓的"何事非君，何使非民；治亦进，乱亦进，伊尹也"（《孟子·公孙丑上》）。可是，在这一则对话中，孟子首先把伊尹描绘成一个在有莘之野无忧无虑耕作的人，他本身不愿意出仕，甚至三次推辞汤的邀请。在伊尹看来，做一个农夫同样可以"乐尧舜之道"，和出仕与否一点关系也没有。只不过伊尹后来觉得，能够让更多的人"乐尧舜之道"，总好过自己一个人"乐尧舜之道"，所谓"独乐乐不如众乐乐"。不过需要澄清的是，在孟子看来，伊尹并不是因为出仕才成为圣人，耕田的伊尹就已经是充分实现人之本性的圣人了。所以，圣贤的理想人格，并不包含政治因素，至少在孟子看来是这样的。相应地，人之本性也不是通过政治来界定的，毋宁说，人性是一个前政治的规定。

瞽瞍与舜的父子关系，舜与天下人的君臣关系，是两个不同层面的问题：一是关于人本性的源初规定；二是基于人性而派生出来的关系。以此为原则，孟子将全部的人伦关系分为两种：一是基于父子之亲的家族关系，一是基于君臣之义的社会关系；前者为仁（恩），后者为义。故《孟子》有云：

> 孟子曰："人之所不学而能者，其良能也；所不虑而知者，其良知也。孩提之童，无不知爱其亲者；及其长也，无不知敬其兄也。亲亲，仁也；敬长，义也。无他，达之天下也。"（《孟子·尽心下》）

所谓"门内之治恩掩义，门外之治义断恩"[①] 是也。孟子曾多次将"义"比喻成道路（不可理解为"道"），而将"仁"比喻为人所安居的家：

> 孟子曰："仁，人心也；义，人路也。舍其路而弗由，放其心而

[①] 《礼记·丧服四制》《大戴礼记·本命篇》《孔子家语·本命解》，另外，郭店竹简《六位》亦有类似的说法。

不知求，哀哉！……"（《孟子·告子上》）

孟子曰："……吾身不能居仁由义，谓之自弃也。仁，人之安宅也；义，人之正路也。旷安宅而弗居，舍正路而不由，哀哉！"（《孟子·离娄上》）

夫仁，天之尊爵也，人之安宅也。（《孟子·公孙丑上》）

居恶在？仁是也。路恶在？义是也。居仁由义，大人之事备矣。（《孟子·尽心上》）

当人走出家门的时候，也就是人踏上旅途（路）的时候。家和路之比恰好形成了一组"内/外"的比喻，和"心/身"的内外之别具有同构性，而且都是"内"决定"外"。

"义"表征包含政治关系的全部社会关系，但父子关系不在其内，因为父子关系是其他社会关系的基础。舜为了成全父子关系而放弃其他的社会关系，理所当然。

五、结语

政治和个人生活的关系，在任何文明中都是一个重要的问题，但答案可能不同。今天，我们重温孟子和桃应关于"瞽瞍杀人"这一思想试验的时候会发现，孟子的答案对于我们来说是一个遥远的绝响。因为在技术和信息无限发达的今天，政治无处不在，任何人也都逃无可逃，相应地，我们会发现孟子所谓礼义根植于心的本性自足，正悄悄地从每个人那里流失。

（本文原刊于《现代哲学》2014年第5期，有改动）

智与"人道进化"

——论康有为对智的提升[①]

马永康

传统儒学以道德为核心,知识服务于道德,不太重视知识改造自然的力量。同时,在德性追求中,仁是核心,智辅助仁,主要起判断是非的作用。在此视域下,智主要与伦理、事理相联系,与物理的关联比较松散,致使智的认知创制功能得不到正视。尽管从明末到清代,儒学内部出现了如戴震、焦循等的重智取向,但仍囿于道德领域。康有为承接着这一取向,对智进行了系统提升,大大彰显了智的认知创制作用。按他的自述,他先悟出了人禽之别在于智,肯定智的认知创制对"人道进化"的推动作用,进而重整传统儒学德目系统,否定"仁统四端"说,提出仁智并举,并在救国实践与大同世界的理想建构中充分重视智。他在价值理念和社会政治两方面对智的提升,带有鲜明的近代色彩。他尽管并未跳脱传统儒学的基本价值立场,仍以仁为主导,但充分彰显了智,这是近代语境下改造传统儒学以寻求社会发展动力的一次尝试。

目前,学界对康有为提升智的努力已做过一些有益的探讨。何金彝专文辨析了康有为智的内涵、起源,以及智学的中心是物质之学等问题[②]。俞祖华、吴康、张昭军、李强华等则分别从"开民智"、文化变革、儒学的近代转换、近代"动力性溯求"等不同角度或详或略地分析了康有为对智

[①] 基金项目:教育部人文社会科学研究青年基金项目"传统儒学的近代重建:康有为'四书'注解研究"(15YJC720018)。

[②] 参见何金彝《康有为的重智思想》,载《江海学刊》1995年第4期,第119-123页。

的提升①。这些成果具有不同程度的启发性,如把握住了康有为对智的新看法与倡导智学的系统关系等,但都采用平面化的方式展开,未能关照康有为的思想脉络,致使某些判断不够准确具体。同时由于视角的不同,未能深入分析他与传统儒学理念的具体分合,因而未能充分彰显他改造儒学以适应近代大变局的努力。为此,本文将依据康有为的自述,结合他的思想脉络来厘清他与传统儒学的分合,以便彰显他改造传统儒学以应对近代大变局的努力。

一、人禽之异在智:智认知创制作用的开显

按康有为的自述,人禽之辨是他改变价值信念而系统提升智的突破口②。传统人禽之辨的论题最早出自《孟子》,孟子的解答是以仁义道德来分辨人禽,以彰显人的道德价值。这成为传统儒学的基本进路,如宋明儒学的处理即如此。

作为传统士人,康有为熟悉传统儒学的道德进路,但并没有遵循,而是从"人道"发展的视域来审视人禽之辨。他在《教学通义》中写道:

> 人类之生,其性善辨,其性善思,惟其智也。禽兽颛颛冥愚,不辨不思。人之所以异于禽兽者在斯。智人之生,性尤善辨,心尤善思,惟其圣也。民生颛颛顽愚,不辨不思。君子所以异于小人者在斯。惟其善于辨思,人道之始,其必有别矣。群居五人,则长者异席,此礼义之造端,朝仪庭训之椎轮也。人道之始,其必有作矣。冬居橧巢,夏居营窟,此城郭、宫室之发轫也。燔黍捭豚,蒉桴土鼓,此饮食、祭祀、声乐之权舆也。刳木为舟,剡木为楫,此飞轮、大舰之高曾也。思之愈精,辨之愈精。③

---

① 参见俞祖华《论康有为的"开民智"思想》,载《社会科学辑刊》1996 年第 4 期,第 106－110 页;吴康《论康有为"智学之复兴"》,载《湖南师范大学社会科学学报》2004 年第 3 期,第 91－96 页;张昭军《康有为与儒学的近代转换——以仁、礼、智为例》,载《理论学刊》2004 年第 1 期,第 87－90 页;李强华《中国近代的动力性溯求:以康有为重智思想为例》,载《石河子大学学报(哲学社会科学版)》2008 年第 6 期,第 58－60 页。
② 参见康有为《康子内外篇》,载姜义华、张荣华编校《康有为全集》第 1 集,中国人民大学出版社 2007 年版,第 108 页。
③ 康有为:《教学通义》,载姜义华、张荣华编校《康有为全集》第 1 集,中国人民大学出版社 2007 年版,第 20 页。

他认为,辨、思是人禽的区别所在。人凭借辨、思,通过"别"和"作",分别产生了伦理道德和制作了器物,从而确立了"人道":"礼教伦理立,事物制作备,二者人道所由立也。"① 辨、思不断精进,"人道"益发进步,从而发展出朝仪、城郭、飞轮等。显然,他所谓的人道不同于伦理道德等社会规范的通常用法,而是指人类的一切创制,相当于现代的文明概念②。动物由于不辨不思,因而没有产生出"人道"的对等物。而辨、思正是智的功能,因而人禽之异就在于智。他甚至以智来区分圣人、君子和小人,颠覆了传统儒学的德性区分。

在《康子内外篇》中,康有为更是否定传统儒学以道德区分人禽的有效性,确立人禽之别在于智:

> 虽然,爱恶仁义,非惟人心有之,虽禽兽之心亦有焉。然则人与禽兽何异乎?曰:异于其智而已。其智愈推愈广,则其爱恶愈大而愈有节,于是政教、礼义、文章生焉,皆智之推也。③

> 物皆有仁、义、礼,非独人也。乌之反哺,羊之跪乳,仁也;即牛、马之大,未尝噬人,亦仁也;鹿之相呼,蚁之行列,礼也;犬之卫主,义也,惟无智,故安于禽兽耳。人惟有智,能造作饮食、宫室、衣服,饰之以礼乐、政事、文章,条之以伦常,精之以义理,皆智来也。苟使禽兽有智,彼亦能造作宫室、饮食、衣服,饰之以伦常、政事、礼乐、文章,彼亦自有义理矣。故惟智能生万理。④

他声称,在儒学所讲的"四端"中,仁、义、礼并非人所独有,并列举了动物中的道德行为现象为证。只有智才为人类所独有,凭借着智及它

---

① 康有为:《教学通义》,载姜义华、张荣华编校《康有为全集》第 1 集,中国人民大学出版社 2007 年版,第 20 页。
② 参见康有为《圣学会后序》,载姜义华、张荣华编校《康有为全集》第 2 集,中国人民大学出版社 2007 年版,第 265 页。
③ 康有为:《康子内外篇》,载姜义华、张荣华编校《康有为全集》第 1 集,中国人民大学出版社 2007 年版,第 101—102 页。
④ 康有为:《康子内外篇》,载姜义华、张荣华编校《康有为全集》第 1 集,中国人民大学出版社 2007 年版,第 108 页。

的推广，人类发展出动物所没有的文明。他断言，如果动物有智，也能产生出与人类相似的文明，因为"惟智能生万理"。如此，他所说的智是具有认知创制作用的理智，与文明相联系，不再局限于道德领域。他试图通过破立结合的方式，用智来作为人禽之辨的标准，以开显智的认知创制作用。就破而言，他的例证实不足以推翻传统儒学，毕竟动物的类道德行为现象并不如人类广泛而自觉。其中，他为了彻底推翻传统儒学道德区分的有效性，放弃了此前将礼义看作人类所独有的看法。就立而言，他从人类特有的"人道"（文明）来确认智，接近于西方区分人禽的理性传统，无疑是受到了西学的影响。

显然，康有为审视人禽之辨的视域不同于传统儒学。这一视域的出现除了西学的影响，与当时的社会背景和个人因素密切相关。在社会背景上，自鸦片战争之后，近代士人对西方的坚船利炮等物质力量留下了深刻的印象，开始正视器物的创制。在个人因素上，他早年立下了"经营天下""务致诸生于极乐世界"的志向。制度因与其志向有着直接关联而成为他思想的焦点。当他游历香港、上海时，西方的"法度"和"治术"给他带来了冲击①，后来他撰写的《民功篇》《教学通义》《孔子改制考》《大同书》等，主题就是制度。对制度的关注很容易导向重智，因为制度就出于智的认知创制。

从思想史来看，康有为的这一论断并非首创。早在明末，利玛窦就已提出人禽之别在于"灵才"②，此后的在华传教士也不乏相关论述。但如果只着眼于传统士人，他的论断则具有开创性。虽然清代儒学出现了以"道问学"为主的智识主义取向③，如戴震、焦循等也强调人禽之辨在于智，但智的认知创制作用并没有得到如此开显。戴震认为，人禽之别不在于怀生畏死、知觉运动以及是否具有基本的道德行为，而在于人能将"心知"扩充至"神明"，"能不惑乎所行之为善"④。人的"心知"使人能思考什么是善并做出实践，当达到"神明"时，可以在不同的道德情境中合适地实践善。戴震所强调的智，仍然围绕着道德展开，强调了智的认知对

---

① 参见康有为《我史》，载姜义华、张荣华编校《康有为全集》第5集，中国人民大学出版社2007年版，第62—63页。
② 利玛窦著、梅谦立注、谭杰校勘：《天主实义今注》，商务印书馆2014年版，第79页。
③ 参见余英时《中国思想传统及其现代变迁》，广西师范大学出版社2004年版。
④ 戴震著、何文光整理：《孟子字义疏证》，中华书局1982年版，第26—30页。

道德实践的重要性。焦循接续着戴震，也将智看作是人禽之别所在："明人之所以异于禽兽者，在此利不利之间。利不利即义不义，义不义即宜不宜。能知宜不宜，则智也。不能知宜不宜，则不智也。智，人也；不智，禽兽也。几希之间，一利而已矣，即一义而已矣，即一智而已矣。"① 但智仍然用于判断行为是否合于利、宜、义，仍限于人事道德领域。无论是戴震还是焦循，人事道德均是核心，只是在某种程度上强化智的认知对道德实践的重要性。康有为虽然承接着这一取向，如禽兽也有仁义的说法和戴震相近②，但他跳脱了道德领域的限制，从"人道"的确立和发展来看待智，高扬了智的认知创制作用。

康有为在人禽之辨论题的探讨中高扬了智的认知创制对人类社会发展的推动意义，越出了传统儒学的藩篱。但当他带着对智的重视来重整传统儒学德目系统时，却没有一味地夸大智，而是提出仁智并举。这使得他重新回到传统儒学的基本价值立场，从而有别于一般西学。

二、仁智并举：传统儒学德目系统的重整

在悟得人禽之辨在于智后，康有为直接以朱子的"仁统四端"说为对手，重整传统儒学德目系统。朱子认为，在仁、义、礼、智中，仁是首德，可统领其他诸德："盖天地之心，其德有四，曰元亨利贞，而元无不统。其运行焉，则为春夏秋冬之序，而春生之气无所不通。故人之为心，其德亦有四，曰仁义礼智，而仁无不包。"③ 朱子的"仁统四端"说确立了仁的核心地位，智排在最末，相对不受重视。

康有为对此非常不满，想通过重整传统德目系统来提升智的价值地位。他在《康子内外篇》中说：

> 或谓仁统四端，兼万善，非也。吾昔亦谓仁统义、礼、智、信，与朱子言"义者，仁之断制；礼者，仁之节文；信者，仁之诚实；智者，仁之分别"同。既乃知人道之异于禽兽者，全在智。惟其智者，

---

① 焦循撰、沈文倬点校：《孟子正义》下册，中华书局1987年版，第586页。标点有改动。
② 参见戴震著、何文光整理《孟子字义疏证》，中华书局1982年版，第28页。
③ 朱熹：《仁说》，载朱杰人、严佐之、刘永翔主编《朱子全书》第23册，上海古籍出版社、安徽教育出版社2002年版，第3279页。

智与"人道进化"——论康有为对智的提升

故能慈爱以为仁，断制以为义，节文以为礼，诚实以为信。夫约以人而言，有智而后仁、义、礼、信有所呈，而义、礼、信、智以之所为，亦以成其仁，故仁与智所以成终成始者也。……就一人之本然而论之，则智其体，仁其用也；就人人之当然而论之，则仁其体，智其用也。
…………
人道以智为导，以仁为归。故人宜以仁为主，智以辅之。主辅既立，百官自举，义、礼与信，自相随而未能已。故义、礼、信不能与仁、智比也。①

他认为，对人来说，智是仁、义、礼、信呈现的基础。这体现在两个方面：第一，从逻辑上看，智贯穿于其他四德的实践中，为它们的落实提供认知保障。如智为义提供了判断、决断的作用（"断制"），从而使义在具体情境中得以落实。第二，从发生上看，智是四者得以产生的前提。他以人的成长为例，提出"人之生也，惟有爱恶而已"。人出生时只有味、声、色的本性与欲望，与此符合的就喜爱，不符合的就厌恶。爱恶之情推到极致，相应产生了哀惧，而有了哀惧才能形成仁义："哀者，爱之极至而不得，即所谓仁也"；"惧者，恶之极至而不得，即所谓义也"。智是从爱恶进到哀惧的推动力量："哀惧之生也，自人之智出也。"② 人如果没有智，就和动物一样，不可能形成仁义。

尽管智如此重要，但康有为并没有以智全面取代仁，而是提出仁智并举来统领其他德目。第一，在先后和目标上，仁智"成终成始"。智对应于"始"，是仁、义、礼、信的基础，而仁对应于"终"，是义、礼、信、智的目标。第二，仁智存在着两层体用关系：从个体的本来状态（"一人之本然"）来看，智体仁用。智是仁的基础，人要先有智，才能认识和实践仁。这即他在人禽之辨中的看法。从社会关系（"人人之当然"）来看，仁体智用。仁是社会发展的价值目标，智是成就仁的手段，即通过它的认知创制推动社会发展。将仁作为社会发展目标，这是传统儒学的立场。对

---

① 康有为：《康子内外篇》，载姜义华、张荣华编校《康有为全集》第1集，中国人民大学出版社 2007 年版，第 108—109 页。原文"义、礼与信"误作"义、理与信"，据李三宝《康子内外篇初步分析——康南海现存最早作品》（台湾《清华学报》1975 年第 12 号）改。
② 康有为：《康子内外篇》，载姜义华、张荣华编校《康有为全集》第1集，中国人民大学出版社 2007 年版，第 100 页。

他而言，这两层体用关系并非等价，社会层面的仁体智用更重要。他认为，个体需要服从"人道"，应该以仁主智辅为原则，用社会发展的仁体智用来收摄个体的智体仁用。这实即立足传统，坚持传统儒学以仁为主导的基本立场来整合人禽之辨在于智的新悟。

对比朱子等的德目系统，康有为并没有改变以仁为依归的取向，最大差别在于将智拔高到义、礼、信之上，仁智成为第一梯级的价值，来统领其他德目。尽管他没有越出传统儒学的基本立场，但对智做了最大限度的提升，使得智的重要性得到开显。

此后，仁智并举成为康有为论述孔子之道的基调。如在《春秋董氏学》中，他就董仲舒所提的"莫近于仁，莫急于智"写道：

> 孔子多言仁智，孟子多言仁义，然禽兽所以异于人者，为其不智也。故莫急哉！然知而不仁，则不肯下手，如老氏之取巧；仁而不知，则慈悲舍身，如佛氏之众生平等。二言管天下之道术矣。孔子之仁，专以爱人类为主；其智，专以除人害为先。此孔子大道之管辖也。①

他在注解中强调，孔子主张仁智并举，不同于孟子的仁义，并特别添加智为人禽之异所在来解释智何以非常要紧。在他看来，孔子仁智并举正是孔子之道的管辖，胜于道、佛偏执于仁、智一端。

最能曲折反映康有为仁智并举的，是对《孟子·离娄下》"人之所以异于禽兽者几希，庶民去之，君子存之。舜明于庶物，察于人伦，由仁义行，非行仁义也"的章注。他写道：

> 此孟子明人禽之界，即在仁义与不仁义之分，进化退化，相去几希。言之深切，因历举诸圣，而自明传孔子之道也。陈白沙为《禽兽说》，不止文明野蛮之相去而已。明于庶物，则智崇而格于物。察于人伦，则礼卑而不异于人。②

---

① 康有为：《春秋董氏学》，载姜义华、张荣华编校《康有为全集》第2集，中国人民大学出版社2007年版，第393页。

② 康有为：《孟子微》，载姜义华、张荣华编校《康有为全集》第5集，中国人民大学出版社2007年版，第425页。

孟子以舜为例,强调人禽之别在于人内在的仁义道德。康有为在注解中也提到了仁义之分的问题,但是在注中添进了"进化退化",将它与仁义一起作为人禽之别所在。而"进化退化"与下文评点《禽兽说》引入的"文明野蛮"连在一起,表明进化即文明,退化即野蛮。而在他的思想中,仁是社会进化的价值目标,智是社会进化的动力,两者直接与进化、文明相联系。紧接着,他又借用《易大传》"知崇礼卑",将"明于庶物"与"智崇"相联系,强调智;将"察于人伦"与"礼卑"相联系,指向以仁为核心的礼义道德。同时,他回避注解"由仁义行,非行仁义"。这一连串处理弱化了义的重要性,突出了智的作用,使得此章由原来强调仁义转为强调仁智。这无疑不合于孟子的原意,反映出康有为对仁智的重视,不惜曲解经文来强调仁智。

当然,他的仁智并举并不意味着两者完全并列,仍是仁主智辅,如:"虽仁智双修,而始终于仁,但以智辅仁,所以养成人之德也。"① 如对照《康子内外篇》,智原来的"成始"地位让给了仁,仁变得更为重要。

由上可见,康有为尽管坚称人禽之别在于智,越出了传统儒学,但他在价值理念上一直坚持以仁为主导的传统儒学立场,只是将智提升到义、礼、信之上,试图在儒学允许的范围内重视智的认知创制作用,以便为"人道进化"提供动力。因而,所谓康有为提出"智统四端"的说法不能成立。

三、救国与大同:智学作为"人道进化"的动力

康有为在价值理念上提升智,主要是为他的社会政治主张提供支撑。无论是他当时的救国实践,还是其大同世界的理想建构,都体现出他对智的特别重视。

在救国实践上,康有为很早就从历史中发现,在列国并立的形势下,只有强者才能在残酷的竞争中获胜,弱者将被淘汰:"夫既诸国并峙,则其雄强者不能无争。弱肉强食,则雄强者益大。"② 而中国当时恰恰处于

---

① 康有为:《论语注》,载姜义华、张荣华编校《康有为全集》第6集,中国人民大学出版社2007年版,第383页。
② 康有为:《民功篇》,载姜义华、张荣华编校《康有为全集》第1集,中国人民大学出版社2007年版,第73页。

列国并立的形势下，要免遭灭亡，必须强大起来，主动参与生存竞争。强大虽然有力强和智强两种，但最重要的是智强。他在《上清帝第一书》中即已认定西方的强大是智强，智学的兴起即是表征："近者洋人智学之兴，器艺之奇，地利之辟，日新月异。"① 由此，他主张和西方列国"斗智不斗力"②，中国需要从当下即重视智和智学，亡羊补牢，否则后果不堪设想。国家由民众组成，国家的智强与民众的智强直接相关。他以土耳其、印度为负面例子，提出："夫才智之民多则国强，才智之士少则国弱。土耳其天下陆师第一而见削，印度崇道无为而见亡，此其明效也。故今日之教，宜先开其智。"③ 这就导向了开民智，大开智学。综观他的上书建言，开智学的范围包括全部民众，提出让小民童子都入学接受教育，让所有民众皆有所学。智学的内容集中在测算、绘图、天文、地理、光电、化重、声汽等实用、物质之学。这与戊戌后所公开倡导的物质之学相差不大。但是在他的理想类著作中，智或智学并不限于物质之学，《实理公法全书》涉及社会政治制度，《大同书》则涉及"器用法度、思想意义"④ 等。理想类著作更能反映出他心中智学的应然状态，符合他的"智能生万理"。以此观照现实中强调物质之学，一方面无疑是救急的需要："以一国之强弱论焉，以中国之地位，为救急之方药，则中国之病弱非有他也，在不知讲物质之学而已。中国数千年之文明实冠大地，然偏重于道德哲学，而于物质最缺然。"⑤ 当时的中国最缺物质之学，因而需要着重强调。另一方面，也带有策略的考虑：戊戌前的上书建言特别强调物质之学，就在于它们能回避触碰当时的统治秩序；戊戌后则是出于反对当时兴起的革命思潮的考虑，倡导社会政制等智学显然不宜，而强调物质之学可以弱化民众对社会政制的关注。尽管强调物质之学仍具有开民智的作用，但是由于前后

---

① 康有为：《上清帝第一书》，载姜义华、张荣华编校《康有为全集》第1集，中国人民大学出版社2007年版，第181页。

② 康有为：《日本书目志》，载姜义华、张荣华编校《康有为全集》第3集，中国人民大学出版社2007年版，第280页。

③ 康有为：《上清帝第二书》，载姜义华、张荣华编校《康有为全集》第2集，中国人民大学出版社2007年版，第42页。

④ 康有为：《大同书》，载姜义华、张荣华编校《康有为全集》第7集，中国人民大学出版社2007年版，第175页。

⑤ 康有为：《物质救国论》，载姜义华、张荣华编校《康有为全集》第8集，中国人民大学出版社2007年版，第63页。

的社会背景不同,因而戊戌前显得激进,戊戌后则变得保守。开智学的方式,包括改革科举、学校教育、藏书器、译书、游学、办学会、办报等一系列措施。此外,他还特别提出奖励智学,意图仿效西方的特许专卖制度对制新器、著新书进行奖励①。他可能是中国最早建议引入专利制度的人。他希望通过一系列开智学的措施,促使中国强大起来,实现救国理想。

在大同建构上,康有为也特别重视智。这主要体现在两个方面:第一,将智教作为教育的核心。他虽然明确将德、智、体三教并举作为大同社会的教育"公理",但由于"太平世以开人智为主",故而偏重于智教②。按他的设想,从小学院开始,智教不断增加,到大学院专以智教为主,偏重于实用的专业、专学,体现出智教在教育中的核心地位③。第二,设立奖智制度。他说"当太平之时,特重开人智之法,悬重赏以鼓厉之,分为四科":奖励新书,即奖励创造新理、新术或有益于"人道"的书;奖励新器,即奖励发明创造新器物;奖励新见,即奖励提出新理论、新见解;奖励新织,即奖励择精去粗综合整理原有的知识。设立奖智的目的是防止太平世缺乏竞争而可能引起的智学退化:"当太平之时,人人皆作工而无高下,工钱虽少有差而相去不能极远。即极远而人智不出,器用法度、思想意义不能日出新异,则涩滞败留,甚且退化,其害莫大焉。"④他意图通过奖智带来智或智学的竞争,使得"智愈竞而愈出,新愈争而愈上,则全地人道日见进化而不患退化矣"⑤。智或智学承担着推动"人道进化"的作用。

乍眼看去,在康有为的救国实践和大同建构中,智学所承担的功能似乎不同:一在救中国,使中国强大;一在保持人道进化,防止退化。但是,在救国实践中倡导智学,从政治角度来讲是保救中国,从社会文明角

---

① 参见康有为《请以爵赏奖励新艺新法新书新器新学设立特许专卖折》,载姜义华、张荣华编校《康有为全集》第4集,中国人民大学出版社2007年版,第300页。
② 参见康有为《大同书》,载姜义华、张荣华编校《康有为全集》第7集,中国人民大学出版社2007年版,第179页。
③ 参见康有为《大同书》,载姜义华、张荣华编校《康有为全集》第7集,中国人民大学出版社2007年版,第105-109页。
④ 康有为:《大同书》,载姜义华、张荣华编校《康有为全集》第7集,中国人民大学出版社2007年版,第175页。
⑤ 康有为:《大同书》,载姜义华、张荣华编校《康有为全集》第7集,中国人民大学出版社2007年版,第177页。

度来看实即推动中国的"人道进化"。他在1900年勤王运动失败后,评价唐才常"其议论数十万言,皆力主文明进化,以救中国之民"①。用"力主文明进化"评价唐才常,颇可注意。而在驳斥张之洞劝诫上海学生不要听信康、梁之言时,他说:"公既以一手绝中国一线之机矣,而复丑诋狂吠,诬为康、梁,思盖其丑。将欲中国永不自立乎!将欲中国人永无文明之日乎!"②他自许他们的主张是促进中国的自立与文明。可见,对唐才常的评价并非仅针对个人而言,而是对他们一派的自我定位。由此,救国与推动中国的"人道进化"是一体两面。这与他拯救世人的志向相关。他深悉民生艰难,文明的发展无疑能解决不少民生问题,早年《民功篇》高度赞美在"民功"上有贡献的人即如此。后来他明确提出公羊"三世"说,指出人类社会发展须依次经历据乱世、升平世,最后进至大同世,即包含着文明的不断进化。进化的动力显然大部来自智。

由上可见,康有为的社会政治主张重视智,就在于它是"人道进化"的重要动力。以此反观他重释人禽之辨及调整传统儒学德目系统,无疑是要改造传统儒学,为重视智提供价值理念支撑。这使他超出单纯在社会政治上倡导智学的时人,体现出他思想的深刻性。而这很可能和他的切身体会有关,《我史》就记载了他摆脱夷夏观念束缚的事例。他自称游历香港、上海,受到两次冲击后,才从"乃始知西人治国有法度,不得以古旧之夷狄视之"进到"益知西人治术之有本","始尽释故见"③。如果没有那些游历,他可能很难走出传统的"夷夏之辨"而接受西学。因此,他非常重视价值理念的力量:"天下移人最巨者何哉?莫大于言议、觉议矣。父子之亲,天性也,而佛氏能夺之而立师徒;身命之私,至切也,而圣人能夺之而徇君父。"④"言议""觉议"所表征的就是理念对人的影响,可以使人超越于生物限制。当时传统士人未能充分认识到智的重要性,无疑与传

---

① 康有为:《驳后党逆贼张之洞、于荫霖诬捏伪示》,载姜义华、张荣华编校《康有为全集》第5集,中国人民大学出版社2007年版,第281页。
② 康有为:《代上海国会及出洋学生复湖广总督张之洞书》,载姜义华、张荣华编校《康有为全集》第5集,中国人民大学出版社2007年版,第330页。
③ 康有为:《我史》,载姜义华、张荣华编校《康有为全集》第5集,中国人民大学出版社2007年版,第63页。
④ 康有为:《康子内外篇》,载姜义华、张荣华编校《康有为全集》第1集,中国人民大学出版社2007年版,第97页。

统儒学不重视智有着密切的关联。因此，要扭转这种局面，必须改造传统儒学，为真正发挥智的作用提供价值理念的支撑。而从儒学来看，儒学要继续发挥范导社会的作用，也需要在价值理念上重视智对"人道进化"的动力作用。

四、结语

康有为从价值理念和社会政治主张两方面对智的提升，重在强调智的认知创制对"人道进化"所起的动力作用。就他而言，智作为"人道进化"的动力，其物质之学虽然重要，但非全部，还包括社会政制等内容，因而不能简单将物质之学等同于他的智学。事实上，他理想的"人道进化"是整体式的推进，物质之学仅是其中一部分。他的这一社会发展观念，即使在当代也并不过时。尽管他当时公开倡导的主要是物质之学，但对于当时偏重于道德的中国而言，无疑是注入了革命性的因素。同时，他立足于传统来重整传统儒学德目系统，提出仁智并举来统领其他德性，既坚持了以仁为主导的传统儒学价值立场，又提升了智的地位，使儒学在价值理念上重视智对社会发展的推动作用，试图实现儒学的近代转换。这无疑弥补了传统儒学对社会发展动力关注不足的缺失。这与后来现代新儒学处理道德与科学问题而提出仁智双彰有着脉络上的关联。由此看来，重新回到康有为处理传统儒学与近代性的关系问题，应不无启发意义。

（本文原刊于《人文杂志》2018年第11期，有改动）

论董仲舒《贤良对策》之思想系统

深川真树

《汉书·董仲舒传》记载,春秋公羊学者董仲舒于汉武帝初期通过举贤良,参加策试,向汉武帝呈上著名的《贤良对策》①。《对策》为对汉武帝所发的试卷——《制策》②——作答的答卷,其设想中的读者便是当世皇帝,亦即一部与现实政治直接相关的文献。其提出确切应对现实政治课题的具体政策方案,不仅如此,《对策》的内容还蕴含一套完整的思想系统,即有关皇权政治的儒学理论,并贯穿个别具体政策方案。进而言之,董仲舒借由对皇帝策问作答的机会,试着通过让皇帝实行一些政策,来实现儒家的治国蓝图。

《对策》因"推明孔氏,抑黜百家"③的建议而为多数学者所重视,但专门探究《对策》思想的论著却并不多见。戴君仁④、徐复观⑤、韦政通⑥与周桂钿⑦等人都论及《对策》的思想,但他们实际上只不过是整理《对策》的内容而已。相形之下,劳思光、内山俊彦、盖瑞·阿巴克尔

---

① 《汉书·董仲舒传》收录董仲舒参加策试时所呈上的三篇答卷,学者之间关于董仲舒的答卷有数种不同称呼,诸如《贤良对策》《举贤良对策》《贤良三策》及《天人三策》等,本文以《贤良对策》表示之,或者简称《对策》。至于三篇答卷的各篇,依传中的排序分别称之为《对策一》《对策二》与《对策三》。另外,近年有学者对《对策》的真实性提出疑义,怀疑其是否全都出于董仲舒本人之手,但笔者认为《对策》基本上是董仲舒本人所著。关于这点,参见深川真树《影响中国命运的答卷:董仲舒〈贤良对策〉与儒学的兴盛》,万卷楼2018年版,第2章。
② 《汉书·董仲舒传》收录武帝的三篇试卷,本书以《制策》表示之,至于三篇试卷的各篇,依传中的排序分别表示为《制策一》《制策二》与《制策三》。
③ 班固:《汉书》第8册,中华书局1962年版,第2525页。
④ 参见戴君仁《董仲舒对策的分析》,载《大陆杂志》1971年第42卷第6期,第165—171页。
⑤ 参见徐复观《两汉思想史》第2卷,台湾学生书局1976年版,第420—428页。
⑥ 参见韦政通《董仲舒》,东大图书股份有限公司1986年版,第198—205页。
⑦ 参见周桂钿《董仲舒研究》,人民出版社2012年版,第11—16页。

(Gary Arbuckle)与池田知久等人则以《对策》为主要数据,探讨董仲舒的思想系统。其中阿巴克尔进行了较全面的研究①,不过很遗憾的是,其他三位学者的论述都尚未厘清《对策》思想系统的整体内容。譬如,劳思光似乎将董仲舒的丰富思想内涵过度简化②,内山俊彦③及池田知久④均以"自然观"或"天人感应论"等特定观点去分析《对策》的思想。但无论如何,他们的论述中有不少值得参考的观点。

本文欲通过全面探析《对策》的内容,将《对策》的思想系统重新脉络化,并阐明其思想系统的理论性质与关怀。本文从以下五节进行讨论:第一至四节将焦点置于《对策》的思想本身,说明《对策》所蕴含的四种理论及其建构脉络,同时展示四种理论之间紧密的关联性,亦即重建《对策》的思想系统;第五节则以《对策》的理论建构脉络为线索,探讨其思想系统的核心及关怀,而对于探讨的结果,则从当时的相关情况与董仲舒的具体建言予以证实。

一、《对策》的宇宙论

1. 宇宙的结构

《对策》的内容蕴含一套宇宙论,表示宇宙由自然与万物组成,并且以"天"为最大的因素及终极依归。《对策三》将"天"定位为"群物之祖"⑤,"群物之祖"的"天"有两个层面:一为有规律地变化而化成万物的自然界,此一层面乃宇宙的最大因素;一为支配自然万物及人类社会的

---

① 参见 Gary Arbuckle, "Restoring Dong Zhongshu (BCE 195 – 115): An Experiment in Historical and Philosophical Reconstruction", Ph. D dissertation, University of British Columbia, 1991, pp. 84 – 262。
② 参见劳思光《新编中国哲学史》第2卷,三民书局1984年版,第33 – 39页。
③ 参见内山俊彦《中国古代思想史における自然認識》,创文社1987年版,第273 – 314页。
④ 参见池田知久《中国古代の天人相関論——董仲舒の場合》,载沟口雄三、平石直昭、滨下武志、宫嶋博史编《アジアから考える》第7册,东京大学出版会1994年版,第9 – 75页;此篇论文有中译版,参照池田知久著、田人隆译《中国古代的天人相关论——董仲舒的情况》,载沟口雄三、小岛毅主编,孙歌等译《中国的思维世界》,江苏人民出版社2006年版,第46 – 97页。
⑤ 班固:《汉书》第8册,中华书局1962年版,第2515页。

主宰者,此一层面则是宇宙的终极依归①。

"天"以"日月风雨"与"阴阳寒暑"而成就万物②,用当代说法来说则近似于自然界,亦即人类及其他生物所生活的环境或范围。"天"有日月、风雨、阴阳、寒暑等因素,其中,阴阳尤为重要,如《对策一》所言,"天道之大者在阴阳"③,因阴阳形成春夏秋冬四时而"成岁"④。不过,这种规律变化并非纯粹的物理现象。董仲舒也设想"天"有主宰宇宙的意志即"天意",并且天意反映于自然人事。例如,"天"有以德优越于刑——"任德不任刑"的志向,由此使阴阳运作而"成岁",亦有"所受大者不得取小"的意向,由此设计万物的性质,诸如"予之齿者去其角,傅其翼者两其足"⑤,又有"仁爱人君而欲止其乱"⑥的"天心",以自然变异提醒君王反省。

由以上可知,"天"为主宰者与自然界的统一概念,天意主宰自然,透过自然示意。天意使自然运作,自然体现着天意,两者为一体,但主宰者在逻辑结构上优先于自然界,诚如池田知久就董仲舒的"天"所言:"作为人格的、宗教的、主宰者的'天'是居上位的,而非人格的、机械的、自然的'天'是从属的,处于下位的。"⑦ 不过,主宰者与自然界之

---

① 如何理解董仲舒的"天"? 学者之间对此问题颇有争议,不过,很多学者认为董仲舒的"天"具有自然性与意志性。冯友兰、徐复观、金春峰等学者认为董仲舒的"天"有内在的矛盾性,唐君毅、池田知久、刘国民等学者则认为其具有内在的统一性。参见冯友兰《中国哲学史》,商务印书馆1934年版,第503页;徐复观《两汉思想史》第2卷,台湾学生书局1976年版,第396-398页;金春峰《汉代思想史》,中国社会科学出版社1987年版,第147-157页;唐君毅《中国哲学原论》上册,人生出版社1966年版,第550页;池田知久《中国古代的天人相关论——董仲舒的场合》,载沟口雄三、平石直昭、滨下武志、宫嶋博史编《アジアから考える》第7册,东京大学出版会1994年版,第30-35页;池田知久著、田人隆译《中国古代的天人相关论——董仲舒的情况》,载沟口雄三、小岛毅主编,孙歌等译《中国的思维世界》,江苏人民出版社2006年版,第62-67页;刘国民《董仲舒的经学诠释及天的哲学》,中国社会科学出版社2007年版,第289-299页。
② 班固:《汉书》第8册,中华书局1962年版,第2515页。
③ 班固:《汉书》第8册,中华书局1962年版,第2502页。
④ 班固:《汉书》第8册,中华书局1962年版,第2502页。
⑤ 班固:《汉书》第8册,中华书局1962年版,第2520页。
⑥ 班固:《汉书》第8册,中华书局1962年版,第2498页。
⑦ 池田知久:《中国古代の天人相关论——董仲舒の场合》,载沟口雄三、平石直昭、滨下武志、宫嶋博史编《アジアから考える》第7册,东京大学出版会1994年版,第33页;池田知久著、田人隆译:《中国古代的天人相关论——董仲舒的情况》,载沟口雄三、小岛毅主编,孙歌等译《中国的思维世界》,江苏人民出版社2006年版,第65页。

间应无时间先后之分,两者融为一体的"天"超越时间限制,因《对策》的内容中只有对宇宙结构的说明,并未出现宇宙演化论(cosmogony)①。既然如此,董仲舒的"天"很可能是无始无终、永恒存在者。无论如何,《对策》的思想系统中,"天"设计并化成包括人类在内的万物。

2. 宇宙论的理论建构

关于董仲舒所言的"天",有学者认为是沿用墨家思想的,有学者认为是发展阴阳家思想的,也有学者认为是结合自然神和祖先神的:

> 儒教的大师董仲舒便是富于宗教心的方士。他的思想很像一个墨教信徒,尊信上帝,主张兼爱非攻。……董仲舒屡说"以人随君,以君随天";"屈民而伸君,屈君而伸天":这正是墨教"上同于天"的意旨。……汉家建立的儒教乃是墨教的化身。②

> 古代天由宗教的意义,演变而为道德价值的意义,或自然的意义,这都不足以构成天的哲学。……到了董仲舒,……更以天贯通一切,构成一个庞大的体系。他这不是直承古代天的观念发展下来的,而是直承《吕氏春秋》十二纪纪首的各套、内容,发展下来的。③

> 这样的儒学在向儒教变身之际,给儒学树立"天神"的理论改造,即是将"天命"和儒家伦理道德相结合,使"天"和儒教理念一体化,而改造的深层里,则是过去分离了的自然神崇拜和祖先神崇

---

① 《春秋繁露》一书中亦无明确的宇宙演化论。只有《五行相生》篇开头的以下内容,可理解为描述宇宙演化:"天地之气,合而为一,分为阴阳,判为四时,列为五行。"(苏舆:《春秋繁露义证》,中华书局1992年版,第362页)不过,此一文献未必要理解为描写宇宙演化,亦可理解为表述宇宙结构。

② 胡适:《中国中古思想小史(手稿本)》,胡适纪念馆1969年版,第35-41页。顾颉刚也说:"董仲舒的思想,确是深受墨家的影响的!他的'兼爱','非攻','尚贤','尚同','节用'等主义,还可以说是间接地受之孟荀;然而'天志','明鬼'的主义,却无论如何不能说是直接地取之墨家。(董氏的有名的议论:'道之大原出于天,天不变,道亦不变'。这个观念,也是从墨家的'天志'论来的。)"(顾颉刚:《董仲舒思想中的墨教成分》,载《文澜学报》1937年第3卷第1期,第1753页)

③ 徐复观:《两汉思想史》第2卷,台湾学生书局1976年版,第371页。李泽厚也说:"他的特点是,在精神实质上继承了前述《吕氏春秋》开拓的方向,竭力把人事政治与天道运行附会而强力地组合在一起。"(李泽厚:《中国古代思想史论》,人民出版社1985年版,第145页)

拜的再度结合。董仲舒的"天道论",显示了如此论证过程。①

上述三者的见解有一个共同点,即皆认为董仲舒以"天"为重,将其作为政治社会的根据或标准,换言之,其思想系统由天人相应的思想建构而来②。而三者的分歧在于如何理解董仲舒之"天"的来源与本质,追根究底,或将其看作神祇,或看作自然,而依当时的学术情况概括地说,即为墨家的"天"或阴阳家的"天"。

如上文所述,《对策》的"天"有两个层面,即主宰者与自然界。其主宰者的层面近似于墨家的"天",自然界的层面则近似于阴阳家的"天"。由此而言,董仲舒很可能二者兼备。不过值得注意的是,《对策》的"天"之主宰者层面亦具另一个性质,即人之道德的根源,因为在《对策》的思想系统中,"天"规定人类的实践伦理道德,给予人类以实践道德的使命(将在下一节详述)。墨、阴阳两家的"天"皆无此种性质,以"天"为人之道德的根源,这可视作儒家传承下来的思想③。

总之,董仲舒在建构思想系统中广纳儒、墨及阴阳等家学说,从而建立了其"天"乃至以此为最大因素及终极依归的宇宙结构,即宇宙论。不过,

---

① 邓红:《董仲舒思想の研究》,人と文化社1995年版,第65页;邓红:《董仲舒思想研究》,文津出版社2008年版,第46页。

② 在本书的论述中,"天人相应"表示天人之间的性质和规律等相一致,亦可说"天人合一"或"天人一道",与表示某些天象感应人事而出现的"天人感应"有所区别。

③ 此一思想有相当久远的传统,《诗经·大雅·烝民》云:"天生烝民,有物有则。民之秉彝,好是懿德。"(毛公传、郑玄笺:《毛诗正义》,载阮元校勘《十三经注疏》第2册,艺文印书馆1955年版,第674页)孔子似乎对此思想有所继承,因《论语·述而》记载他言:"天生德于予。"(何晏注、邢昺疏:《论语注疏》,载阮元校勘《十三经注疏》第8册,艺文印书馆1955年版,第63页)而《孟子·告子上》记载,孟子言,"仁义礼智,非由外铄我也,我固有之也,弗思耳矣",之后引《烝民》篇之句,再引孔子对这句的评语(赵岐注、孙奭疏:《孟子注疏》,载阮元校勘《十三经注疏》第8册,艺文印书馆1955年版,第195页)。又,《礼记·中庸》云"天命之谓性,率性之谓道"(郑玄注、孔颖达等正义:《礼记正义》,载阮元校勘《十三经注疏》第5册,艺文印书馆1955年版,第879页),韩婴则于《韩诗外传》卷6中言,"天之所生,皆有仁义礼智顺善之心"(韩婴撰、许维遹校释:《韩诗外传集释》,中华书局1980年版,第219页)。可见视"天"为道德根源的观点,是在儒家学者中传承下来的。邓红以孔孟荀之说为例,说明儒家以"天"为人类社会的秩序与道德之根据。参照邓红《董仲舒思想の研究》,人と文化社1995年版,第51—54页;邓红《董仲舒思想研究》,文津出版社2008年版,第35—38页。

因董仲舒特地论证"天"具有德优于刑的意志,以建立自己的"天"①,故《对策》的"天"并不是单纯地沿用或结合各家之"天"而成的。

董仲舒将有关阴阳的两个前提作为揭示天意的内容。第一前提为"阴阳刑德"思想,《对策一》云:"阳为德,阴为刑;刑主杀而德主生。"②董仲舒在《对策》中并无论及"阴阳刑德"的根据,"阴阳刑德"很可能是当时知识分子的一个共识,因其见于汉初盛行于世的黄老思想之中③。

---

① 上博楚简《鲁邦大旱》中,孔子与子贡以"政坓(刑)与悳(德)"为"事上天"而消弭"大旱"的正途(马承源主编:《上海博物馆藏战国楚竹书》第2册,上海古籍出版社2002年版,第202-210页),换言之,战国时期有儒者认为上天希望君王施政适当运用刑与德。杨朝明与王中江等学者将"政刑与德"当成实行"德主刑辅",果真如此,"上天"就有德优于刑的意志,董仲舒是沿袭先儒之说,再以阴阳思想奠定其学术基础。不过,对于《鲁邦大旱》中"刑与德"的含义与思想,学者间众说纷纭。例如,廖名春、谷中信一、黄人二等学者将"刑与德"视为"杀戮"与"庆赏",林志鹏视为"法制、法度"与"内在的修养",浅野裕一视为"天刑"与"天赏",林义正视为"德行",曹峰认为无法弄清其究竟为何意。笔者比较赞同曹峰的意见,认为在相关文献再次出土之前,无法确定《鲁邦大旱》所言"政刑与德"的意义。无论"政刑与德"有何含义,董仲舒是首位以阴阳思想论证"天"欲德优于刑,此毋庸置疑。参见马承源主编《上海博物馆藏战国楚竹书》第2册,上海古籍出版社2002年版,第202-210页;杨朝明《上博竹书〈鲁邦大旱〉管见》,载《东岳论丛》2002年第23卷第5期,第113-117页;王中江《简帛文明与古代思想世界》,北京大学出版社2011年版,第115-125页;廖名春《上海简〈鲁邦大旱〉札记》,载中国博士后科学基金会编《2000年中国博士后学术大会论文集》(农林与西部发展分册),科学出版社2001年版,第623-624页;谷中信一《上博简『鲁邦大旱』の思想とその成立——"刑德"说を中心に——》,载《中国出土资料研究》2005年3月第9号,第1-19页;黄人二《上海博物馆藏战国楚竹书(二)研究》,高文出版社2005年版,第53-55页;林志鹏《〈鲁邦大旱〉诠解》,载上海大学古代文明研究中心、清华大学思想文化研究所编《上博馆藏战国楚竹书研究续编》,上海书店出版社2004年版,第148-149页;浅野裕一《上博楚简『鲁邦大旱』における刑德论》,载《中国研究集刊》2004年第36号,第41-54页,此篇论文有中译版,见浅野裕一《〈鲁邦大旱〉的"刑德"》,载佐藤将之监译《战国楚简研究》,万卷楼2004年版,第129-145页;林义正《孔子的天人感应观——以〈鲁邦大旱〉为中心的考察》,载李学勤、林庆彰等《新出土文献与先秦思想重构》,台湾书房出版有限公司2007年版,第33-34页;曹峰《〈鲁邦大旱〉初探》,载上海大学古代文明研究中心、清华大学思想文化研究所编《上博馆藏战国楚竹书研究续编》,上海书店出版社2004年版,第133-136页。

② 班固:《汉书》第8册,中华书局1962年版,第2502页。

③ 马王堆汉墓帛书《老子》乙本卷前古佚书(亦称为《黄帝书》《黄帝四经》或《黄老帛书》等)《称》云"春阳秋阴,夏阳冬阴"(湖南省博物馆、复旦大学出土文献与古文字研究中心编纂,裘锡圭主编:《长沙马王堆汉墓简帛集成》第4册,中华书局2014年版,第187页),《十六经·观》云"春夏为德,秋冬为刑"(同上书,第152页),《十六经·姓争》又云"刑阴而德阳"(同上书,第162页)。

第二前提则为"阳尊阴卑"思想,此思想也见于黄老思想之中①。董仲舒依据阴阳的作用,进一步说明"阳尊阴卑"为"天意":"天使阳出布施于上而主岁功,使阴入伏于下而时出佐阳;阳不得阴之助,亦不能独成岁。终阳以成岁为名,此天意也。"②

由以上两个前提,必然得到"德尊刑卑"的观点,董仲舒结合以上两种思想而有逻辑地推出一个结论,即"天之任德不任刑"(同上)。他既接受墨家有意志的上帝之"天",又吸收阴阳家无意志的自然之"天",但也论证天意、天道无论如何皆以德优于刑。换言之,突破与阴阳家的"天"息息相关的月令思想③之框架④,并证明"天"具有与墨家所言不同的意志,欲德优于刑⑤,而明确地建立了一个独特的"天"——整合具有道德意志之上帝与有规律地变化之自然的"天"。

总而言之,董仲舒在吸纳墨、阴阳两家思想的同时,以儒家的"天"为中心建立了一个独特的"天"⑥乃至宇宙结构,并在此基础之上建构出其思想系统。由此看来,《对策》的"天"与以"天"为最终依据的思想系统,并非"墨教的化身",也不是"直承《吕氏春秋》十二纪纪首的各

---

① 《称》言"主阳臣阴""贵阳贱阴"(湖南省博物馆、复旦大学出土文献与古文字研究中心编纂,裘锡圭主编:《长沙马王堆汉墓简帛集成》第4册,中华书局2014年版,第187页)。

② 班固:《汉书》第8册,中华书局1962年版,第2502页。

③ 月令思想是一种政治哲学,认为君王应按天道运行,即由阴阳五行形成的自然四时施政。这种思想比较完整的系统,见于《管子》之《幼官》篇和《四时》篇、《吕氏春秋》十二纪纪首、《淮南子·时则训》以及《礼记·月令》等篇章之中。有些记载扼要表示其典型模式,例如,《十六经·观》云:"不靡不黑,而正之以刑与德。春夏为德,秋冬为刑。先德后刑以养生。"(湖南省博物馆、复旦大学出土文献与古文字研究中心编纂,裘锡圭主编:《长沙马王堆汉墓简帛集成》第4册,中华书局2014年版,第152页)《盐铁论·论菑》则云:"春夏生长,利以行仁。秋冬杀藏,利以施刑。故非其时而树,虽生不成。秋冬行德,是谓逆天道。"(王利器:《盐铁论校注(定本)》,中华书局1992年版,第557页)

④ 末永高康详细探讨了这一点。参见末永高康《董仲舒阴阳刑德说について》,载《中国思想史研究》1992年第15号,第59-88页。

⑤ 墨家将"相爱相利""兼相爱,交相利"视为"法天""顺天意"的具体内容。《墨子·法仪》云:"然则奚以为治法而可?故曰莫若法天。……天之所欲则为之,……天必欲人之相爱相利,而不欲人之相恶相贼。"(孙诒让撰、户埼允明考:《墨子间诂》,载《汉文大系》第14卷,富山房1913年版,第21页)《墨子·天志上》又云:"故于富且贵者,当天意而不可不顺,顺天意者,兼相爱,交相利,必得赏。反天意者,别相恶,交相贼,必得罚。"(同上书,第5页)

⑥ 邓红说:"董仲舒所说的'天'的整体特性,简而言之,则是天和儒教理念的一体化。"(邓红:《董仲舒思想の研究》,人と文化社1995年版,第84页;邓红:《董仲舒思想研究》,文津出版社2008年版,第61页)

套、内容,发展下来的",而是儒学在与其他思想学派的冲突及对其他思想学派的接纳中千锤百炼出来的系统。

二、《对策》的人性论

人类为万物之一,不过董仲舒认为,人类居于其他万物之上,在宇宙中占有极高的地位。他之所以如此定位人类,是因为人类具有两个性质,一为实践伦理道德的使命,一为控驭其他万物的智能:

> 人受命于天,固超然异于群生,入有父子兄弟之亲,出有君臣上下之谊,会聚相遇,则有耆老长幼之施;粲然有文以相接,欢然有恩以相爱,此人之所以贵也。生五谷以食之,桑麻以衣之,六畜以养之,服牛乘马,圈豹槛虎,是其得天之灵,贵于物也。①

在此,人类以异于其他万物的本性即人性,被定位于其他万物之上,换句话说,董仲舒在人性论的基础上判定人类在宇宙中的位置。他于《对策》中较少论及人性,但从中可窥见一套人性论。董仲舒认为人的本性承受天意,人类相当于主宰者的"天",亦即在宇宙论的基础上,以天人相应思想解释人性。亦即《对策》的宇宙论中,主宰者居于自然界之上,天意指向道德并且统御自然,人类则"受命于天"而具有实践伦理道德的使命,"得天之灵"而具有控驭其他万物的智慧。

《对策》说"人受命于天",其"命"乃"入有父子兄弟之亲,……欢然有恩以相爱"的伦理道德,而且也是"天"的命令,如董仲舒所云:"命者天之令也"②(《对策一》);"天令之谓命"③(《对策三》)。由此可知,《对策》的思想系统中,伦理道德的实践便为"天"给予人类的命令,从人类的角度视之,则是一个受之于"天"的使命。

儒家在董仲舒以前已有解释人性的相类模式,董仲舒对此方式有所继承。人的本性——德性——源于"天"的德性,这类思想发源于孟子。《孟子·尽心上》记载他言:"尽其心者,知其性也。知其性,则知天矣。

---

① 班固:《汉书》第 8 册,中华书局 1962 年版,第 2516 页。
② 班固:《汉书》第 8 册,中华书局 1962 年版,第 2501 页。
③ 班固:《汉书》第 8 册,中华书局 1962 年版,第 2515 页。

存其心，养其性，所以事天也。"①《中庸》则继承并发展孟子之说而提出"天命之谓性，率性之谓道"②的命题，清楚地表述"天"的德性内在于人性之中。《周易·系辞上》也说明人性与"天"的善性直接相通："一阴一阳之谓道，继之者善也，成之者性也。"③

不过，《对策》与《中庸》《周易》在说明人的本性上有所出入。在董仲舒看来，道德使命非圣人④不能达成，"命非圣人不行"⑤，因一般人原本无法做到道德自律。《对策一》云："性者生之质也，情者人之欲也。"⑥《对策三》又云："质朴之谓性，性非教化不成；人欲之谓情，情非度制不节。"⑦这两句原文表示，一般人具有朴素的资质即"性"，亦具有原始的欲望即"情"，然而他们不受教化便不能使"性"完善，并且不依礼乐制度便不能节制"情"。

也就是说，董仲舒与《中庸》皆以"命"的概念解释人的本性⑧，然而董仲舒并没有将"性"的概念与"命"结合，这点和《中庸》大相径庭。并且，《中庸》及《易传》的"性"可视为本善者，但董仲舒的"性"并非本善者，是人与生俱来的朴素资质，受到教化才能完成。此种对"性"的理解，却与不以天人相应解释人性的荀子更相近，《荀子·正名》云："性者天之就也。"⑨《儒效》篇又云："性不足以独立而治。性

---

① 赵岐注、孙奭疏：《孟子注疏》，载阮元校勘《十三经注疏》第 8 册，艺文印书馆 1955 年版，第 228 页。
② 郑玄注、孔颖达等正义：《礼记正义》，载阮元校勘《十三经注疏》第 5 册，艺文印书馆 1955 年版，第 879 页。
③ 王弼、韩康伯注，孔颖达等正义：《周易正义》，载阮元校勘《十三经注疏》第 1 册，艺文印书馆 1955 年版，第 148 页。
④ 《对策》的论述中，"圣人"不仅为"内圣"，亦是"外王"，"王者""天子""圣人""圣王"等词在意义上皆相通。
⑤ 班固：《汉书》第 8 册，中华书局 1962 年版，第 2515 页。
⑥ 班固：《汉书》第 8 册，中华书局 1962 年版，第 2501 页。
⑦ 班固：《汉书》第 8 册，中华书局 1962 年版，第 2515 页。
⑧ 郭店楚简《性自命出》及上博楚简《性情论》也是如此，这两篇皆言："性自命出，命自天降。"参见荆门市博物馆编《性自命出》，载《郭店楚墓竹简》，文物出版社 1998 年版，第 59—66 页；马承源主编《上海博物馆藏战国楚竹书》第 1 册，上海古籍出版社 2001 年版，第 222 页。
⑨ 王先谦集解、久保爱增注、猪饲彦博补遗：《荀子集解》，载《汉文大系》第 15 卷，富山房 1913 年版，第 22 页。

也者，吾所不能为也，然而可化也。"①

总之，董仲舒虽对《中庸》与《周易》等解释人性的模式有所继承，但主要承袭荀子对"性"的理解而建构了其人性论。他主张一般人只有待圣人教化后才能实现受之于"天"的道德使命②，这一思想与《对策》的君主政治论相关。

三、《对策》的君主政治论

1.《对策》的"道"

董仲舒于《对策》中详述君王施政治国的得失，从其论述中可看出他所建构的君主政治论。他由"道"一词开展君主政治论，《对策》的"道"概念主要表示君王为政应有的准则，如《对策一》所云："道者，所繇适于治之路也。"③《对策三》亦言："道者万世亡弊，弊者道之失也。先王之道必有偏而不起之处。……道之大原出于天，天不变，道亦不

---

① 王先谦集解、久保爱增注、猪饲彦博补遗：《荀子集解》，载《汉文大系》第15卷，富山房1913年版，第35页。

② 依照《对策》的叙述，"命"为人类受之于"天"的道德使命，或为"天"下达于王者的统治命令，"性"则是人与生俱来的朴素资质，"性"并非内在于人的"命"。唐君毅也说："故董子之言天命与人性之关系，与中庸天命之谓性之言，及宋儒天所赋为命，人受之为性之说，仍不相同。"不过，他依据《春秋繁露》的记载认为："至于董子对人性与天命之关系，亦尝以人性为人之所受命于天者。……然通董子言性命者以观，则此所谓善善恶恶之性，仍只是一不能自显之质。而此性亦不足以见天命之真。"也有许多学者认为董仲舒"以人性为人之所受命于天者"，然而，董仲舒于《对策》中并未表明这种思想，虽然他可能设想一个逻辑关系——或许是类似"应该蕴含能够"（ought implies can）的原则，并且认为既然有道德使命，人类必然就有道德素质。唐君毅亦在董仲舒"以人性为人之所受命于天者"的前提下认为："王者之承天意，是王者受命，而忠于所受之一事，而言民之受未能善之性于天，则只言受性，而未言此即为受命。……一般人民之性，惟待王者之教化而成，待王者之法度而节，即皆不能直受天命矣。"倘若如是，则王者才"固超然异于群生"，一般人就无"所以贵"，但这一看法根本不符合《对策》的内容。唐君毅对董仲舒之"命"的理解基本上是合理的，他说："而董子之言天命，……而只为在人之上，而由天志天意，以下降于人，以为人所知所受者，则只当说是一天之上命。"但唐君毅理解错了"命"与"性"之间的关系，此乃因他将两种不同的"命"——道德使命与统治命令混为一谈，而且不知不觉中受到宋儒性命之说的影响，而将董仲舒的"性"看作"人之所受命于天者"，虽然他自己说："后人以宋儒之言性命之说，或中庸天命之说，及其他言命之说，推测董子之意，则皆失之远矣。"关于唐君毅的相关观点，参见唐君毅《中国哲学原论》上册，人生出版社1966年版，第552—554页。

③ 班固：《汉书》第8册，中华书局1962年版，第2499页。

变……继治世者其道同，继乱世者其道变。"① "万世亡弊"的"道"与"先王之道"，为两个不同层次的"道"，前者是普遍的、不变的，永久不会损坏，后者则是个别的、可变的，随着时代而变。

"先王之道"的衰败，并非"道"本身的损坏或消亡，而为其在政治社会中的缺失——"道之失"，是君王不依"道"治国而导致的，如《对策一》所云："夫周道衰于幽厉，非道亡也，幽厉不繇也。"② 《对策三》亦言：前一代之"政有眊而不行"，便必须"举其偏"而"补其弊"。"三王之道所祖不同"，也就是"夏上忠，殷上敬，周上文"，即"将以捄溢扶衰，所遭之变然"的结果，"非其相反"，因而"王者有改制之名，亡变道之实"③。总之，"夏礼""殷礼"及"周道"等，表面上的制度皆不相同，然其中有原则一以贯之，也就是"万世亡弊"的"道"。

董仲舒于《对策一》中说明"道"为"所繇适于治之路"后，紧接着言："仁义礼乐皆其具也。故圣王已没，而子孙长久安宁数百岁，此皆礼乐教化之功也。"④ 由此可知，"礼乐教化"为"圣王"的共通作为，"仁义礼乐"为"先王之道"的共通因素，即奠基于仁义礼乐的教化，便是"万世亡弊"之"道"的实质内容⑤。

《对策》以人性论阐释教化为君王为政的准则，董仲舒在人性论的基础上简洁地叙述王者的任务："是故王者上谨于承天意，以顺命也；下务明教化民，以成性也；正法度之宜，别上下之序，以防欲也：修此三者，

---

① 班固：《汉书》第8册，中华书局1962年版，第2518－2519页。
② 班固：《汉书》第8册，中华书局1962年版，第2499页。
③ 班固：《汉书》第8册，中华书局1962年版，第2518页。
④ 班固：《汉书》第8册，中华书局1962年版，第2499页。
⑤ 有人解释董仲舒的"道"为"三纲五常"等伦理道德，例如，冯友兰说："他断言，君永远统治着臣，父永远统治着子，夫永远统治着妇，这是'道'。'天不变，道亦不变'，这是典型的形而上学的思想。"但是，依据《对策》的内容，表示人之某些原则的"道"几乎可理解为道德教化，仅有一例可理解为伦理道德："教化大行，天下和洽，万民皆安仁乐谊，各得其宜，动作应礼，从容中道。"（班固：《汉书》第8册，中华书局1962年版，第2508页）此外，周桂钿以"道"字论述董仲舒的教化思想，他说："实行统治，主要有两条路线，一是大道，一是亡道。行大道就是'任德教而不任刑'，行亡道就是'废德教而任刑罚'，这两条路线的后果如何呢？历史有丰富的经验教训。"周桂钿以治国方式之义使用"道"字，而董仲舒则以"道"表示君王为政应有的准则，周桂钿"道"字的用法与董仲舒本人不同。参见冯友兰《中国哲学史新编》第3册，人民出版社1985年版，第75页；周桂钿《秦汉思想史》，河北人民出版社2000年版，第190页。

论董仲舒《贤良对策》之思想系统

而大本举矣。"① 人类从"天"禀受"命"及"灵",具有异于其他万物的本性,即使命及智能。然而,一般人不能自律地"成性"及"防欲",只有待圣王以礼乐制度施行教化后,才能为善而达成受之于"天"的使命。故王者顺从受之于"天"的使命,以教化陶冶"质朴"即"性",以礼乐节制"人欲"即"情"。

君王运用礼乐制度以施行教化,如此才能平治天下。《对策》的思想系统中,以礼乐制度平治天下是教化的终点,其起点则是君王"行德"即施行德政。《对策一》云"尧舜行德则民仁寿"②,亦指出"为政而宜于民"始自王者对"仁谊礼知信五常之道"的"修饬"③。《对策二》又言:"愿陛下因用所闻,设诚于内而致行之,则三王何异哉!"④

董仲舒诠释《春秋》经文以说明君王的修德与教化一脉相承。《春秋》将鲁公即位的第一年写成"元年",而不写成"一年"。董仲舒于《对策一》中关注"《春秋》谓一元之意",以"一者万物之所从始也,元者辞之所谓本⑤也"为前提,解释不用"一年"而写"元年"的大义:"谓一为元者,视大始而欲正本也。《春秋》深探其本,而反自贵者始。"之后将"自贵者始"的大义适用于君主政治,主张君王"行德"而"化民",也就是"正心"而"正万民":"故为人君者,正心以正朝廷,正朝廷以正百官,正百官以正万民,正万民以正四方。"⑥ 由此看来,即使董仲舒在理论方面保持"内圣"而"外王"的观点⑦,似乎也认为实际的

---

① 班固:《汉书》第8册,中华书局1962年版,第2515-2516页。
② 班固:《汉书》第8册,中华书局1962年版,第2501页。
③ 班固:《汉书》第8册,中华书局1962年版,第2505页。董仲舒所提出的"五常"常被视为皇帝维护专制统治的工具,但其本为君王应当"修饬"的德性,亦是君王平治天下的先决条件。
④ 班固:《汉书》第8册,中华书局1962年版,第2511页。
⑤ "本"原作"大",据《汉书补注》所引王念孙之说改。参见王先谦《汉书补注》第8册,上海古籍出版社2008年版,第4027页。
⑥ 班固:《汉书》第8册,中华书局1962年版,第2502-2503页。
⑦ 汉昭帝元凤三年(前78)正月"泰山有大石自起立,上林有柳树枯僵自起生"(班固:《汉书》第1册,中华书局1962年版,第228页),是时,董仲舒的再传弟子眭弘以春秋学诠释此异象,认为"此当有从匹夫为天子者",又言:"先师董仲舒有言,虽有继体守文之君,不害圣人之受命。汉家尧后,有传国之运。汉帝宜谁差天下,求索贤人,禅以帝位,而退自封百里,如殷周二王后,以承顺天命。"(班固:《汉书》第10册,中华书局1962年版,第3154页)由此可知,董仲舒学派传承此思想:圣人后裔"继体守文"的君王,若其在位时有圣人出现,则不妨将其位禅让给那位圣人。不仅如此,学派中甚至有学者直接建议现任皇帝禅让,这就说明董仲舒学派很重视"内圣外王"。

· 203 ·

"外王"经由"内圣"的功夫才能使天下平治。

由《对策》中有关"道"的叙述可知,董仲舒极力强调君王努力的重要性。此乃因他认为社会治乱及国家安危,皆非不可使其反转的定命,而为君王是否努力的结果,如《对策一》所言:"故治乱废兴在于己,非天降命不可得反,其所操持悖谬失其统也。"①

2. "天"与"道"

董仲舒于《对策》中,不仅以人性论与春秋学说明君王为政应当遵循的准则,亦依"谨于承天意"即天人相应的思想更详细地解释"道",例如《对策三》言:

> 故圣人法天而立道,亦溥爱而亡私,布德施仁以厚之,设谊立礼以导之。春者天之所以生也,仁者君之所以爱也;夏者天之所以长也,德者君之所以养也;霜者天之所以杀也,刑者君之所以罚也。②

圣人效法"天"而建立"道",此处,"天"即指自然界有规律的变化推移及其作用,"道"则是由此引申出来的为政准则,诸如"仁""德""刑"等。自然界的变化体现着主宰者的意志,故"道"便为承受天意的为政准则。《对策》视"天"为"道"的根源,亦即为政准则的理论依据——"道之大原出于天"。换句话说,圣人将"天"的形式转翻成人的形式而建立"道","天"与"道"一脉相承。

君王依"圣人法天而立"之"道"治国,便为"行道","道"与"天"相联结,故"行道"相通于"顺天"。君王"行道"而"顺天"就能顺利统治,大有成就,否则会失去君权,导致灭国。《对策一》云:"强勉行道,则德日起而大有功。"③ 又言:周朝末世"大为亡道,以失天下",之后秦朝"独不能改",由于"其心欲尽灭先王之道"而"立为天子十四岁而国破亡矣"④。董仲舒亦于《对策二》中以殷周革命为例说明这一点,即殷纣王因"逆天"而"残贼百姓",故"天下去殷而从周",

---

① 班固:《汉书》第 8 册,中华书局 1962 年版,第 2500 页。
② 班固:《汉书》第 8 册,中华书局 1962 年版,第 2515 页。
③ 班固:《汉书》第 8 册,中华书局 1962 年版,第 2498 页。
④ 班固:《汉书》第 8 册,中华书局 1962 年版,第 2504 页。

论董仲舒《贤良对策》之思想系统

周文王因"顺天"而"爱施兆民",故"天下归之"①。

其实,以"天"为人事之范的思想在当时超越学者或学派,是知识分子之间的一个共识,虽其具体内容在文献之间有所出入,但相关记载散见于各家典籍之中②。董仲舒将"法天""顺天"的原则——天人相应思想——与儒家经典结合,以使其儒学化。也就是说,通过诠释《春秋》经文,以经学奠定天人相应的学术基础。《春秋》开头有六个文字:"元年春王正月",董仲舒于《对策一》中由此微言,导出"王者欲有所为,宜求其端于天"的大义,就"元年春王正月"的经文做出以下诠释:"正次王,王次春。春者,天之所为也;正者,王之所为也。其意曰,上承天之

---

① 班固:《汉书》第8册,中华书局1962年版,第2509页。
② 例如,墨家以"法天"为统治准则,如《墨子·法仪》所言:"天之行广而无私,其施厚而不德,其明久而不衰,故圣王法之。"(孙诒让撰、户崎允明考:《墨子间诂》,载《汉文大系》第14卷,富山房1913年版,第21页)墨家认为天有"欲人之相爱相利"之意(同上),并且如《尚贤中》篇所说的,亦主张对于顺着此"天意"而"为政乎天下"者,"天鬼赏之,立为天子,以为民父母",对于违反者,"天鬼罚之,使身死而为刑戮,子孙离散,室家丧灭,绝无后嗣"(同上书,第29-30页)。庄子学派则将人类社会的尊卑关系——儒家所重视的人伦关系——看作圣人依据天地而建立者,《庄子·天道》谓:"夫尊卑先后,天地之行也,故圣人取象焉。……夫天地至神,而有尊卑先后之序,而况人道乎!"(郭庆藩撰、王孝鱼点校:《庄子集释》第2册,中华书局1961年版,第469页)另外,《吕氏春秋·序意》云:"盖闻古之清世,是法天地。凡十二纪者,所以纪治乱存亡也,所以知寿夭吉凶也。"(许维遹撰、梁运华整理:《吕氏春秋集释》上册,中华书局2009年版,第274页)由此可知,"法天地"便为十二纪的总纲领,亦即阴阳家月令思想的大原则。十二纪纪首显示,君王依自然运行施政,自然便顺利地运行,如"甘雨至三旬"(《季春纪》《孟夏纪》,同上书,第65、87页)、"白露降三旬"(《仲秋纪》,同上书,第178页),否则有天变或国难,如"风雨不时,草木早槁,国乃有恐"(《正月纪》,同上书,第12页)。汉初盛行的黄老思想与月令思想密切结合,《老子》乙本卷前帛书《经法·论约》云:"一立一癈(废),一生一杀,四时代正,冬(终)而复始,〔人〕事之理也。"(湖南省博物馆、复旦大学出土文献与古文字研究中心编纂,裘锡圭主编:《长沙马王堆汉墓简帛集成》第4册,中华书局2014年版,第146页)《十六经·观》又云:"夫并时以养民功,先德后刑,顺于天。"(同上书,第152页)《十六经·观》亦表示政事不合自然运行,阴阳便失调,进而出现天变。黄老学派进一步认为,国家、部族是否"顺于天",为其兴亡盛衰的枢纽,如《十六经·姓争》所言:"顺天者昌,逆天者亡。毋逆天道,则不失所守。"(同上书,第161页)孔孟荀并没有将主宰者或自然界的"天"视为伦理与政治规范的根源,这种思想在《易传》与《礼记》等文献中才出现,例如,《周易·象传》云:"观天之神道,而四时不忒,圣人以神道设教,而天下服矣。"(王弼、韩康伯注,孔颖达等正义:《周易正义》,载阮元校勘《十三经注疏》第1册,艺文印书馆1955年版,第60页)《礼记·礼运》则云:"故圣人作则,必以天地为本,以阴阳为端,以四时为柄,以日星为纪。"(郑玄注、孔颖达等正义:《礼记正义》,载阮元校勘《十三经注疏》第5册,艺文印书馆1955年版,第435页)《乡饮酒义》篇又云:"古之制礼也,经之以天地,纪之以日月,参之以三光,政教之本也。"(同上书,第1008页)

· 205 ·

所为，而下以正其所为，正王道之端云尔。"① 天人相应为当时学术的一种公理，应不需要证明或儒学化，董仲舒却进行了这项工作，显示了他的学术立场及严谨学风。

"行道"而"顺天"的具体作为，便是"布德施仁以厚之，设谊立礼以导之"，即施行仁政与教化。董仲舒说明"仁""德""刑"各对应于"春""夏""霜"，进而言之，施仁立礼与用刑处罚皆是以"天"为依据的政治措施。虽然如此，但"德"与"刑"这两个概念于《对策》的思想系统中并不同等，也就是"德"高于"刑"②，因董仲舒亦清楚地表述，依"刑"治国不能认作"顺天"："为政而任刑，不顺于天，故先王莫之肯为也。"③

董仲舒将秦朝当作"为政而任刑"的代表，主张秦朝的政治造成了汉朝"不可善治"的状态④，《对策二》即说秦朝"师申商之法，行韩非之说，憎帝王之道"，而导致"刑者甚众，死者相望，而奸不息"的状况⑤。不过，董仲舒将"刑"本身定位于教化之下而予以肯定，在《对策二》中将"爵禄"与"刑罚"——赏与罚，均看作"养其德"，使"民晓于礼谊"的方法⑥。换言之，把刑罚当成一个教化的手段，此乃"德主刑辅"的思想。

如上文所述，董仲舒诠释《春秋》经文而导出"王者欲有所为，宜求其端于天"的大义。同时，接受"阴阳刑德"与"阳尊阴卑"等阴阳思想，进而将阴阳思想从月令思想的桎梏中解放出来，得到"天之任德不任刑"的观点，之后由这两个前提得出结论："王者承天意以从事，故任德教而不任刑。"⑦ 他所言"任德不任刑"乃为"德主刑辅"，"德主刑

---

① 班固：《汉书》第8册，中华书局1962年版，第2501–2502页。
② 阿巴克尔详细论述了董仲舒的法思想，其中阐述了这一观点。见 Gary Arbuckle, "Restoring Dong Zhongshu (BCE 195–115): An Experiment in Historical and Philosophical Reconstruction", Ph. D dissertation, University of British Columbia, 1991, pp. 175–188。福井重雅认为董仲舒是"同等重视德教与刑罚的学者"，但此看法并不成立。参见福井重雅《董仲舒と法家思想》，载《史滴》2014年第36号，第2–4页。
③ 班固：《汉书》第8册，中华书局1962年版，第2502页。
④ 班固：《汉书》第8册，中华书局1962年版，第2504–2505页。
⑤ 班固：《汉书》第8册，中华书局1962年版，第2510–2511页。
⑥ 班固：《汉书》第8册，中华书局1962年版，第2510页。
⑦ 班固：《汉书》第8册，中华书局1962年版，第2502页。

辅"则是一个儒家的传统政治学说,诚如俞荣根所言,"礼法并用、德刑相济,但德礼高于法刑",亦即"德礼为主、法刑为辅的治理模式",是"孔子和儒家的治国主张"①。董仲舒亦以赏罚——法律——为教化的手段,此种思想从战国时期便有其传统②。

《对策》的思想系统中,"德主刑辅"为一个完全与"天"相符的原则。因刑德与阴阳相应,阳"主岁功","以生育养长为事"③,德教则致"天下和洽"④,乃至"群生和而万民殖,五谷孰而屮木茂"⑤;阴"时出佐阳","积于空虚不用之处"⑥,刑罚则助使"民晓于礼谊",以措而不用——"囹圄空虚"⑦"天下常亡一人之狱"⑧——为理想。

总之,董仲舒将春秋学与阴阳思想运用自如,给予"法天""顺天"即天人相应思想以学术基础,并以天人相应的模式为前提,透过解明天意的内容,厘清君王为政应有的准则乃为"任德教而不任刑",进而言之,证明了君王本是依"德教"治国的存在。

3. "古"与"道"

董仲舒认为"刑者不可任以治世,犹阴之不可任以成岁"⑨,故言"为政而任刑,不顺于天,故先王莫之肯为也"。此二句也意味着"先王"之"肯为"是"顺于天"者,换言之,"古"之圣人法"天"而立"道",并依此"道"治国。"先王之道"或"太古之道"等词散见于《对策》之中,此乃因在《对策》的思想系统中,"古"皆相通于"天"与"道"。亦即"古"便为"行道"而"顺天"在过去政治社会中的具体呈现,其虽随着时代而变,但也包含着永久不会损坏的"道",因此也是君王所应借鉴的对象。

---

① 俞荣根:《中国法思想通论》,广西人民出版社1992年版,第145-146页。
② 参见鹫尾裕子《前汉の任官登用と社会秩序——孝廉と博士弟子——》,载立命馆东洋史学会中国古代史论丛编集委员会编《中国古代史论丛》第5集,立命馆东洋史学会2008年版,第32-72页。
③ 班固:《汉书》第8册,中华书局1962年版,第2502页。
④ 班固:《汉书》第8册,中华书局1962年版,第2508页。
⑤ 班固:《汉书》第8册,中华书局1962年版,第2503页。
⑥ 班固:《汉书》第8册,中华书局1962年版,第2502页。
⑦ 班固:《汉书》第8册,中华书局1962年版,第2510、2520页。
⑧ 班固:《汉书》第8册,中华书局1962年版,第2515页。
⑨ 班固:《汉书》第8册,中华书局1962年版,第2502页。

以古代圣王为典范的态度常见于各家之说,如儒家尊敬尧舜、墨家推崇夏禹、黄老尊崇黄帝等。毋庸置疑,董仲舒继承此态度而重视"先王之道",《春秋公羊传》也以"古"为准绳,例如《宣公十五年》云:"初税亩,何以书?讥。何讥尔?讥始履亩而税也。何讥乎始履亩而税?古者什一而藉。"①

董仲舒又云,"古之所予禄者,不食于力,不动于末",因居高位享厚禄者从事生产活动,就会剥夺人民的收益,人民愈来愈贫苦,最终都无法避免罪行,这即"刑罚之所以蕃而奸邪不可胜者"。"不与民争业"而使"民可家足"的政治——仁政,既是"上天之理",又是"太古之道",亦即"天子之所宜法以为制,大夫之所当循以为行"②。统治阶层应满足民生所需,不过,不可放任人民的欲望,"古之王者"也"莫不以教化为大务",因"万民之从利也,如水之走下",不以教化防止欲望横行,亦会出现"奸邪并出,刑罚不能胜"的状况③。

总而言之,董仲舒主要以"天""道"及"古"发挥说明孔子以来"先富后教"的政治主张。他在天人相应的前提之下,以"天"为基础建构出一套以儒家学说为中心的君主政治论,极力推出圣王以教化治国的模型。而此模型与《对策》的天人感应论息息相关。

---

① 何休注、徐彦疏:《春秋公羊传注疏》,载阮元校勘《十三经注疏》第6册,艺文印书馆1955年版,第207-208页。

② 班固:《汉书》第8册,中华书局1962年版,第2521页。

③ 班固:《汉书》第8册,中华书局1962年版,第2503-2504页。董仲舒于《粤有三仁对》中言:"夫仁人者,正其谊不谋其利,明其道不计其功。"(班固:《汉书》第8册,中华书局1962年版,第2524页)此句常被视为个人修养的要义,不过,依照《对策》的内容,亦可理解为说明"仁人"以教化为务。《对策三》云:"夫皇皇求财利常恐乏匮者,庶人之意也;皇皇求仁义常恐不能化民者,大夫之意也。"(班固:《汉书》第8册,中华书局1962年版,第2521页)大夫应不追求"财利"而追求"仁义",并且不忧虑"乏匮"而忧虑"不能化民",也就是说,大夫应"正其谊不谋其利"而"明教化民"——"明其道"。《粤有三仁对》有不同版本,即《春秋繁露·对胶西王越大夫不得为仁》,两者在文字上有些出入,而后者很清楚地表示"仁人"便是使"习俗大化"者:"仁人者正其道不谋其利,修其理不急其功,致无为而习俗大化,可谓仁圣矣。三王是也。"(苏舆:《春秋繁露义证》,中华书局1992年版,第268页)而且根据阿巴克尔的考证,《春秋繁露》的版本为《汉书》版本的蓝本。见Gary Arbuckle, "Restoring Dong Zhongshu (BCE 195–115): An Experiment in Historical and Philosophical Reconstruction", Ph.D dissertation, University of British Columbia, 1991, pp. 67–76。

四、《对策》的天人感应论

1. 阴阳之变与灾异祥瑞

一般认为,天人感应论是董仲舒思想的显著特色,诚如余治平所言:"在通常印象中,'天人感应'几乎就是董仲舒哲学的代名词。"① 有些天象异变感应人事而出现,是天人感应思想最基本的模式,这种天象异变亦常被视为表示某种神意。董仲舒的确于《对策》中详细解释了天人感应的机制②。

董仲舒认为,"天"感应君王"行道"的情况而呈现出一些变化乃至异象。"天"所呈现的异变中,最基本的是阴阳状态的变化,君王是否"行道",亦即是否以教化治国,将左右阴阳调和与否,进而影响万民万物繁荣与否。《对策一》言:君王"正万民"而"四方正",则"阴阳调而风雨时",群生、万民、五谷、草木等皆会繁昌③。《对策二》又言:当今官吏"亡教训于下",故"阴阳错缪,氛气充塞,群生寡遂,黎民未济"④。

---

① 余治平:《唯天为大——建基于信念本体的董仲舒哲学研究》,商务印书馆2003年版,第212页。
② 参见池田知久《中国古代の天人相关论——董仲舒の场合》,载沟口雄三、平石直昭、滨下武志、宫嶋博史编《アジアから考える》第7册,东京大学出版会1994年版,第9-75页;池田知久著、田人隆译《中国古代的天人相关论——董仲舒的情况》,载沟口雄三、小岛毅主编,孙歌等译《中国的思维世界》,江苏人民出版社2006年版,第46-97页。阿巴克尔则不仅论及《对策》的天人感应论,而且主要以《汉书·五行志》为材料,详细论述了董仲舒的天人感应论。见 Gary Arbuckle, "Restoring Dong Zhongshu (BCE 195-115): An Experiment in Historical and Philosophical Reconstruction", Ph.D dissertation, University of British Columbia, 1991, pp. 189-217。
③ 参见班固《汉书》第8册,中华书局1962年版,第2502-2503页。
④ 班固:《汉书》第8册,中华书局1962年版,第2512页。

此外,《对策》的天人感应论中有一个极为著名的内容,即灾异说①。灾异是指火灾、洪水、日食、彗星等灾害或异象,董仲舒于《对策一》中将其视为"天"对"将有失道之败"的君王所发出的一种警告,"天"再三发出灾异而警告,若君王仍无反省与改变,"天"即对其降"伤败"——灭亡之祸②。他常以阴阳说明灾异,《汉书·五行志》采录许多董仲舒以阴阳诠释灾异的实例,《对策一》则讲述"灾异所缘而起"的机制:"及至后世,……废德教而任刑罚。刑罚不中,则生邪气;邪气积于下,怨恶畜于上。上下不和,则阴阳缪盭而妖孽生矣。"③

董仲舒的灾异说为天人感应思想的典型,但在董仲舒以前,对灾异的性质主要有三种看法,即"咎""罚"及"戒"——灾祸、惩罚及告诫,这一点值得注意。《尚书·洪范》认为王者的行为心思影响自然的状态,而将其异常当成"咎征"④,《墨子·尚同中》将"疾菑戾疫,飘风苦雨"视为"天之降罚"⑤,《春秋公羊传·僖公十五年》则诠释《春秋》中

---

① 冯友兰、津田左右吉、徐复观、金春峰等学者认为,董仲舒的灾异说包含目的论与机械论的矛盾。但未必要如此认为,诚如池田知久所言:"在天人相关论中,'天'对'人君'的'失道之败'和'不知自省'进行观察,如以阴阳说加以说明,'人君'的恶以'废德教而任刑罚'为媒介反映于'阴阳'(笔者按:田隆人在此将原文的'阴阳'翻成'"阴阳"的理论',但原文的'阴阳'并不表示'阴阳'的理论,而代表'阴阳'之气),其内容便是'刑罚不中,则邪气生'。而在天人相关论中,'天'降'灾害'、'怪异'的现象,如果用阴阳说加以说明,也肯定是'阴阳缪盭而妖孽生'。由此可见,阴阳将天人相关论中的'天'解读为机械的、自然的'天',以此清楚地说明了天人相关论的机制(笔者按:田隆人在此将原文的'メカニズム'即'mechanism'翻译成'机械论',但原文的'メカニズム'并不表示机械论,而代表机制、机构)……可以说,阴阳说辅助天人相关论,而天人相关论则包容了阴阳说。"池田知久在此所说的天人相关主要是指天人感应。参见冯友兰《中国哲学史》,商务印书馆1934年版,第205、530-531页;津田左右吉《儒教研究》第2篇,载《津田左右吉全集》第17卷,岩波书店1965年版,第238页;徐复观《两汉思想史》第2卷,台湾学生书局1976年版,第396-398页;金春峰《汉代思想史》,中国社会科学出版社1987年版,第167-170页;池田知久《中国古代的天人相关论——董仲舒的场合》,载沟口雄三、平石直昭、滨下武志、宫嶋博史编《アジアから考える》第7册,东京大学出版会1994年版,第33-34页;池田知久著、田人隆译《中国古代的天人相关论——董仲舒的情况》,载沟口雄三、小岛毅主编,孙歌等译《中国的思维世界》,江苏人民出版社2006年版,第65-66页。

② 参见班固《汉书》第8册,中华书局1962年版,第2498页。

③ 班固:《汉书》第8册,中华书局1962年版,第2500页。

④ 旧题孔安国传、孔颖达等正义:《尚书正义》,载阮元校勘《十三经注疏》第1册,艺文印书馆1955年,第177页。

⑤ 孙诒让撰、户埼允明考:《墨子间诂》,载《汉文大系》第14卷,富山房1913年版,第11页。

"震夷伯之庙"的经文为"天戒之"①。董仲舒言"天"对君王"出灾害以谴告之""出怪异以警惧之"(《对策一》),由此可知,《对策》与《春秋公羊传》都将灾异视作"天"之"戒"。

再者,《对策》的天人感应论中亦有一个与灾异说相表里的思想,即祥瑞说。根据《对策三》的论述,祥瑞是指"天"所发出的"凤皇来集,麒麟来游"等吉利现象,亦即治国无"所失于古之道"、无"所诡于天之理"的佐证②。《对策一》又说祥瑞在君王"正万民"而"阴阳调"后才会呈现,是"天地之间被润泽而大丰美,四海之内闻盛德而皆徕臣"③的结果。董仲舒亦于《对策一》中向汉武帝说明当世"天地未应而美祥莫至"的理由,其中指出"教化不立而万民不正""教化废而奸邪并出,刑罚不能胜",即以武帝治国尚无"行道"作为原因④。

2. 受命之符

董仲舒以"命"说明人类具有道德使命,"命"于《对策》的思想系统中另有一个重要含义,即"天"所下达的统治命令,此一意义之"命"与天人感应论密切相关。《对策一》说明王者从"天"承受"命"的状况:"天"使"积善累德""天下之人同心归之,若归父母"的人物当王者,此时出现一些异象,诸如"白鱼入于王舟,有火复于王屋,流为乌",此乃"受命之符",也就是"应诚而至"的"天瑞"⑤。换句话说,"天"将"行德"的圣人("内圣")定为下一任王者("外王"),并且以发出"天瑞"的异象,即"受命之符",昭告天下已有圣人受天之命,是一个与君权的正当性或合法性相关的思想。

这种思想渊源于商周之际的天命思想。商周之际,周人以"天命靡常"⑥(《诗经·文王》)、"天不可信"⑦(《尚书·君奭》)、"惟命不

---

① 何休注、徐彦疏:《春秋公羊传注疏》,载阮元校勘《十三经注疏》第6册,艺文印书馆1955年版,第138页。
② 班固:《汉书》第8册,中华书局1962年版,第2519–2520页。
③ 班固:《汉书》第8册,中华书局1962年版,第2502–2503页。
④ 班固:《汉书》第8册,中华书局1962年版,第2503页。
⑤ 班固:《汉书》第8册,中华书局1962年版,第2500页。
⑥ 毛公传、郑玄笺:《毛诗正义》,载阮元校勘《十三经注疏》第2册,艺文印书馆1955年版,第536页。
⑦ 旧题孔安国传、孔颖达等正义:《尚书正义》,载阮元校勘《十三经注疏》第1册,艺文印书馆1955年,第245页。

于常"①(《尚书·康诰》)等思想,将自己取代商朝一事正当化。周人认为,"天"因不德君王收回天命,而对"明德慎罚"②者给予天命,此一思想用于处理当权者统治权的正当性或合法性问题,是一种政治理论。西周以后,天命思想渗透于知识分子之中,成为各种天命观念与思想的根源,原本的政治理论也得到广泛接受,儒、墨及黄老等各家对此有所承袭③。《对策》之说的基本结构,与商周之际的天命思想毫无二致。

不过,于周人原本的天命思想中,并无"天瑞"或"受命之符"等因素。"天"认可某人当权便以发出异象来公布的思想,见诸《墨子》《管子》及《吕氏春秋》等典籍之中④,亦是邹衍(前305—前240)五德终始说的重要构成部分,如司马迁所云:"(邹衍之语)称引天地剖判以来,五德转移,治各有宜,而符应若兹。"⑤王者得到"五德"中的某一德,"天"以对应其德的"符应"告知新王出现,《史记》又记载时人向秦始皇(在世前259—前210,在位前247—前210)言:"昔秦文公出猎,

---

① 旧题孔安国传、孔颖达等正义:《尚书正义》,载阮元校勘《十三经注疏》第1册,艺文印书馆1955年,第206页。

② 旧题孔安国传、孔颖达等正义:《尚书正义》,载阮元校勘《十三经注疏》第1册,艺文印书馆1955年,第201页。

③ 例如,《孟子·万章上》中,孟子主张"天子不能以天下与人"而"天与之"(赵岐注、孙奭疏:《孟子注疏》,载阮元校勘《十三经注疏》第8册,艺文印书馆1955年版,第168页),《梁惠王下》篇中又承认"汤放桀,武王伐纣"而言"闻诛一夫纣矣,未闻弑君也",因桀纣为伤害仁义的"残贼",是失去天命的一百姓——"残贼之人谓之一夫"(同上书,第42页)。此外,《墨子·非攻下》云:"昔至乎夏王桀,天有酷命,……天乃命汤于镳宫,用受夏之大命:夏德大乱,予既卒其命于天矣,往而诛之,必使汝堪。"(孙诒让撰、户琦允明考:《墨子间诂》,载《汉文大系》第14卷,富山房1913年版,第22-23页)《十六经·立命》则云:"吾受命于天,定立(位)于地,成名于人。唯余一人,□乃肥(配)天,乃立王、三公,立国、置君、三卿。"(湖南省博物馆、复旦大学出土文献与古文字研究中心编纂,裘锡圭主编:《长沙马王堆汉墓简帛集成》第4册,中华书局2014年版,第151页)

④ 《墨子·非攻下》云:"昔至乎商王纣,天不序其德,祀用失时。……赤鸟衔珪,降周之岐社,曰:'天命周文王伐殷有国。'泰颠来宾,河出绿图,地出乘黄。"(孙诒让撰、户琦允明考:《墨子间诂》,载《汉文大系》第14卷,富山房1913年版,第24-25页)《管子·小匡》云:"夫凤皇之文,前德义,后日昌。昔人之受命者,龙龟假,河出图,雒出书,地出乘黄。"(黎翔凤撰、梁运华整理:《管子校注》上册,中华书局2004年版,第426页)《吕氏春秋·应同》则云:"凡帝王者之将兴也,天必先见祥乎下民。"(许维遹撰、梁运华整理:《吕氏春秋集释》上册,中华书局2009年版,第284页)《应同》篇详述五行之德的转移,故常被视为邹衍的佚文。

⑤ 司马迁:《史记》第7册,中华书局1959年版,第2344页。

获黑龙，此其水德之瑞。"① 董仲舒应吸收先前的思想，而提出"天瑞应诚而至"之说。

此外，该说似乎也以其他先前思想作为前提。《中庸》云："诚者，天之道也；诚之者，人之道也。诚者不勉而中，不思而得，从容中道，圣人也。"② 《庄子·渔父》则云："同类相从，同声相应，固天之理也。"③ 董仲舒应在此等思想基础上认为，"天"本是"诚"者，"圣人"亦是"诚"者，"天"与"圣人"是"同类"的，"同类相从"，"天"与"圣人"亦"相从"，故"天瑞"感应"圣人"之"诚"而出现。孟荀亦将"诚"作为一个天人之间共通的性质④，"同类相从"的原理自战国时期以来便相当普遍⑤。由上可知，董仲舒以丰富的文化与学术蓄积为背景，说明了"受命之符"⑥。

根据《对策》的论述，圣人受命而受命之符出现，这与君主政治论息息相关。受命的新王接承前世，必须"举其偏"而"补其弊"，也遵循

---

① 司马迁：《史记》第 4 册，中华书局 1959 年版，第 1366 页。
② 郑玄注、孔颖达等正义：《礼记正义》，载阮元校勘《十三经注疏》第 5 册，艺文印书馆 1955 年版，第 894 页。
③ 郭庆藩撰、王孝鱼点校：《庄子集释》第 4 册，中华书局 1961 年版，第 1027 页。
④ 《孟子·离娄上》云："是故诚者，天之道也；思诚者，人之道也。"（赵岐注、孙奭疏：《孟子注疏》，载阮元校勘《十三经注疏》第 8 册，艺文印书馆 1955 年版，第 133 页）《荀子·不苟》则云："天地为大矣，不诚则不能化万物；圣人为知矣，不诚则不能化万民；父子为亲矣，不诚则疏；君上为尊矣，不诚则卑。夫诚者，君子之所守也，而政事之本也，唯所居以其类至。"（王先谦集解、久保爱增注、猪饲彦博补遗：《荀子集解》，载《汉文大系》第 15 卷，富山房 1913 年版，第 13 页）
⑤ 例如，除《庄子·渔父》之外，《荀子·劝学》云："物各从其类也。"（王先谦集解、久保爱增注、猪饲彦博补遗：《荀子集解》，载《汉文大系》第 15 卷，富山房 1913 年版，第 7 页）《楚辞·七谏·谬谏》云："音声之相和兮，言物类之相感也。"（洪兴祖：《楚辞补注》，中华书局 1983 年版，第 255 页）《吕氏春秋·应同》《吕氏春秋·召集》云："类固相召，气同则合，声比则应。"（许维遹撰、梁运华整理：《吕氏春秋集释》上册、中册，中华书局 2009 年版，第 285、558 页）《周易·文言》云："同声相应，同气相求。……则各从其类也。"（王弼、韩康伯注，孔颖达等正义：《周易正义》，载阮元校勘《十三经注疏》第 1 册，艺文印书馆 1955 年版，第 15 页）《淮南子·览冥训》则云："夫物类之相应，玄妙深微，知不能论，辩不能解。"（刘文典撰，冯逸、乔华点校：《淮南鸿烈集解》上册，中华书局 1989 年版，第 194 页）
⑥ 以儒家思想为主的《淮南子·泰族训》中，亦有"天"感应圣人之"诚"而发出异象的思想："故圣人养心，莫善于诚，至诚而能动化矣""故圣人者怀天心，声然能动化天下者也。故精诚感于内，形气动于天，则景星见、黄龙下，祥凤至，醴泉出，嘉谷生，河不满溢，海不溶波"（刘文典撰，冯逸、乔华点校：《淮南鸿烈集解》下册，中华书局 1989 年版，第 668、664 页）。

"万世亡弊"的"道"——"王者有改制之名,亡变道之实"。"道"是以"天"为依据的为政准则,"行道"则以"行德"为基础,"积善累德"的圣人依"道"治国——"法天"而"行道",故"天"选任圣人为下一任王者,并且"天瑞应诚而至"。

总之,董仲舒一面广纳各家学派的思想资源,一面坚持儒家的立场,而论述了有关作为统治命令的"命"。其实,政治社会的情况影响阴阳是否调和乃至万物荣枯,进而招致祥瑞或灾异,此类思想在董仲舒以前已相当流行①。董仲舒在此背景下说明阴阳、祥瑞及灾异,也就是说,董仲舒并没有原创天人感应的机制本身,他在当时学术思想的基础上,将君王是否以教化治国作为天人相感的关键,使主要相关因素系统化,而建立了《对策》的天人感应论。

综上所述,董仲舒基于各家学说建构出天人感应论,但其理论主轴为儒家学说。天人感应在当时是一种政治常识或学术公理,并不需要证明或儒学化,与天人相应的情况相似。但董仲舒在学术上非常严谨,特地以《春秋》为天人感应的理论依据:"臣谨案《春秋》之中,视前世已行之事,以观天人相与之际,甚可畏也。"② 不仅如此,他甚至从《春秋》中寻找出天人相感一事本身的学术基础,进行天人感应的儒学化:

---

① 例如,关于人事与阴阳的相感,《庄子·缮性》云:"古之人,在混芒之中,与一世而得澹漠焉。当是时也,阴阳和静,鬼神不扰,四时得节,万物不伤,群生不夭,人虽有知,无所用之,此之谓至一。当是时也,莫之为而常自然。"(郭庆藩撰、王孝鱼点校:《庄子集释》第2册,中华书局1961年版,第550—551页)《韩诗外传》卷2则云:"传曰:国无道则飘风厉疾,暴雨折木,阴阳错氛,夏寒冬温,春热秋荣,日月无光,星辰错行,民多疾病,国多不祥,群生不寿,而五谷不登。当成周之时,阴阳调,寒暑平,群生遂,万物宁。"(韩婴撰、许维遹校释:《韩诗外传集释》,中华书局1980年版,第74页)此外,对于人事与阴阳灾异的相感,《墨子·天志中》云:"故古者圣王明知天鬼之所福,而辟天鬼之所憎,以求兴天下之利,而除天下之害。是以天之为寒热也节,四时调,阴阳雨露也时,五谷孰,六畜遂,疾灾戾疫凶饥则不至。"(孙诒让撰、户埼允明考:《墨子间诂》,载《汉文大系》第14卷,富山房1913年版,第12—13页)《管子·七臣七主》则云:"故明主有六务四禁。……四者俱犯,则阴阳不和,风雨不时,……草木夏落而秋荣,蛰虫不藏,……六畜不蕃,民多夭死,国贫法乱,逆气下生。"(黎翔凤撰、梁运华整理:《管子校注》中册,中华书局2004年版,第995页)至于人事与阴阳祥瑞的相感,晁错《贤良文学对策》云:"臣闻五帝神圣,……动静上配天,下顺地,中得人。……然后阴阳调,四时节,日月光,风雨时,膏露降,五谷孰,祅孽灭,贼气息,民不疾疫,河出图,洛出书,神龙至,凤鸟翔,德泽满天下,灵光施四海。"(班固:《汉书》第8册,中华书局1962年版,第2293页)

② 班固:《汉书》第8册,中华书局1962年版,第2498页。

> 孔子作《春秋》，上揆之天道，下质诸人情，参之于古，考之于今。故《春秋》之所讥，灾害之所加也；《春秋》之所恶，怪异之所施也。书邦家之过，兼灾异之变，以此见人之所为，其美恶之极，乃与天地流通而往来相应，此亦言天之一端也。①

在《对策》的天人感应论中，君王是否"行德""化民"——"法天"而"行道"，为天人相感的关键。教化以君王的道德修养为基础，既见如此，君王的行为便是触动"天"而招致一些变化乃至异象的根源，如《对策三》所云："言行，治之大者，君子之所以动天地也。"② 从天人感应论也可看出，董仲舒很重视君王的努力。

五、《对策》的理论关怀

综合以上各节所述，《对策》主要包含四种理论，即宇宙论、人性论、君主政治论及天人感应论，并且这些理论构成非常紧密的结构，也就是说，《对策》蕴含着一个完整的思想系统。总体而言，以"天"为终极依归的宇宙论是其他三种理论的理论基础：人的本性及为政准则均本源于"天"；为政准则另以人的本性为依据；天人之间的交感则奠基于宇宙的结构与为政准则。换言之，董仲舒于天人相应的大前提之下建构出其思想系统，亦即在宇宙论的基础上论人性，在宇宙论与人性论的基础上论君主政治，在宇宙论与君主政治论的基础上论天人感应。（见图1）

那么，此思想系统的理论核心及关怀何在？关于此问题，学者之间抱持着不同的见解。有学者认为在于天人相应或感应之说③，有学者认为在

---

① 班固：《汉书》第8册，中华书局1962年版，第2515页。
② 班固：《汉书》第8册，中华书局1962年版，第2517页。
③ 例如，劳思光说，"董仲舒论'天人相应'特详，且以此作为儒学之精义"，冯友兰也说，"天人感应论是董仲舒的哲学体系的核心"。参见劳思光《新编中国哲学史》第2卷，三民书局1984年版，第34页；冯友兰《中国哲学史新编》第3册，人民出版社1985年版，第66页。

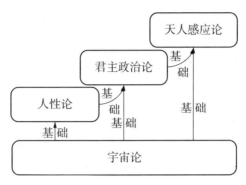

图1 《对策》的理论架构图

于道德政治之说①,还有学者折中以上两种观点②。对《对策》思想系统的理论核心与关怀,笔者亟为关切,并将其作为研究的线索,主要聚焦于董仲舒在建构思想系统中所处理的理论性问题,故在此着眼于对上述理论建构脉络进行探讨,而得出结论后再从思想与言论环境及董仲舒所提的具体建议加以证实。

1. 从"基源问题"看理论关怀

劳思光以《对策》为主要资料展示了董仲舒的思想系统③,其中说道:"董仲舒所倡'天人相应'之说,实为汉儒之'宇宙论中心思想'之总枢。"④他又在别处言:"现在以董仲舒之学为代表的宇宙论中心的哲学,则正要以'天'为价值根源,而人必应合于天。"⑤简言之,劳思光将天人相应的思想视作"以'天'为价值根源,而人必应合于天"者,

---

① 例如,徐复观说,"董氏的天的哲学,实际是为支持他的政治思想而建立的",周桂钿也说,"董仲舒所要宣传的理论核心是儒家的仁义道德"。参见徐复观《两汉思想史》第2卷,台湾学生书局1976年版,第413页;周桂钿《董学探微》,北京师范大学出版社1989年版,第63页。

② 例如,韦政通说,"就哲学而言,仲舒的思想是以天人感应论为主,但他终极的关怀,是在政治(外王)",黄开国也一面说"天人感应论,是董仲舒哲学思想的核心",一面说"天人感应论本质上是一种社会伦理政治哲学"。参见韦政通《董仲舒》,东大图书股份有限公司1986年版,第145页;黄开国《天人感应论——本质上是社会伦理政治哲学》,载《社会科学研究》1988年第1期,第103页。

③ 参见劳思光《新编中国哲学史》第2卷,三民书局1984年版,第33—39页。

④ 劳思光:《新编中国哲学史》第2卷,三民书局1984年版,第33页。

⑤ 劳思光著,刘国英、张灿辉合编:《哲学问题源流论》,香港中文大学出版社2001年版,第38页。

也就是"宇宙论中心思想"或"宇宙论中心的哲学",董仲舒的思想系统为其总枢、代表,因"董仲舒论'天人相应'特详,且以此作为儒学之精义"。

徐复观则说:"董氏的天的哲学,实际是为支持他的政治思想而建立的。"此乃因他认为董仲舒"感到有两大问题,希望加以转化"。董仲舒感到专制之主的喜怒无常,即"最高政治权力的'权源'",几乎不可能"由个人的人格修养来端正或解消"。此外,汉朝继承秦代的刑法,对"此种刑法之酷,臣民受害之烈",董仲舒痛心疾首。于是,他将权源"纳入到天的哲学中去,加上形上性的客观法式",希望由此将其"纳入正轨",并且将专制机构"拿到'天'的下面去","希望把政治的方向,改途易辙,尚德而不尚刑"①。

由以上可知,关于董仲舒思想系统的核心,劳思光认为是天人相应,徐复观则认为是政治思想。劳思光以"基源问题研究法"② 从理论结构判定董仲舒以天人相应作为"儒学之精义",徐复观则以一种施莱尔马赫(Friedrich Daniel Ernst Schleiermacher,1768—1834)式的诠释学,从心理动机判定董仲舒以其"天的哲学"支持其政治思想。两者的方法及观点相当具有代表性。

在此为了接近董仲舒思想系统的核心及其理论建构的关怀,暂且采用基源问题研究法的研究进路。也就是说,从文本所呈现的理论问题切入其思想系统的理论关怀。

依据上文所分析的,《对策》的思想系统主要由四个理论构成,即宇宙论、人性论、君主政治论和天人感应论。人类从宇宙之终极依归的"天"禀受"命"(道德使命),有此使命即为人的本性,君王为政之应有准则的"道"以人性与"天"为依据,"天"对应于君王治国的情况——是否"行道"而"顺天"——赐予或收回"命"(统治命令),并且发出阴阳的异变乃至祥瑞或灾异。

《对策》的思想系统中,宇宙论所界定的"天"既是人伦道德的来

---

① 徐复观:《两汉思想史》第2卷,台湾学生书局1976年版,第297-298页。
② 劳思光在以下地方详述研究方法:劳思光著、关子尹编:《康德知识论要义新编》,香港中文大学出版社2001年版,第3-9页;劳思光:《新编中国哲学史》第1卷,三民书局1981年版,第4-17页。

源,又是政治措施的标准。由此而言,其思想系统便为"以'天'为价值根源,而人必应合于天"的"'天人相应'之说",在此意义上是一个"宇宙论中心思想"或"宇宙论中心的哲学",诚如劳思光所言。不过,劳思光在董仲舒思想的讨论上,并未严格地运用其基源问题研究法。据他所说,先发现某一思想理论的"根本意向",而后才可以表述其"基源问题"①,但他并没有注意到董仲舒思想的"根本意向",只从"正要以'天'为价值根源,而人必应合于天"的理论架构认为,"董仲舒的基本观念为:'以人应天'"②,并断定:"据此以宇宙论为中心而论人事之哲学立场说,汉儒学说之基源问题应即是:'如何以人合天'?"③

劳思光说,"'基源问题'即一体系的理论范围的决定者"④,又说:"基源问题既是一体系的整个理论范围的决定者,当然必有一共同因子存于所关的体系各部中,与之相应。"⑤ 那么,《对策》思想系统各部的"共同因子"是什么?依据上文的分析,宇宙论、人性论、君主政治论和天人感应论有两个共同因子,即价值根源的"天"与"任德不任刑"的命题:宇宙论解释"天"以"任德不任刑"的意志形成自然界,并化育万物;人性论说明人受命于"天",具有实践伦理道德的使命,但一般人既能为善又能作恶,只有待圣人"德教"后才能达成其道德使命;君主政治论解说君王应"顺天"而"行道",亦即应以"德教"治国,而不应以"刑罚"治国;天人感应论则表示"天"感应君王的为政而呈现变化乃至异象,其关键在于君王是否"顺天"而"行道",即以"德教"或是以"刑罚"治国。

审察《对策》的思想系统及其理论建构脉络,其思想系统的各部都有春秋学、阴阳思想等学术或理论依据,大部分皆将既有思想进一步系统化及精致化。依笔者之见,董仲舒只有两个创建,两者均对应于上述的共同因子:一为"天"的重构与开展;二为"任德教而不任刑"之原则的理

---

① 劳思光:《新编中国哲学史》第1卷,三民书局1981年版,第14-15页。
② 劳思光:《新编中国哲学史》第2卷,三民书局1984年版,第37页。
③ 劳思光著,刘国英、张灿辉合编:《哲学问题源流论》,香港中文大学出版社2001年版,第38页。
④ 劳思光著、关子尹编:《康德知识论要义新编》,香港中文大学出版社2001年版,第4页。
⑤ 劳思光著、关子尹编:《康德知识论要义新编》,香港中文大学出版社2001年版,第6页。

论化①。既然如此,这两者与《对策》思想系统的"根本意向"及"基源问题",也就是董仲舒理论设计的关怀,理应有密切的关系。

从理论结构的逻辑关系看,先有"天"而后有"任德教而不任刑"的准则。然而笔者认为,建构理论的程序却相反,董仲舒先有"任德教而不任刑"的信念而后建立了"天",并非先纯粹探究宇宙论问题,再推导君主政治的为政准则。因如上文所述,他很谨慎地从《春秋》这部儒家经典中寻找当时的一种常识,即"法天""顺天"的学术根据,并且以先儒们的"天"为中心建立独特的"天",而在此基础上证明了君王为政应有的准则是"任德教而不任刑",也就是孔子以来儒家一贯秉持的为政准则。② 换言之,董仲舒对儒家的传统政治学说给予宇宙论与宗教依据,亦即一种形上基础。

既然如此,《对策》思想系统的"根本意向"是:以天人相应的模式将儒家政治学说系统化,董仲舒所处理的最主要的理论性问题是《对策》思想系统的"基源问题"而非"如何以人合天"的问题。"以人合天"或"以人应天"即天人相应确为"董仲舒的基本观念",但也并非董仲舒所特别强调的,因为那是当时知识分子的共识。《对策》思想系统的"基源问题"应是"如何以天合人"的问题,诚如徐复观所说:"董氏的重点,

---

① 有学者认为董仲舒首次提出"天人同类"之说,依据"天人同类"与"同类相从"之理,论证了天人可以相感应。例如,周桂钿说:"经过一番牵强附会,董仲舒首先证明了天和人是同类的。根据同类相应的道理,天人就可以互相感应。"(周桂钿:《董学探微》,北京师范大学出版社1989年版,第64页)但是,董仲舒是首位论证天人可以相感应的学者的主张似乎没有理由。周桂钿所说的"牵强附会",便为"人体有小骨节三百六十六,跟一年日数相副,人有大骨节十二个,跟一年月数相副,没有数的,按类也相副"(同上书,第64页)之类的思想,然而,此种思想并不是董仲舒首次提出的,其亦见于《淮南子》之《精神训》《天文训》等篇章中。而且,同书《天文训》《地形训》《览冥训》《泰族训》等篇章亦论及"同类相从"之理。只要有"同类相从"与"天人同类"的前提,便能得出天人相应的结论,而且并无特别的理由阻碍导出此一结论,不同于"阴阳刑德"和"阳尊阴卑"思想与月令思想息息相关,难以突破其模式框架。

② 为了确切掌握《对策》思想系统的"根本意向"及"基源问题",笔者在此运用昆廷·斯金纳(Quentin Skinner)的思想史研究法来辅助基源问题研究法。扼要而言,斯金纳构思理解作者意图的如下程序:a. 厘清某一言说的意涵以限定该言说的目标范围;b. 按照产生某一言说时使用语言的惯例(conventions)以及背景(context)推导该言说的意图;c. 透过探讨作者的信念(belief)而证实推导出的意图。见 Quentin Skinner, "A Reply to My Critics", in *Meaning and Context: Quentin Skinner and His Critics*, edited and introduced by James Tully, Cambridge: Polity Press, 1988, pp. 231 – 288。

是由人推向天；……董氏的基本立足点，依然是人而不是天。"① 换句话说，就是"如何借'天'推'任德不任刑'"的问题。进而言之，董仲舒在理论设计中的关怀在于：将"任德不任刑"的儒家政治学说与"天"结合而"以天合人"，之后在"以人合天"即天人相应的学术前提下提出"任德教而不任刑"的为政准则，以期皇帝接受此为政准则，进而实现儒家的治国蓝图，建立道德与文化的秩序。

2. 理论建构的思想与言论环境

《对策》的思想系统以"如何借'天'推'任德不任刑'"为"基源问题"，这一点也可从当时的思想与言论环境证实。

首先，董仲舒建构思想系统时，除了以"法天"或"顺天"等形式——天人相应思想——进行这项工作，事实上并无其他选择。如上文所述，以"天"为人事的准据是当时知识分子之间共通的基本假设。既然如此，讲述君主政治须据此假设，否则于学术上的说服力则略显不足。董仲舒本有"任德教而不任刑"的信念，为了在"法天""顺天"的制约中提倡此说，需要"天之任德不任刑"的前提，换句话说，他须建立具有"任德不任刑"之意志的"天"，以证明"任德教而不任刑"为可从"天"推导出来的为政准则。

其次，汉朝皇帝极度在意天人感应的思想，要求知识分子揭露天人相感的奥秘。《汉书·董仲舒传》收录汉武帝的三篇制策，《制策三》中有"朕垂问乎天人之应"②之言。武帝所言"天人之应"主要表示天人感应，而不是"法天"或"顺天"之义的天人相应。因他深信政治影响天象，某些天象异变感应政治而出现，在此前提之下，屡问知识分子这两者相感的机制：

> 盖闻上古至治，画衣冠，异章服，而民不犯；阴阳和，五谷登，六畜蕃，甘露降，风雨时，嘉禾兴，朱中生，山不童，泽不涸；麟凤在郊薮，龟龙游于沼，河洛出图书。……问子大夫：天人之道，何所

---

① 徐复观：《两汉思想史》第 2 卷，台湾学生书局 1976 年版，第 391 页。徐复观关注董仲舒的心理动机而得出此一观点，本书则从《对策》的理论结构及其理论建构脉络方面切入，而得到相同的结论。

② 班固：《汉书》第 8 册，中华书局 1962 年版，第 2513 页。

论董仲舒《贤良对策》之思想系统

本始？吉凶之效，安所期焉？禹汤水旱，厥咎何由？……属统垂业，物鬼变化，天命之符，废兴何如？①

三代受命，其符安在？灾异之变，何缘而起？……伊欲风流而令行，刑轻而奸改，百姓和乐，政事宣昭，何修何饬而膏露降，百谷登，德润四海，泽臻屮木，三光全，寒暑平，受天之祜，享鬼神之灵，德泽洋溢，施虖方外，延及群生？②

由此可知，武帝希望有知识分子阐明天人相感的枢纽——能够使受命之符到来、阴阳调和、灾异熄灭及祥瑞出现的政治方式。不过，董仲舒是在汉景帝时当《春秋》博士，并且如上文所述，其天人感应论以《春秋》的经文为据。既然如是，在武帝即位以前，董仲舒便已开始研究"天人相与之际"，并且建构《对策》之中的天人感应论。这不仅是董仲舒个人兴趣喜好的问题，在武帝即位以前，已有让知识分子去研究天人相感的思想环境。

这种思想环境与汉文帝相关。《史记·孝文本纪》所载《日食求言诏》云："人主不德，布政不均，则天示之以菑，以诫不治。乃十一月晦，日有食之，适见于天，菑孰大焉！……朕下不能理育群生，上以累三光之明，其不德大矣。"③ 此乃典型的天人感应思想，此段显示文帝极其在乎政治与天象之间的相互关系。《汉书·文帝纪》所载《日食求言诏》则言：

间者数年比不登，又有水旱疾疫之灾，朕甚忧之。愚而不明，未达其咎。意者朕之政有所失而行有过与？乃天道有不顺，地利或不得，人事多失和，鬼神废不享与？何以致此？将百官之奉养或费，无用之事或多与？何其民食之寡乏也！夫度田非益寡，而计民未加益，以口量地，其于古犹有余，而食之甚不足者，其咎安在？无乃百姓之从事于末以害农者蕃，为酒醪以靡谷者多，六畜之食焉者众与？细大

---

① 班固：《汉书》第 9 册，中华书局 1962 年版，第 2613—2614 页。
② 班固：《汉书》第 8 册，中华书局 1962 年版，第 2496—2497 页。
③ 司马迁：《史记》第 1 册，中华书局 1959 年版，第 422 页。

之义，吾未能得其中。其与丞相列侯吏二千石博士议之，有可以佐百姓者，率意远思，无有所隐。①

照字面上看，文帝难以判断"间者数年比不登，又有水旱疾疫之灾"乃至"食之甚不足"的原因。他怀疑"天道""地利""人事""鬼神"等方面的问题，皆因"朕之政有所失而行有过"。文帝在此也设想，君主政治与道德影响"天道""地利"等自然及其作用，与《日食求言诏》相同。他又怀疑，不适宜的官方政策或民间的消费方式导致"民食之寡乏"。总之，文帝自己无法确定歉收、灾害及粮食缺乏等的原因，于是，下令丞相、列侯、吏二千石、博士等进行相关问题之讨论。

不过，文帝虽于这篇诏书中使用疑问的语气，却将歉收与灾害的原因归咎于自己的失政与不德。这一点可从《日食求言诏》的内容引证，而且《史记·封禅书》所载《增神祠制》又断定："间者比年登，朕之不德。"② 他亦认为粮食缺乏的另因在于国库的浪费及不从事农业的人民——商人。《日食求言诏》云："因各饬其任职，务省繇费以便民。"③ 文帝二年（前178）九月《劝农诏》则云："农，天下之大本也，民所恃以生也，而民或不务本而事末，故生不遂。"④ 由此可知，文帝实际上以《日食求言诏》命令讨论以下两个议题：一是使天地顺或鬼神享的方法；二是阻止浪费国库与振兴农业的政策。

文帝与武帝均关注君主政治与道德影响天象的思想，但也不甚明白何种政治才能使天地顺利地运行，故要求知识分子阐明天人相感的枢纽。在此情况下，一旦有学者或学派成功地将其政治主张与天人感应思想结合起来，皇帝采纳其学说的机会就会大大提升。结合自家政治学说与天人感应思想这样一个课题，亦与"法天"或"顺天"等学术形式息息相关，因能够使天地顺利地运行的政治措施，必定是一个与天道或天意相符的举措。

显而易见，这种情况强烈地促使知识分子注意"如何以天合人"的问

---

① 班固：《汉书》第 1 册，中华书局 1962 年版，第 128 页。
② 司马迁：《史记》第 4 册，中华书局 1959 年版，第 1381 页。
③ 司马迁：《史记》第 1 册，中华书局 1959 年版，第 422 页。
④ 班固：《汉书》第 1 册，中华书局 1962 年版，第 118 页。

题,并且将其当作研究课题。董仲舒是在此环境之下,从儒家的立场处理"如何借'天'推'任德不任刑'"的理论问题,从而建构出《对策》的思想系统。

3. 向汉武帝所提的具体建议

文帝与武帝皆极为关注天人如何相感的问题,极为在乎何种举措能够使阴阳调和,乃至能够灭熄灾异、招来祥瑞。《对策》的天人感应论说明"任德教而不任刑"就能得到如是效果,"废德教而任刑罚"则相反,换言之,董仲舒借由天人感应思想来证成其君主政治论的有效性。与此同时,他将其君主政治论具体落实到政治实践上,于《对策》中提出一些与教化相关的具体建议,此乃董仲舒理论关怀所在的一个旁证。

董仲舒主张"万世亡弊"之"道"以仁义礼乐的教化为实质内容,教化从君王"行德"即施行德政开始。不过,他亦认为教化并非只由圣王之德而实现。《对策三》言:"皇皇求仁义常恐不能化民者,大夫之意也。"① 又言:"天子大夫者,下民之所视效。"② 不仅君王对教化有重大责任,甚至大夫——在汉代则为高官——也是如此。高官无能从事教化,君王如何有德也无法实行及实现教化,如《对策二》所言:"今之郡守、县令,民之师帅,所使承流而宣化也;故师帅不贤,则主德不宣,恩泽不流。"③ 这也即"阴阳错缪,氛气充塞,群生寡遂,黎民未济"④ 的原因。

因而,董仲舒建议"兴太学",说明太学为"贤士之所关""教化之本原"。太学为与《对策》的思想系统非常相关的一个具体措施,董仲舒构想在太学"养天下之士",以"考问"选用"英俊",使其当"民之师帅",并且推动"承流而宣化"⑤。此外,董仲舒亦认为选用"英俊"此一措施本身即具有教化的效用。诚如上文所述,他将授予"爵禄"视为教化的一个手段。既然如此,董仲舒在《对策二》中提出察举的新制度,即"使诸列侯、郡守、二千石各择其吏民之贤者,岁贡各二人以给宿卫"⑥,亦便为"养其德","使承流而宣化"及使"民晓于礼谊"的具体措施,

---

① 班固:《汉书》第 8 册,中华书局 1962 年版,第 2521 页。
② 班固:《汉书》第 8 册,中华书局 1962 年版,第 2521 页。
③ 班固:《汉书》第 8 册,中华书局 1962 年版,第 2512 页。
④ 班固:《汉书》第 8 册,中华书局 1962 年版,第 2512 页。
⑤ 班固:《汉书》第 8 册,中华书局 1962 年版,第 2512 页。
⑥ 班固:《汉书》第 8 册,中华书局 1962 年版,第 2513 页。

与太学相同。

再者，董仲舒于《对策》末尾提出一个家喻户晓的建议："诸不在六艺之科孔子之术者，皆绝其道，勿使并进。"不少学者认为汉武帝采纳此建议而禁绝儒学以外的各家之学，但其建议未必要求禁绝"诸不在六艺之科孔子之术者"①。刘桂生说明董仲舒建议的内容"就是要堵绝非儒诸家的学途、仕途"②，董仲舒于《对策》末尾提此建议，是与其他具体建议非常吻合的，以任用儒者为具体确切地"行道"即教化的方式。只有儒者才能担任"民之师帅"，并"使承流而宣化"。换言之，只有任用儒者才能"行道"而"大有功"，"顺天"而"天下归之"，进而"诸福之物，可致之祥，莫不毕至，而王道终矣"③。

董仲舒建议"诸不在六艺之科孔子之术者，皆绝其道，勿使并进"，是希望"邪辟之说灭息"④。其建议似乎以《荀子·非十二子》之说为其底图："今夫仁人也，将何务哉？上则法舜禹之制，下则法仲尼子弓之义，以务息十二子之说。如是则天下之害除，仁人之事毕，圣王之迹着矣。"⑤荀子虽言"务息十二子之说"，但并没有主张禁绝"十二子之说"，因同篇亦言若有人使方略完整、言行完善、大纲与细目一致，集合"天下之英杰"，以"大古"与"至顺"为标准施行教化，便促成"圣王之文章具""平世之俗起"，如是"则六说者不能入也，十二子者不能亲也"⑥。也就是说，透过教化实现"圣王之文章具""平世之俗起"，"六说""十二子"

---

① 关于这一点，参见徐复观《周秦汉政治社会结构之研究》，台湾学生书局1974年版，第191—194页；李定一《中华史纲》，传记文学出版社1986年版，第117—119页；金春峰《汉代思想史》，中国社会科学出版社1987年版，第202—206页；刘桂生《近代学人对"罢黜百家、独尊儒术"的误解及其成因》，载北京大学中国传统文化研究中心编《北京大学百年国学文粹·史学卷》，北京大学出版社1998年版，第515—518页；等等。
② 刘桂生：《近代学人对"罢黜百家、独尊儒术"的误解及其成因》，载北京大学中国传统文化研究中心编《北京大学百年国学文粹·史学卷》，北京大学出版社1998年版，第516页。
③ 班固：《汉书》第8册，中华书局1962年版，第2503页。
④ 班固：《汉书》第8册，中华书局1962年版，第2523页。
⑤ 王先谦集解、久保爱增注、猪饲彦博补遗：《荀子集解》，载《汉文大系》第15卷，富山房1913年版，第30页。
⑥ 王先谦集解、久保爱增注、猪饲彦博补遗：《荀子集解》，载《汉文大系》第15卷，富山房1913年版，第28—29页。

就不能发挥影响,自然而然化解消灭:"六说者立息,十二子者迁化。"①

由上而言,董仲舒于此论点上,继承并发展上述荀子之说,那么,他在《对策》中并非要求禁绝儒家以外的百家,而是建议君王效法"六艺之科孔子之术",借由太学与察举等制度的运作促成"教化行而习俗美",以期实现"邪辟之说灭息"。董仲舒的建议以"春秋大一统"②为据,换言之,董仲舒以春秋公羊学奠定教化政策的学术基础。

综上所述,《对策》的思想系统及其历史背景,与其中向武帝所提的具体建议,无不指明董仲舒的理论关怀在于推动儒家的社会政治学说,尤其是"任德教而不任刑"的政治。

六、小结

可从以上对《对策》的分析中看出,董仲舒建构了非常完整的思想系统。其思想系统主要由以下四个理论组成,即宇宙论、人性论、君主政治论与天人感应论。宇宙论乃其他三个理论的理论基础,人性论亦为君主政治论提供理论依据,君主政治论则是天人感应论的前提理论。从理论架构来看,天人感应论为位于其他理论之上的主干理论,不过,《对策》特别强调"任德教而不任刑"的为政准则是天人相感的关键,故就理论关怀而言,君主政治论为《对策》思想系统的重心。

董仲舒于汉武帝初年已建构以上思想系统。从中国哲学史的观点出发,应注意的是:第一,以儒家的道德根源之天为中心,吸收墨家与阴阳家之天而创立独特的"天"及宇宙架构;第二,参照《荀子》《中庸》与《易传》等中的人性论而建构独自的人性论,以奠基一个儒家的政治主张——"明教化民";第三,由天人相应思想以"天"奠定儒家"先富后教"与"德主刑辅"的传统政治学说,亦即"任德教而不任刑"的形上基础,而将其当成君主为政应有的准则——"道";第四,把"道"之实行与否当作天人相感的关键,将以往的天人感应思想系统化,完成儒学的天人感应论。

余英时富有启发性地指出:"在汉代人的理解中,孟、荀两家都承继

---

① 王先谦集解、久保爱增注、猪饲彦博补遗:《荀子集解》,载《汉文大系》第15卷,富山房1913年版,第30页。

② 班固:《汉书》第8册,中华书局1962年版,第2523页。

了孔子的儒教，他们之间的相通处远比相异处为重要"，"从孔、孟、荀到汉代，儒教的中心任务是建立一个新的文化秩序"，汉代儒者明确地意识到，"他们的历史使命是建立一个'道之以德、齐之以礼'的文化秩序；其具体的进行程序则是'先富之而后加教'"①。

依此而言，董仲舒为了推动道德、文化秩序的建立，在弥漫天人相应与感应之思潮的环境中，将儒家政治和文化主张与天人相应和感应思想结合起来，从而建构出一个相当完整的思想系统。他趁着策试的机会向汉武帝呈上《对策》，其中，大谈"任德教而不任刑"的政治才称天意，能够使灾异熄灭、阴阳调和甚至祥瑞出现，并且提出推行教化的具体制度与措施，以期让武帝接受儒家政治与文化主张，进而实现孔子以来儒家的治国蓝图。

（本文首刊于《揭谛》2017年1月第32期，经修改后收录于《影响中国命运的答卷：董仲舒〈贤良对策〉与儒学的兴盛》，万卷楼2018年版，第4章。此经再次修改）

---

① 余英时：《中国思想传统的现代诠释》，联经出版事业股份有限公司1987年版，第178－190页。

同乡、同道与宗门

——周汝登的佛教社群交往与居士身份认同问题①

王 格

万历时期,多种宗教文化和信仰的互动关系,历来是学界一大热门议题。就儒、佛互动这一重要论题领域,在思想义理研究方面做出最大贡献的,当属几乎毕生致力于此、著作等身的日本学者荒木见悟(1917—2017);相关社会历史等方面的研究,则有海内外众多学者长期致力于其中,如卜正民(Timothy Brook)等。关于明代万历王学士人领袖周汝登(字继元,号海门,1547—1629)与佛教的关系,则先后已有孙中曾、赵伟、陈慧麒、陈永革、黄文树和彭国翔等学者以专文或专章节的形式论述,国内外其他一些相关的零散论述亦不少见②。其中,尤以彭国翔《周海门与佛教——历史与思想》一文用功最细,且进一步就有关周汝登推动佛教在浙东地区的社会传播、周汝登对佛教义理的理解,甚至其佛教生命情怀等,做出了一些生动的描述。

因此,本文将不再重复地进行全面的叙述,而是围绕社群和身份问题做一些更为深入的探讨,并且,在探讨中主要利用前人尚未提及的若干重

---

① 本文为国家社会科学基金青年项目"理学的早期西传及其影响研究"(18CZX037)之阶段性成果。文章的修订工作得到了浙江大学人文高等研究院的大力支持,谨以致谢。

② 参见孙中曾《明末禅宗在浙东兴盛之缘由探讨》,载《国际佛学研究》第二期,新北灵鹫山出版社1992年版,第141-176页;赵伟《"合儒释而会通之":周汝登与禅教》,载《心海禅舟:宋明心学与禅学研究》,人民出版社2008年版;陈慧麒《会通儒释——以周汝登为中心对明末阳明后学的研究》,中国人民大学哲学院博士论文(2009年);陈永革《阳明学派与晚明佛教》,中国人民大学出版社2009年版;黄文树《阳明后学与禅师的交往及其涵义》,载《玄奘佛学研究》2011年第16期,第85-214页;彭国翔《周海门与佛教——历史与思想》,载《近世儒学史的辨正与钩沉》,允晨文化实业股份有限公司2013年版。其他一些相关论述也或多或少地会对这一重要主题有所涉及,比如荒木见悟在其诸多论述作品中,往往会随文牵涉周汝登与佛教的相关问题。

要材料。周汝登曾说,他的一生学问"全赖友力"①,佛教对他的影响尤其如此。因此,我们要审视其诸多与佛教相关的友人构成的社群关系。其中,周汝登曾将对自己最有帮助的友人区分为举业之友、道友和宗门之友三种。但周汝登所谓举业之友,从其社群网络的角度看,其实是早年家乡的地域人脉网络,即"同乡"。因此本文考察社群与身份,从同乡、同道和宗门三者着眼,它们又构成身份认同(identity):对于周汝登来说,前两者在身份认同之内,而"宗门"在身份认同之外;但在万历王学"儒佛一致"论的风潮之下,实际情况更为复杂。

一、同乡

与对王畿之学的接受史一样②,周汝登早年对佛教无甚兴趣。而其从兄周梦秀(字继实,1537—1582)则是一位十分虔诚的居士佛教徒,周汝登后来称赞其为"苦行头陀"。周梦秀对佛教的虔诚信仰,最为突出地表现在他家庭的一件重要事情上。据《嵊县志》记载,周梦秀的父亲周震曾佃占被废弃的实性寺旧址作为宅基地,建成其私人住宅,并且居住长达三十年;万历二年(1574),在周梦秀的强烈要求下,其父决定归还地产,使其复为寺庙,而另居陋堂:周家由原先的"佃寺为宅"到如今毅然"舍宅为寺",这件事在当时乡里的影响很大,引发了很多议论③。在一些佛教人士的眼中,周梦秀甚至被视为寺僧转世,例如,早在万历后期就有一些类似这样的野史记载:

> 嵊县周梦秀,号剡山。祖佃一寺基,筑室居之,闻空中言曰:"且让他三十年。"后生梦秀笃实信佛,必欲以产还寺。业已聚族,族人皆不可,竟夺还之:大受挫辱,遂至破家,一身无余者。人以为梦秀必寺僧转世,而逆数至始佃时,正三十年,亦异矣。自来占三宝地者,无不履奇祸,而昧者复相踵不已,如周君甘贪辱,以补父祖之

---

① 周汝登:《东越证学录》卷九《题友人书札》,载《四库全书存目丛书》集部第165册,齐鲁书社1997年版,第581页。
② 王格:《学承和学脉:周汝登"学派归属"的重新认定》,载《中国哲学史》2018年第2期,第74–83页。
③ 《嵊县志》(同治)卷八"实性寺"。

同乡、同道与宗门——周汝登的佛教社群交往与居士身份认同问题

过，亦贤矣哉。①

这段记载大概是来自佛教人士的添油加醋罢了，其目的在于以因果报应劝诫世人不要"占三宝地"，因为这一类土地管理和产权纠纷事件在明代时有发生②。周梦秀一生践行佛教信仰，贫澹而济众，并将限年起贡的名额拱手让给友人；其去世后，极力倾心佛教的陆光祖（字与绳，别号五台，1521—1597）高度称赞周梦秀有"三绝"：学绝、行绝、贫绝；并且，"乡人贤之请祀于学宫，太守宛陵萧良干题其墓曰'高士'"③。

可是，很可能受到他恪守程朱理学教义的父亲之影响④，早年的周汝登对周梦秀虽然十分敬爱，却"见不能合"，尤其对其笃信佛教的思想和行为似乎很不以为然；至少直到其31岁考中进士时，仍是如此。周汝登对佛教态度的转变大概始于1579年，此时正值张居正禁令严酷之时，据周汝登回忆，他当时出使真州，周梦秀"来访，时余有所醒发，机话乃投，相视各不觉一笑"⑤。

不过，根据1601年周汝登的回忆，他的态度转变与受到当时另一位著名的居士佛教徒袁黄（原名表，字坤仪，号了凡，1533—1606）的影响有关：

> 余蚤年不知是事，有从兄剡山（周梦秀）⑥者，乃苦行头陀，与我谈不能入。一日，会袁公（黄）于真州，一夜之语，而我心豁然，始知世间有此正经一大事皈依。自此始，余迄今不能一日忘此公之恩。⑦

---

① 刘万春：《守官漫录》卷四"佃寺复还"，载《四库禁毁书丛刊》子部第37册，北京出版社2000年版，第298-299页。
② 参见卜正民（Timothy Brook）著、张华译《为权力祈祷：佛教与晚明中国士绅社会的形成》，江苏人民出版社2005年版，第164-172页。
③ 《嵊县志》（同治）卷十三"周梦秀"。
④ 参见周汝登《东越证学录》卷十四《先府君行状》，载《四库全书存目丛书》集部第165册，齐鲁书社1997年版，第675页。
⑤ 周汝登：《东越证学录》卷九《题继实兄书后》，载《四库全书存目丛书》集部第165册，齐鲁书社1997年版，第579-580页。
⑥ 引文括号内文字为笔者所加，本文后同。
⑦ 周汝登：《东越证学录》卷七《立命文序》，载《四库全书存目丛书》集部第165册，齐鲁书社1997年版，第549页。

文中所谓"是事",指的是明代中后期袁黄等所极力宣扬和鼓吹的一些劝善思想,这些思想往往以因果报应的小故事作为对世人的训诫;周汝登早年难以接受这样的方式。而在与袁黄夜谈领悟之后,周汝登认为,"上士假之游戏以接众生,中、下援之钩引而入真智,启之入门,诱之明了","有无限方便存焉"①,因此,周汝登认为袁黄等的劝善思想和行为,与"无善无恶"论并不矛盾。所以,周汝登最开始所认可的,大概仅限于当时作为居士佛教重要内容的劝善思想。

紧接着,在1580年,周汝登在芜湖经历了一段痛苦的经历:贬官、大病垂死、连丧亲人,等等。毫无疑问,正是这些经历,以及这期间周梦秀对他的无私关怀、陪伴与照料,让周汝登对佛教开始有了真正的认同。据他自己回忆,在芜湖官邸大病垂死的时候,周梦秀"昼夜省视不怠,病中谈证,一切莫逆"②;并且就在此年,周汝登捐银十两赞助刊刻了《大慧普觉禅师语录》。

需要注意的是,周汝登这一时期开始认同王畿之学;而周梦秀的思想,虽然可能立基于居士佛教,但他也是王畿的追随弟子。所以,周汝登从周梦秀身上感受到"苦行头陀"着实惊人的人格力量与表现,其所谈论而领悟到的,恐怕不只是佛教义理,也有王畿之学。事实上,王畿往往论其师"良知之学乃三教之灵枢""'良知'两字,范围三教之宗"云云,而李贽也称王畿为"三教宗师"③,这当然也留给作为自觉去继承王畿一脉传统的周汝登以足够的空间去容纳佛教。

周梦秀并没有进一步直接地影响周汝登太久,在周汝登回家的第二年,即1582年,周梦秀就去世了;但也许正因为周梦秀过早去世,周汝登对此有了更加深刻的痛心和追思。除此之外,周梦秀曾编有《知儒编》

---

① 周汝登:《东越证学录》卷七《立命文序》,载《四库全书存目丛书》集部第165册,齐鲁书社1997年版,第548-549页。关于袁黄的思想和行为,可参看酒井忠夫著,刘岳兵、孙雪梅、何英莺译《中国善书研究》(增补版)上卷,第四章《袁了凡的思想与善书》,江苏人民出版社2010年版,第299-335页。

② 周汝登:《东越证学录》卷九《题继实兄书后》,载《四库全书存目丛书》集部第165册,齐鲁书社1997年版,第580页。参见彭国翔《周海门与佛教——历史与思想》,载《近世儒学史的辨正与钩沉》,台北允晨文化实业股份有限公司2013年版,第361-371页;及其《年谱稿》,第383-384页。

③ 参见彭国翔《良知学的展开:王龙溪与中晚明的阳明学》,生活·读书·新知三联书店2005年版,第250-261页。

一书，倡导"学佛知儒"，周汝登于1596年在南京为之刊行①。

此外，在明代中国，寺院和道观因为有基于稳定信众基础的相对独立的经营模式，往往为出行在外而尚不富裕的读书人提供廉价而舒适的旅店居所服务，尤其是在参加各级科举考试的一些关键时刻。这已经是悠久的传统。而同道之友的讲学活动也常在寺院或道观中举办，因为很多人都是花了超过一日的行程前来赴会②。

二、同道

在16世纪90年代南京讲会活动期间，周汝登开始结识一群对他影响很深的"同道之友"，而其中不乏居士佛教徒。正如邓志峰所指出的，傅光前（字长孺，号太恒，1589年进士）很可能是一位熟习禅学机锋棒喝式教法的士大夫，傅氏在南京的讲学活动中声势很大，虽然他随后就去世了，却对周汝登影响颇深③。但更重要的无疑是那些主张儒佛一致乃至三教合一的王学士人。

明代儒家心学与佛教的关系错综复杂，让人眼花缭乱。被后人视为明学风气开山鼻祖的陈献章之所以能打破宋学总体上的静穆风格，与太虚（生卒年不详）的交往并由此受到的佛教禅学影响，也许是一个重要因素④。在最具代表性的王学学者中，罗汝芳与王畿的处境一样。斥罗汝芳为佛教徒的指责可谓纷至沓来，可是罗汝芳在其晚年似乎一反其生平之常态，与佛教划清界限，杜绝佛教往来，认为自己"本不在此立脚"，而在临终前，罗氏更以此来训诫诸孙；然而，罗氏得力的直系传法人杨起元却

---

① 参见王格《"心学真宗"：论万历时期的王学与佛教之关系》，载《中山大学学报（社会科学版）》2015年第3期，第113-120页。

② 参见卜正民（Timothy Brook）著、张华译《为权力祈祷：佛教与晚明中国士绅社会的形成》，江苏人民出版社2005年版，第112-117页。并且，卜氏敏锐地指出，当时道观的数量不及佛寺的十分之一，因此佛寺的表现更为明显。

③ 参见周汝登《东越证学录》卷九《题乃见交情卷》《傅子漫语题词》，载《四库全书存目丛书》集部第165册，齐鲁书社1997年版，第588-589、596页。此外，周汝登在与友人书信中也多次表示痛惜，并关心其身后妻儿的状况，见《东越证学录》卷十《与沈缮部何山》《与蔡祠部槐亭》，第606、614页。邓志峰的论述，见其《晚明师道内涵的转向——周汝登略论》，载韩昇主编《古代中国：社会转型与多元文化》，上海人民出版社2007年版，第332-333页。

④ 参见荒木见悟《陈白沙と太虚法师》，载《明代思想研究》，东京创文社1972年版，第23-50页。

肆无忌惮地把师教引向佛学①，这也许与岭南文化的环境氛围有关。1599年秋，杨起元在家突然去世之后，德清亲自为之理葬，其后在自序中称杨"往与予有法门深契"②。据清代彭绍升（法名际清，字允初，号尺木，1740—1796）称，杨起元1580年回家之后，"居闲究心宗乘，慕曹溪大鉴（慧能）之风，遂结屋韶石，与诸释子往还，重刊刻《法宝坛经》，导诸来学"③。关于杨起元的宗教信仰，笔者已有另文④详述，兹不赘言。

周汝登与杨起元为同年进士，他们有十分密切的交往⑤，论学也互相认同⑥。如前文所述，周汝登"不辟佛"的转变可以明确认定发生在1579—1580年；1597—1598年在岭南期间，周汝登曾感慨"岭南真佛国哉"。也正是在岭南期间，周汝登才开始自称"居士"⑦，这样的自称在他一生中十分罕见。

在周汝登的"同年"中，冯梦祯也是一位正式而且颇负盛名的居士佛教徒，在其长达十九年之久的日记里，佛事比比皆是。年岁较稍晚辈的同道之友中，陶望龄、陶奭龄兄弟，也是相当虔敬的居士佛教徒，虽然他们同时也是当时浙江地区最有影响力的一批王学学者。与杨起元一样，这些士人的佛教信仰中，也往往大量掺杂着当时民间社会的一些劝善思想；不过总体上讲，这些江南文人多比较超脱，他们并没有像袁黄那样十分地投入和沉浸其中，而往往更热衷于妙解禅机悟语，喜吟诗作赋等形式的文人雅集。周汝登与他们经常有交游活动，其中一些讨论往往不乏禅机。

1601年，陶望龄在给弟弟陶奭龄的信中宣称：

---

① 参见荒木见悟《罗近溪の思想》，载《明代思想研究》，东京创文社1972年版，第130-139页。

② 《憨山老人自序年谱实录》，载曹越主编、孔宏点校《憨山老人梦游集》下册，北京图书馆出版社2005年版，第575页。

③ 彭绍升：《居士传》卷四十四《管杨陶焦唐瞿传》，载《续修四库全书》第1286册，上海古籍出版社1996年版，第552页。

④ 参见王格《杨起元的学派与信仰》，载《惠州学院学报》2018年第2期，第24-28页。

⑤ 参见王格《学承和学脉：周汝登"学派归属"的重新认定》，载《中国哲学史》2018年第2期，第74-83页。

⑥ 参见王格《"二王"、"二溪"之间的周汝登》，载《中共宁波市委党校学报》2015年第6期，第41-47页。

⑦ 周汝登：《周海门先生文录》卷九《刻起信论序》，载《四库全书存目丛书》集部第165册，齐鲁书社1997年版，第320页。该文未见收录于十六卷及二十卷本的《东越证学录》。

今之学佛者，皆因"良知"二字诱之也。①

这并非夸大之词，不仅王学士人多学佛，佛门人士兼学阳明者，亦为数不少。下文我们将看到，当时宗门大德如德清等，对万历佛门复兴运动之展开往往倚赖王学士人这一事实，亦不否认。大概也正因此，天下纷纷指责王守仁、王畿等为禅学；认同王学但同样不满后学入于禅者，则往往力辩乃王畿等所为，而非王学本来面目②。黄宗羲亦认同后一类的看法，而且指出明代宗门的复兴运动其实在于王学遍布天下之后的借力而为，他曾这样概括：

> 明初以来，宗风寥落。万历间，儒者讲席遍天下，释氏亦遂有紫柏（真可）、憨山（德清）因缘而起；至于密云（圆悟）、湛然（圆澄），则周海门（汝登）、陶石篑（望龄）为之推波助澜。而儒、释几如肉受串，处处同其义味矣。③

黄宗羲将佛门之所以崛起并使儒者与之同流的罪责，推给了周汝登等一批王学学者。可是与杨起元一同入选《居士传》的，还有管志道、陶望龄、焦竑、袁黄、李贽，以及"公安三袁"等著名学者，但这里面并没有周汝登④。这就涉及周汝登与宗门的交往，以及居士身份的认同问题。

三、宗门

周汝登曾说，在"同道之友"而后，又有"宗门之友"。他曾这样回忆宗门之友对他的砥砺作用：

---

① 陶望龄：《歇庵集》卷十二《辛丑入都寄君奭弟书》之十，载《续修四库全书》第1365册，上海古籍出版社2002年版，第437页。

② 例如，桐城方学渐就有过这类明确的表达，见方中通续辑《心学宗续编》卷一，载《四库全书存目丛书》子部第12册，齐鲁书社1995年版，第212页。

③ 黄宗羲：《张仁庵先生（岐然）墓志铭》，载《黄梨洲文集》，中华书局2009年版，第234页。

④ 参见彭绍升《居士传》卷四十四，载《续修四库全书》第1286册，上海古籍出版社2002年版，第552页。

（宗门之友）或以微言相挑，或以峻语相逼。一日问予"如何是心"，予以训语相答，喝之曰："奴才话！"数日，又问予，不敢答，止曰"尚未明白"，又喝之曰："为人不识自心，狗亦不直！"时大众中，面为发赤，而心实清凉；无可奈何，而意实欢喜。归来终夜不寐，参求不得，心苦彷徨。而次日下床，又惟恐其会之不早集，语之不加厉也。①

禅宗的顿然棒喝，往往能给长期沉迷于世俗而不知所归的人们以醍醐灌顶的效用，去除束缚包裹而直面自己的生命状态：周汝登的受益，大抵在此。他的宗门交友，大约自16世纪90年代在南京为官时开始，因为当时的南京是一个佛教氛围十分浓厚的地方②。宗门之友与同道之友其实大致是同时的，只不过大概是因为其晚年同道之友日渐凋零，所剩可与论学的同辈及年长者，多是宗门之友了。周汝登的宗门交友范围十分广泛，既涵括万历时期最著名的高僧，也有诸多不知名的僧侣，对此，彭国翔《周海门与佛教——历史与思想》一文有过比较详细的列举和整理，其中就有关袾宏（号莲池、云栖，1535—1615）、德清（号憨山，1546—1623）和圆悟（号密云，1566—1642）三位。

周汝登交往的万历高僧，最年长者为袾宏，他的一生"多扬戒、净法门"，后被人们视为净土宗第八代祖师。周汝登大约在1597年赴岭南之前与袾宏有过论学，在给友人的信中他这样交代：

生（周汝登）会莲池，校勘数语，遂见底里，笔不能写，何日一面述相证也？③

这段话语焉未详，而且看起来语气很奇怪：周汝登自称已见袾宏"底里"，却于笔端引而不发，一定要等到"面述相证"的评论，究竟是什么

---

① 周汝登：《东越证学录》卷九《题友人书札》，载《四库全书存目丛书》集部第165册，齐鲁书社1997年版，第581页。
② 关于万历时期的佛教人脉网络及传播情况，可参见 Jennifer Lynn Eichman, *A Late Sixteen-Century Chinese Buddhist Fellowship*, Leiden: Brill, 2016。
③ 周汝登：《东越证学录》卷十《与查、邵二山人》，载《四库全书存目丛书》集部第165册，齐鲁书社1997年版，第609页。

同乡、同道与宗门——周汝登的佛教社群交往与居士身份认同问题

呢？在袾宏的集子中，收录有《答周海门少参》五条问答，皆由周汝登提问，袾宏作答，很可能是此次的"校勘数语"之内容。初看起来，问答文字十分平易，语气融融，似乎未见特别之处①。不过，若细校其中，正如荒木见悟所敏锐指出的，二人问答之间，实存严重的思想对立与辩难，荒木将该问答的主题准确地归纳为："不折不扣地奉行'诸恶莫作，众善奉行'的教示呢？或是在心中建立起能左右善恶之别的主体为要呢？"袾宏甚至误读周汝登"无善无恶"的主张，而进行了毫不客气的批判，指责"步步行有，口口探空，此今日聪明人参禅之大病也"，即直接针对王畿、周汝登等"顿悟渐修"式的主张而论②。在五轮问答的最后，袾宏通过"或曰"而自答的形式，向周汝登表达了作为严格奉行佛教净土思想的他，对当时士大夫动辄喜"无善无恶"的玄谈之风气所持有的强烈抵制和力图矫弊之态度：

> 或曰"当今士大夫率多喜高玄之谈，厌平实之论，子何谆谆然不舍'止恶行善'之一语乎？"予谓："正惟'喜处欲其厌，厌处欲其喜'耳。近世挥麈谈禅者，率多其人；实证实悟者，希得一二：予矫此弊，不得不然。实则古人垂一则语，彻上彻下，只如'诸恶不作，众善奉行'。浅言之，则仅仅避恶名行善，三家村里守分良民亦如是；极言之，则纤恶净尽，万善周圆，天中天，圣中圣，如来世尊亦如是。若定执止恶行善为示钝根，拈吹布毛为示利根，则误矣。"③

至此，我们可以理解，周汝登与袾宏"校勘数语"之后，是有些不欢而散的意味的；不过，袾宏为周汝登长辈，周也就不便过于激烈地直接批评什么，上文所引信中周之所以引而未发，当做此理解。

事实上，荒木见悟早已指出，对于袾宏"儒主治世，佛主出世"的两家分立论调，周汝登晚年曾有过严厉的批评：

---

① 参见黄文树《阳明后学与禅师的交往及其涵义》，载《玄奘佛学研究》2011年第16期，第103－104页。
② 参见荒木见悟著、周贤博译《近世中国佛教的曙光：云栖袾宏之研究》，慧明文化事业有限公司2001年版，第221－224页；袾宏《云栖大师遗稿》卷三《答问》，载《莲池大师全集》第3册，上海古籍出版社2011年版。
③ 袾宏：《云栖大师遗稿》卷三《答问》，载《莲池大师全集》第3册，上海古籍出版社2011年版。按，此"或曰"之问，荒木见悟误将其归入周汝登的第六问。

· 235 ·

余读此不觉太息久之。莲池聪明盖世，戒行孤高，且博极内外诸典，意其胸中定自了了。而乃作此等见解，外纲常伦理，以求高深，不知如何高深？舍家、国、天下，以成解脱，不知如何解脱？予于莲池，敬之畏之，而于此又不能不疑之。然莲池又有《在家真实修行文》，劝世谓："凡实修者，不必供奉邪师，家有父母，孝顺念佛可也；不必外驰听讲，家有经书，依教念佛可也；不必惟施空门，家有贫难、宗戚、邻里、知识，周急念佛可也。何以故？务实者，不务外也。"较之前语，如出两人，则又何耶？①

荒木基于对袾宏思想和行为的深入研究，认为周汝登此言批判了"儒、佛机能分离论"，此批评"相当犀利，这也是当时的居士将其对僧侣所要求的最大限度的课题，坦率地表明出来所造成的结果"②。虽然袾宏被视为净土宗的祖师，但他也是一位主张禅、净双修的高僧③；而这里周汝登赞扬的是其对"念佛禅"思想的表述，接近于禅宗思想。如果考虑到袾宏净土思想所面对的主要受众的理解层次，则袾宏此番讲法，于情于理，其实亦不失为妥当之教；毕竟"儒主治世，佛主出世"这样的派分，在中国历史上已经是悠久的传统，早已深入人心，成了广大民间受众心中颠扑不破的真理。如此，宣扬"儒、佛机能分离论"，也不失为佛教人士为更广泛地弘法所采取的一种很好的策略性论调。

在万历高僧中，与周汝登最为投契的当数憨山德清。德清是中国禅宗历史上的一位显赫人物，其圆寂之后的"真身"至今被供奉在广东的南华寺，与六祖慧能并列，供世人瞻仰。周汝登与德清最为深入的论学交往，应在1597—1598年同在岭南的半年里。其间，德清对周汝登的学问领悟能力大为叹服：

---

① 周汝登：《东越证学录》卷五，载《四库全书存目丛书》集部第165册，齐鲁书社1997年版。

② 荒木见悟著、周贤博译：《近世中国佛教的曙光：云栖袾宏之研究》，慧明文化事业有限公司2001年版，第252–253页。

③ 对袾宏的个案研究，除了前引荒木的著作，主要还可参见 Chun-fang Yu（于君方），*The Renew of Buddhism in China: Chu-hung and the Late Ming Synthesis*, New York: Columbia University Press, 1981。

同乡、同道与宗门——周汝登的佛教社群交往与居士身份认同问题

寓海珠寺。大参周海门公,率门生数十人过访。坐间,周公举"通乎昼夜之道而知"发问,众中有一称老道长者,答云:"人人知觉,日间应事时是如此知,夜间做梦时亦是此知,故曰:'通乎昼夜之道而知。'"周公云:"大众也都是这等说,我心中未必然。"乃问予曰:"老禅师请见教。"予曰:"此语出何典?"公曰:"《易》之系辞。"公连念几句。予曰:"此圣人指示人,要悟不属生死的一着。"周公击节曰:"直是老禅师,指示亲切。"众皆罔然,再问,周公曰:"死生者,昼夜之道也,通昼夜则不属昼夜耳。"一座叹服。①

这段记载,德清记为万历二十四年丙申(1596),当系德清记忆有误。据周汝登1598年初夏离开岭南临行时的叙述,1597年,他"量移岭表":

十月始入境,顿辔五羊;而憨山上人者,先自雷阳至止。余公事之暇,辄过其方丈,焚香啜茗以坐,或三日、五日、七日一至,即风雨不辍也。②

另一方面,德清记载,万历丙申(1596)二月他以因服先抵达广州,寓海珠寺③,随即三月十日便抵雷阳,后因战事随军往返。1597年,因草寇问题,广东战事连年,会城(当指广州城)中死伤惨重,"骸骨暴露",德清"令人收拾,埋掩亦数千计",并且"建普济道场七昼夜",安抚生灵,而皈依者众,德清称"先是粤人不知佛,自此翕然知归"④;不过,德清将粤人皈依佛教完全说成是自己的功劳,也许有些夸大其词。大约直到1597年下半年,略早于周汝登抵达之前,德清始正式居广州;此后又摄韶州(今韶关)。除了扩大底层信众,德清这段时间对岭南士人群体的

---

① 《憨山老人自序年谱实录》,载曹越主编、孔宏点校《憨山老人梦游集》下册,北京图书馆出版社2005年版,第573页。
② 周汝登:《东越证学录》卷十三《书觉音卷》,载《四库全书存目丛书》集部第165册,齐鲁书社1997年版,第657页。《周海门先生文录》卷九收录该文末尾署曰"万历戊戌孟夏之吉",即1598年初夏,见同书第321页。
③ 《丙申二月抵广州寓海珠寺》,载曹越主编、孔宏点校《憨山老人梦游集》下册,北京图书馆出版社2005年版,第434页。
④ 《憨山老人自序年谱实录》,载曹越主编、孔宏点校《憨山老人梦游集》下册,北京图书馆出版社2005年版,第573页。

弘法，则往往与周汝登的王学讲学活动融为一体，密不可分，对于这一点，德清也充分承认和认可①。在此，我们也可以看到，如果宗教身份和目标不一样，其所见往往也会大不一样。身为儒家士大夫的周汝登，虽然高度赞扬德清弘扬佛法的功绩，却并未如德清那样总觉得"粤人不知佛"，反而由衷地感叹过"岭南真佛国哉"，因为周汝登所看到的是岭南在中国佛教发展史上所具有的重要地位，历来高僧大德常有至此弘法者，历代佛教遗迹亦历历俱在。周汝登还提及，杨起元曾专门嘱托德清此行要"开示诸人，使宗风大阐"②，此亦可见杨氏热衷于佛教的态度。德清记载，1598年春：

> 海门周公，任粤臬时，问道往来。因摄南韶，嘱修《曹溪志》。粤士子向不知佛，适周公阐阳明之学，乃集诸子，问道于予。③

在《曹溪志》修成之时，周汝登已经返回浙江老家，德清连续修书四封，请周汝登为之作序。德清之所以如此执意邀请，一方面是因为周汝登为该志书的最初提议者，另一方面，则是因为德清对杨起元所撰写的序文"尚未惬意"④。在周汝登返浙之后的几年里，二人仍有书信往来，大概主

---

① 参见《与周海门观察》，载曹越主编、孔宏点校《憨山老人梦游集》上册，北京图书馆出版社2005年版，第275-276页；《憨山老人自序年谱实录》，载曹越主编、孔宏点校《憨山老人梦游集》下册，北京图书馆出版社2005年版，第574页。

② 周汝登：《东越证学录》卷十《答杨太史复所》，载《四库全书存目丛书》集部第165册，齐鲁书社1997年版，第608页。

③ 《憨山老人自序年谱实录》，载曹越主编、孔宏点校《憨山老人梦游集》下册，北京图书馆出版社2005年版，第574页。

④ 周汝登：《东越证学录》卷十《答憨山清公》，载《四库全书存目丛书》集部第165册，齐鲁书社1997年版，第622页。《曹溪通志·曹溪旧志序》中收录有杨起元此序全文，见《中国佛寺志丛刊》第111册，广陵书社2006年版，第7页。又，在《憨山老人梦游集》中，仅存德清给周汝登四封书信中的两封，其中未见对杨起元序文的不满之词；不过，这一不满，德清早已在给杨起元的书信中直言不讳地表达出来了："读《曹溪通志序》，言言皆从大慈真心流出，比见闻者莫不大生欢喜，况千载之下，不知唤醒多少梦中人也。惟我卢祖，大寂定中，必现熙怡合掌赞叹耳。黄生来，复接法言，且云：'犹有所未安。'第揄扬山野者，似已太过。惟海门公，为入曹溪室中人，敢徼一语，更增光焰耳。"（《与杨复所少宰》，载曹越主编、孔宏点校《憨山老人梦游集》上册，北京图书馆出版社2005年版，第290页）在与邹元标的一封书信中，德清则称杨序"真赤心片片，可谓舌长拖地也"，褒奖之余，亦可见德清嫌杨序太过于吹捧揄扬，见《答邹南皋给谏》，载曹越主编、孔宏点校《憨山老人梦游集》上册，北京图书馆出版社2005年版，第293页。今从杨序原文内容来看，亦大致如此。

要为几篇序文的缘故;数年之后,即断了音信往来,1618 年前后,德清给已身为南京太仆寺卿的周汝登写了一封信,开首即云"别来忽忽二十年矣,音问不通者,亦十余年"①。

黄宗羲曾指出,正是在周汝登、陶望龄等王学学者的推动下,湛然圆澄(俗姓夏,字湛然,号散水道人,1561—1626)与密云圆悟两位佛门大德高僧被引入,才使得浙东地区宗风大盛。对此重要论点,早有孙中曾以专文进行过十分详细的梳理和论述②,彭国翔亦有过简明的叙述。这里所要补充说明的是,周汝登与圆悟于 1607 年初次见面,虽然在圆悟方面的记载里,周汝登俨然是居其下流者,不过若以年齿和资历论,相对于周汝登来说,圆悟其实算晚辈③;同时,圆悟此后在浙东地区的活动和影响,实际更多的是依赖于陶望龄的帮助和推广④。所以,圆悟方面的这类记载用词,也许来自圆悟及其后学因"信仰的傲慢"而带来的夸大。此外,《宜兴县志》记载,就在周汝登生命的最后一年(1629),他还为圆悟的老师幻有正传(俗姓李,字幻有,号一心,又号龙池,1549—1614)撰写了一篇塔铭,并由文震孟(字文起,号湛持,1574—1636)书写⑤。塔铭署为"赐进士出身通议大夫资治尹户部侍郎致仕周汝登撰",全文收入幻有正传的《语录》集中,但未见于各版周汝登的文集著述中,今移录全文如下:

> 一心老人,予(周汝登)向从石篑(陶望龄)、墨池(王舜鼎)两公闻其在京弘法,大阐宗风,而未觌一面也。后更号"幻有",迁化荆溪(今江苏宜兴),塔骨在焉。其法孙王朝式状其得法事,展转乞铭于予。时予卧病,未能握笔,爰口为授,命任九宾书之稿,以致

---

① 《与周海门太仆》,载曹越主编、孔宏点校《憨山老人梦游集》上册,北京图书馆出版社 2005 年版,第 335 页。
② 参见孙中曾《明末禅宗在浙东兴盛之缘由探讨》,载《国际佛学研究》第二期,新北灵鹫山出版社 1992 年版。
③ 参见彭国翔《周海门与佛教——历史与思想》,载《近世儒学史的辨正与钩沉》,允晨文化实业股份有限公司 2013 年版,第 313 - 314 页。
④ 参见孙中曾《明末禅宗在浙东兴盛之缘由探讨》,载《国际佛学研究》第二期,新北灵鹫山出版社 1992 年版,第 167 - 168 页。
⑤ 参见《嘉庆增修宜兴县旧志》卷九《古迹志·碑刻》,"澄光寺碑"条。

铭曰：

　　一心幻有，幻有一心。何真何假，泡沫浮沉。这个消息，曹溪至今。乐庵触发，笑岩印心。五台隐迹，阐法荆岑。开大炉鞴，点铁成金。谁其承嗣？密云等森。陶王二士，昔闻叩音。曾可度与，鸳鸯绣针？急须着眼，幻有难寻。难寻幻有，有光少林。阅师语录，超越功勋。贵其无比，千古传吟。①

周氏在其生命即将走向终结的这一年，在病榻上口授撰写塔铭，可见其十分珍视宗门情谊；这里，周汝登也提及了圆悟——幻有正传门下最重要的嫡系传法人。

四、余论

从以上可看出，不论是周梦秀、袁黄这些居士佛教徒，还是袾宏这样极力主张净土思想的高僧，他们的教义往往多致力于面对底层民众，而孜孜于对社会进行种种也许过分拘泥于形式的劝善教化，这些思想对周汝登的影响十分深远；因为在一定程度内，周汝登能理解和认可这些思想行为对社会的巨大作用，他也时常参与其中。但是，作为以王守仁、王畿传人自居的周汝登，其心中更相契的显然是更为高明的禅学，正如他自认为最受益于宗门之友的，是高僧禅师对他的那些无情棒喝。可是，虽然友人偶尔也将其视为居士，他自己却对此非常审慎。如前所言，周汝登只在极少数场合自称居士，比如在岭南刊刻《大乘起信论》时的署题。而从佛教人士方面来看亦然，虽然受憨山德清邀请，周汝登的讲学深入佛教寺院的场域之中，并获得丛林的认可，但他不仅后来未被彭绍升列入《居士传》，与周同时代的湛然圆澄更明确地指出周汝登是"道学"，而非"禅宗"，强调二者身份之区别②。在明代万历时期形

---

① 《龙池幻有禅师语录》卷十二，载蓝吉富主编《禅宗全书》第53册，文殊出版社1989年版，第423页。按，王舜鼎（？—1624），字仔肩，号墨池，浙江绍兴人，1598年进士，官至刑部郎中；又，这里提及的侄子"九宾"，从命名来看，当系周汝登仲兄周汝思之子。

② 参见《湛然圆澄禅师语录》卷六，载蓝吉富主编《禅宗全书》第52册，文殊出版社1989年版，第86页。

形色色的"三教合一"蒸蒸日上的年代里①,"居士"身份一度成为学者们跨越儒佛的一种通行标配,可是也有周汝登这样几乎毫无保留地认同佛教教义的学者,仍然坚持身份上的区别,体现出儒、佛两种身份认同之间的张力。

---

① 参见王格《"心学真宗":论万历时期的王学与佛教之关系》,载《中山大学学报(社会科学版)》2015年第3期,第113-120页。

《大学》"在新民"背后的伐薪隐喻

王小超

《大学》"亲民"与"新民"之争是自宋明理学到现代新儒学的热点论题。学界对此问题的研究,多从"养民"与"教民"之分入手,将两派之争解释为政治民生(外王)与道德觉醒(内圣)之间的紧张,指出其教养兼重的大共识和有关《大学》主题的小异议,并反思其现代意义①。

但是,第一,"养民"和"教民"这一解法有失精准,可能会漏掉"新"和"亲"的某些原初意义。第二,"亲民"与《孟子》的"君子之于民也,仁之而弗亲"(《尽心上》)有内在的逻辑冲突。第三,两派之争与朱子和阳明的本体论取向也应该很有关系。有鉴于此,对该问题还有进一步探讨的必要。古人的生活世界与我们相隔甚远,思想的发源之处所具有的构成势态很难被今人知悉。所以,在思想史资料之外,我们不妨借隐喻和小学的方法来打开视野,以获取更加丰富的源发意义。

一、"教养二分法"的缺陷

学界往往将讨论的焦点集中在"养民"和"教民"上,认为朱子主张"新民",定《大学》主题为"教",而阳明则主张"'亲民'便是兼教养意,说'新民'便觉偏了"②。按照这一思路,我们不难找出与"养民"相近的裕民、康民、安民、保民、惠民、利民、富民,以及与"教民"相近的觉民、治民、乂民③等,进行比较和选择,并做出理论建构:"养民"与民众的生存状况、经济权利直接相关,易于归入"外王"的领

---

① 参见郭晓东《从"亲民"到"新民":也谈宋明儒学中的"现代性"精神》,载《江汉论坛》2005 年第10 期,第51 – 54 页;陈立胜《"新民"与"亲民":从传统到现代》,载《华东师范大学学报(哲学社会科学版)》2010 年第3 期,第1 – 11、17 页。
② 王守仁:《王阳明全集》上册,上海古籍出版社1992 年版,第2 页。
③ 参见余治平《新民与亲民——作为中国古代政治哲学的一个问题》,载《人文杂志》2005 年第4 期,第29 – 33 页。

域;"教民"与民众的道德自觉、文明意识挂钩,易于归入"内圣"的领域;最终,我们还能以底线关怀(低)和理想目标(高)的模式把它们统一起来。但是,归类和比较是解释者的做法,它常常会割裂和忽视原始语境中的丰富意义。出于谨慎,我们需要对"养民"和"教民"的古典含义再做一些检视。

第一,"养民"在先秦有着语义和学派的历史演变。

从表1可以看出,虽然《尚书》《论语》《孟子》中也出现过养民、富民、利民的表述或意涵,但这些词往往在较晚的时代才成为解释者眼中成型的"概念",并且,它们更多是被荀子、墨家和法家使用的。此外,"养"与"富""利"的含义不同,孔孟以及《大学》对待"富"和"利"的态度是复杂的。

表1 与"养"相关词汇的词频表

单位:次

	《尚书》	《论语》	《孟子》	《荀子》	《墨子》	《韩非子》	《商君书》	《管子》
养民	1	1	0	2	0	0	0	1
养人	0	0	2	5	0	0	0	0
养百姓	0	0	0	3	1	0	0	1
富民	0	1(富之)	0	1	0	1	0	3
民富	0	0	1(民可使富也)	2	2	0	0	11
富国	0	0	0	1(篇名)	2	2	1	5
国富	0	0	0	3	1	5	12	14
利民	0	1(利之)	0	1	6	3	2	5

第二,"养"的方向经常是向上的,经典中虽然也有"养牲""养小人"等用法,但大量出现的还是"供养"意义上的"养父母""养亲""养君子"等。如:

无君子莫治野人,无野人莫养君子。(《孟子·滕文公上》)

故君者所明也,非明人者也。君者所养也,非养人者也。君者所事也，非事人者也。故君明人则有过，养人则不足，事人则失位。故百姓则君以自治也，养君以自安也，事君以自显也。故礼达而分定，人皆爱其死而患其生。（《礼记·礼运》）

养，供养也。今人分别上去，古无是也。（《说文解字注》）

在这些文本中，都是在下位者养在上位者，而非相反，因为民众天然地就要谋衣食，也有能力发展生产。而在古代的技术水平下，国家包办民生是很难做到的。

第三，"养"并不一定只是经济层面的。《孟子》中养性、养气、养勇、养心、养大体、养小体兼提，《庄子》中更是养德、养神、养形、养知、养中、养身、养生都有。所以，重点不在于养什么，而在于身①心是不是得到了"养"。《尚书·大禹谟》中的"养民"论述照顾到了德、用、政、歌、戒、威、劝等主题，是很全面的。

第四，"教"和"养"之间的联系常常大于它们的区别。不仅"教"有经济和民生的内容，如"后稷教民稼穑"（《孟子·滕文公上》）之类，而且文本中"养"和"教"连用的情况很多：

设为庠序学校以教之：庠者，养也；校者，教也；序者，射也。（《孟子·滕文公上》）

凡三王教世子，必以礼乐。……立大傅、少傅以养之……入则有保，出则有师，是以教谕而德成也。（《礼记·文王世子》）

蒙以养正，圣功也。山下出泉，蒙。君子以果行育德。（《周易·蒙卦》）

第五，将"教""养"区分为内圣外王的做法也不准确。现代新儒家往往认为，内圣重"教"，外王重"养"，前者令民畏惧，后者令民亲爱。

---

① 就算是养身，也不一定是指现代意义上的"经济发展"，空气、阳光和水源的洁净，经常与经济发展有着相反的关系。

但比照《孟子》以下两条文本：

> 以善服人者，未有能服人者也；以善养人，然后能服天下。（《离娄下》）

> 善政，不如善教之得民也。善政民畏之，善教民爱之；善政得民财，善教得民心。（《尽心上》）

我们发现，政使民畏，教使民爱，"教"和"养"合并使用，都属于使民爱的"教"而非"政"。

也就是说，先秦语境中"教""养"并没有后世那种清晰的、壁垒森严的区分，更不能直接建构出内圣外王之别的理论结构，并用以讨论"亲民"和"新民"的问题。因此，对"亲民"和"新民"这一问题，我们应该探寻其他的研究途径。

二、伐薪隐喻：资源、存在与时间性

在先秦文献中，"亲民"和"新民"直接出现的概率是很低的。作为对照，后出的"爱民"出现的频率倒是很高。（见表2）

表2 与"民"相关词汇的词频表

单位：次

	《大学》	《尚书》	《论语》	《孟子》	《荀子》	《墨子》	《韩非子》	《商君书》	《管子》
亲民	1（?）	0	0	0	0	1	2	0	2
新民	2（?）	1	0	0	0	0	0	0	0
爱民	0	0	0	0	13	5	4	6	11
爱百姓	0	0	0	0	2	4	0	0	0
爱人	0	0	3	4	7	44	6	1	8

为了发掘出更多的原始意蕴，我们只能从字形下手进行考察。甲骨文"新"字作 ᪲ 或 ᪲，李孝定谓"从斤从木辛声"①。考其本义，《说文解

---

① 于省吾主编：《甲骨文字诂林》第3册，中华书局1996年版，字形见第2518页，李孝定之说见第2519页。

字》谓"取木也",甲骨文学者谓"象以斤斫木之形,为薪之本字"①。甲骨卜辞有"㞢新"之语,连劭名认为"新指刚刚收获的农作物"②。我们大致可以推断,"新"字本义,做名词讲是所取之"薪",做动词讲是"取木",也就是伐薪之意。当然,所伐之薪当是已成熟的树枝。新字左边是采,整合了"木"和"辛"(丫或丫)旁。"辛",《说文解字》谓"秋时万物成而孰,金刚,味辛,辛痛即泣出"。这是以"辛"为天干之一,五行属金。甲骨学者多不以为然,以丫为曲刀或凿具之形③。但用丫来表示刀具,与"斤"(⺁)有所重复。所以许慎也许没错,采上部的三角是封闭的,可以象征出到此为止、不再生长(成熟)的意思。砍柴时,往往成熟的和干枯的木材才适合砍伐,柔嫩的、生长中的枝条是不宜取用的。所以《月令》说:"是月也,草木黄落,乃伐薪为炭。""新"(新)的意象通过比较"采"(采)④、"折"(折)和"析"(析)几个字可以看得更清楚。

那么,应该如何理解新这一意象呢?其最显著的意义首先在于取得"资源"。《礼记·曲礼下》说:"问庶人之子:长,曰能负薪矣;幼,曰未能负薪也。""薪"到现在还表示"工资",可见"负薪之忧"对于古今的普通民众来说都是事关重大的。因此,在伐薪的隐喻中,持斧斤的是民众,而树木则是自然资源,属于"天"。考虑到儒家的圣人、君子对天道和天命的信仰,我们可以快速地先做出一个假设:《大学》"新民"之说,是要君子或圣人效法天道,为民众提供好的资源。

这一义理无疑是为儒家所坚定信仰的。《孝经》引用《尚书·吕刑》的"一人有庆,兆民赖之"。《论语》说:"如有王者,必世而后仁。"(《子路》)《中庸》说:"君子笃恭而天下平。"《孟子》说:"君子所过者化,所存者神。"(《尽心上》)这些都是在说君子、圣人和天子对民众、对天下的美好影响。道家也有类似的"影响力法则"描述,只不过更加夸

---

① 于省吾主编:《甲骨文字诂林》第 3 册,中华书局 1996 年版,第 2520 页。又见方述鑫、林小安、常正光、彭裕商编著《甲骨金文字典》,巴蜀书社 1993 年版,第 1111 页。

② 于省吾主编:《甲骨文字诂林》,中华书局 1996 年版,第 2519 页。

③ 还有,王国维认为天干之辛与训罪之辛是不同的两个字。参见于省吾主编《甲骨文字诂林》,中华书局 1996 年版,第 2496 页。

④ 《诗经·七月》"采荼薪樗",詹鄞鑫认为此处"薪"本就是"新"。参见于省吾主编《甲骨文字诂林》,中华书局 1996 年版,第 1411 页。

张,而且很少有刻意付出的一面。比如《庄子·逍遥游》形容藐姑射山之神人,谓"其神凝,使物不疵疠而年谷熟……是其尘垢秕糠,将犹陶铸尧舜者也"。这种轻松的形象的反面是"摩顶放踵利天下为之"的墨家。还有,在西方的哲学、神话和宗教语境中,往往有更加悲壮、强烈甚至残酷的形象,事关哲学家、国王和神的牺牲。《金枝》中有大量此类习俗描写:

> 谷神从自己身上产生谷物:他拿自己的身体饲养人民;他死去就是为的他们能够生活……国王自己扮演神的角色,以神的身份被杀掉肢解。①

而在基督教这一最典型的救赎宗教中,耶稣以自己的死亡为世人赎罪。《圣经》说:

> 我就是生命的粮。你们的祖宗在旷野吃过吗哪,还是死了……我是从天上降下来生命的粮,人若吃这粮,就必永远活着。我所要赐的粮,就是我的肉,为世人之生命所赐的。(《约翰福音6:48—6:51》)

> 叫人活着的乃是灵,肉体是无益的。我对你们所说的话,就是灵,就是生命。(《约翰福音6:63》)

血、肉、粮、语言都是存在意义上的资源隐喻,当然在此它更加是信仰上的。宗教叙事有明确的神俗区分逻辑——食五谷的凡人必有一死,信神者则不然,它指向的是永生②。在此,耶稣说过的话(即"神语言")充当了建构信徒之存在的材料。这让我们想起海德格尔的"语言是存在的家园",也让我们想起"言"(䇂)的偏旁䇂③,以及《庄子》的"有名

---

① 弗雷泽著,徐育新、张泽石、汪培基译:《金枝》上卷,北京新世界出版社2006年版,第365页。另外,"金枝"很巧合地正是我们此处的象喻,"辛"属西方,属金。

② 虽重点不同,但"信"之超越世俗物质生活的意义,也偶见于《论语》:"自古皆有死,民无信不立。"

③ "辛"可训为"罪",但其实"罪"字较为后起,而"辜""孽"皆从"辛"。此处可参照基督教的"原罪"观念进行思考。

有实，是物之居"（《则阳》）：它们都是关于存在和语言之关系的论述。总之，资、材、本、质、源、原、才、在、生、性这些字是一个家族类似的字群，它与存在问题是直接相关的。另外，新旧之"新"的意涵在《圣经》中也有所表达：

> 若有人在基督里，他就是新造的人，旧事已过，都变成新的了。（《哥林多后书5：17》）

这是说，信徒们面临着同一个"存在"的价值源泉，他们在此意义上同时获得了"新"的存在形式，他们拥有了"新"的生命和名字——"耶稣基督的追随者"（天之民）。

与此同理，中国先秦的"新民"之说，不仅具有政治学意义，而且具有存在论的意义①，它涉及对时间性的理解。这里的时间性与人的存在感受和创造性活动非常相关。来自"天"的资源和价值使人立即获得了某种在场感、意义感，换句话说，对资源的兴"趣"和获"取"在"伐薪"的隐喻中一并出现了。伴随着这一过程的便是"生时于心"（《庄子·德充符》），这种使人身心投入的"好时光"与打发无聊的"没情绪"②的"消磨时间"恰恰形成对比——它们指示的便是存在感受的不同。在"好时光"中，新鲜感"源源"不断，我们沉浸在"我在这儿"的正面感受中——正是"存在"之创造本身使人成为"新造的人"。

因此，资源之新与新旧之新同属于一个原初的意义场域。而且，"日新"正可以提示"新"与时间性的密切关系——这种亲切要在每一天都体现出来。另外，我们比较下面两段话：

> 汤之盘铭曰："苟日新，日日新，又日新。"康诰曰："作新民。"诗云："周虽旧邦，其命维新。"是故君子无所不用其极。（《大学》）

---

① 赵法生认为大学"新"字仅有"新朝子民"的意义，不具备性理学的意义。这一看法用于后世大约是可以的，但在先秦，政治、哲学和宗教往往并没有后世（或者现代）那样大的区分，"新"与时间性和存在问题关系很密切，还有"朝"字，本身就是时间。参见赵法生《〈大学〉"亲民"与"新民"辨说》，载《中国哲学史》2011年第1期，第97–106页。

② 参见张祥龙《海德格尔思想与中国天道：终极视域的开启与交融》，生活·读书·新知三联书店1996年版，第108页。

正静不失，日新其德，昭知天下，通于四极。(《管子·心术下》)

可见"德""日新""静""知""极"连用并非仅限于《大学》，这是一个涵盖存在、时间性和认知的综合论题。

三、"新""亲"之关联和"亲民"的语义混用

那么，"亲"的含义怎样与"新"产生关联呢？这个问题仍然与存在有关。"在场"可以解释"亲自""亲身""亲切"等用法。而面临和分享同一存在事件的人们之间，"亲密"和"亲近"也很自然：

有杕之杜，其叶湑湑。独行踽踽。岂无他人？不如我同父。嗟行之人，胡不比焉？人无兄弟，胡不佽焉？

有杕之杜，其叶菁菁。独行睘睘。岂无他人？不如我同姓。嗟行之人，胡不比焉？人无兄弟，胡不佽焉？(《诗经·唐风·杕杜》)

岂曰无衣？与子同袍。王于兴师，修我戈矛，与子同仇。(《诗经·秦风·无衣》)

流落异乡者难以排遣存在的疏离感，怀念着"同父"和"同姓"的兄弟；士兵慷慨激昂，与战友"同仇"敌忾——这里的"父""姓"和"仇"都指示着"存在"本身。婴儿降生之前，父子从未谋面，然而父子却天然是亲密的，这种亲密绝非"一见如故"所能比拟的——是婴儿的新生这一存在事件在时间中创造出并一直创造着至亲的关系。

既然"新""亲"可以意义相通，那么"亲民"之说是否亦可行呢？让我们再来辨析"亲民"派的文本证据，主要是《尚书·尧典》：

克明俊德，以亲九族。九族既睦，平章百姓。百姓昭明，协和万邦。黎民于变时雍。

但这一条证据很难在"新民"和"亲民"之间决出高下，更不能证明后世"养民"说的优越。我们看与之相关的几个文本：

> 帝曰："契，百姓不亲，五品不逊。汝作司徒，敬敷五教，在宽。"（《尚书·舜典》）

> 司徒掌邦教，敷五典，扰兆民。（《尚书·周官》）

> 后稷教民稼穑。树艺五谷，五谷熟而民人育。人之有道也，饱食、暖衣、逸居而无教，则近于禽兽。圣人有忧之，使契为司徒，教以人伦：父子有亲，君臣有义，夫妇有别，长幼有序，朋友有信。放勋曰："劳之来之，匡之直之，辅之翼之，使自得之，又从而振德之。"圣人之忧民如此，而暇耕乎？（《孟子·滕文公上》）

也就是说，"亲九族"指"使九族亲"，"亲"的主体是九族，而不是圣王。司徒的职责更不是经济领域的，而是人伦教化的，教化的内容之中，不仅有父子之"亲"，还有"义""别""序""信"等。在孟子的叙述中，后稷已帮助人民解决了基本的生活问题，但人民并没有仅凭衣食无忧就"亲"（或"新"）了——很简单，人非草木，亦非禽兽，人之所以为人，是因为更高的精神资源，而体现或提供这种精神资源，便是圣人或君子最重要的职责。我们再看另一处"亲百姓"的文本，来自《商君书》：

> 晋文公欲明刑以亲百姓，于是合诸侯大夫于侍千宫。颠颉后至，请其罪。君曰："用事焉。"吏遂断颠颉之脊以殉。晋国之士，稽焉皆惧……三军之士，无敢犯禁者。（《赏刑》）

这一处就算不读为"新百姓"，也绝不是"晋文公亲爱百姓"。就算一定要解出"亲"的意义，也只能适用我们以上的分析，而这一分析与"新"是难解难分的：晋文公创造了令晋国士民同惧的存在事件，刷新或更新了他们的存在形式，士民之间的紧密联系也得到了加固。但其实，文本作"新"字更优，它的意涵更加原本。这种分析完全可以用于《尚书》，只不过有王霸之别。尧、舜的明德是非常正面的价值，民众因此受益，也就更容易兴起亲爱、亲密的联系。毕竟源源不断地获得成就是使人群凝聚的重要条件——大树底下好乘凉，树倒猢狲散——对民众来说，同甘比共苦更加现实。

笼统地说"圣王亲爱民众"当然是可以的,古文本中语义混用的现象并不鲜见。但严格遵照《孟子》,"亲民"这一构词还有着内在的矛盾:

> 君子之于物也,爱之而弗仁;于民也,仁之而弗亲。亲亲而仁民,仁民而爱物。"(《尽心上》)

亲、民、物三者对应的是三个不同的存在层级,不能淆乱。我们一般对"民"与"物"之间的区别易于理解,"物"是一种依赖于"人"的存在,它无论如何也给不出"人"能够给出的存在力量,因此"爱惜"它是正确的选择,但"仁之",也就是把物当人来对待,便是非常不智的。"人"与"物"之间的"存在错位"在古今都不鲜见,后果也很严重,孟子对此有着基本的观察和批评,足见他的清醒。但君子为什么要对"亲"和"民"之界限划得这么清,做出一副远离群众的高冷姿态呢?一个现实的原因是,泛化的"亲民"或"养民"根本是不可能办到的。

> 子产听郑国之政,以其乘舆济人于溱、洧。孟子曰:"惠而不知为政,岁十一月徒杠成,十二月舆梁成,民未病涉也。君子平其政,行辟人可也;焉得人人而济之?故为政者,每人而悦之,日亦不足矣。"(《孟子·离娄下》)

所以,孔子对子产只能是既赞扬又惋惜的,他评价子产"其养民也惠",又说"子产犹众人之母也,能食之,不能教也"(《礼记·仲尼燕居》)。其实《荀子》亦然,"养天下"在他那里是这样的:

> 分均则不偏,势齐则不壹,众齐则不使……物不能澹则必争,争则必乱,乱则穷矣。先王恶其乱也,故制礼义以分之,使有贫富贵贱之等,足以相兼临者,是养天下之本也。(《王制》)

当然,以上文本中出现的还是"惠民"和"养民",而非"亲民"。从理论上说,"亲民"这一用法本身就是错误的,它混淆了"亲"和

· 251 ·

"民"这两个存在等级。"亲"是特殊化、情境化、具身化①和浸透着时间性②的,一旦将其普遍化到"民"这一对象上,就好比掺了水的酒,变得淡薄而抽象化了③。孟子不仅不将"养天下"视为一个绝对前提,反而有"弃天下犹弃敝屣"之论,究其原因,就是要维持对存在层级的清醒。拥有全世界的玩具也无法弥补儿童心中父母亲情的缺口。同样,没有对父母的亲爱,不能与亲人一起实现存在的交织和回荡,就算做了一个利益民众的天子,这样的存在形态仍是异化的、空心的。

最后,古代政治理论中常有父母隐喻,如"为民父母""如保赤子"之类,那是不是"亲民"说仍然可行呢?笼统地使用是可以的。但精确说来,第一,父母在政治中是比喻,但亲子之爱本身不是比喻,而是事实。"喝血吃肉"这一说法,在亲子关系中绝不只是隐喻那么简单。父母通过将自己的存在赋予子女,从而(参与)建构了后者,其中的存在感和时间性是最强烈的。第二,儒家的"亲"字狭义上首先就指"父母",那么"亲亲"的方向便经常是向上的,并不指父母对子女的爱,而指成年子女④对父母的爱。在这种用法下,说"亲民"(以民为父母)就更加不合适——谁是索取者?谁是付出者?是耶稣更爱彼得,还是彼得更爱耶稣呢?

四、区分与一体

以上我们使用了很多《孟子》《礼记》甚至《商君书》《管子》的文本,当然,其中的字义都是处在演化过程中的。为了使讨论更加明确,我们再回归到"亲"和"新"字的原始意象。"新"字甲骨文作🔣或🔣,小篆作🔣;"亲"字金文作🔣,小篆作🔣。很明显,区别在于右边是"斤"还是"见"。既然"新"字已挥动起了伐木的斧头,那么它的区分感便要

---

① 杜维明先生认为"具身化与感受性乃是仁的两个基本特征",参见陈立胜《"恻隐之心"、"他者之痛"与"疼痛镜像神经元"——对儒家以"识痛痒"论仁思想一系的现代解释》,载《社会科学》2016年第12期,第110—120页。

② 参见张祥龙关于慈孝与时间性的分析。张祥龙:《孝意识的时间分析》,载《北京大学学报(哲学社会科学版)》2006年第1期,第14—24页。

③ 相比于"亲","仁"的普遍化和抽象化要容易一些。但"仁"(只)是一个概念吗?这仍然是一个问题,"仁"在儒家语境中经常是非抽象化、非概念化的。

④ 未成年子女对父母的爱这一"良知"也不需要强调。

强得多,它要造成左边的"言"与"木"的分离。其实,单就̌的字形来说,其中也已有了上下两部分的区别,但这一区别随着采和亲字形的复杂化,逐渐不那么清晰了——乍看上去是一个整体,仔细看才能区分①。考虑到"亲"字意义在先秦文本中的同步演变,我们至少可以认为,在后世与"亲"字更为相关的是一体的感觉。

这一判断在主亲派的王阳明那里得到印证。王阳明是"大人以天地万物为一体"的提倡者,他的植物隐喻和身体隐喻都与"一体之仁"的本体论极为相关②。而提倡"理一分殊"的朱子显然对区别更为敏感,他也建立过两个比喻:

> 仁如水之源,孝弟是水流的第一坎,仁民是第二坎,爱物则是第三坎也。③

> 木有根,有干,有枝叶,亲亲是根,仁民是干,爱物是枝叶。④

此处虽没有斧斤的砍斫,但其中哲学分析的次序是非常清晰的⑤。行文至此,我们可以看到,对层次或者一体的偏重,才是朱子、阳明争论的内在原因。当然,朱子并没有否认"天地万物为一体"的宋明理学共识,他对分离的强调是有限的;而阳明也没有忽视层次,他只是更加强调"一体"。

现在我们要问的是,宋明理学的"万物一体"识度,是否契合于先秦儒学的全貌呢?或者说,"一体"是唯一的本体论可能吗?比如极重分析的西方哲学就不很熟悉"一体"世界观。在中西哲学已经碰面的今天,我们尤其需要深究这一问题。我们看到,在"新"字的语境中,"分离"是

---

① 这一点在"亲"字的部首"见"中也有体现,《说文解字注》:"见,视也。析言之有视而不见者,听而不闻者。浑言之则视与见、闻与听一也。"
② 参见陈立胜《王阳明"万物一体"论——从"身—体"的立场看》,华东师范大学出版社2008年版。
③ 黎靖德编、王星贤点校:《朱子语类》第2册,中华书局1986年版,第463页。
④ 黎靖德编、王星贤点校:《朱子语类》第2册,中华书局1986年版,第472页。
⑤ 注意这句话中的"砍""斫""哲""析""次""晰"字以及朱子比喻中"坎"字之间的亲缘关系。

一个主题。其实"亲"字中也暗含了死亡。釆字下半部分可以象征树木的生长结构（生），上半部分可以象征长成的、现成化了的枝干（死）。在此，生死是一体的。

分离和砍伐是一个事关存在的命题，儒家对其有着随处可见的警惕。《孟子》就曾以"旦旦伐牛山之木"为修养之过失设喻，还说过"父子之间不责善。责善则离，离则不祥莫大焉"（《离娄上》）。王阳明对"新民"也有嫌其"分本末为两物"①的批评。但是，这并不意味着，砍伐和分离在任何时候都是不被允许的。《孟子》有"斧斤以时入山林"（《梁惠王上》），阳明学说中也有除恶的牺牲结构②。究其原因，不能解决恶或者死亡问题的哲学，绝不会是完整的哲学，所以《周易》批评乾卦上九"知进而不知退，知存而不知亡，知得而不知丧"，《庄子》也指出"师是而无非，师治而无乱"（《秋水》）的不可能。儒家绝不是缺乏死亡识度的贪生者，问题在于什么样的死亡和分离才是正义的。

我们先拿儒家最重视的亲子关系来说。亲子之存在是王阳明在龙场悟道时的重要关口，也是他在木喻中认为"不得分别"③的地方。但亲子的不分离绝不是指现实上的——因为总有死亡将他们分开。儒家最重的"丧"礼名为"斩衰"，它斩断了死者与生者的联系。当然，在祭礼（几乎与丧礼同时进行）这一信仰而非认知的形式中，父子仍然是"藕断丝连"的——他们的时间内相遇已断裂，而父慈子爱在生者心中却永不消散，所以丧礼中生者还要"迎神而反"，与死者再建立一种超越的联系。但是，人也确信，在此世的生存中，亲人已经不在了——这种确信便是人作为在世生存的认知。进一步说，每一个人未来都不会再在此世，死亡是人的认知结构之必然，正是在生存和死亡兼具的意义上，孔子才会说："不知命，无以为君子也。"（《论语·尧曰》）

父的去世和子的追念是正常的人世新陈代谢的顺序，这是"天"对"人"的分离。在西方语境中，对这一主题有着更暴力的诠释，那就是著

---

① 王守仁：《王阳明全集》上册，上海古籍出版社1992年版，第250页。
② 参见陈立胜《王阳明"万物一体"论——从"身—体"的立场看》第二章《恶与牺牲结构》，华东师范大学出版社2008年版。但是，不仅恶需要除去，善也是需要完结的。或者说，善的意思就是完结。完结就是分离、成就或死亡。"杀身成仁"是对善的成就，也是对世界之罪恶的告别。
③ 王守仁：《王阳明全集》上册，上海古籍出版社1992年版，第108页。

名的"亚伯拉罕以子献祭"。我们把这一场景做一些转换,也许能在接受时略微平静一些。现实生活中,父母出于疏忽或者过失导致孩子意外死亡的情况是存在的,对于这种情况,我们做何解释呢?我们也许只好说:"这是天意,是命。"其实这与"孩子被上帝收回了"的说法一样,只是表达方式不同。亚伯拉罕并不是出于自己或任何"人"的意志而要杀死以撒的,所以当神谕"以羊易之"来临时,我们难以想见他的悲喜交集。父子的存在(命)都由上帝(天)给予,也由上帝(天)收回——这是信徒的逻辑;而"子"的出生就已经暗含了分离,因为"子"与"父"是两条命,一人死亡,另一人也许会追随,但他们必须独自、亲自去死——这是我们的观察;父子之认知具有穿透死亡的超越性,因此,亲子一体是一个事关信仰和认知的命题——这是儒家的选择。

与亲子关系相比,君子和民众的关系必然是更加具有分离特征的。很简单,父子以天属,君臣以义合。存在的相互支撑、交织、隐匿和回荡就是父子之隐本身。但"事君有犯而无隐"(《礼记·檀弓上》),民众与君主的关系是出于"义"的契约关系,民众的自由不是来自在位者的施舍,而是出于其独立的身份,并经常是由实力对抗所争取来的。这样说来,"一体"之说若不慎重,则会有过于干涉民众自由的危险,现代新儒家力倡群己权界,便是"区分"对"一体"的救济。

父子之一体与君臣之分别是人类概莫能外者,在这一点上,儒家的观察是普世的。后世儒家哲学在"一体"上的倾向更加明显,其中不乏植物隐喻或"农业形而上学"的影响;而西方哲学的"手工业形而上学"背景也经常为治中国哲学者所讨论①。时至今日,子女不独立、民众少自由、群己界限不明确等成为现代中国人批评古学痼疾的重要话柄,但这些与"亲"之一体世界观难分难解;而碎片化、离散化和疏离感等西方现代性问题,也与过于强调分析、对抗、竞争的"新"之区分世界观脱不了关系。但是,通过原始语境之回溯,我们会发现,一开始"新"和"亲"的意涵就缠绕在一起,甚至它们在用字上都是相通的。

在文章的最后,我们还要用《论语》中著名的"宰我问仁"的案例来申明原始儒家的态度。这一文本中,宰我以"新谷既生"的天道更始为

---

① 参见吴飞《论"生生"——兼与丁耘教授商榷》,载《中国文化研究》2018年第1期,第1-24页。

据，主张父母之丧"期可已矣"，这一忍于薄亲的做法当然受到了孔子的批评。不过，孔子主张的三年丧也绝不是永无期限的，它的"结"束伴随着祭祀这一"吉"礼。慷慨余哀之后，琴声响起，君子重新面对生命，这"丧亡"与"得乐"的代替中，岂是缺乏超越的呢？君子与民众的关系亦然，在"亲"之美好价值显现以后，又岂会不导致"新"之行动，以打开一个崭新的局面呢？

Neo-Aristotelian Confucianism? Problem of Incommensurability in the Virtue Ethics Interpretation of Early Confucians①

SILIUS, Vytis (卫特思)

I. Introduction

Since the 80's of the last century a trend has emerged in the English language literature on Chinese thought that suggests reading early Confucian texts as a form of virtue ethics with its roots in Aristotle's thought and its contemporary explication primarily associated with the writings of Alasdair MacIntyre. This interpretation contrasts early Confucian ethics with modern moral theories of deontology and consequentialism and sees Confucians as emphasizing a long-term cultivation of benevolent character traits in human beings, instead of formulating simple and universal principles of right conduct. This has led some scholars to conceptualization of early Confucian ethical thought in virtue ethics terms and translation of key ethical terms in aretaic vocabulary. A number of the most distinguished English-writing scholars of Chinese thought has supported the virtue ethics interpretation of early Confucians②. This interpretation has been successful in the sense that it has contributed to the renewed and still increasing interest

---

① This article first appeared as Silius V, "Neo-Aristotelian Confucianism? Applicability of Virtue Ethics in Early Confucian Studies", in *International Journal of Area Studies* 2013 (8): 1, pp. 70 – 89 (DOI: 10. 2478/ijas – 2013 – 0004). Here it is reprinted with minor editorial changes, aimed at better expression of the ideas presented in the original article without changing them. I am indebted to Henry Rosemont Jr., Roger T. Ames, and anonymous reviewer at *IJAS* for valuable comments on early draft of this paper. All mistakes and inadequacies that are left are my own.

② See Ivanhoe, 1993, 2002; Van Norden, 2007; Slingerland, 2001; Yu, 2007; Sim, 2007, and others.

of contemporary Western moral philosophers in early Confucian ethical writings.

However, in a volume dedicated to comparative studies Alasdair MacIntyre has published an article where he has presented early Confucian and Aristotle's thoughts as incommensurable thought systems and have explicitly expressed doubt that notions and statements of one incommensurable thought system can be adequately expressed and addressed within the framework of another. The position MacIntyre argued for in this article has been taken by proponents of Confucian virtue ethics as challenge for their approach①. The challenge is even more pressing, as it was formulated by the thinker, whose ideas have largely shaped the virtue ethics approach in general. MacIntyre's influence over virtue ethics theorists undoubtedly is a major one, even despite the fact that MacIntyre has called the tendency to interpret him as a proponent of virtue ethics to be an unjust accusation (see MacIntyre, 2013: 30).

In what follows, I will, firstly, present main ideas on incommensurability in MacIntyre's article and explicate the most important points of his thesis relevant to the work in the so-called comparative philosophy. Against that background, I will summarize several responses formulated specifically by the proponents of virtue ethics interpretation of Confucian thought. At the centre of this investigation are the scholars who attempt to meet MacIntyre's challenge *and* stay in a neo-Aristotelian framework while comparing different traditions. We will put these responses into two groups—the "negative" (Yu Jiyuan, May Sim), where the goal of response is to refute MacIntyre's critique by showing that it is contradictory, wrong, and/or harmful; and the "positive" (Bryan Van Norden), where the goal of response is to meet MacIntyre's challenge by working out a comparative framework that would be immune to the critique voiced by MacIntyre. My claim throughout this article is that none of the responses from Confucian virtue ethics perspective were successful, as the negative ones tend to misread MacIntyre's initial claims and the positive one falls short of providing truly neutral ground for comparison of early Confucian and Aristotelian or neo-Aristotelian ethical ideas, impossibility of which was claimed by MacIntyre.

---

① See Yu, 2007; Sim, 2007; Slingerland, 2001; Van Norden, 2007.

II. MacIntyre and incommensurability of the rival theories

According to Richard J. Bernstein "incommensurability" was thrust into the centre of Anglo-American philosophical debates because of Thomas Kuhn's provocative book, *The Structure of Scientific Revolutions* (Bernstein, 1991: 87). Although Kuhn in his book was exclusively interested in the incommensurability of scientific paradigms, the idea was soon "generalized and extended to problems and contexts far beyond Kuhn's original concern to analyze scientific inquiry" (ibid, 89). Bernstein discusses Richard Rorty and Alasdair MacIntyre as prominent examples of the extended use of the term.

MacIntyre further extends the use of the term in his article (1991) where the idea of incommensurability was explicitly applied to intercultural studies. Some conceptual problems can be noted here that have not come up in Confucian virtue ethics proponents' discussions of MacIntyre's incommensurability thesis. The term "incommensurability" was used by Kuhn mainly in reference to scientific theories that have predictive value and make truth claims. It is an open question if we can take, at least, "Confucians" as working within a framework of a *theory* with its unique set of predictions and truth claims. If we understand Confucians as primarily engaged in practical activity, rather than theorisation of it, can we still apply the term "incommensurability" referring to Confucian *practice*[1]? It is a fair challenge, but MacIntyre talked about "incommensurability" as a relationship not only between theories qua theories, but between systems of "thought and practice" (MacIntyre, 1991: 109). On the other hand, since this conceptual issue was not questioned in responses to MacIntyre's use of incommensurability by scholars I am examining, I will not further address this theme in my paper.

In his article in 1991, MacIntyre discusses comparative philosophy that takes upon a task to explain, evaluate and compare Aristotelian and Confucian approaches to ethical issues by putting these two thought systems into one—that

---

[1] I thank Henry Rosemont Jr. for repeatedly drawing my attention to this point. For similar line of critique see Hall and Ames, 1995, Ch. 2 or Hall and Ames, 1998: xi – xix.

is, neo-Aristotelian—conceptual framework. In this article MacIntyre treats early Confucian and Aristotelian thought systems as incommensurable. According to MacIntyre, the incommensurability is "a relationship between two or more systems of thought and practice, each embodying its own peculiar conceptual scheme, over a certain period of time" (MacIntyre, 1991: 109). The peculiarity of any given thought system, according to MacIntyre, is so pervasive that it manifests itself not only in the different concepts used by adherents of that system of thought and practice, but also in different and specific for that system rules and ways of argumentation, different standards and measures of interpretation, explanation, and justification, different norms of achievement, and so on. Because it is an obvious fact that cultures and systems of thought and practice are dynamic entities that change over time, MacIntyre acknowledges that the systems that were incommensurable at one point of the history may become commensurable at the other. However, during the time of incommensurability, according to MacIntyre,

> It will be the case that those who inhabit each of the two or more rival schemes of thought and practice embody them in their beliefs, actions, judgments, and arguments in such a way that it is both the case that the members of the two or more rival parties can agree, each from their own point of view, that they are referring to, characterizing, and conducting their inquiries about what is indeed one and the same subject matter, and yet also in their characterizations of and questions about that subject matter employ, to some large and significant degree, concepts whose applicability entails the nonapplicability, the vacuousness, of the conceptual scheme or schemes employed by their rivals. (MacIntyre, 1991: 109 – 110)

MacIntyre suggests that incommensurable systems will share certain structure that will enable them to agree that the subject matter of their interest is the same, but, nevertheless,

> It is at a second level of characterization that predicates are applied in

accordance with standards internal to and peculiar to each of the rival standpoints and such that each set of standard excludes the possibility of application for key predicates of its rivals. And this use of predicates will give expression to distinctive modes of observation, of seeing as and of imagining, as well as of reasoning. (MacIntyre, 1991: 110)

There are several important points for comparative philosophers that MacIntyre draws from observations of incommensurability of thought systems. The first point that goes throughout the whole article as one of the main themes is that there can be no neutral and at the same time meaningful standpoint, from which we could compare two rival systems of thought and practice. As MacIntyre puts it, we could supply an account neutral with respect to any two rival systems, but such an account would be "at so bare a level of characterization that it will be equally compatible with far too many rival bodies of theory" (MacIntyre, 1991: 105). Thus, either the standpoint of comparison is universal because it is so neutral that it does not say much substantially, or it is, rather, a specific standpoint with its own peculiar standards, implications, and corollaries. However, there are scholars who seem to disagree with MacIntyre on this point. In the last section of this article I will present Bryan Van Norden's distinction between "thin" and "thick" accounts of theory, which I take as an attempt to provide such theoretically neutral grounds for comparison.

The second and related point is that the lack of universal and neutral standpoint for comparison makes it obvious that even the statement of the nature of contrast between the two rival systems of thought and practice is problematic, because it is very likely to assume a certain specific view of what counts as problematic issue and to engage into equally specific way of how to formulate and solve that issue. If, according to MacIntyre, we are dealing with two incommensurable systems, it will mean that even before starting to compare we have already chosen a specific framework that makes one of the incommensurable systems more at home than the other. For example, without any particular reference to Aristotelian ethics, Antonio Cua tries to present early Confucian ethics as an "ethics of virtue". For Cua, the main goal of his "conceptual experiment" is an attempt to reconstruct what he have called "relatively loose system of action-guides" of early Confucianism as "ethics of virtue with a coherent conceptual scheme" (Cua, 1998: 1, 271). We can see that the normative standards that support Cua's qualification of tradition and interpretation in terms of "loose" and "coherent" and to favour one over the other were taken not from early Confucians. Moreover, the "incommensurability" arises as a problem, as it was noted before, only when theory is given primacy over practical engagement, even if only in such an inconspicuous move as Cua's.

The third point deals with the relation between incommensurability, translatability and the issue that will be very important for MacIntyre's critics—possibility for mutual understanding between the two different cultures. MacIntyre points out in his example with Galileo's moving away from impetus theory of Aristotelian physics, that although the last adepts of Aristotelian physics and Galileo all did speak the same natural languages, the theories they promoted were incommensurable. According to MacIntyre, even if the shift in perspective and theoretical standpoint required from Galileo the enrichment of the terminology and idiom of the natural language he used, this change still happened within the same natural language. In other words, Galileo was not dealing with problems of translation. This shows, according to MacIntyre, that translatability does not entail commensurability, but it "surely must be, one initial step toward making possible a type of conversation between originally incommensurable standpoints which could over time transform their relationship" (MacIntyre, 1991: 111). However, as MacIntyre explicitly suggests, when the incommensurability arises from untranslatability of the natural or technical languages, in which the rival systems of thought and practice are expressed, it does not follow that all the mutual understanding is precluded. "But such understanding is possible only for those adherents of each standpoint who are able to learn the language of the rival standpoint, so that they acquire, so far as possible, that other language as a second first language" (MacIntyre, 1991: 111). According to MacIntyre, understanding comes not through the comparison that proceeds from asking the adherents of the rival system questions that are important in one's own system of thought and practice and, then, requests or expects the answers that would

Neo-Aristotelian Confucianism? Problem of Incommensurability in the Virtue Ethics Interpretation of Early Confucians

comply with the relevant standards of one's own tradition. Understanding comes from the immersion into the rival system and from learning their specific ways of reasoning and expressing the results of that reasoning. Incommensurability thesis, as MacIntyre presents it, does not suggest the impenetrability and inaccessibility of the incommensurable systems to each other's adherents, and does not maintain that *nothing* meaningful can be argued from one system against the other. However, it does suggest that it is impossible to adequately and fully reiterate the problematique of one system of thought with the conceptual framework of the other incommensurable system without losing the significant degree of meaning and uniqueness of that system①. In other words, our critique from the positions of one incommensurable system will very likely touch only the surface of the other incommensurable system and miss most crucial assumptions, areas of interest, and goals of the system in question. MacIntyre's position is that we eventually may achieve understanding of the other thought system and even present a substantial critique unless we both start *and* finish our investigation of the incommensurable thought system by applying it to our own standards and conceptual frameworks.

The fourth point MacIntyre directs more to Aristotelians, which shows that he admits that Confucian framework could probably render this aspect in comparative philosophy differently or find it irrelevant. MacIntyre suggests that the conceptual grasp of incommensurability helps to advance the conversation between two rival systems, because once Aristotelians understand that their rejection of the rival standpoint was "inevitable" as stemming from imposition of their standards of argumentation and justification upon the system that operates in rather

---

① In similar vein, H. Rosemont and R. Ames, proponents of role ethics interpretation of early Confucian thought, maintain that Confucianism looses its unique perspective once presented as a form of virtue ethics and reiterated in the vocabulary of virtue ethics. They argue that early Confucians believe in fundamentally and thoroughly relational constitution of human being and primary concern of early Confucian ethical thought with relations as opposed to individual character traits is more adequately captured in the vocabulary of role ethics. For role ethics interpretation of early Confucians see Ames and Rosemont (2011), Ames (2011), and also their translations of *Lunyu* and *Xiaojing* (Ames and Rosemont, 1998; Rosemont and Ames, 2009).

different and incommensurable ways, "they would have to conclude that no rational encounter, no dialectical appeal to mutually acknowledged principles of any kind, whether principles embodied in shared established opinions or principles necessary for the achievements of scientific explanation and understanding, had taken place or could so far have taken place" (MacIntyre, 1991: 112). This point helps to raise awareness that at this stage of the conversation between the rival systems of thought and practice, no claims for truth by the parties of conversation can be made. Especially, if these claims were to resolve the problematic issues between theories and achieve a verdict of which system presents true statements on the nature of the subject matter. In other words, the concept of incommensurability makes one aware that there are other consistent and workable ways of describing and explaining the world reality. As MacIntyre puts it, "without rational encounter the rival theory becomes a subject matter concerning which we have not achieved that truth which is *adaequatio intellectus ad rem*" (MacIntyre, 1991: 112). Recognition of incommensurability of two rival theories may foster more charitable treatment of the rival theory, allowing it to state its position in its own framework, and it prevents the temptation of reductionist treatment of world cultures.

This point should be seen as MacIntyre's suggestion to allow the rival system of thought and practice to be different from one's own, that is, allowing it to operate in its natural modus, according to its natural standards. At the same time, because MacIntyre does not see cultures and systems of thoughts and practice inherent in these cultures as static and monolithic, but rather as changing through the course of their history, the incommensurability of two theoretical standpoints is not taken by MacIntyre as an unavoidable matter of fact that makes the rational encounter impossible. This leads us to the last point of MacIntyre's incommensurability thesis, the suggestion that the rational debate and encounter between Aristotelian and Confucian systems can take place only by enriching the linguistic and conceptual resources of one's own tradition to the point that it would enable the parties to provide the more adequate representation of each other. According to MacIntyre,

That accurate representation will be of the other as a historically developing body of theory and practice, succeeding or failing at each stage, in the light of its own standards, in respect of the difficulties or problems internal to it. That is, what the Aristotelian will have had to provide for his or her own use will be a history of Confucianism written and understood from a Confucian point of view... (MacIntyre, 1991: 117)

According to MacIntyre, having constructed such history of the rival standpoint according to the internal standards of that rival account, having learned the conceptual apparatus that voices the position of that rival standpoint, an Aristotelian would not only be able to understand Confucianism, but also to engage into rational and critical discussion that could lead adherents of one system to recognize "rational inferiority" to the other rival and incompatible tradition. Rational dialogue would be possible here, because both parties would engage into dialogue consciously using the same framework of conversation, after "incorporating within their own structures of understanding an accurate representation of that standpoint and its history" (MacIntyre, 1991: 117).

MacIntyre finishes his paper with suggestions that should facilitate such conversation between two or more rival bodies of theory and practice that would not, in MacIntyre's words, be "sterile". First, he suggests that as comparative philosophers we should "understand our own standpoint in a way that renders it from our own point of view as problematic as possible and therefore as maximally vulnerable as possible to defeat by that rival" (MacIntyre, 1991: 121). Then, MacIntyre claims, we have to make sure that "we do not allow ourselves to forget that in *comparing* two fundamental standpoints at odds with each other... we have no neutral, independent standpoint from which to do so" (MacIntyre, 1991: 121). According to MacIntyre, this means that we can compare Confucianism and Aristotelianism from the Confucian point of view, or from the Aristotelian point of view, or from some third, equally specific standpoint with its own internal structure, standards, and vocabulary, for example, Buddhist or Kantian. "But we cannot find any legitimate standing ground outside the context of the points of view" (MacIntyre, 1991: 121). Thus already a way how we voice our disagreements, according to MacIntyre, should be the object of our disagreement, exactly because it is never culturally neutral.

MacIntyre's position was understood by many as arguing for radical impossibility of mutual understanding in the intercultural discussions and as openly threatening the very undertaking of comparative philosophers. In so far as MacIntyre denied the adequacy and appropriateness of straightforward comparison by reiterating the content of one system of thought and practice by the means and in the ways of its rival, MacIntyre did indeed question the validity of certain type of comparative studies. In Confucian studies, many adherents of virtue ethics interpretation of early Confucians have taken MacIntyre's position as a challenge for their own undertakings. It is especially an acute problem in virtue ethics approach to Confucian texts, as the main thesis of this group of scholars—that early Confucian thought is best understood as a form of virtue ethics[①]—can be seen as an attempt to express the sensibilities of one tradition with the vocabulary of other incommensurable tradition. Yu Jiyuan, for example, notes that MacIntyre's version of incommensurability "threatens our project of comparing the ethics of Aristotle and Confucius", but Yu, nevertheless, does not find MacIntyre's "rejection of the possibility of the comparison between Aristotelianism and Confucianism to be acceptable" (Yu, 2007: 6-7). In what follows, I will present two ways in which adherents of virtue ethics interpretation of early Confucians have tried to meet MacIntyre's challenge.

III. "Negative" responses to MacIntyre's incommensurability challenge

One of the recent studies committed to comparison of Confucius and Aristotle is a study by Yu Jiyuan (2007). Before proceeding to the comparison itself, Yu Jiyuan attempts to clear methodological issues in comparative philosophy against MacIntyre's challenge of incommensurability. According to Yu Jiyuan, MacIntyre's position "is not clear" and MacIntyre "seems to be caught in confusion" (Yu, 2007: 7, 8). Where does Yu see this alleged confusion in

---

① See, for example, Ivanhoe, 2002: 167 n. 6.

MacIntyre's position? Yu explains that MacIntyre's understanding of the incommensurability of two rival systems is leading "to the impossibility of adjudicating their rival claims" (Yu, 2007: 7), but MacIntyre supposedly allows rational encounter and, something that Yu finds ironic. MacIntyre draws his conclusion about the incommensurability of Confucianism and Aristotelianism "through comparative study of these two theories" (Yu, 2007: 7). Thus Yu concludes that "MacIntyre seems to be caught in confusion between the result of comparative philosophy and its mere possibility" (Yu, 2007: 8). Citing MacIntyre's suggestion that mutual understanding becomes possible for adherents of rival systems after they learn each other's language, Yu gives us a hint where to look for resolving MacIntyre's confusion: "In saying this, however, the problem is no longer about the possibility of comparison, but about how comparison should be done and what qualities a comparativist needs to possess in order to get the job done appropriately. These are very different issues" (Yu, 2007: 7). While I agree with this particular claim of Yu, I cannot agree with the implications of his "no longer", which suggests that questioning the very possibility of comparison was the initial intention of MacIntyre's article and only Yu's interpretation clears up MacIntyre's position saving him from confusion. I see Yu Jiyuan here not as resolving MacIntyre's "confusion", but as clearing up his own misreading of MacIntyre's position.

Yu does not cite where MacIntyre claims that comparison is not possible or that such possibility is at the centre of MacIntyre's enquiry. Yu claims that "what is at stake is the possibility of comparison" (Yu, 2007: 7), but the article of MacIntyre holds no such claim. On the contrary, as MacIntyre says straightforwardly at the end of the article, his whole undertaking was to discuss and to "bring out... more generally something of how conversation between rival bodies of theory and practice, rooted in very different cultures, has to proceed, if its interchanges are not to be sterile" (MacIntyre, 1991: 120 – 121). Instead of arguing for (or against) the impossibility of comparison, MacIntyre was suggesting how we should compare and what an adequate and fruitful comparison is. As cited before, MacIntyre stressed the necessity that "we do not allow ourselves to forget that in *comparing* two fundamental standpoints at odds with each other...

we have no neutral, independent standpoint from which to do so", which simply means that "we *may compare* Confucianism and Aristotelianism from a Confucian standpoint, or from an Aristotelian" (MacIntyre, 1991: 121; emphasis added). Thus, it seems to me, MacIntyre's position, in this particular article at least, was all along not about possibility of comparison, but, in Yu Jiyuan's words, about *how* comparison should be done①.

If the main target of criticism of MacIntyre's incommensurability thesis for Yu Jiyuan was the alleged negation of the possibility of comparison, then for May Sim, who devotes the whole chapter in her book as a direct response to MacIntyre, it is the alleged negation of the mutual understanding and possibility of a dialogue. May Sim undertakes an attempt to show that Confucius employs ten categories of Aristotle, even without explicitly mentioning them, because "to show how these thinkers share a fundamental set of categories is also to show that there are grounds for a kind of commensurability and hence for the possibility of dialogue" (Sim, 2007: 50)②. May Sim further charges MacIntyre as maintaining that Confucianism and Aristotelianism "necessarily fail even to recognize the other's problems and moral shortcomings" (Sim, 2007: 70). She concludes that "even supposing these two ethical systems do not share all standards and measures, it does not follow that they are so radically disparate that they employ no kindred concepts or must necessarily find utterly unintelligible what the other advocates or repudiates" (Sim, 2007: 70).

In my earlier exposition, I have showed in some length how MacIntyre

---

① It is worth to note that for Kuhn, just as for MacIntyre, although in other contexts, incommensurability did not preclude comparability. According to Richard Bernstein, "Kuhn never intended to deny that paradigm theories can be compared—indeed *rationally* compared and evaluated. In insisting on incommensurability, his main point was to indicate the ways in which paradigm theories *can* and *cannot* be compared" (Bernstein, 1991: 87; emphasis in original).

② Similar project is developed by Edward Slingerland who suggests that "despite the quite different *content* of the respective visions of human flourishing found in the two traditions, there is a *structural* similarity with regard to the means by which these specific visions are thought to be realized" (Slingerland, 2001: 99; emphasis in original). Slingerland proceeds by "organizing a discussion of the *Analects* around a list of structural characteristics culled primarily from MacIntyre's *After Virtue*" (Slingerland, 2001: 99). According to Slingerland, this should prove that there is a structural commensurability between Aristotelian and Confucian traditions, which could be taken as a starting point of comparative work.

made clear that mutual understanding between the rival parties is not precluded (MacIntyre, 1991: 111). It is hard to see where May Sim finds MacIntyre's claims about "utterly unintelligible" positions of rival systems, when he is, in actuality, advocating for the possibility of the adherents of different cultures to learn each other's language "as a second first language" (MacIntyre, 1991: 111). And not only does MacIntyre, contrary to May Sim's claim, not suggest that the rival systems necessarily fail to see each other's problems, he is instead arguing for the possibility that those outside of a certain standpoint may recognize failures of it "even when it has gone unacknowledged by the adherents of the tradition of inquiry which has failed" (MacIntyre, 1991: 118).

The main source of these misunderstandings, in my opinion, is the tendency to take MacIntyre's claims as absolute when in reality they are not without important qualifications. For example, where MacIntyre says that he sees no "*neutral and independent* method of characterizing those materials in a way sufficient to provide *the type* of adjudication between competing theories of the virtues which I had once hoped to provide" (MacIntyre, 1991: 105; emphasis added), for his critics it is simply a claim about "impossibility of adjudicating [the] rival claims" (Yu, 2007: 7). Where MacIntyre stresses that the incommensurability is a relationship "over a certain period of time" and that "two different and rival conceptual schemes may be incommensurable at one stage of their development and yet become commensurable at another" (MacIntyre, 1991: 109), for Yu it stands out as problem, "if two incommensurable systems can reach mutual understanding, why are they still incommensurable?" (Yu, 2007: 9).

It is important to point out that here the language, in which MacIntyre formulates his critique, may make his position seem ambiguous. The "incommensurability" is a strong term that precludes variations in degree, thus making it difficult to conceptualize what a "lesser" incommensurability between two systems would look like. If there are no intermediate states of "lesser" incommensurability that would eventually lead to dissolution of incommensurable states, can we—and this is Yu's point—make sense out of the notion of "temporarily incommensurable" systems[①]? This view of incommensurability is correct, as Kuhn was also talking about "transition between incommensurables" that "must occur all at once (though not necessarily in an instant) or not at all" (Kuhn, 1970: 150). However, the impossibility of change in degree of some state does not preclude possibility of change of the state itself. No one can be "more" married today than one was yesterday, but one can certainly be married or not-married at different points of time.

Further, Yu Jiyuan claims that "one cannot deny the possibility of comparative philosophy on the basis that different traditions have different psychologies sociologies, and conceptual schemes" (Yu, 2007: 8). This reference most probably is a reaction to MacIntyre's claim that "every major theory of the virtues has internal to it, to some significant degree, its own philosophical psychology and its own philosophical politics and sociology" (MacIntyre, 1991: 105). However in this paragraph MacIntyre, contrary to Yu's claims, is not denying the possibility of comparative philosophy. He points out that various different areas of inquiry into human affairs are so interwoven that any account rich enough to be relevant for evaluation, for example, of theoretical claims about virtues, will already presuppose "one such theoretical stance regarding the virtues, rather than its rivals" (MacIntyre, 1991: 105). As contemporary Chinese philosopher Wan Junren notes in his article on Confucian and Aristotelian ethics, "different definitions of the conception of the virtuous person (the bearer of virtue) create a difference in explanatory context" (Wan, 2004: 124). Therefore, MacIntyre concludes, "there is just no neutral and independent method of characterizing those materials" (MacIntyre, 1991: 105).

At the same time, it is important to see where MacIntyre's critics do indeed enhance MacIntyre's position. Yu Jiyuan notes, "it appears that, for MacIntyre, incommensurability becomes such a crucial issue only because it is difficult to adjudicate between rival claims and determine which side is the winner for truth" (Yu, 2007: 8). MacIntyre shows in his paper that an adequate rational encounter between the two rival systems of thought and practice might result in

---

① I thank Roger Ames for drawing my attention to this point.

one system coming "in the light of its own standards of rationality, theoretical and practical, to be recognized by its own adherents as rationally inferior to some other rival and incompatible tradition" (MacIntyre, 1991: 117). MacIntyre elaborates on two conditions that have to be satisfied in order to judge the inferiority of one system. He also points out to the possibility that the adherents of the "inferior" system may not acknowledge it at the beginning, but "those external to that standpoint, who have incorporated within their own structures of understanding an accurate representation of that standpoint and its history, may on occasion be able to recognize such a condition of failure" (MacIntyre, 1991: 117 – 118).

Even if it is unintentional, the language of failure in MacIntyre's article supports Yu's charge that MacIntyre is looking for the winner in the cultural exchange and comparison. The fact that the examples of incommensurable systems that MacIntyre chooses come from the exact sciences, may also contribute to the belief that the cultural incommensurabilities are resolved in cultural "paradigm shifts" analogical to those in the sciences described by Thomas Kuhn (see Kuhn, 1970)①. It is highly questionable, if it is possible to reject the entire cultural system as a failure and it is not clear if such a wholesale rejection could result in a successful transition to some other system. The history of China's wholesale rejection of Confucian heritage during the early 20th century and Cultural Revolution of 60's and 70's may strengthen such doubts.

The concept cluster that surrounds the "incommensurability" term in its original context in Kuhn's book further fosters absolutist readings of MacIntyre's use of the term and the notion of "paradigm shift" plays an important part here②. If this notion is applied in intercultural studies, a possible reading of

---

① Hall and Ames point out specifically that "MacIntyre's examples of cultural incommensurability continue to be largely drawn from scientific models" (Hall and Ames, 1998: xii).

② Bernstein points out the difficulties that Kuhn's readers had with his use of "paradigm shift": "Such expressions as 'different worlds', 'conversion', and 'gestalt switches' led (or rather, misled) many sympathetic and unsympathetic readers to think that his conception of a paradigm is like a total self-enclosed windowless monad—and that a paradigm shift necessitates an 'irrational conversion'" (Bernstein, 1991: 88).

incommensurability is one that maintains the necessity for an adept of one cultural tradition to convert to another tradition (to shift between paradigms) by totally abandoning one's own. If one shifts paradigms and starts to accept Copernican heliocentric system, one cannot consistently keep subscribing—even partially—to Ptolemy's system with Earth as the stationary centre of the universe. But changes normally are less clear-cut in cultural exchanges where practical engagement does not require a complete theoretical agreement. As Hall and Ames point out, the sense of community between Anglo-Europeans depends much on invocation of terms such as "freedom" or "justice", despite the fact that there are numerous disagreements on theoretical content of these notions (see Hall and Ames, 1998: xv). Thus, MacIntyre is not suggesting that Aristotelian has to abandon Aristotelianism and to wholeheartedly become a Confucian, when he stresses that "what the Aristotelian will have had to provide for his or her own use will be a history of Confucianism written and understood from a Confucian point of view" (MacIntyre, 1991: 117). Probably a more suitable metaphor to describe intercultural exchanges is not a "paradigm shift", but a "tradition graft". When one plant is engrafted into another, the recipient plant may bear fruits of the graft, while at the same time keeping its original roots. Thus the responsible grafting helps to introduce new cultures to the old habitats without endangering the local cultures.

As much as MacIntyre presents cultural exchanges as eventually ascertaining superior theoretical accounts of world reality, Yu is correct suggesting that it would be "an extremely narrow conception of comparative philosophy that the goal of it is to determine, between the parties being compared, which side is the winner" (Yu, 2007: 8). However, in a more recent article on comparative issues, MacIntyre seems to have moved away from the discussion of how one of the rival systems is to acknowledge its inferiority. MacIntyre is still arguing how the ideas of rival theories might challenge each other, but that would require, in a constructive manner, a response rather than surrender:

> My suggestion is then that the differences between a Confucian account of the virtues and that advanced by Thomistic Aristotelians raises questions

for both. The Confucian emphasis upon the place of *li* [礼] among the virtues requires a response from Thomistic Aristotelians. And the Thomistic Aristotelian thesis about the kind of justification that an ethics of the virtues needs to supply requires a response from Confucians. (MacIntyre, 2004: 162)

Ⅳ. "Positive" responses to MacIntyre's incommensurability challenge

MacIntyre has consistently denied the possibility of a neutral ground for comparing the two rival systems. Bryan Van Norden in his book devoted to the early Confucian—he uses the more native name "Ruism" as a reference to *rujia* 儒家—and Mohist thought employs the distinction between thick and thin accounts of theories and objects (See Van Norden, 2007). For Van Norden, the thin description is simply "fixing" the topic that does not involve "distinctive concepts and commitments" of the participants of the discussion (Van Norden, 2007: 17). It seems that in setting the framework of comparison in terms of "thick" and "thin" accounts Van Norden tries to avoid that, in MacIntyre's words, second level of characterization where "predicates are applied in accordance with standards internal to and peculiar to each of the rival standpoints and such that each set of standards excludes the possibility of application for key predicates of its rival" (MacIntyre, 1991: 110). Thus, developing "thick" *versus* "thin" distinction as a method for comparative philosophy I take to be Van Norden's attempt to overcome MacIntyre's scepsis and to show just how possible it is to find a sufficiently neutral ground for intercultural comparisons.

Already in the beginning of his book Van Norden admits that the "major feature of my approach—the use of the categories of Western virtue ethics—is open to the charge that it inaccurately assimilates Aristotelianism and Ruism when these worldviews are, in fact, radically different" (Van Norden, 2007: 15). Because Aristotelians and Confucians "disagree significantly over many major issues", Van Norden attempts to avoid a possible distortion of any of the theories under investigation by employing the distinction between "thick" and "thin" accounts of the theory. Van Norden indicates that he develops this methodological approach from the insights of Gilbert Ryle, Clifford Geertz, Bernard Williams and Martha Nussbaum (Van Norden, 2007: 16 – 17). Van Norden describes the distinction as follows:

> We can give a "thin" description, which has little theoretical content and which can be shared by a broad range of discussants who might disagree significantly over many other matters. One might think of the thin description as simply "fixing" the topic of disagreement between participants in a discussion. In contrast, a "thick" description is the detailed account given by a particular participant in the discussion and framed in terms of the distinctive concepts and commitments of that participant. (Van Norden, 2007: 17)

According to Van Norden's explanation, "thin" description should have little theoretical content and be merely a fixation of disagreement. By keeping the theoretical content away from the description, we should be able to set the neutral ground for comparison where each system of thought can speak in its own voice. Thus, Van Norden suggests that it is possible to use such "thin" account of virtue ethics to interpret and explain early Confucian ideas (and probably ideas of other schools or traditions) without distortions.

The "thin" account of virtue ethics that Van Norden employs in his work includes four items. These four items are intended by Van Norden to be "thin" enough not to impose alien ideas and concepts on the system of thought in question, but also to be "thick" enough not to be empty, that is, void of any explanatory value. Thus, according to a "thin" description of virtue ethics, it is

> (1) an account of what a "flourishing" human life is like, (2) an account of what virtues contribute to leading such a life, (3) an account of how one acquires those virtues, and (4) a philosophical anthropology that explains what humans are like, such that they can acquire those virtues so

Neo-Aristotelian Confucianism? Problem of Incommensurability in the Virtue Ethics Interpretation of Early Confucians

as to flourish in that kind of life. (Van Norden, 2007: 21)

Thus the question is, if Van Norden's "thin description" of virtue ethics is a *thin* description or does it already have a significantly large theoretical content, which not necessarily fits best the classical Confucian ethics?

The first item in Van Norden's thin characterization of virtue ethics states that it is an account of what a "flourishing" human life is like. Van Norden admits that "flourishing" is a technical term in virtue ethics. Van Norden explains that "to flourish is to live a certain kind of life: a life characterized by the ordered exercise of one's capacities as a human" (Van Norden, 2007: 37). In a similar manner, Rosalind Hursthouse, while introducing neo-Aristotelianism, that is, "the particular version of virtue ethics" (Hursthouse, 1999: 8), singles out three main categories that make up the basic structure of this thought. "Flourishing", or one of the possible translations for *eudaimonia*, is one of these technical terms. This suggests that there is some theoretical content in the notion of flourishing and one could doubt, if the term does not turn Van Norden's description of virtue ethics into a "thick" description. As a way out, Van Norden avoids using the specific Greek word, which would necessarily add more theoretical content than Van Norden probably is willing to allow. For example, Hursthouse describes one difference between the Greek *eudaimonia* and the English "flourishing" by noting that "animals and even plants can flourish, but *eudaimonia* is only possible for rational beings" (Hursthouse, 1999: 9). There is a clear conceptual link between the notions of *eudaimonia* and rationality. This link is further strengthened by Aristotle's stress on intellectual virtue as the highest virtue (as opposed to moral virtue) and the importance of the contemplative life to *eudaimonia*: "for man, therefore, the life according to reason is the best and pleasantest, since reason more than anything else *is* man. This life therefore is also the happiest" (Aristotle, 2009: 7; cursive in translation). Van Norden uses theoretically less laden term, which is free from these important Aristotelian implications and points out that most of us at least understand the topic, when we hear the reference to the flourishing life, because "whatever philosophical position we pay lip service to, we sometimes act as if we think some ways of life are worth living, whereas others are not" (Van Norden, 2007: 37). These considerations allow us to accept that with the first item Van Norden manages to stick with a fairly thin characterization of ethical pursuits.

The second item in thin description of virtue ethics states that it is "an account of what virtues contribute to leading such a life" (Van Norden, 2007: 21). Here it seems that Van Norden has moved from fixing the topic to providing a culturally specific account of that topic, thus shifting, in fact, to the "thick" account. Van Norden's formulation suggests that the central part of leading a flourishing life is virtue, that is, one's personal quality. It may be argued that Van Norden does not directly advocate for neither the primacy nor the centrality of virtue for flourishing life in his account, but, as Richard A. H. King points out, the primacy and centrality of virtue category has to be assumed, if virtue ethics is to be a distinctive ethical outlook. In R. A. H. King's words,

> Virtue ethics, to be an interesting ethical position, has to posit the primacy of virtue—for naturally both utilitarians and duty ethicists think that virtues are important, insofar as dispositions of persons conflict with or contribute to fulfilling duties or maximising utility. But they are derivative in these systems; ... It has to be argued that virtue is the crucial concept. (King, 2011: 12)

This should strengthen our suspicion that Van Norden's "thin" account of *virtue ethics* is, actually, a "thick" account of *ethics*. There might be a consistent ethical vision that is concerned with a worthy—or flourishing—human life, but that takes, for example, rationally grasped sense of duty or human relationships as the primary contributor to leading such life. For example, the centrality of human relationships is pointed out in a review of empirical studies on happiness, which by many would be seen as a necessary part of flourishing life. These empirical studies show that "the objective predictors of happiness contain many weak effects and only one strong one, the latter being social connectedness" (Tice and Baumeister, 2001: 73).

Van Norden's third item further reiterates this idea of centrality of virtue to

Neo-Aristotelian Confucianism? Problem of Incommensurability in the Virtue Ethics Interpretation of Early Confucians

the flourishing life by claiming that any form of virtue ethics would be "an account of how one acquires those virtues" (Van Norden, 2007: 21). In such a view acquiring a certain virtue or set of virtues is understood as a goal of human activity, because it brings up the flourishing. The fourth item states that virtue ethics has to have "a philosophical anthropology that explains what humans are like, such that they can acquire those virtues so as to flourish in that kind of life" (Van Norden, 2007: 21). Once again it stresses the assumption of the centrality of virtue by suggesting that the understanding of human being has to accord to this specific view that takes virtue as the central part to the flourishing life. The important question has to be asked, if such centrality and primacy of virtue can be accepted as unproblematic starting position in interpreting early Confucian thought.

Some support to the idea that the category of virtue might be only derivative and secondary in the early Confucian accounts on flourishing human life can also be found among scholars who favour and encourage virtue ethics interpretation of Confucianism. Consider this account of Kongzi's view on ethics, provided by P. J. Ivanhoe:

> At the heart of Kongzi's conception of the proper life for human beings—the "Way" (*dao* 道) —is a model of a harmonious and happy family, one whose different members each contribute to the welfare and flourishing of the whole, according to their role-specific obligations. These obligations—serving as a mother, a father, an elder brother, etc. —and the practices and norms associated with them were the primary guides to the moral life. In this sense, the family served as the basic paradigm for the well-lived life. However, the moral life did not end with the family. One had roles to fulfil in society as well. (Ivanhoe, 2002: 1)

This passage does not give any hint of the centrality of a theory of character traits, that is, virtues to the extent that it could fit Van Norden's thin description of virtue ethics.

The above analysis should help us appreciate fully the fact that Van Norden is providing not simply a thin description of ethics, but a thin description of *virtue* ethics. This means that we are dealing, after all, with a *thick* account, which is not free of theoretical content, as MacIntyre's understanding of a neutral ground for comparisons would require and what Van Norden's distinction between "thick" and "thin" attempts to achieve. Van Norden's "thin" account of virtue ethics, to put it once more in MacIntyre's words, deals with the "second level of characterization that predicates are applied in accordance with standards internal to and peculiar to each of the rival standpoints and such that each set of standard excludes the possibility of application for key predicates of its rivals" (MacIntyre, 1991: 110). This does not necessarily disqualify this particular framework from use in the comparative philosophy, but it requires us not to forget the thickness, that is, the specific theoretical content of the framework in use. If, on the other hand, Van Norden would try to avoid the "thickness" we have prescribed to his account and would attempt to take the term "virtue" and its role in the ethical thinking in a more moderate version, then the thin description of virtue ethics gets so thin that it looses its explanatory power. In other words, such account would not meet MacIntyre's requirement that the neutral ground should not be "at so bare a level of characterization that it will be equally compatible with far too many rival bodies of theory" (MacIntyre, 1991: 105).

Obviously, this risk is also acknowledged by Van Norden, who agrees that, according to the moderate version of virtue ethics, Kantian ethics would also encompass all four traits of the thin description of virtue ethics. At the same time, Van Norden's analysis provides a good explanation why Kantian ethics is still better described as deontology than a form of virtue ethics:

> However, in the more moderate versions of virtue ethics, the four components above are logically dependent on consequentialist or deontological aspects of the ethical view. Kant, for example, has a conception of the four items above, but they appear primarily in his seldom-read *The Doctrine of Virtue*, and he thinks of *virtues as helping* one to follow the deontological strictures of the categorical imperative. (Van Norden, 2007: 34; emphasis added)

By the same logic and following Ivanhoe's previously quoted claim that what underlies Kongzi's conception of proper life are familial relations and "the practices and norms associated with them", one wonders in what sense can we call such position a form of *virtue ethics*, if Kongzi sees virtues as secondary, that is, only *as helping* one to fulfil the obligations imbedded in familial relations. However, insofar as Van Norden's "thin" account of virtue ethics claims explanatory power that would not be applicable for too many rival theories, the *centrality and primacy* of virtue has to be assumed. A theoretical, or at least a conceptual collision seems to take place here, which does not allow "thin" description of virtue ethics to be seen as a comparative framework, which has "little theoretical content", and which can be shared by a "broad range of discussants who might disagree significantly over many other matters" (Van Norden, 2007: 17). It follows then, that the use of virtue ethics framework to interpret early Confucian texts remains open to the charge against the pitfalls of attempting to explain one incommensurable thought system in terms of other incommensurable system.

V. Conclusion

MacIntyre's article on incommensurability presents a valid and important challenge for comparative philosophers who are employing conceptual framework of one tradition to explain the ideas of the other. MacIntyre's position has generated several responses among the proponents of virtue ethics interpretation of early Confucian ethics, and these responses employ different strategies to meet incommensurability challenge. The article has showed how "negative" attempts to refute MacIntyre's challenge by maintaining that it is supported by contradictory and confused claims are not successful, as they tend to misread MacIntyre's original position. On the other hand, the "positive" attempt to meet MacIntyre's challenge by providing "thin" description of virtue ethics as a neutral and not sterile ground for comparisons between Aristotelian and Confucian traditions is not successful, as it either does no meet requirement of neutrality, or (in its more moderate version) becomes applicable for too many rival theories, thus hurting the explanatory powers of the suggested framework. This leaves the necessity to justify the use of non-Chinese conceptual frameworks in explaining early Confucian ethical thought.

References

AMES R T, 2011. Confucian role ethics: a vocabulary[M]. Hong Kong: Chinese University Press.

AMES R T, ROSEMONT H, Jr, 1998. The analects of Confucius: a philosophical translation[M]. New York: Ballantine Books.

AMES R T, ROSEMONT H, Jr, 2011. Were the early Confucians virtuous? [M]//FRASER Ch, ROBINS D, O'LEARY T. Ethics in early China: an anthology. Hong Kong: Hong Kong University Press: 17–39.

ARISTOTLE, 2009. Nicomachean ethics[M]. tr. by ROSS D. Oxford: Oxford University Press.

BERNSTEIN R J, 1991. Incommensurability and otherness revisite[M]// DEUTSCH E. Culture and modernity: East-West philosophic perspectives. Honolulu: University of Hawaii Press: 85–103.

CUA A S, 1998. Moral vision and tradition: essays in Chinese ethics[M]. Washington, D. C.: The Catholic University of America Press.

HALL D L, AMES R T, 1995. Anticipating China: thinking through the narratives of Chinese and western culture[M]. Albany: State University of New York Press.

HALL D L, AMES R T, 1998. Thinking from the Han: self, truth, and transcendence in Chinese and western culture[M]. Albany: State University of New York Press.

HURSTHOUSE R, 1999. On virtue ethics[M]. Oxford: Oxford University Press.

IVANHOE P J, 1993. Confucian moral self cultivation[M]. New York: Peter Lang.

IVANHOE P J, 2002. Ethics in the Confucian tradition: the thought of Mengzi and Wang Yangming[M]. Indianapolis, Cambridge: Hackett Publishing Company, Inc.

KING R A H, 2011. Rudimentary remarks on comparing ancient Chinese and

Greco-Roman ethics[M]//KING R A H, SCHILLING D. How should one live? Comparing ethics in ancient China and Greco-Roman antiquity. Berlin, Boston: Walter de Gruyter: 3 –17.

KUHN T S, 1970. The Structure of Scientific Revolutions[M]//International Encyclopedia of Unified Science: Vol. 2, No. 2. Chicago: University of Chicago Press.

MACINTYRE A, 1991. Incommensurability, truth, and the conversation between Confucians and Aristotelians about the virtues[M]//DEUTSCH E. Culture and modernity: East-West philosophic perspectives. Honolulu: University of Hawaii Press: 104 – 122.

MACINTYRE A, 2004. Once more on Confucian and Aristotelian conceptions of the virtues: a response to Professor Wan[M]//WANG R R. Chinese philosophy in an era of globalization. Albany: State University of New York Press: 151 – 162.

MACINTYRE A, 2013. On having survived the academic moral philosophy of the twentieth century[M]//O'ROURKE F. What happened in and to moral philosophy in the twentieth century? Philosophical essays in honor of Alasdair Macintyre. Notre Dame, Indiana: University of Notre Dame Press: 17 – 34.

ROSEMONT H, Jr, AMES R T, 2009. The Chinese classic of family reverence: a philosophical translation of the Xiaojing[M]. Honolulu: University of Hawaii Press.

SIM M, 2007. Remastering Morals with Aristotle and Confucius[M]. Cambridge: Cambridge University Press.

SLINGERLAND E, 2001. Virtue ethics, the analects, and the problem of commensurability[J]. The journal of religious ethics, 29 (1): 97 – 125.

TICE D M, BAUMEISTER R F, 2001. The primacy of the interpersonal self [M]//SEDIKIDES C, BREWER M B. Individual self, relational self, collective self. Philadelphia: Psychology Press: 71 – 88.

VAN NORDEN B W, 2007. Virtue ethics and consequentialism in early Chinese philosophy[M]. Cambridge: Cambridge University Press.

WAN J, 2004. Contrasting Confucian virtue ethics and MacIntyre's Aristotelian virtue theory[M]//WANG R R. Chinese philosophy in an era of globalization. tr. by SLINGERLAND E. Albany: State University of New York Press: 123-149.

YU J, 2007. The ethics of Confucius and Aristotle: mirrors of virtue[M]. New York and London: Routledge.

"庄生传颜氏之儒"
——章太炎与"庄子即儒家"议题

杨海文

庄子与儒家有着密切的关系:从庄子是道家看,这种关系隶属于儒道互补之思;从庄子是儒家看,这种关系转换为"庄子即儒家"议题。前者是传统观点,众所周知;后者始于韩愈(768—824),津津乐道者不少,知其详情者不多。"庄子即儒家"在儒道互补之外,创新并丰富了庄子与儒家的思想史关联,开显并证成了奇正相生的辩证之境。庄学大师章太炎(1869[①]—1936)至少有五种文献(早年两种、晚年三种)涉及这一议题,并以"庄生传颜氏之儒"为画龙点睛之笔,可让我们管窥"庄子即儒家"议题的历史衍化及其独特内涵。

一、"率尔之辞"

1906年9月,旅居日本的章太炎接任《民报》主编,并成立国学讲习会。《章太炎年谱长编(增订本)》记述:"国学讲习会出有《国学讲习会略说》,铅字排印本,日本秀光社印行,1906年9月出版,署黄帝纪元六百四年[②],收《论语言文字之学》、《论文学》、《论诸子学》三篇。《论诸子学》,即同年七月二十、八月二十日出版之《国粹学报》丙午第八、第九号所载章氏所著《诸子学略说》……"[③]

《论诸子学》指出:

[①] 章太炎生于农历一八六八年十一月三十日,系公历1869年1月12日。年谱常用农历,其他著述通行公历。

[②] 1906年是黄帝纪元4603年,而非604年。这一笔误,汤志钧一直未予更正。参见汤志钧《章太炎年谱长编》上册,中华书局1979年版,第216页;汤志钧《章太炎年谱长编(增订本)》上册,中华书局2013年版,第125页。笔误是否源自秀光社排印本,待考。

[③] 汤志钧:《章太炎年谱长编(增订本)》上册,中华书局2013年版,第125页。

> 或谓子夏传田子方，田子方传庄子，是故庄子之学，本出儒家。其说非是。《庄子》所述如庚桑楚、徐无鬼、则阳之徒多矣，岂独一田子方耶？以其推重子方，遂谓其学所出必在于是，则徐无鬼亦庄子之师耶？南郭子綦之说为庄子所亟称，彼亦庄子师耶？①

韩愈是"庄子即儒家"议题的第一推手，其《送王秀才序》有言："盖子夏之学，其后有田子方；子方之后，流而为庄周：故周之书，喜称子方之为人。"② 寻思这段话，最成问题的是第二句，第三句因佐证第二句变得亦有问题。蔡元培（1868—1940）留德期间写的《中国伦理学史》评价："其说不知所本。"③ 章太炎拿第三句开刀，借此证伪第二句，得出"其说非是"的结论，明显不赞成韩愈的说法。究其实，这类评论尚在"庄子即儒家"议题之外，并未入乎其内。

《章太炎年谱长编（增订本）》记述：光绪三十三年（1907）"十二月二十日（1908年1月23日），《国粹学报》丁未年第十二号出版，'社说'栏有《某君与人论国粹学书》二封，即《别录》卷二《与人论国学书》和《再与人论国学书》"④。

《与人论国学书》指出：

> 至以庄子为子夏门人（《经解上》），盖袭唐人率尔之辞，未尝订实。以庄生称田子方，遂谓子方是庄子师，斯则《让王》亦举曾、原，而则阳、无鬼、庚桑诸子，名在篇目，将一一皆是庄师矣。⑤

这里对庄子为子夏门人之说的否定及其证词，与《论诸子学》如出一辙。所不同者，它把矛头指向章学诚（1738—1801）。《文史通义·经解上》云："荀、庄皆出子夏门人，而所言如是，六经之名，起于孔门弟子

---

① 朱维铮、姜义华编注：《章太炎选集（注释本）》，上海人民出版社1981年版，第371页。
② 韩愈著，钱仲联、马茂元校点：《韩愈全集》，上海古籍出版社1997年版，第212页。
③ 高平叔：《蔡元培全集》第2卷，中华书局1984年版，第29页。
④ 汤志钧：《章太炎年谱长编（增订本）》上册，中华书局2013年版，第146页。
⑤ 《章太炎全集》第4册，上海人民出版社1985年版，第354页。按，个别标点符号略有校改。

"庄生传颜氏之儒"——章太炎与"庄子即儒家"议题

亦明矣。"①《校雠通义·汉志六艺》云:"荀、庄皆孔氏再传门人,(二子皆子夏氏门人,去圣未远。)其书明著六经之目,则《经解》之出于《礼记》,不得遂谓剿说于荀卿也。"②章学诚像韩愈一样认为庄子乃子夏门人,章太炎讥评其是"未尝订实"的"率尔之辞"。

章太炎手定的《国故论衡》及《太炎文录》未收《论诸子学》③,《与人论国学书》则被收入《太炎文录初编》别录卷二。章太炎早年虽然注意到"庄子即儒家"这一议题,但并不觉得它具有足够的学术含量。《论诸子学》以"或谓"、《与人论国学书》以"唐人"指称韩愈,又先后断以"其说非是""率尔之辞",轻蔑之意跃然纸上。大体而言,清末的章太炎只是"庄子即儒家"议题的消极评论者,还不是积极的参与者。

二、接着韩愈讲

1922年4—6月,章太炎应江苏省教育会之约,在沪讲授国学,共十讲。《章太炎年谱长编(增订本)》记述:"《国学讲演记录》(《申报》,1922年4月2日、8日、9日、16日、23日,5月1日、7日、14日、15日、28日,6月4日、11日、18日)。《国学概论》(曹聚仁编,1922年11月1日上海泰东图书局铅字排印本,一册)。"④又云:"章氏讲演,曹聚仁曾将记录整理,于本年11月1日由上海泰东图书局铅字排印,以《国学概论》为题出版,记录较《申报》为详,间有《申报》所录而为《国学概论》刊落者。此外,另有张冥飞笔述的《章太炎先生国学讲演集》,1924年平民印书局再版本。"⑤

由曹聚仁(1900—1972)整理的《国学概论》,流布极广,影响极大。曹聚仁晚年的《从一件小事谈起》曾把它与钱穆(1895—1990)的同名著作进行比较:"钱先生的《国学概论》并不坏,坊间还有许多同一课题的书;不过,全国大中学采用最多的,还是章太炎师讲演,我所笔录

---

① 章学诚著、叶瑛校注:《文史通义校注》上册,中华书局1994年版,第93-94页。按,个别标点符号略有校改。
② 章学诚著、叶瑛校注:《文史通义校注》下册,中华书局1994年版,第1021页。
③ 参见汤志钧《章太炎年谱长编(增订本)》上册,中华书局2013年版,第138页。
④ 汤志钧:《章太炎年谱长编(增订本)》上册,中华书局2013年版,第399页。按,个别标点符号略有校改。
⑤ 汤志钧:《章太炎年谱长编(增订本)》上册,中华书局2013年版,第397页。

的那部《国学概论》,上海泰东版,重庆文化服务版,香港创垦版,先后发行了三十二版,日本也有过两种译本。"①

《国学概论》第三章《国学之派别(二)——哲学之派别》指出:

> 儒家之学,在《韩非子·显学篇》说是"儒分为八",有所谓颜氏之儒。颜回是孔子极得意门生,曾承孔子许多赞美,当然有特别造就。但孟子和荀子是儒家,记载颜子的话很少,并且很浅薄;《庄子》载孔子和颜回的谈论却很多。可见颜氏的学问,儒家没曾传,反传于道家了。《庄子》有极赞孔子处,也有极诽谤孔子处;对于颜回,只有赞无议,可见庄子对于颜回是极佩服的。庄子所以连孔子也要加抨击,也因战国时学者托于孔子的很多,不如把孔子也驳斥,免得他们借孔子作护符。照这样看来,道家传于孔子为儒家;孔子传颜回,再传至庄子,又入道家了。至韩退之以庄子为子夏门人,因此说庄子也是儒家;这是"率尔之论,未尝订入实录"。他因为庄子曾称田子方,遂谓子方是庄子的先生;那么,《让王篇》也曾举曾、原,则阳、无鬼、庚桑诸子,也都列名在篇目,都可算做庄子的先生吗?②

与《论诸子学》《与人论国学书》相比,《国学概论》戏论谁都可为庄了之师,这是大同;点名道姓批评韩愈,这是小异;让颜子出场,这是大异。

在章太炎看来,《孟子》《荀子》论颜子,不仅少,而且浅薄;《庄子》不然,它对孔子既有赞亦有弹,对颜子却有赞而无弹,可见庄子极其敬佩颜子,"老子→(孔子→颜子)→庄子"的传承实际上是"道家→儒家→道家"的复归。另外,孔门有德行、言语、政事、文学四科,颜子属德行科,子夏属文学科(《论语》11·3③);《庄子》从未提过子夏,却有15个与颜子相关的场景(依次为:《人间世》1个、《大宗师》2个、《天运》1个、《至乐》1个、《达生》1个、《山木》1个、《田子方》3

---

① 曹聚仁:《中国学术思想史随笔》,生活·读书·新知三联书店1986年版,第3页。
② 章太炎讲演、曹聚仁整理:《国学概论》,中华书局2009年版,第35页。按,个别标点符号略有校改。
③ 此种序号注释,以杨伯峻译注的《论语译注》(中华书局1980年第2版)为据,11·3即第11章第3则,下同;个别标点符号略有校改,兹不一一标注。

"庄生传颜氏之儒"——章太炎与"庄子即儒家"议题

个、《知北游》1个、《让王》2个、《盗跖》1个、《渔父》1个)①。章太炎把庄子的师承由子夏变成颜子,就韩愈无视《庄子》从未提过子夏而言,这是正本清源;就章学诚拿子夏传经做文章而言,这里蕴含从文献传授(文学科)转向德性成长(德行科)的深意。

1922年的《国学概论》让颜子出场,可以视为章太炎对其早年思想的否定与超越。章太炎1899年12月25日发表的《今古文辨义》有言:"孔子贤于尧、舜,自在性分,非专在制作也。昔人言禹入圣域而未优,斯禹不如尧、舜也;颜渊言欲从末由,斯颜不如孔也。此其比较,皆在性分之内,岂在制作哉!"②颜子不是这段话的主角,但"颜不如孔"四字分外醒目。而立之际,章太炎是尊荀健将。1900年出版的《訄书初刻本》即以《尊荀》开篇③。几年后的《訄书重订本》虽然删去《尊荀》,但其中的《订孔》仍说:"夫孟、荀道术皆踔绝孔氏,惟才美弗能与等比,故终身无鲁相之政,三千之化。""荀卿学过孔子,尚称颂以为本师。此则如释迦初教本近灰灭,及马鸣、龙树特弘大乘之风,而犹以释迦为本师也。"④与此相比,《国学概论》认为庄子的"无我"这一主张很高深,"孟、荀见不到此;原来孔子也只推许颜回是悟此道的。所以庄子面目上是道家,也可说是儒家"⑤。章太炎由早年尊荀到晚年尊颜,这一变化耐人寻味。

《国学概论》讨论颜、庄的关系,因其说过"孔子传颜回,再传至庄子",已可提炼为"庄生传颜氏之儒",并与韩愈讲的"庄子本子夏之徒"大异其趣;因其说过"庄子面目上是道家,也可说是儒家",又与韩愈开出的"庄子即儒家"议题同气相投。从论证方式、思想定位看,章太炎显然沿袭了韩愈的路数——不是原封不动地照着讲,而是推陈出新地接着讲。

---

① 参见崔大华《庄学研究》,人民出版社1992年版,第347-349页。按,该书以"次"表述欠妥,我们改用"场景/个"表述。
② 汤志钧:《章太炎政论选集》上册,中华书局1977年版,第109-110页。
③ 参见朱维铮校点《訄书初刻本》,载《章太炎全集》第3册,上海人民出版社1984年版,第7-8页。
④ 朱维铮校点:《訄书重订本》,载《章太炎全集》第3册,上海人民出版社1984年版,第135页。
⑤ 章太炎讲演、曹聚仁整理:《国学概论》,中华书局2009年版,第39页。

首先，从论证方式看。不管是韩愈把庄子与子夏相比，还是章太炎把庄子与颜子相比，两者都是拿庄子与儒家相比，这是论证方式之同。一则以子夏，一则以颜子，仅是具体结论之异，无法遮蔽论证方式之同。

其次，从思想定位看。韩愈的《送王秀才序》有言："故学者必慎其所道，道于杨、墨、老、庄、佛之学，而欲之圣人之道，犹航断港绝潢以望至于海也；故求观圣人之道，必自孟子始。"① 意思是说：庄子虽是子夏后学，最终却归本道家，因此不能与孟子相提并论，反而是儒家眼里的异端。《国学概论》论"老子→（孔子→颜子）→庄子"与"道家→儒家→道家"的关联，也是认为庄子先求学于儒家，后归依于道家。这是思想定位之同。为何如此？《国学概论·哲学之派别》讲道："周秦诸子，道、儒两家所见独到；这两家本是同源，后来才分离的。"② 同源未必同归，庄子是"半途而废"的儒家，此乃韩愈、章太炎之同。

《国学概论·哲学之派别》还指出：

> 道家的庄子以时代论，比荀子早些，和孟子同时，终没曾见过一面。庄子是宋人，宋和梁接近；庄子和惠子往来，惠子又为梁相，孟子在梁颇久，本有会面的机会；但孟子本性不欢喜和人家往来，彼此学问又不同，就不会见了。③

两宋学者讨论过孟子、庄子为何同时却互不相及，这也是与"庄子即儒家"议题相关的内容。1922 年的沪上讲座不仅提出"庄生传颜氏之儒"，而且关注"庄孟互不相及"，足见章太炎已从消极的批评者转变为积极的参与者，"庄子即儒家"议题的分量变得越来越重。

---

① 韩愈著，钱仲联、马茂元校点《韩愈全集》，上海古籍出版社 1997 年版，第 212 页。
② 章太炎讲演、曹聚仁整理：《国学概论》，中华书局 2009 年版，第 35 页。
③ 章太炎讲演、曹聚仁整理：《国学概论》，中华书局 2009 年版，第 37 页。

"庄生传颜氏之儒"——章太炎与"庄子即儒家"议题

三、颜氏之儒的传人

章太炎别号菿汉阁主①，世称菿汉大师，著有《菿汉微言》《菿汉昌言》《菿汉雅言札记》三种②。《章太炎年谱长编（增订本）》记述《章氏丛书续编》（1933年北平刊本）有《菿汉昌言》6卷，并注"章氏国学讲习会另有单行本"③。今人虞云国据高景成（1916—2009）的《章太炎年谱》所引《民国名人图鉴》的一段话，认为《菿汉昌言》成书于1925年以后④。《菿汉昌言》于1933年刊行，但成书时间较为模糊。有鉴于此，章门大弟子黄侃（1886—1935）的《寄勤闲室日记（辛未四月）》值得重视。

1931年5月31日，黄侃日记云："奉先生卅日书，又补《春秋疑义答问》五条，又说《文王受命辨》（师新作，附入《菿汉昌言》者）大意。与鹰若书，问所称《菿汉昌言》在予处之说。"⑤《文王受命辨》当指《菿汉昌言·区言一》"西伯受命称王……何其自为矛盾欤"⑥一段，加上"师新作"云云，表明《菿汉昌言》仍在创作之中。"问所称《菿汉昌言》在予处之说"⑦，则显示手稿早就存于黄侃那里。6月1日日记："遍搜箧中，果得师《菿汉昌言》手稿，亟书告鹰若。"6月14日日记："得鹰若

---

① 菿，有大、明二义，音dào；章太炎读倬，音zhuō。1915年10月21日，章太炎致函夫人汤国梨："吾寓称菿汉章寓，菿字音倬。"（汤国梨编次：《章太炎先生家书》，上海古籍出版社1985年版，第81页之二。按，引文为引者释读并加标点符号）菿，如何读音？虞云国转述朱维铮之说："蒙复旦大学朱维铮教授转告：太炎门人与家人皆读为zhuō，始使未能亲炙太炎的后代学人确知其读音。"（《本书说明》，载章太炎著、虞云国标点整理《菿汉三言》，辽宁教育出版社2000年版，第3页）

② 章太炎另有《菿汉闲话》一篇（参见《太炎文录续编》卷1，载《章太炎全集》第5册，上海人民出版社1985年版，第106-114页）。

③ 汤志钧：《章太炎年谱长编（增订本）》上册，中华书局2013年版，第544页。

④ 参见《本书说明》，载章太炎著、虞云国标点整理《菿汉三言》，辽宁教育出版社2000年版，第1-2页；《前言》，载章太炎著、虞云国校点《菿汉三言》，上海书店出版社2011年版，第2页。

⑤ 黄侃著、黄延祖重辑：《黄侃日记》下册，中华书局2007年版，第711页。按，书名号为引者所加，下同。

⑥ 章太炎著、虞云国校点：《菿汉三言》，上海书店出版社2011年版，第108-109页。

⑦ 《与黄侃 25通》，载马勇编《章太炎书信集》，河北人民出版社2003年版，第194-216页。惜无章太炎询问《菿汉昌言》在黄侃之处一通。

· 289 ·

快书，内有补《昌言》稿廿九纸。"① 黄侃果然存有手稿，鹰若（孙世扬，1892—1947）又寄来补稿，可见《蕲汉昌言》早已成其大端，但时有增补，只是影响甚微，否则黄侃不会束之高阁乃至久则遗忘。

由黄侃日记与高景成写的年谱可知，《蕲汉昌言》的成书不是一蹴而就的，而是断断续续的。大致说来，它成书于20世纪20年代后期至30年代初期，始于1925年之后，终于1931—1933年之间。这一判定不影响我们描述并评析章太炎论"庄子即儒家"的心路历程。

《蕲汉昌言·经言一》指出：

> 庄生传颜氏之儒（颜氏之儒，见《韩非·显学篇》），述其进学次第。《田子方篇》：颜渊曰："夫子步亦步，夫子趋亦趋，夫子驰亦驰，夫子奔逸绝尘，而回瞠若乎后矣！"此盖仰高钻坚瞻前忽后之时也。《人间世篇》：仲尼告以心斋，颜回曰："回之未始得使，实自回也；得使之也，未始有回也。"此与克己相应者也。《大宗师篇》：颜回曰："回忘仁义矣。"仲尼曰："可矣，犹未也。"他日复见，曰："回忘礼乐矣！"仲尼曰："可矣，犹未也。"他日复见，曰："回坐忘矣。"仲尼蹴然曰："何谓坐忘？"颜回曰："堕枝体，黜聪明，离形去知，同于大通，此谓坐忘。"仲尼曰："同则无好也，化则无常也。而果其贤乎丘也，请从而后也。"夫告以为仁之道而能忘仁，告以复礼而能忘礼，离形去知，人我与法我同尽，斯谓"克己"。同于大通，斯谓"天下归仁"。此其造诣之极也。世儒徒见其云瞠乎后者，以为贤圣相去，才隔一臂，望其卓尔力不能从，于是颜苦孔之卓之论起，遂成大谬，不悟仲尼方请从颜渊后也。盖非与仁冥，不能忘仁；非与礼冥，不能忘礼。所见一豪不尽，不能坐忘。忘有次第，故曰屡空。非谓一有一无，如顾欢之说也。由是言之，云其心三月不违仁者，尔时犹有仁之见也，逾三月则冥焉忘之矣。由仁义行，非行仁义，斯时违与不违皆不可说。（"得一善则卷卷服膺而弗失"，此子思述先君子语。盖难尽信。）②

---

① 黄侃著、黄延祖重辑：《黄侃日记》下册，中华书局2007年版，第711、713页。
② 章太炎著、虞云国标点整理：《蕲汉三言》，辽宁教育出版社2000年版，第69-70页。按，标点略有校改。

"庄生传颜氏之儒"——章太炎与"庄子即儒家"议题

区别于《国学概论》讲"庄生传颜氏之儒",《菿汉昌言》不只是一语破的,更是条分缕析。"述其进学次第"既钩沉了《庄子》中的颜子形象嬗变史,又把颜子的德性成长纳入儒学解读之中。

谈《庄子》中的颜子形象嬗变,离不开与孔子进行比较。《田子方》以"瞠若乎后"写照颜子对孔子的敬仰:"夫子步,亦步也;夫子言,亦言也;夫子趋,亦趋也;夫子辩,亦辩也;夫子驰,亦驰也;夫子言道,回亦言道也;及奔逸绝尘而回瞠若乎后者,夫子不言而信,不比而周,无器而民滔乎前,而不知所以然而已矣。"①《人间世》中的颜子,仍是虚心向孔子求教的学生。可到了《大宗师》,面对颜子讲的"堕肢体,黜聪明,离形去知,同于大通,此谓坐忘",孔子喟叹"请从而后"②,孔颜关系出现根本变化。

凡是道德实践主体,无不心存德性成长的焦虑。颜子"瞠若乎后"于孔子,向善的企盼油然而生。孔子曾说:"回之为人也,择乎中庸,得一善,则拳拳服膺而弗失之矣。"③(《礼记·中庸》)尽管章太炎不认可这种说法,但是,经由孔子告以心斋,直至颜子悟出坐忘,它确是颜子自身德性不断成长的必由之路。道德实践主体的德性一旦获得真切、圆融的成长,就能成为他人的榜样。青出于蓝而胜于蓝,孔子是以"请从而后"于颜子。两个"后"字刻画了《庄子》版的孔颜乐处:颜子因"后"而天天向上,孔子因"后"而虚怀若谷,德性成长是相互的,向善永无止境;在终极意义上,成德达才实无孰先孰后之分,更不存在谁高谁低之别。

章太炎从《田子方》讲到《大宗师》,不是为了彰显"瞠若乎后"于孔子的颜子——这样做有可能沦于《法言·学行》所说"颜苦孔之卓之至也"④的地步,而是旨在表彰孔子"请从而后"的颜子。对于颜子,庄子尽是赞誉,章太炎则用《论语》《孟子》予以诠释:

> 颜渊问仁。子曰:"克己复礼为仁。一日克己复礼,天下归仁焉。为仁由己,而由人乎哉?"(《论语》12·1)

---

① 郭庆藩撰、王孝鱼点校:《庄子集释》第3册,中华书局1961年版,第706—707页。
② 郭庆藩撰、王孝鱼点校:《庄子集释》第1册,中华书局1961年版,第284—285页。
③ 阮元校刻:《十三经注疏(附校勘记)》下册,中华书局1980年版,第1626页中栏。
④ 扬雄撰、韩敬注:《法言注》,中华书局1992年版,第22页。

· 291 ·

子曰:"回也其庶乎,屡空。赐不受命,而货殖焉,亿则屡中。"(《论语》11·19)

子曰:"回也,其心三月不违仁;其余,则日月至焉而已矣。"(《论语》6·7)

孟子曰:"人之所以异于禽兽者几希,庶民去之,君子存之。舜明于庶物,察于人伦,由仁义行,非行仁义也。"(《孟子》8·19①)

为何心斋只是与克己相应?盖因它是孔子的教法,而非颜子的自证。从心斋到坐忘,克己又是必需的。坐忘分成两段:前一段,离形去知对应克己②;后一段,同于大通对应天下归仁。为何同于大通是颜子造诣之极的体现?盖因它是颜子的自证,而非孔子的教法。世儒仅仅看到"瞠若乎后"于孔子的那个颜子,但孔子"请从而后"的这个颜子才是至关重要的。以往的颜子,"得一善,则拳拳服膺而弗失之矣","其心三月不违仁";此时的颜子,"忘有次第,故曰屡空",已臻"由仁义行,非行仁义"之境。先心斋再坐忘,且由心斋而入坐忘,方能从念念不忘地"行仁义"(理事无碍)升华至无适无莫地"由仁义行"(事事无碍)。坐忘高于心斋,坐忘是最高的道德实践境界。

把坐忘视作颜子的最高成就,如果从儒道互补之思看,它是庄子对颜子所做的道家化解读,属于儒家人物被予以道家化叙事的范畴,且在庄子哲学建构中举足轻重③。换句话说,坐忘是道家而不是儒家的工夫—境界,颜子是以儒家身份登峰造极地领悟了道家的精髓。我们为何认为章太炎是从"庄子即儒家"的议题看问题呢?这里把它与1915—1916年成书④的

---

① 此种序号注释,以杨伯峻译注的《孟子译注》(中华书局2010年第3版)为据,8·19即第8章第19则。

② 《菿汉昌言·经言一》云:"克己有二:断人我见,则烦恼障尽,故人不堪其忧而颜子自不改其乐;断法我见,则所知障尽,于是离于见相。"(章太炎著、虞云国标点整理:《菿汉三言》,辽宁教育出版社2000年版,第69页)

③ 参见杨海文《"互文"与"互动":儒道关系新论》,载《福建论坛(人文社会科学版)》2005年第6期,第48–51页;杨海文《化蛹成蝶——中国哲学史方法论断想》,齐鲁书社2014年版,第157–158页。

④ 参见汤志钧《章太炎年谱长编(增订本)》上册,中华书局2013年版,第296页。

《菿汉微言》做个比较。

《菿汉微言》第75则、第90则，亦论坐忘。第75则指出："依何修习而能无意无我？颜回自说坐忘之境……自胜之谓'克己'，慢与慢消，故云'复礼'。我与我尽平等，性智见前，此所以'为仁'也。颜回庶几之才，闻一知十，乍聆胜义，便收坐忘之效。"① 它既用"克己复礼为仁"阐释坐忘，又用"平等""性智"把颜子往佛学那边靠，但没有用孔子说的"请从而后"来高度评价颜子的坐忘境界。第90则先是认为"颜渊坐忘，所至卓绝"，拿《成唯识论》验证一番以后，结论却是"颜渊始证初地，后证三地"，末尾还对"世人以佛法说孔、颜事，往往奢言无限，不相剀切"批评了一通，因为坐忘并未达至四地——"微细我见烦恼永灭者，四地位也"②。仅就这两则材料看，《菿汉微言》一则以佛解儒，坐忘自然算不上最大成就；二则庄子缺席，庄子与颜子没有对接起来，与"庄子即儒家"议题尚有极大的距离。

实际上，《菿汉微言》是章太炎论"庄子即儒家"由消极评论者到积极参与者的过渡环节，其作用不可低估③。相比之下，《菿汉昌言》论坐忘，虽然留下佛学的痕迹，但气象焕然一新、今非昔比。前文所述之外，《菿汉昌言·经言一》有云："老以诏孔，其所就为无我；孔以诏颜，其所就为克己。"④ 仿此，我们认为章太炎接着会说："颜以诏庄，其所就为坐忘。"《菿汉昌言·经言一》又把坐忘与静坐勾连在一块，并云："《曲礼》曰：'坐如尸。'常人不习止观，坐至一两刻许，不昏沉即妄念，昏沉者四体弛，妄念者容止变，安能如尸也！故知静坐乃礼家恒教，何容咤

---

① 章太炎著、虞云国标点整理：《菿汉三言》，辽宁教育出版社2000年版，第28-29页。
② 章太炎著、虞云国标点整理：《菿汉三言》，辽宁教育出版社2000年版，第33页。
③ 《菿汉微言》第167则写道："癸甲之际，厄于龙泉，始玩爻象，重籀《论语》，明作《易》之忧患，在于生生，生道济生，而生终不可济，饮食兴讼，旋复无穷。故唯文王为知忧患，唯孔子为知文王。《论语》所说，理关盛衰，赵普称半部治天下，非尽唐大无验之谈。又以庄证孔，而耳顺、绝四之指，居然可明，知其阶位卓绝，诚非功济生民而已。"（章太炎著、虞云国标点整理：《菿汉三言》，辽宁教育出版社2000年版，第61页）癸甲之际指民国二年（癸丑）至民国三年（甲寅）（1913—1914），章太炎被袁世凯软禁于北京龙泉寺，开始重读儒家经典《周易》《论语》并重估其价值，"以庄证孔"日渐受其重视。
④ 章太炎著、虞云国标点整理：《菿汉三言》，辽宁教育出版社2000年版，第68页。

为异术?"① 借此静坐、坐忘的礼家（儒家）本领，章太炎切断了儒家人物被予以道家化叙事（从属于儒道互补）的思路，成就了其论"庄子即儒家"的画龙点睛之笔——"庄生传颜氏之儒"。

"庄生传颜氏之儒"意味着：颜子一系儒学由庄子传承，庄子是颜氏之儒的传人。传颜氏之儒的庄子当然是儒家，而不是道家；坐忘不是道家的本事，而是儒家的至境。或者说，传颜氏之儒那个时期的庄子必然是儒家，即使他后来成了道家；但这同样得承认庄子当时是以儒家身份把颜子坐忘的工夫与境界记载并传承了下来。"庄子即儒家"的议题不同于并独立于人们习以为常的儒道互补之思，不是儒道互补之思所及范围，而具有独特的思想史内涵，同时理应获得自身的思想史地位。

四、不骂本师

《章太炎年谱长编（增订本）》记述：1935年9月16日，章氏国学讲习会正式开讲，会址设在苏州锦帆路50号，"以研究固有文化、造就国学人才为宗旨"；其中有《诸子学略说》上、下篇，王乘六（1894—1980）等人记，刊于《章氏国学讲习会讲演记录》第7期、第8期②。据《太炎文录续编》卷首插页③、《章太炎学术年谱》④ 以及本文征引的《章太炎：在苏州国学讲习会的讲稿》，《诸子学略说》当作《诸子略说》。

《国学讲习会讲演记录·诸子略说》指出：

> 绝四之说，人我、法我俱尽。"如有所立卓尔，虽欲从之，末由也已"者，亦除法我执矣。此等自得之语，孔、颜之后，无第三人能道（佛、庄不论）。⑤

---

① 章太炎著、虞云国标点整理：《菿汉三言》，辽宁教育出版社2000年版，第70页。按，《礼记·曲礼上》："若夫坐如尸，立如齐……"（阮元校刻：《十三经注疏（附校勘记）》下册，中华书局1980年版，第1230页下栏）"如尸"意即直而不曲；"如齐"意即不左右长短，坐端立正，不歪不斜。
② 参见汤志钧《章太炎年谱长编（增订本）》上册，中华书局2013年版，第554、559页。
③ 《章太炎全集》第5册卷首有一插页影印《太炎先生讲演记录五种》的广告，第四种是《诸子略说》。
④ 参见姚奠中、董国炎《章太炎学术年谱》，山西古籍出版社1996年版，第475页。
⑤ 章太炎著、杨佩昌整理：《章太炎：在苏州国学讲习会的讲稿》，中国画报出版社2010年版，第187页。按，个别标点符号略有校改。

"庄生传颜氏之儒"——章太炎与"庄子即儒家"议题

> 子思作《中庸》，孟子作七篇，皆论学而及政治者也。子思、孟子既入天趣，若不转身，必不能到孔、颜之地，惟庄子为得颜子之意耳。①

> 然则论自得之处，孟子最优，子思次之，而皆在天趣。荀子专主人事，不务超出人格，则但有人趣……至于孔、颜一路，非惟汉儒不能及，即子思、孟子亦未能步趋，盖邈乎远矣。②

> 《庄子》书中，自老子而外，最推重颜子，于孔子尚有微辞，于颜子则从无贬语。③

前面三段话包含先秦儒学传承的两条路线：一条是作为主流看法的"孔子（→曾子）→子思→孟子"，另一条是作为章太炎观点的"孔子→颜子→庄子"。第四段话是对1922年《国学概论》的温故知新。传承之旅上"惟庄子为得颜子之意耳"，《庄子》书中"最推重颜子"，加上"超出人格而不能断灭，此之谓天趣"④ 的说明，它们相得益彰、相互支持，均是为了否弃主流看法，让"既竭吾才，如有所立卓尔。虽欲从之，末由也已"（《论语》9·11）的颜子成为居于子思、孟子之上的先秦儒学传承者乃至集大成者，进而坐实庄子传颜氏之儒，传的是孔门最优异的德行一科。

就"庄子即儒家"议题而言，韩愈之后，苏轼（1037—1101）成为第二推手。其《庄子祠堂记》说道："余以为庄子盖助孔子者……故庄子之言，皆实予而文不予，阳挤而阴助之，其正言盖无几。"⑤ 苏轼把庄子

---

① 章太炎著、杨佩昌整理：《章太炎：在苏州国学讲习会的讲稿》，中国画报出版社2010年版，第187－188页。

② 章太炎著、杨佩昌整理：《章太炎：在苏州国学讲习会的讲稿》，中国画报出版社2010年版，第190页。

③ 章太炎著、杨佩昌整理：《章太炎：在苏州国学讲习会的讲稿》，中国画报出版社2010年版，第209页。

④ 章太炎著、杨佩昌整理：《章太炎：在苏州国学讲习会的讲稿》，中国画报出版社2010年版，第187页。

⑤ 苏轼著、孔凡礼点校：《苏轼文集》第2册卷11，中华书局1986年版，第347页。按，个别标点符号略有校改。

看作"阴奉阳违"的儒家，但《庄子祠堂记》又云："然余尝疑《盗跖》《渔父》，则若真诋孔子者。"①

《国学讲习会讲演记录·诸子略说》指出：

> 杂篇有孔子见盗跖及渔父事，东坡以为此二篇当删。其实《渔父篇》未为揶揄之言，《盗跖篇》亦有微意在也。七国儒者，皆托孔子之说以糊口，庄子欲骂倒此辈，不得不毁及孔子，此与禅宗呵佛骂祖相似。禅宗虽呵佛骂祖，于本师则无不敬之言。庄子虽揶揄孔子，然不及颜子，其事正同。禅宗所以呵佛骂祖者，各派持论，均有根据，非根据佛即根据祖，如用寻常驳辨，未必有取胜之道，不得已而呵佛骂祖耳。孔子之徒，颜子最高，一生从未服官，无七国游说之风。自子贡开游说之端，子路、冉有皆以从政终其身。于是七国时仕宦游说之士，多以孔子为依归，却不能依傍颜子，故庄子独称之也。东坡生于宋代，已见佛家呵佛骂祖之风，不知何以不明此理，而谓此二篇当删去也。②

章太炎不赞成苏轼删去《渔父》《盗跖》，认为它们与禅宗呵佛骂祖相似。自苏轼起，把庄子骂孔子视作呵佛骂祖，这一比拟可以焦竑（1540—1620）的《读庄子七则》为代表：

> 史迁言庄子诋訾孔子，世儒率随声和之，独苏子瞻谓其实予而文不予，尊孔子者无如庄子。噫！子瞻之论，盖得其髓矣。然世儒往往牵于文而莫造其实，亦恶知子瞻之所谓乎！何者？世儒之所执者，孔子之迹也，其糟魄也；而庄子之所论者，其精也……释氏之论酬恩者，必诃佛詈祖之人。夫以诃佛詈祖为酬恩，则皈依赞叹者为倍德矣。又孰知夫诃与詈者，为皈依赞叹之至也！不然，秦佚之吊，尝非

---

① 苏轼著、孔凡礼点校：《苏轼文集》第 2 册卷 11，中华书局 1986 年版，第 348 页。按，个别标点符号略有校改。

② 章太炎著、杨佩昌整理：《章太炎：在苏州国学讲习会的讲稿》，中国画报出版社 2010 年版，第 212 页。按，个别标点符号略有校改。

"庄生传颜氏之儒"——章太炎与"庄子即儒家"议题

老聃矣；栗林之游，又尝自非矣，而亦谓诋訾聃、周也，可乎？①

要对佛教感恩，就得诃佛骂祖。骂得越厉害，感恩越彻底。诃、骂之至，是皈依、赞叹之至。焦竑贯彻苏轼"实予而文不予，阳挤而阴助之"的思路，认为《渔父》《盗跖》两篇不是真要诋毁孔子，而是诃佛骂祖以酬恩，"尊孔子者无如庄子"。

庄子骂孔子，有似禅宗呵佛骂祖，此乃章太炎与焦竑之同。《诸子略说》又云："惟所谓儒者乃当时之儒，非周公、孔子也。其讥弹孔子者，凡以便取持论，非出本意，犹禅宗之呵佛骂祖耳。"② 言外之意，庄子骂的不是孔子，而是骂假托孔子之说以糊口的七国儒者。"于本师则无不敬之言"，则是章太炎与焦竑之异。祖师可骂，所以《庄子》对孔子尚有微词；本师不可骂，所以《庄子》对颜子从无贬语。章太炎突出本师一义，旨在夯实他晚年一直坚持的"庄生传颜氏之儒"，亦即庄子是传承颜氏一系儒学的传人；又由战国游士"多以孔子为依归，却不能依傍颜子，故庄子独称之也"，重在凸显庄子以颜子为师的根据不是世俗政治，而是内在超越的德性。

庄子尽管以颜子为本师，但并未沿着儒家的精神方向一路走下来。从庄子的思想追求看，《国学概论》认为：自由、平等是庄子的根本主张③。《诸子略说》指出："……逍遥者，自由之义；齐物者，平等之旨。""必也一切都空，才得真自由，故后文有外天下、外物之论，此乃自由之极至也。""庄子以为至乎其极，必也泯绝是非，方可谓之平等耳。"④ 从庄子与老子的关系看，《国学概论》尝言："庄子自以为和老子不同，《天下篇》是偏于孔子的。但庄子的根本学说，和老子相去不远。"⑤ 《诸子略说》亦云：

---

① 焦竑撰、李剑雄点校：《澹园集》上册卷22，中华书局1999年版，第293页。按，个别标点符号略有校改。
② 章太炎著、杨佩昌整理：《章太炎：在苏州国学讲习会的讲稿》，中国画报出版社2010年版，第213页。
③ 参见章太炎讲演、曹聚仁整理《国学概论》，中华书局2009年版，第37-38页。
④ 章太炎著、杨佩昌整理：《章太炎：在苏州国学讲习会的讲稿》，中国画报出版社2010年版，第210页。
⑤ 章太炎讲演、曹聚仁整理：《国学概论》，中华书局2009年版，第37页。

《庄子》是"自老子而外",方"最推重颜子"①。在章太炎看来,庄子有其根本主张,且与老子相去不远,因而仍是"半途而废"的儒家。

五、"章太炎曾有此说"

以上逐一分疏了章太炎论"庄子即儒家"的五种文献:第一种是1906年发表的《论诸子学》,第二种是1908年发表的《与人论国学书》,第三种是1922年讲演并出版的《国学概论·哲学之派别》,第四种是成书于20世纪20年代后期至30年代初期的《菿汉昌言·经言一》,第五种是1935年讲演并发表的《国学讲习会讲演记录·诸子略说》。

就"庄子即儒家"议题而言,早年章太炎尚属消极的评论者,晚年章太炎已成积极的参与者。他晚年始终把庄子当作"半途而废"的儒家——此乃与韩愈之同,甚至把庄子当作"阴奉阳违"的儒家——此乃与苏轼之同,却从未把庄子当作"彻头彻尾"的儒家——此乃与此议题的第三推手觉浪道盛(1592—1659)及其《正庄为尧孔真孤》之异②。从现代庄学史看,"庄生传颜氏之儒"这一画龙点睛之笔的影响最大。

郭沫若(1892—1978)于1944年9月写成的《庄子的批判》(收入《十批判书》)指出:

> 韩愈疑庄子本是儒家。出于田子方之门,则仅据《外篇》有《田子方篇》以为说,这是武断。我怀疑他本是"颜氏之儒",书中征引颜回与孔子的对话很多,而且差不多都是很关紧要的话,以前的人大抵把它们当成"寓言"便忽略过去了。那是根据后来所完成了的正统派的儒家观念所下的判断,事实上在孔门初一二代,儒家并不是那么纯正的,而儒家八派之中,过半数以上是已经完全消灭了。③

《庄子》书中虽然很多地方在菲薄儒家,如像《杂篇》中的《盗

---

① 章太炎著、杨佩昌整理:《章太炎:在苏州国学讲习会的讲稿》,中国画报出版社2010年版,第209页。
② 参见觉浪道盛《天界觉浪盛禅师全录》卷30,载蓝吉富主编《禅宗全书》第59册"语录部二四",北京图书馆出版社2004年版,第729–730页。按,笔者拟对韩愈、苏轼、觉浪道盛与"庄子即儒家"议题进行深入探讨,这里只是粗略言之。
③ 郭沫若:《十批判书》,东方出版社1996年版,第194页。

"庄生传颜氏之儒"——章太炎与"庄子即儒家"议题

跖》《渔父》两篇更在痛骂孔子,但那些都是后学者的呵佛骂祖的游戏文字,而认真称赞儒或孔子的地方,则非常严肃。①

庄子是从颜氏之儒出来的,但他就和墨子"学儒者之业,受孔子之术"而卒于"背周道而用夏政"一样(《淮南·要略》),自己也成立了一个宗派。②

读完上面三段话,不熟悉郭沫若的人可能会说:这不是章太炎讲的吗?在"我怀疑他本是'颜氏之儒'"之下,郭沫若自注:"章太炎曾有此说,曾于坊间所传《章太炎先生白话文》一书中见之。"③ 这个自注有点简单(从现代学术规范看),甚至疑点重重(当另文详论)④,但足以说明:郭沫若从颜氏之儒切入并展开"庄子即儒家"议题,章太炎是功不可没的第一引路人。

1958年,李泰棻(1896—1972)出版《老庄研究》。该书下卷《庄子研究》引过郭沫若"我怀疑他本是'颜氏之儒'"那段话⑤,又写道:"……韩愈据《田子方篇》为说,疑周系儒家,出于子夏之门;姚鼐附和其说(见《庄子章义·序》)。章实斋亦同(《文史通义·经解》)。章太炎疑系颜氏之儒,郭沫若附和其说(见《十批判书》一八七页)。""章氏辩其非出于子夏之门之说固是,但认为庄周系颜氏之儒者更非。我认为他并不是颜氏之儒。"⑥ 李泰棻依据《章氏丛书·别录》⑦,认可章太炎对庄子出于子夏之门的批判。这里说的《章氏丛书·别录》,亦即《太炎文录初编》别录卷二《与人论国学书》。李泰棻批评章太炎提出的庄周系颜氏之儒,但并未出具第一手文献,而是转引自《十批判书》。这是"章太炎曾有此说"由郭沫若传承下来的显著例证。

---

① 郭沫若:《十批判书》,东方出版社1996年版,第194-195页。
② 郭沫若:《十批判书》,东方出版社1996年版,第201页。
③ 郭沫若:《十批判书》,东方出版社1996年版,第194页。
④ 详细的讨论,参见杨海文《庄子本颜氏之儒:郭沫若"自注"的思想史真相》,载《江苏行政学院学报》2016年第3期,第24-29页。
⑤ 参见李泰棻《老庄研究》,人民出版社1958年版,第149页。
⑥ 李泰棻:《老庄研究》,人民出版社1958年版,第181-182、182页。
⑦ 参见李泰棻《老庄研究》,人民出版社1958年版,第182页。

· 299 ·

1960年，钟泰（1888—1979）写的《庄子发微序》有云：

> 予向亦尝以为庄子殆兼孔、老两家之传，及今思之，是犹不免影响之见。庄子之学，盖实渊源自孔子，而尤于孔子之门颜子之学为独契，故其书中颜子之言既屡见不一，而若"心斋"。若"坐忘"，若"亦步亦趋"，"奔轶绝尘，瞠若乎后"云云，皆深微精粹不见于他书。非庄子尝有所闻，即何从而识之？更何得言之亲切如此？故窃谓庄子为孔门颜子一派之传，与孟子之传自曾子一派者，虽同时不相闻，而学则足以并峙。①

20世纪60年代初期，钟泰、李泰棻同在东北文史研究所讲国学②。从"庄子即儒家"议题看，李泰棻属于消极的评论者，反复提到"章太炎曾有此说"；钟泰属于积极的参与者，而且是"庄子本颜氏之儒"的集大成者，却闭口不谈章太炎、郭沫若。钟泰写《庄子发微》不引近人之说，私下里却时有点评。"文革"前夕，《庄子发微》由东北文史研究所出资影印200册。据李吉奎回忆："书中序言是钟老亲笔写的，在定稿本上，他指给我看，某句是有所指的。说这句话，大概是让后人知其本心。"③ 其时，《十批判书》一版再版，郭沫若如日中天。钟泰长期研究《庄子》，岂能按捺得住读《庄子的批判》的冲动？即便读后不以为然，却因此知道或者进一步了解了章太炎，当是情理之中的事。所以，"章太炎曾有此说"由郭沫若传承下来的隐微例证，有可能正在"某句是有所指的"之中。

回到章太炎与"庄子即儒家"议题。成书于20世纪初的《菿汉微言》第74则有段话，可以窥探章太炎由消极的评论者转变为积极的参与者的某种心迹：

> 喻以此土成事，如孔子所言著在《论语》，而深美之说翻在庄周书中。庄周述孔，容有寓言，然而频烦数见，必非无因，则知孔氏绪言遗

---

① 钟泰：《庄子发微》，上海古籍出版社1988年版，"序"第2-3页。
② 参见黄中业、孙玉良《共和国教育史上的国学书院式学府——东北文史研究所述要》，载《社会科学战线》2015年第1期，第70—83页。
③ 李吉奎：《我师钟泰》，载《羊城晚报》2015年8月27日第B3版。

"庄生传颜氏之儒"——章太炎与"庄子即儒家"议题

教，辞旨闳简，庄生乃为敷畅其文。总纯于彼，而成文于此，事所宜有。子曰"六十而耳顺"，明为自说阶位之言，而耳顺云何，莫知其审。庄周述之则曰："听止于耳，心止于符。""孔子行年六十而六十化……鸣而当律，言而当法，利义陈乎前，而好恶是非直服人之口而已矣。使人乃以心服而不敢蘁，立定天下之定。"耳顺之旨居然可明。①

《论语·为政》的"六十而耳顺"（2·4），《庄子·人间世》的"若一志，无听之以耳而听之以心，无听之以心而听之以气！听止于耳，心止于符。气也者，虚而待物者也。唯道集虚。虚者，心斋也"②，都是孔子说的话。把它们勾连起来，心斋即是耳顺之旨。再由"孔子所言著在《论语》，而深美之说翻在庄周书中"，可知"庄周述孔"成为章太炎新的问题意识，与过去"以佛解庄"③ 有所不同。加上前面讨论过的第75则、第90则，《菿汉微言》论孔子、颜子，论心斋、坐忘，论"庄周述孔"，仿佛已为后来的"庄生传颜氏之儒"埋下伏笔。一旦章太炎成为"庄子即儒家"议题的积极参与者，这一切就会由量变到质变，脱胎换骨地化为"庄生传颜氏之儒"的画龙点睛之笔。

崔大华（1938—2013）认为：康有为（1858—1927）的《万木草堂口说》、谭嗣同（1865—1898）的《北游访学记》、梁启超（1873—1929）的《论支那宗教改革》均支持韩愈首倡的庄子出自子夏之门的说法，而章

---

① 章太炎著、虞云国标点整理：《菿汉三言》，辽宁教育出版社2000年版，第28页。按，个别标点符号略有校改。《庄子·寓言》："庄子谓惠子曰：'孔子行年六十而六十化，始时所是，卒而非之，未知今之所谓是之非五十九非也。'"（郭庆藩撰、王孝鱼点校：《庄子集释》第4册，中华书局1961年版，第952页）《庄子·则阳》："蘧伯玉行年六十而六十化，未尝不始于是之而卒诎之以非也，未知今之所谓之非五十九非也。"（同上书，第905页）
② 郭庆藩撰、王孝鱼点校：《庄子集释》第1册，中华书局1961年版，第147页。
③ 章太炎早年以《齐物论释》名家。梁启超尝言："炳麟用佛学解老庄，极有理致，所著《齐物论释》，虽间有牵合处，然确能为研究庄子哲学者开一新国土。"（氏著：《清代学术概论》，东方出版社1996年版，第86－87页）又云："章太炎的《齐物论释》，是他生平极用心的著作，专引佛家法相宗学说比附庄旨，可谓石破天惊。至于是否即《庄子》原意，只好凭各人领会罢。"（氏著：《中国近三百年学术史》，东方出版社1996年版，第287页）《齐物论释》言庄子："又其所志本在内圣外王，哀生民之无拯，念刑政之苛残，必令世无工宰，见无文野，人各自主之谓王，智无留碍然后圣，自非顺时利见，示见白衣，何能果此愿哉。"（王仲荦校点：《齐物论释》，载《章太炎全集》第6册，上海人民出版社1986年版，第57页）这段文字，《齐物论释定本》也大致相同（王仲荦校点：《齐物论释定本》，载《章太炎全集》第6册，上海人民出版社1986年版，第119－120页）。这里所谓内圣，意即自度；所谓外王，意即度他。质言之，章太炎是以佛解庄。

太炎讲"庄生传颜氏之儒",目的在于显示他与改良派的全面对立①。顺此思路,章太炎与康有为的对立还体现为:"百日维新"失败之后的几年,康有为把《论语》《礼运》《中庸》《孟子》当作"新四书"②,殚精竭虑地作注;20世纪30年代,章太炎把《孝经》《大学》《儒行》《丧服》当作"新四经"③,不遗余力地宣扬。

"五四"新文化运动以降,"打倒孔家店"、激烈反传统成为时代潮流。当年叱咤风云的改良派、革命派风光不再,不少人从政治型思想家变身为思想型学者,其文化社会工作的政治含量剧减,文化学术工作的社会含量日增。梁启超于1920年以《清代学术概论》完成自我转型④,章太炎大讲国学以维系神州慧命⑤。1922年的《国学概论》第5章《结论——

---

① 参见崔大华《庄学研究》,人民出版社1992年版,第346页注①。按,康有为论庄子与孔门的关系,先是主张庄子出自子夏,后又主张庄子出自子贡(子赣)。1896年秋,《康南海先生讲学记·古今学术源流》指出:"田子方受业子夏,庄子受业子方。谓庄子学老子,非也。然清净仿佛之性成,不必学于老子。"(康有为撰、姜义华、吴根梁编校:《康有为全集》第2集,上海古籍出版社1990年版,第216页)《万木草堂口说·诸子三·庄子》指出:"庄子,四方弟子,孔子三传弟子,故《天下篇》最尊孔子,不安于老子,而簸弄老子。"(同上书,第363页。按,"四方"当作"子方"或"田子方")几年后的1902年,康有为写的《论语注序》提出"田子方、庄周传子贡之学"的观点,《论语注》对此做了发挥(参见楼宇烈整理《论语注》,中华书局1984年版,第1、61-63页)。

② 康有为曾注解《大学》,但正文已佚,仅存序言,可见历史影响不大。《康有为全集》据现藏台湾"中央研究院"近代史研究所的手稿,发布康有为1902年8月(光绪二十八年七月)写于印度大吉岭的短文《〈大学注〉序》。序言说道:"戊戌之难,旧注尽失,遭亡多暇,补写旧义。"编者写的题注指出:"此文又载《不忍》杂志第六册(1913年7月出版),内容较手稿有增益。今据手稿点校,与《不忍》本互校。"(康有为撰、姜义华、张荣华编校:《康有为全集》第6集,中国人民大学出版社2007年版,第355页)以上材料承蒙康有为研究专家、中山大学哲学系马永康先生告知,特此致谢。另,有关康有为对《大学》的基本看法,参见马永康《康有为论〈大学〉》,载《现代哲学》2016年第2期,第118-123页。

③ 章太炎写于1933年1月的《国学会会刊宣言》有云:"于是范以四经而表以二贤,四经者谓《孝经》《大学》《儒行》《丧服》,二贤者则范、顾二公。"(《太炎文录续编》卷3上,载《章太炎全集》第5册,上海人民出版社1985年版,第158页)

④ 参见杨海文、毛克明《从"政治型思想家"到"思想型学者":梁启超1920年的身份嬗变》,载《现代哲学》2002年第4期,第57-65页。

⑤ 章太炎逝世后,鲁迅写的《关于太炎先生二三事》有言:"……太炎先生虽先前也以革命家现身,后来却退居于宁静的学者,用自己所手造的和别人所帮造的墙,和时代隔绝了。""一九三三年刻《章氏丛书续编》于北平,所收不多,而更纯谨,且不取旧作,当然也无斗争之作,先生遂身衣学术的华衮,粹然成为儒宗,执贽愿为弟子者綦众,至于仓皇制'同门录'成册。"(氏著:《且介亭杂文末编》,人民文学出版社1973年版,第67、69页)"五四"健将鲁迅其实并不理解他过去的老师章太炎。

国学之进步》，章太炎提出经学"以比类知原求进步"，哲学"以直观自得求进步"，文学"以发情止义求进步"①。1934年2月9日，章太炎手书《论以后国学进步》的题词："一，经学以明条例求进步；二，史学以知比类求进步；三，哲学以直观自得求进步；四，文学以发情止义求进步。"② 章太炎晚年借助听者云集的国学讲座，积极参与"庄子即儒家"议题，反复讲"庄生传颜氏之儒"，饱含反弹时尚、情深古典的苦心孤诣，亦是其精神文化生命的自画像——心斋乃六十耳顺之工夫，坐忘乃七十不逾矩之境界。

时至今日，"庄子即儒家"议题一则大多数人闻所未闻，二则消极评论者占绝对优势。它看起来是可爱而不可信的思想史八卦，其实是自身具有独特内涵的思想史议题，颇值得现代庄学、儒学（尤其是孟学）研究联合作战，辑录其文献资料，厘清其发展线索，深挖其思想含义，唤醒其时代诉求。我们把章太炎的相关论述摘录出来并略做探讨③，就是为了不再犯"以前的人大抵把它们当成'寓言'便忽略过去了"（前引郭沫若语）的过错，进而使得"庄子即儒家"的议题逐渐被人们熟悉、理解乃至认可。

附录：2017年5月25日补记

章太炎于1901年撰写的《征信论》上、下两篇，后被收入《太炎文录初编》文录卷1。《征信论上》写道：

> 昔唐人言庄周之学本田子方，推其根于子夏。近世章学诚作《经解篇》取之，以庄子称田子方，则谓子方是庄子师。然其《让王》

---

① 章太炎讲演、曹聚仁整理：《国学概论》，中华书局2009年版，第76页。
② 汤志钧：《章太炎年谱长编（增订本）》上册，中华书局2013年版，第545页。该书原缺"二，"，引者据文意补充。按，《章太炎全集》第5册卷首有该题词的手迹影印件，编者把"后"误释为"张"。有论者亦把"条例"误释为"修伪"（参见蒋国葆《章太炎国学观述评》，载《孔子研究》2012年第4期，第79-87页）。
③ 细读章太炎晚年论"庄子即儒家"的三种文献，我们发现：涉案内容着墨不多，只是《国学概论·哲学之派别》《蓟汉昌言·经言一》《国学讲习会讲演记录·诸子略说》的一小块，但都置于讲儒家而不是讲道家的部分。章太炎讲儒家，时刻想到庄子，这是因为他认定庄子是传承颜子一系儒学的传人。章太炎娓娓道来，但未环环相扣；我们断章取义，却容瞻前顾后。"庄子即儒家"议题的研究难度，由此可见一斑。另外，从章太炎整个的庄学看，"以佛解庄"是显著特色，但"庄子即儒家"的议题究竟与它是什么关系，这一根本问题只能留待日后再思。

亦举曾参、原宪，其他若《则阳》《徐无鬼》《庚桑楚》，名在篇目，将一一是庄子师耶？①

原刊于《文史哲》的拙文提到章太炎早期有两条文献论及"庄子即儒家"议题，先后是 1906 年发表的《论诸子学》、1908 年发表的《与人论国学书》；但未征引早了好几年的《征信论上》，这是必须检讨并且补上的。《与人论国学书》大体沿袭了《征信论上》的表述，因而，加上 1901 年的这条文献，所谓"清末的章太炎只是'庄子即儒家'议题的消极评论者，还不是积极的参与者"②的结论依然成立。

章太炎论"庄子即儒家"议题，如何从早年的消极评论者转进到晚年的积极参与者？此乃《文史哲》拙文最想解决但又心有余而力不足的重要问题，这里补充两条最近读到的文献。

先看第一条文献。1920 年 10 月 25 日，章太炎在长沙第一师范学校发表演说《研究中国文学的途径（一九二〇年十月二十五日在长沙第一师范学校演说）》，其中说道：

> 我从前倾倒佛法，鄙薄孔子、老、庄，后来觉得这个见解错误。佛、孔、老、庄所讲的，虽都是心，但是孔子、老、庄所讲的，究竟不如佛底之切人事。孔子、老、庄自己相较，也有这样情形。老、庄虽高妙，究竟不如孔子底有法度可寻，有一定底做法。那么孔子可以佩服，宋儒不可佩服了吗？这却不然。③

对于《研究中国文学的途径（一九二〇年十月二十五日在长沙第一师范学校演说）》这篇演说的来龙去脉，《章太炎全集·演讲集》的编订者章念驰做过相应的说明："由夏丏尊记录，载《宗圣学报》第三卷二册第二十五号，一九二二年五月出版，此文即《太炎学说》上卷《说新文化

---

① 《章太炎全集》第 4 册，上海人民出版社 1985 年版，第 55-56 页。
② 杨海文：《"庄生传颜氏之儒"：章太炎与"庄子即儒家"议题》，载《文史哲》2017 年第 2 期，第 124 页。
③ 章太炎：《研究中国文学的途径（一九二〇年十月二十五日在长沙第一师范学校演说）》，载章念驰编订《章太炎全集·演讲集》上册，上海人民出版社 2015 年版，第 288 页。

"庄生传颜氏之儒"——章太炎与"庄子即儒家"议题

与旧文化》，但更详尽。"① 值得特别注意的是，收入《章太炎演讲集》（亦是章念驰编订）的《在四川演说之九——研究中国文学的途径（一九一七年十月至一九一八年十月）》（以下简称《在四川演说之九》）的题下亦有这一说明，文中同样有"我从前倾倒佛法……这却不然"② 的涉案内容。另外，《章太炎演讲集》收有《研究中国文学的途径（一九二〇年十月二十五日在长沙第一师范学校演说）》，编订者的题下注为"载《民国日报》一九二〇年十月三十一日《章太炎底旧学新评》，又见《大公报》（长沙）十月二十七日《名人演讲录第一号》"③，但无涉案内容。

就涉案内容而言，上海人民出版社 2011 年出版的《章太炎演讲集》存在重大错漏。原因很简单，《在四川演说之九》的开篇不是说四川，而是说湖南："兄弟这次初到湖南，湖南的文化，一向是很高的。近来有人提倡新文化，究竟新文化和旧文化应该怎样才得调和，今天预备关于这层来讲讲明白。"④ 职是之故，上海人民出版社 2015 年出版的《章太炎全集·演讲集》删除了《在四川演说之九》，同时恢复了《研究中国文学的途径（一九二〇年十月二十五日在长沙第一师范学校演说）》的本来面目。

人们再征引"我从前倾倒佛法……这却不然"的涉案内容以及通常所称的湖南演讲《说新文化与旧文化》，绝对不能用《章太炎演讲集》，而要用《章太炎全集·演讲集》。附带饶舌一句，上海人民出版社新版的《章太炎全集》有个不好的地方，就是未对各册进行连续性的标识，而是仅仅冠以收入该册的书名，书名有时竟然为一大串，极不便于做脚注。

再看第二条文献。1921 年 11 月出版的《史地学报》第 1 卷第 1 期发表柳诒徵（1880—1956）的《论近人讲诸子之学者之失》，批评章太炎的《诸子学略说》⑤。1922 年 6 月 15 日，章太炎的《致柳翼谋书》指出：

> 鄙人少年本治朴学，亦唯专信古文经典，与长素辈为道背驰，其后深恶长素孔教之说，遂至激而诋孔。中年以后，古文经典笃信如

---

① 章太炎：《研究中国文学的途径（一九二〇年十月二十五日在长沙第一师范学校演说）》，载章念驰编订《章太炎全集·演讲集》上册，上海人民出版社 2015 年版，第 285 页。
② 章念驰编订：《章太炎演讲集》，上海人民出版社 2011 年版，第 187、189 页。
③ 章念驰编订：《章太炎演讲集》，上海人民出版社 2011 年版，第 205 页。
④ 章念驰编订：《章太炎演讲集》，上海人民出版社 2011 年版，第 187 页。
⑤ 汤志钧：《章太炎政论选集》下册，中华书局 1977 年版，第 765 页。

故,至诋孔则绝口不谈,亦由平情斠论,深知孔子之道,非长素辈所能附会也。而前声已放,驷不及舌,后虽刊落,反为浅人所取。①

在中国近现代史上,康有为以尊孔著称。终其一生,章太炎均与康有为格格不入。譬如,汤志钧曾说章太炎1901年的《征信论》两篇,"亦为批判康有为等借今文经学以'治史'而写"②。《致柳翼谋书》告诉我们:章太炎对康有为提倡孔教一直深恶痛绝,并把自己早年的诋孔归咎于这种"恶其余胥"的情结;中年之后,章太炎"深知孔子之道,非长素辈所能附会",所以不仅不再诋孔,反而尊孔。

以上列举了笔者最近读到的两条文献,旨在为章太炎从早年消极评论到晚年积极参与"庄子即儒家"议题的转进提供某种解释。从"庄子即儒家"议题看,心中若无孔子,若不尊孔,就会是消极的评论者;反之,心中若有孔子,若是尊孔,就会是积极的参与者。

康有为被章太炎讨厌,章太炎也会被别人讨厌吗?熊十力(1885—1968)就说章太炎讲佛教如同放狗屁,这一差评直接影响了徐复观(1903—1982),徐复观后来又影响了牟宗三(1909—1995)。且看徐复观1960年借着点评韦政通(1927—2018)一篇文章的机会,如何绘声绘色地讲述这段趣事:

> 以后也看过他的《国故论衡》之类,总是在懂与不懂之间表示一种莫名其妙的敬佩。民国三十四年,有一次和熊十力先生谈天,熊先生说章氏除了文章写得好,及懂得一点小学外,并无学问。又听说熊先生在杭州时看到章氏谈佛学的文章,批上"尔放狗屁"四个大字,引起了我对熊先生的若干反感,觉得这是熊先生的自处过高。后来买到一部《章氏丛书》,从头到尾看了一遍,又觉得熊先生的话实在说得不错。有一次,我和牟宗三先生谈:"想不到章太炎先生对中国传统思想的了解,是如此的幼稚。"牟先生当时也很不以我的话为然。去年暑假中,牟先生从孙克宽先生处借了章氏的著作去看,之后对我

---

① 章太炎:《致柳翼谋书(一九二二年六月十五日)》,载汤志钧《章太炎政论选集》下册,中华书局1977年版,第764–765页。
② 汤志钧:《章太炎年谱长编(增订本)》上册,中华书局2013年版,第72页。

说:"果然太幼稚了。"……因此,以章太炎先生为一标志,讲中国文化的人,早经讲到绝路上去了。所以几十年来,对中国文化的赞成或反对,都是在一条黑巷子中混战……但由此而指出章氏对中国文化之实无所知,因而他是一个极为有害的国学大师的偶像,这是完全正确而且值得提出来的。①

做思想史过于意气用事,未必是好事;切磋琢磨,其实更好!2017年1月22日,中山大学中国哲学专业博士研究生李智福给笔者的邮件说:"'我从前倾倒佛法……这却不然'这段话可谓章太炎的'晚年定论'。"李智福的博士学位论文题为《内圣外王:郭子玄王船山章太炎三家庄子学勘会》,于2017年上半年已经顺利通过答辩。笔者有幸评阅此文,受到不少启发。为拙文写这篇补记,很大程度上就是与李智福切磋琢磨的结果。

借这篇补记,笔者把章太炎早年讲"庄子即儒家"的文献由两条增至三条。仅有三条吗?顾炎武(1613—1682)的《与潘次耕书》说:"著述之家,最不利乎以未定之书传之于人。""今世之人速于成书,躁于求名,斯道也将亡矣。"② 时刻让这类话萦绕于心头,我们在今天这个时代也许会把论文写得更好一些,把研究做得更深一些。

(本文原刊于《文史哲》2017年第2期,《中国社会科学文摘》2017年第8期重点转摘,有改动)

---

① 徐复观:《按语:〈评章太炎对中国文化的认识〉》,载氏著《偶思与随笔》,九州出版社2014年版,第411-412页。
② 《亭林文集》卷4,载顾炎武著、华忱之点校《顾亭林诗文集》,中华书局1983年第2版,第76、77页。

"观"的哲学

张丰乾

一、仰观俯察

程明道（1032—1085）有《秋日偶成》诗云：

> 闲来无事不从容，睡觉东窗日已红。
> 万物静观皆自得，四时佳兴与人同。
> 道通天地有形外，思入风云变态中。
> 富贵不淫贫贱乐，男儿到此是豪雄。

此诗所描绘之境界以"闲来"为发端，以"静观"为方法，以"万物"为对象，贯通于四时天地，落实于豪雄气象，可与横渠四句（"为天地立心，为生民立命，为往圣继绝学，为万世开太平"）相互发明：明道言"观"与"通"，含摄有形之外，契入风云变幻，其特点是"从容"；而横渠所言"立"与"开"，其主旨是承担（无论何种承担，均以"富贵不淫贫贱乐"为前提）。

依《周易》所言，圣人之"开物成务"，乃是以"设卦观象"为途径，以"仰观俯察"为枢纽，尤以伏羲的贡献最为突出：

> 圣人设卦观象，系辞焉而明吉凶，刚柔相推而生变化。（《周易·系辞上》）

> 《易》与天地准，故能弥纶天地之道。仰以观于天文，俯以察于地理，是故知幽明之故；原始反终，故知死生之说；精气为物，游魂为变，是故知鬼神之情状。与天地相似，故不违；知周乎万物而道济天下，故不过；旁行而不流，乐天知命，故不忧；安土敦乎仁，故能

爱。范围天地之化而不过，曲成万物而不遗，通乎昼夜之道而知，故神无方而《易》无体。(《周易·系辞上》)

古者包羲氏之王天下也，仰则观象于天，俯则观法于地，观鸟兽之文与地之宜。近取诸身，远取诸物，于是始作八卦，以通神明之德，以类万物之情。(《周易·系辞下》)

因为"观"这种哲学行为，天地、鸟兽、自身、外物的特征、属性及相互关系，都可以通过归类象征的"伏羲思维方式"来把握。

而在天地之间，水的形态与作用常常引起人们的注意，而古代则有"君子见大水必观"的传统：

孔子观于东流之水，子贡问于孔子曰："君子之所以见大水必观焉者是何？"孔子曰："夫水，大遍与诸生而无为也，似德；其流也埤下，裾拘必循其理，似义；其洸洸乎不淈尽，似道；若有决行之，其应佚若声响，其赴百仞之谷不惧，似勇；主量必平，似法；盈不求概，似正；淖约微达，似察；以出以入，以就鲜洁，似善化；其万折也必东，似志。是故君子见大水必观焉。"(《荀子·宥坐》)

可见，观的对象必有其可观之处，而哲人的观察则使得可观之处具有特别的意义，而其中的特别意义也反过来激发哲人的思考①。

除了可观的成就，无论是官方的庄重活动，还是私人的游乐约会、关键地方或标志性的物体、劳作的场面，都需要仔细勘察，亦称之为"观"：

升彼虚矣，以望楚矣。望楚与堂，景山与京。降观于桑，卜云其吉，终然允臧。(《诗经·鄘风·定之方中》)

……士与女，方秉蕳兮。女曰："观乎？"士曰："既且。""且往

---

① 如陈立胜教授所论，王阳明"看花"之看，固是观看、观察，但此是关照、关心、关爱心态下之观看（陈立胜：《王阳明"心外无物"论——〈传习录〉"岩中花树"章新解》，原文部分节次刊于《中原文化研究》2015年第1期，第34—42页）。

观乎!"洧之外,洵讦且乐。……

……士与女,殷其盈矣。女曰:"观乎?"士曰:"既且。""且往观乎!"洧之外,洵讦且乐。……(《诗经·郑风·溱洧》)

笃公刘,既溥既长。既景乃冈,相其阴阳,观其流泉。(《诗经·大雅·公刘》)

"观察"的目的在于做出选择,而好的选择又依赖于审慎的观察。

二、观:审谛之视

"观"不是无意或者被动的"看"。相比于"看书"而言,"观书"更有哲学意味。孔子教导学生:"小子!何莫学夫《诗》?《诗》,可以兴,可以观,可以群,可以怨;迩之事父,远之事君;多识于鸟兽草木之名。"①(《论语·阳货》)其中,"可以观"升华了《诗经》的认知意义和评判功能,即观察万物的情实及历史人物的得失。朱熹亦有《观书有感》诗:

(一)

半亩方塘一鉴开,天光云影共徘徊。
问渠那得清如许?为有源头活水来。

(二)

昨夜江边春水生,艨艟巨舰一毛轻。
向来枉费推移力,此日中流自在行。

在实际的治国理政中,"观"同样重要:

[黄帝]令力黑浸行伏匿,周留(流)四国,以观恒善之法,则

---

① 王夫之阐释孔子之言:"于所兴而可观,其兴也深;于所观而可兴,其观也审。"(王夫之著、舒芜校点:《姜斋诗话·诗译》,载郭绍虞主编《四溟诗话 姜斋诗话》,人民文学出版社1961年版,第139页)

力黑视（示）象（像），见黑则黑，见白则白。(马王堆汉墓帛书《十六经·观》)

而在日常生活中，万物纷繁，人事复杂，所见所闻皆变动不居，"观察"之要害在于追根问底：

视其所以，观其所由，察其所安，人焉廋哉？人焉廋哉？(《论语·为政》)

故德积者昌，[殃] 积者亡。观其所积，乃知 [祸福] 之乡。(马王堆汉墓帛书《十六经·雌雄节》)

观察的最终落实不是根据肉眼所见，而是如邵雍所言，以"心"和"理"为依据：

夫所以谓之观物者，非以目观之也。非观之以目，而观之以心也。非观之以心，而观之以理也。(《观物内篇》)

换言之，无论出发点如何，所"观"的结果自然都不会停留于表面，而是能够揭示其属性和情实。而各种现象之间亦需要"观其会通"：

圣人有以见天下之赜，而拟诸其形容，象其物宜，是故谓之象。圣人有以见天下之动，而观其会通，以行其典礼，系辞焉以断其吉凶，是故谓之爻。(《周易·系辞上》)

"会通"不仅在于"天下之动"，亦在于天与人之间。如同《周易》以卦象观察万物，邵雍认为指节与掌纹也是观察天地的中介：

天有四时，地有四方，人有四支，是以指节可以观天，掌文可以察地。天地之理具乎指掌矣，可不贵之哉！(《观物外篇》)

故而，"观"不是一般意义上的"视觉"，而是"谛视"：

> 观，谛视也。古文观从囧。（《说文解字·见部》）

> 审谛之视也。《穀梁传》曰："常事曰视，非常曰观。"凡以我谛视物曰"观"，使人得以谛视我亦曰"观"。犹之以我见人，使人见我皆曰"视"。一义之转移，本无二音也；而学者强为分别，乃使《周易》一卦而平去错出，支离殆不可读，不亦固哉！《小雅·采绿传》曰："观，多也。"① 此亦引伸之义。物多而后可观，故曰"观，多也"。犹灌木之为藂木也。（段玉裁《说文解字注》）

与"谛视"同义的是"审观"：

> 故执道者之观于天下也，必审观事之所始起，审其刑（形）名。刑（形）名已定，逆顺有立（位），死生有分，存亡兴坏有处。然后参之于天地之恒道，乃定祸福死生存亡兴坏之所在。（马王堆汉墓帛书《经法·论约》）

所以，"观"本身就是由表及里地探究事物的来龙去脉及兴衰存亡的哲学行为，而不仅仅是作为一种方法，也不仅仅是具有哲学含义②。人人皆有"观"的行为，而哲学家不过是更有"观"的自觉而已。

三、由"观"而见

"观"的对象也绝不是仅仅限制于耳目之见闻，而是无所不包。《周易·彖传》屡言由"观"而"天地万物之情可见"：

> 咸，感也。柔上而刚下，二气感应以相与，止而说，男下女，是以亨，利贞，取女吉也。天地感而万物化生，圣人感人心而天下和平。观其所感，而天地万物之情可见矣！

---

① "其钓维何？维鲂及鱮。维鲂及鱮，薄言观者。"（《诗经·小雅·采绿》）
② 成中英《论"观"的哲学含义——论作为方法论和本体论的本体诠释学》一文也认为："'观'是一种理解的、沉思的、创造性的活动。"（成中英主编：《本体诠释学》第2辑，北京大学出版社2002年版，第43页）

"观"的哲学

恒,久也。刚上而柔下,雷风相与,巽而动,刚柔皆应,恒。恒亨无咎利贞,久于其道也。天地之道,恒久而不已也。利有攸往,终则有始也。日月得天而能久照,四时变化而能久成,圣人久于其道而天下化成。观其所恒,而天地万物之情可见矣!

萃,聚也;顺以说,刚中而应,故聚也。王假有庙,致孝享也。利见大人亨,聚以正也。用大牲吉,利有攸往,顺天命也。观其所聚,而天地万物之情可见矣!

剥,剥也,柔变刚也。不利有攸往,小人长也。顺而止之,观象也。君子尚消息盈虚,天行也。

颐,贞吉,养正则吉也。观颐,观其所养也;自求口实,观其自养也。天地养万物,圣人养贤以及万民。颐之时大矣哉!

"所感""所恒""所萃",以及"剥""颐",包括二气、天地、日月、雷风、四时、宗庙、祭祀、养育等,每一项都意义重大。借助于卦象,"观"的结果是天地万物的情实都可以显现出来。倘若没有"观",则天地万物之情实无从了解;而所观的对象不同,要求"观"的角度也不同。

道,可道也,非恒道也;名,可名也,非恒名也。无名,万物之始也;有名,万物之母也。故恒无欲也,以观其妙;恒又(有)欲也,以观其所噭。两者同出,异名同胃(谓)。玄之又玄,众眇(妙)之门。(马王堆汉墓帛书《老子乙本》)

致虚极,守静笃。万物并作,吾以观其复。夫物芸芸,各复归其根。(通行本《老子》第十六章)

如上文所论,哲人之观在于观察万物的奥妙和根本。

四、政教之柄

《周易·观》的卦象是"风行地上",《象传》解释为"先王以省方,观民,设教"。在马王堆汉墓帛书《经法》中,"观"被列为治国理政的"六柄"之首:

> 六枋(柄):一曰观,二曰论,三曰僮(动),四曰转,五曰变,六曰化。观则知死生之国,论则知存亡兴坏之所在,动则能破郴兴弱,榑(转)则不失讳(韪)非之囗,[上]变则伐死养生,化则能明德徐(除)害。六枋(柄)备则王矣。(马王堆汉墓帛书《经法·论》)

凡此种种,均可见"观"的意义重大,蕅益智旭《周易禅解·观》更结合佛法加以阐发:

> 约世道,则以德临民,为民之所瞻仰;约佛法,则正化利物,举世之所归凭;约观心,则进修断惑,必假妙观也。但使吾之精神意志,常如盥而不荐之时,则世法佛法,自利利他,皆有孚而颙然可尊仰矣。

就人世间而言,贤明的帝王、事业上的成就、标志性的物件、庄严的场所,抑或盛大的礼仪,都值得"观",都需要"观":

> 文王有声,遹骏有声,遹求厥宁,遹观厥成。文王烝哉!(《诗经·大雅·文王有声》)

> 喤喤厥声,肃雍和鸣,先祖是听。我客戾止,永观厥成。(《诗经·周颂·有瞽》)

> 王道之可观者,莫盛乎宗庙。宗庙之可观者,莫盛乎盥也。(王弼《周易注·观》)

庭燎有辉。君子至止,言观其旂。(《诗经·小雅·庭燎》)

君子来朝,言观其旂。(《诗经·小雅·采菽》)

明昭上帝,迄用康年。命我众人,庤乃钱镈,奄观铚艾。(《诗经·周颂·臣工》)

成就不一定要非常大才称得上"可观",但对"可观者"要进行甄别:

子夏曰:"虽小道,必有可观者焉,致远恐泥,是以君子不为也!"(《论语·子张》)

带有监督性质的"观",则是权威的体现:

皇矣上帝,临下有赫;监观四方,求民之莫。(《诗经·大雅·皇矣》)

概而言之,了解政教的表现形式及根本意义,都依赖于"观"的行为。自上而下的"观"是了解和掌握情况,自下而上的"观"则是接受教化。

五、"反观""观穿""通观"

圣人能够把万物的情实统一起来,是因为他能"反观"。邵雍即强调:

圣人之所以能一万物之情者,谓其能反观也。所以谓之反观者,不以我观物也。不以我观物者,以物观物之谓也。既能以物观物,又安有我于其间哉!(《观物内篇》)

"反观"的依据不是"我",而是"他人"或"他物"。"以物观物"既不是"为主",也不是"为客",而是"为物",即反"我"为"他人"或"他物"。孔子之"观过知仁"可谓"反观"的典型:

子曰:"人之过也,各于其党。观过,斯知仁矣。"(《论语·里仁》)

孔子指出,一个人的过失和他的乡党(同类人)有关。"观过"既包括"观自己之过",也包括"观他人之过",即自己之过为他人所观。同时,一个人的言行之间也可能有出入,所以更有"观"的必要:

宰予昼寝。子曰:"朽木不可雕也,粪土之墙不可圬也;于予与何诛?"

子曰:"始吾于人也,听其言而信其行;今吾于人也,听其言而观其行。于予与改是。"(《论语·公冶长》)

孔子的教训在于"听而信",而忘记了"观"的必要。可见,"听"与"观"不应分离,毕竟"人"相对于"物"而言,是有能动性的。《庄子》具体地罗列了如何在不同的情形下去观察不同的德目:

孔子曰:"凡人心险于山川,难于知天。天犹有春秋冬夏旦暮之期,人者厚貌深情。故有貌愿而益,有长若不肖,有顺懁而达,有坚而缦,有缓而钎。故其就义若渴者,其去义若热。故君子远使之而观其忠,近使之而观其敬,烦使之而观其能,卒然问焉而观其知,急与之期而观其信,委之以财而观其仁,告之以危而观其节,醉之以酒而观其侧,杂之以处而观其色。九征至,不肖人得矣。"(《庄子·列御寇》)

"以物观物"中包含了"物化"的过程,如庄周梦蝶之"栩栩然",但并非"为物所役",因为毕竟还有一个"观"在——或者说,观察者因为"观"的行为,他始终是他自己。当然,这个自己又是"旁观者",而"旁观者"的位置可以使得观察者保持他的独立性,乃至于以"不欲观之"来表达他的选择。观卦的卦辞是:

盥而不荐,有孚颙若。

马融注曰：

> 盥者，进爵灌地以降神也。此是祭祀盛时。及神降荐牲，其礼简略，不足观也。"国之大事，唯祀与戎。"王道可观，在于祭祀。祭祀之盛，莫过初盥降神。故孔子曰："禘自既灌而往者，吾不欲观之矣。"此言及荐简略，则不足观也。以下观上，见其至盛之礼，万民信敬，故云"有孚颙若"。（孔颖达《周易正义》引）

王弼《周易注》认为"盥"的环节最为盛大，而"荐"的部分比较简略，不足复观，故"观盥而不荐"也。孔子所言"吾不欲观之"，见于《论语·八佾》。此种"不欲观"有无奈的成分，亦有批评和质疑的含义。在"礼崩乐坏"的年代，这不是孤例：

> 子曰："居上不宽，为礼不敬，临丧不哀，吾何以观之哉？"（《论语·八佾》）

同时，某人的言行倘若有"不足观"的因素，也要注意分辨，哪怕是周公：

> 子曰："如有周公之才之美，使骄且吝，其余不足观也已。"（《论语·泰伯》）

孔子此处是强调周公不仅有才能之美，且没有"骄且吝"的毛病，这是对古代人物的观察。邵雍认为"以今观今""以后观今""以古自观"都是"自我而观之"，并且观察者本身也可能成为被观察的对象：

> 以今观今，则谓之今矣；以后观今，则今亦谓之古矣。以今观古，则谓之古矣；以古自观，则古亦谓之今矣。是知古亦未必为古，今亦未必为今，皆自我而观之也。安知千古之前，万古之后，其人不自我而观之也。（《观物内篇》）

邵雍把"我"置于古今之中，一方面承认"自我而观之"的合理性，同时亦指明"自我而观之"的相对性,这可以援引作为对孔子所说的"毋意、毋必、毋固、毋我"的阐释。在庄子看来,"自我观之"恰好是关于仁义的发端、是非的标准等种种纷争难以厘清的原因:

>自我观之,仁义之端,是非之涂,樊然淆乱,吾恶能知其辩!(《庄子·齐物论》)

邵雍也明确认为:

>以物观物,性也;以我观物,情也。性公而明,情偏而暗。(《观物外篇》)①

蕅益智旭《周易禅解·观》有言:"人心本顺、本巽、本中、本正,以心印心,所以不假荐物而自服矣。"其中,"以心印心"可以和"以物观物"相对应,都是"大观"——超越了"童观"的"小"和"窥观"的"丑"②。《道德经》则说明了"以身观身,以家观家,以乡观乡,以国观国,以天下观天下"的功效:

>善建者不拔,善抱者不脱,子孙祭祀不辍。修之身,其德乃真;修之家,其德乃余;修之乡,其德乃长;修之国,其德乃丰;修之于天下,其德乃普。故以身观身,以家观家,以乡观乡,以国观国,以天下观天下。吾何以知天下之然哉?以此。(《道德经》)

观察历史除了"公而明"的立场,还需要不同的角度。具体到"孝"的德目,孔子的评价方法也是"观",但认为父亲在世,要观察儿子的志

---

① 《观物内篇》又云:"暑变物之性,寒变物之情,昼变物之形,夜变物之体,性情形体交而动植之感尽之矣。""情"与"性"皆可为寒暑昼夜所变。
② 如王树人、喻柏林先生所论:"如果承认人可以'天地与我并生'、'万物与我为一',那么,这个'我',应怎样理会或把握?用主客二元的思维方式,或者说,用对象化的思维方法,是不可能提出这样问题的,以至认为这种思想和观点,是荒谬的不可思议的。但是,从物我两忘的象思维出发,则这种问题的提出,不仅是必然的,而且是合理的。"(王树人、喻柏林:《象思学论纲》,载《中国社会科学院研究生院学报》1997年第4期,第69-78页)

向；而父亲去世，则要观察儿子的行为。"观"的内容不同，是因为父亲是否在世会影响到儿子的言行：父亲在世，儿子在行为上会相对谨慎，所以要看他的志向是否坚定；而父亲辞世，则要看他的行为准则和行为方式。如果能持续三年没有更改父亲所遵循的法则，就可以称得上"孝"了。

> 子曰："父在，观其志；父没，观其行。三年无改于父之道，可谓孝矣。"（《论语·学而》）

佛教教义中，对"观"的阐发细致精微，多与"思"相结合，并强调"观穿"是出离于种种迷情和算计，是智慧的别名：

> 观者，系念思察，说以为观。（《观经净影疏》）

> 观以观穿为义，亦是观达为能，观穿者，即是观穿见思恒沙无明之惑，故名观穿也。观达者，达三谛之理。（《净名经·三观玄义上》）

> 言观者观智，是法离诸情计，故名为观也。（《游心法界记》）

《观无量寿经》就是讲述如何通过方便的观想，修习真观而入极乐。佛教所说的观想还包括集中心念于某一对象，以对治贪嗔痴等妄念，如《坐禅三昧经》卷下所言的"九想观"。观世音菩萨又名"观自在菩萨"，窥基《般若波罗蜜多心经幽赞》卷上谓："'观'为照之义，即了空有之慧；'自在'为纵任之义，即所得之胜果。昔行六度，今得果圆，慧观为先而成十自在。"

邵雍也认为"圣人"就是把"观"的能力发挥到极致，能够"以一心观万心，一身观万身，一世观万世"：

> 人也者，物之至者也；圣也者，人之至者也。人之至者，谓其能以一心观万心，一身观万身，一世观万世者焉。其能以心代天意，口代天言，手代天工，身代天事者焉。其能以上识天时，下尽地理，中

尽物情，通照人事者焉。其能以弥纶天地，出入造化，进退古今，表里人物者焉。(《观物内篇》)

"通照人事"亦即"通观人事"。人事、万物、古今、天地，皆可以从更高的层次去"观"，以至于"道"：

由天地之道观惠施之能，其犹一蚊一虻之劳者也。(《庄子·天下》)①

圣人者，以己度者也。故以人度人，以情度情，以类度类，以说度功，以道观尽，古今一度也。类不悖，虽久同理，故乡乎邪曲而不迷，观乎杂物而不惑，以此度之。(《荀子·非相》)

荀子所说的"以道观尽，古今一度"不仅和庄子的思想一致，也在现代学者中引起共鸣。可以说，儒、道、佛三家都强调"观"的历史性、整体性和透彻性②。

《左传》《国语》所载二十二例用《周易》卜筮的事例，虽然其可靠性引起争议③，但即便这些例子完全是后世的杜撰，也可以说明《周易》提供了独特的历史观察法。以周史筮敬仲为例，他对"遇《观》之《否》"的解释包含了丰富的内容：

---

① 亦如王树人先生所指出的："在老子和庄子那里，由于站在宇宙中一切都是'道通为一'的境域高度，所以，一切真伪是非，都可以在回归于'道'中得到'齐物'或消解；反之，离开这种'道通为一'的境域，或者说站在'道'之外，就要产生无穷无尽的真伪是非之辨。"(王树人：《象思维视野下的〈齐物论〉》，载《中国社会科学院研究生院学报》2005年第1期，第99-108、143页)

② 蒋国保先生概括说：方东美"把西方的形上学称为'超绝形上学'，把中国的形上学称作'超越形上学'，指出两者的区别在于：一个（超绝形上学）将本体世界与现象世界打成两撅，以为本体世界独立、超绝现象世界；一个（超越形上学）强调本体世界不离现象世界、本体世界寓于现象世界，现象世界与本体世界圆融和合、体用不二。'超越形上学'从不主张形上世界与现实世界脱节、与现实人生脱节，却强调形上学'在现实人生中可以完全实现'"(蒋国保：《方东美论儒释道会通》，载《中国社会科学院研究生院学报》2010年第3期，第52-58页)。无论是"道通为一"，还是"超越形上学"，其理论基础都是观的哲学。

③ 参见张朋《春秋易学研究——以〈周易〉卦爻辞的卦象解说方法为中心》，上海人民出版社2012年版，第17-37页。

初，懿氏卜妻敬仲，其妻占之，曰："吉，是谓'凤皇于飞，和鸣锵锵，有妫之后，将育于姜。五世其昌，并于正卿。八世之后，莫之与京'。"陈厉公，蔡出也。故蔡人杀五父而立之，生敬仲。其少也。周史有以《周易》见陈侯者，陈侯使筮之，遇《观》之《否》。曰："是谓'观国之光，利用宾于王'。此其代陈有国乎？不在此，其在异国；非此其身，在其子孙。光，远而自他有耀者也。《坤》，土也；《巽》，风也；《乾》，天也。风为天于土上，山也。有山之材而照之以天光，于是乎居土上，故曰：'观国之光，利用宾于王。'庭实旅百，奉之以玉帛，天地之美具焉，故曰：'利用宾于王。'犹有观焉，故曰：'其在后乎。'风行而著于土，故曰：'其在异国乎。'若在异国，必姜姓也。姜，大岳之后也。山岳则配天，物莫能两大。陈衰，此其昌乎。"（《左传·庄公二十二年》）

周史以象数与义理相互发明，以观卦的卦象和卦爻辞为基础，结合"遇《观》之《否》"的占卜结果，把现实与未来融为一体，而竟然与后来的历史演变如出一辙，与其说是占卜的高手，不如说是解释的典范——这必然与他超常的观察能力有关。故而，"观"的广度和深度，特别是准确度，和"观者"的水平以及观者当时的心境息息相关①。

然而，无论怎样揭示"观"的意义，亦不能认为"观"是万能的，或者说，"观"也是需要被超越的：

无始曰："有问道而应之者，不知道也；虽问道者，亦未闻道。道无问，问无应。无问问之，是问穷也；无应应之，是无内也。以无

---

① 王阳明弟子欧阳南野云："夫意用于仰观，则仰观为一物；意用于俯察，俯察为一物。同一观察也，而用心不同。有卤莽灭裂者，有沉溺倚着者，有以尽职业者，有以谋功利者，有以为暴者，有以为御暴者，有如来教反身以修德者。盖敬怠善恶异，而格与不格由分。其心之独知，有昭然不可推掩者。即观察之事而格之，主敬胜怠，改恶从善，正其不正，以尽其当然之则，然后知至而意诚，是观天察地，亦莫非日用身心性情之学。盖意即观察之意，知即观察之知，观察即是知之事。"而阳明另一弟子邹东廓《静观说》云："当其心志和平，怡然自适，则天高地下，山峙水流，鸟飞鱼泳，草蕃菊茂，无往而不可观。及夫情意所郁，则宇宙若隘，山川若囚，花若以溅泪，而鸟若以惊心。是岂物之变哉？静不静之间也。"（陈立胜：《王阳明"心外无物"论——〈传习录〉"岩中花树"章新解》，原文部分节次刊于《中原文化研究》2015年第1期，第34–42页）

内待问穷,若是者,外不观乎宇宙,内不知乎大初,是以不过乎昆仑,不游乎太虚。"(《庄子·知北游》)

"以无内待问穷",则"外观"亦没有必要了。故而,"观"本身也是"观"的对象①。

---

① 如陈立胜教授所指出的,在王阳明及其弟子看来,"观"的行动也是一种"物",也是"格"的对象(陈立胜:《王阳明"心外无物"论——〈传习录〉"岩中花树"章新解》,原文部分节次刊于《中原文化研究》2015年第1期,第34-42页)。

《齐物论》的义理脉络

张永义

　　《齐物论》是《庄子》中最难理解的一篇。除了语句奇特、陈义过高，文章的结构不明也是造成理解困难的重要因素。正如宣颖所说："圣贤经籍，虽以意义为重，然未有文理不能晓畅而意义得明者。"① 所以，古代注家和不少当代学者都曾耗费精力，尝试疏通其文理，他们的很多说法如"物化"与"吾丧我"互相呼应，"万窍怒号"对应"机心重重"等，对理解全文宗旨起到了很大的作用。笔者在阅读过程中，觉得其中有一段话对理解全文的结构颇为重要，特申说如下，不当之处，敬请指正。

一、"今且有言于此"章

　　笔者所说的这段话指的是下面两行文字，姑且称之为"今且有言于此"章：

> 今且有言于此，不知其与是类乎？其与是不类乎？类与不类，相与为类，则与彼无以异矣。虽然，请尝言之。

　　《齐物论》全文共三千字，这两行刚好处于正中间。在它之前的一千四百多字，层次比较清楚，基本上构成了一个相对独立的意义单元。其内容依次如下：

　　（1）南郭子綦与颜成子游的对话。这是全文的开端，其中"吾丧我"可以看作是全文的主旨，而三籁则是为了印证"丧我"之境。

　　（2）紧接着的是"大知闲闲，小知间间"一段。这段话极力描摹人心理方面的钩心斗角。结论是，每个人所谓的"我"，全都是"成心"的表现。

---

① 宣颖：《庄解小言》，载《南华解经》，广东人民出版社2008年版，第1页。

（3）自"夫言非吹也"一直到"为是不用而寓诸庸，此之谓以明"，讲的都是破除"成心"的方法。有成心，就会有是非。是非彰明，则大道有亏。所以圣人不走对待之路，具体的做法是："照之于天""休乎天钧""得其环中""莫得其偶""为是不用而寓诸庸""莫若以明"等。

三部分中，第一部分属于点题，第二部分说明为什么要"丧我"，第三部分说明如何"丧我"。由于成心之我主要表现为是非，所以第三部分的重点也就在于破对待、齐是非。

"今且有言于此"章后面，尚余一千五百多字。这部分内容初看上去很散乱，有讨论宇宙论的，有讨论大道和语言关系的，有讨论价值标准相对性的，还有讨论吊诡、死生、梦觉等问题的。因为内容不太连贯，所以学者们通常把它们看成是前文的"余波"。其内容依次也可分成如下几点：

（1）"有始也者，有未始有始也者"云云。这段绕口令式的话中最著名的一句是，"天地与我并生，而万物与我为一"，它被看作是道家修为的最高境界。

（2）接下来是"夫道未始有封，言未始有常"一段。这段话中，"大道不称，大辩不言，大仁不仁"数句，很容易让我们联想到《道德经》中的"道恒无名""大辩如讷""圣人不仁"。末尾是尧、舜关于"南面而不适然"的对话。

（3）第三段是啮缺和王倪"三问而三不知"的对话。文中对"正处""正味""正色"的追问，是人们通常把庄子定位为相对主义的最主要根据。

（4）第四段是瞿鹊子与长梧子的对话。这段对话中，齐死生、一梦觉被看作是要表达的主要思想。

（5）第五段即著名的"辩无胜"。也有人认为它是瞿鹊子和长梧子对话的一部分。

（6）最后是"罔两问景"和"庄周梦蝶"两则寓言。罔两问景讲"无待"，庄周梦蝶讲"物化"，一起回应篇首的"吾丧我"。

现在的问题是：位于《齐物论》中间的"今且有言于此"章，与前后两部分到底是什么关系？"言"指的是什么？"是"又指的是什么？"类与不类，相与为类"的"相与"，又是何者的相与？此句不明，整篇文章的前后两部分就无法衔接起来。

二、传统的解释

对上述疑问，崔大华《庄子歧解》列出了三种答案，可供我们参考：

(1) 言，指上文言无是非；是，指俗言有是非。相与为类，谓皆未免于有是非。郭象："今以言无是非，则不知其与言有者类乎不类乎？欲谓之类，则我以无为是，彼以无为非，斯不类矣。然此虽是非不同，亦固未免于有是非也，则与彼类矣。"陆树芝："上面言无是非，其旨已悉。然而无是非之言，即为有言，不知与争辩是非之言亦复相类否乎？夫言有是非，则相类者也。言无是非，则不类者也。若类与不类，亦复相与为类，则言无是非者，与彼言有是非者，又无以异矣。"

(2) 言，指彼人之言（物论）。是，指己之论（齐物论）。相与为类，谓皆执彼此之见。陆长庚曰："言今且有言者于此，不知其与我之是者类乎不类乎？谓其不类，但不类于我而已。盖我执己是，方谓他不类我。他说他是，将谓我不类他。类乎不类乎，若将类与不类易地而看，则见与彼皆是一类。"刘凤苞："有言于此，指'物论'。不知其与是类乎，'是'指己之'齐物论'。"

(3) 言，指下文所言。是，指道。相与为类，谓凡有言，无论其与道合与不合，皆与儒墨言者为一类。王夫之："'今且有言于此'，谓'有始'以下之言。'是'指道而言。既有言，则虽恰与'是'合，而亦儒墨之类矣。故唯无言则绝类而与道类，有言则固不能然。"王敔："'是'谓此理。自谓今所言者，未知合乎无言之道否，则亦儒墨之类而已。"①

崔书列举的都是最有代表性的说法，其他的解释还有很多。譬如，德清认为，"言"指的是"世之立言以辩论者"，"是"指的是"滑疑之圣人"，整句话是说："今言辩之人，不必说与圣人类与不类，但以己见参合圣人之心，妙契玄同，则本无圣凡之别，故与彼圣人无以异，了无是非

---

① 崔大华：《庄子歧解》，中州古籍出版社 1988 年版，第 78 页。标点有调整。

矣。"① 又如，牟宗三认为："'今且有言于此'就是说现在另起一个开端。'不知其与是类乎'，不知道此言是否与上文相同。这几句话是闲文，正文是下面一大段。……一般人注疏总是抓住'类与不类，相与为类'咬文嚼字，那就是着，就是穿凿了。穿凿就讲不通了。"②

解释不通就说别人是"穿凿"，那是哲学家的特权。德清把这几句解读为"言辩之人"与圣人无别，也属增字解经。从原文中根本读不出"以己见参合圣人之心，妙契玄同"之意。我们还是回到崔书所举的三种代表性说法。

第一种说法始于郭象。依此说，"今且有言于此"指的是上文庄子齐是非的话（如"照之于天""莫若以明"等），"是"指的是各种成见（如儒墨者流）。成见属于是非，所以与庄子的"齐是非"不类。但"齐是非"说到底也代表着一种立场，仍然属于对待的一端，因此与那些成见仍属一类。

郭象紧接着还讲了下面这句话，崔书没有摘录："然则将大不类，莫若无心。既遣是非，又遣其遣。遣之又遣，以至于无遣，然后无遣无不遣而是非自去矣。"依郭象之意，庄子本人当然不愿意与成见为伍（"大不类"），所以采取了连自己"齐是非"也要遣除的方式彻底破除是非。他称这种方法为"寄言"："至理无言，言则与类，故试寄言之。"（"虽然，请尝言之"之注）寄言虽有所说，但又不执其所说，是一种无心之言、无言之言。无心之言、无言之言所表达的意，通常存在于言辞之外。郭象认为，《齐物论》中"有始也者，有未始有始也者"以后的内容，就属于这种"遣之又遣"的"寄言"。

第二种说法的代表人物是陆西星。他把"今且有言于此"解释为各种"物论"，把"是"解释成自己的齐物论。合起来就是说，那些各持己见的人和我不一致，这叫不类。但就他们和我各执己见来说，又是一样的，这就叫"相与为类"。

第三种说法是王船山父子的观点。依此说，"今且有言于此"，指的是下文的内容（如"天地与我并生，而万物与我为一""大道不称"等）。

---

① 释德清撰、黄曙辉点校：《庄子内篇注》，华东师范大学出版社2009年版，第43页。
② 牟宗三主讲、卢雪昆整理：《庄子〈齐物论〉演讲录》第7讲，载《鹅湖月刊》2002年第324期。

"是"则指的是大道。道本不可说，一涉言语，就坠入"成见"，与儒墨者流为一类。庄子的高明之处在于，他一开始就有此自觉，所以言说之前就先把自己否定了："此欲自显其纲宗，而先自破其非一定之论。"

三说之中，最没理据的是第二种。把"今且有言于此"解释成"物论"，不仅和上文的"齐是非"不相连属，也无法应和下文"有始也者，有未始有始也者"章的内容。所以此说可以不用理会。

郭象和王氏父子的说法则有同也有异。同的是，他们都认为庄子此章意在遣破自己，不给批评者留下任何口实。不同的是，王氏认为遣破的对象陈述在下文，郭象认为遣破的对象已经表述在上文之中。

三、个人的看法

笔者比较赞成郭象的解释。理由有二：第一，如果按照王夫之的说法，破掉的是下文的内容，那么"天地与我并生，而万物与我为一""大道不称""死生无变于己"这些核心的主张统统都得否定掉。第二，依郭象的说法，"遣之又遣，以至于无遣"针对的其实都是下面这个问题："齐是非"本身是否也是一种是非？郭象称"齐是非"本身只是一种"寄言"、无心之言，可以有效地把庄子的立场和世俗的成见区别开来（"大不类"）。因此，表面上的自我遣破，其实也是对自己说法的一种辩护。

由于郭注只是随文注解，他并没有说明"今且有言于此"章以下的内容有多少属于这种"寄言"，倒是宣颖在《南华经解》的《齐物论》篇尾做出了明确的断言："上面若干文，推倒物论者十居二三，连自己齐物论一并推倒者，十居七八。至末忽现身一臂，乃见己原是绝无我相、一丝不挂人。"① 这等于说《齐物论》的下半篇全都属于边说边扫。

从这个角度重新考察《齐物论》的后半部分，我们会发现，文本的意义会发生一些明显的改变。

（1）所谓"有始也者，有未始有始也者，有未始有夫未始有始也者"，表达的既不是对宇宙论的关怀，也不是对宇宙论的质疑，而是要说明这种追问方式会陷入无穷回溯的危险。提出"天地与我并生，而万物与我为一"主要不是为了说明物我一体，而是为了引出下面这句话："既已为一矣，且得有言乎？既已谓之一矣，且得无言乎？"既然已经是"一"，

---

① 宣颖：《内篇·齐物论》，载《南华解经》，广东人民出版社2008年版，第24页。

那还能说吗？既然已经称之为"一"了，那还能不说吗？原来的"一"和言说的"一"合起来就成了二，二加一就有了三，这样推下去，将永无止境。庄子的言外之意是：通过语言来破除是非，不可避免地会陷入无穷追溯的困境。

（2）"夫道未始有封，言未始有常"一段，主要也不是为了说明大道和语言的关系，而是为了突显下面这句话："圣人怀之，众人辩之以相示也。"大道不称，大辩不言，一旦诉诸言说，就无法避免对待自己和是非的关系，这是语言的困境。最理想的办法当然是像圣人那样不论、不议、不辩，仅仅"怀之"而已。庄子也许是想说：以言止言，以辩止辩，这实际上是一种不得已的方式或手段。

（3）第三段是啮缺和王倪的对话。这段话当然可以从价值相对性的角度进行解释，但下面的意思似乎也不能排除：是非问题永远无法通过言语来解决，所以只能像王倪那样"三问而三不知"。甚至说"吾恶乎知之"也不行，毕竟他还有一个"自我观之，仁义之端，是非之涂，樊然淆乱，吾恶能知其辨"的立场。至人则不同，他们"乘云气，骑日月，而游乎四海之外，死生无变于己"，连是非、利害的问题都没有。所以，只要有言说，就免不了在是非之中。

（4）第四段是瞿鹊子和长梧子的对话。此处换了一个角度切入话题。破掉是非的最好方式当然是无言的"怀之"，但如果迫不得已必须借助语言，也仍然可以说些"有谓无谓"的话。"有谓"是有所说，但所说的内容是不定的，这就叫"言无言"。"言无言"看上去好像无意义，但可以让人获得一种理解和觉悟。最明显的例子是吊诡，"丘也与女皆梦也，予谓女梦亦梦也"，这种话明显是自相矛盾，但仍然传达了一种观念或想法。不然，庄子何以会寄望于一位万世之后有如旦暮之遇的大圣解者呢？就庄子来说，他也许是要借此提醒读者，自己破掉对待的做法其实正处于同样吊诡的困境。

（5）第五段是"辩无胜"。辩论既然无法做出是非的选择，那么不妨把不是看作是（"是不是"），把不然看作然（"然不然"），把一切声音的相待全都化作不相待。没有了对待，没有了是非，自己的"齐物论"当然也就一并化去了。

（6）最后是"罔两问景"和"庄周梦蝶"的寓言。罔两的问话可以转换成对庄子的质疑：你前面忙于破掉众论之是非，现在却自说自扫，把自己的立场化掉了，这不是没有"操守"的表现吗？景子的回答实际上也就是庄子的回答："吾有待而然者邪？吾所待又有待而然者邪？吾待蛇蚹蜩翼邪？恶识所以然？恶识所以不然？"如果说景子的回答中还有个"吾"字在，到了庄周梦蝶，不但找不到"我"，连"吾丧我"的"吾"也无影无踪，这才是彻底的"无我"之境。

四、结语

把《齐物论》分成"破他"和"自破"两部分，可能会引起简单化的担忧：如此丰富和复杂的内容可以被化约为"无我"二字吗？此处引述宣颖的一段话作为本文的结束语：

> 内七篇都是特立题目，后做文字，先要晓得他命题之意，然后有他文字，玲珑贯穿。都照此发去，盖他每一个题目，彻首彻尾，是一篇文字，止写这一个意思，并无一句两句断续杂凑说话。今人零碎读之，多不成片段，便不见他篇法好处。①

---

① 宣颖：《内篇》，载《南华解经》，广东人民出版社2008年版，第1页。

ZHU Xi's Cosmological and Metaphysical Interpretations of the Confucian Cardinal Virtues

ZHENG, Shuhong（郑淑红）

I. Introduction

Like most intellectual figures in Confucianism, ZHU Xi's 朱熹 (1130—1200) philosophical thinking is by and large ethically oriented, and the core of his ethical scheme consists in his ingenious reinterpretation of the four cardinal virtues (*si de* 四德), namely humaneness (*ren* 仁), righteousness (*yi* 义), propriety (*li* 礼), and wisdom (*zhi* 智). Two lines persist throughout ZHU Xi's exposition of the Confucian cardinal virtues: one is the cosmological interpretation which offers a vivid account of Confucian moral-cultivation in practical terms. In that sense *ren*, *yi*, *li* and *zhi* form a dynamic all-embracing unity which mirrors the cycle of life in the natural order. The other is the metaphysical interpretation in which Zhu's theory of substance and function (or manifestation) is thoroughly applied to the explanation of the four cardinal virtues. As a result *ren*, *yi*, *li* and *zhi* are established as unchangeable moral principles in theoretical terms. And the two lines are often intertwined in ZHU Xi's philosophical and literary compositions.

Given the complexity and richness of his works on this topic, ranging from the formal writings (scriptural commentaries, philosophical treatises and discursive letters) to the colloquial talks and conversations transcribed by his pupils, any attempt to summarize his thought runs the risk of oversimplification. With that difficulty in mind, this chapter is intended to grasp the depth and subtlety of master Zhu's philosophical speculations on the four virtues *ren*, *yi*, *li* and *zhi*, and to contextualize and structure his thought in a concise and appropriate manner①.

In the context of Neo-Confucianism, *de* 德 (virtue) on the one hand refers to the innate goodness in human nature, while on the other hand it is conceived as equivalent to *de* 得 (obtaining). In ZHU Xi's own words, "*de zhe de ye* 德者得也 (virtue means obtaining)", (Zhu, 2012: 94) or "*de zhe ji zhi suo du de* 德者己之所独得 (what is meant by virtue refers to what is realized by oneself)" (Zhu, 2010, vol. 14: 238, under *Yulei* 6). Similar expressions can be found in *Sishu Zhangju Jizhu* 四书章句集注 (*Commentaries on the Four Books*) and *Zhuzi Yulei* 朱子语类 (*Conversations of Master Zhu Typically Organized*, hereinafter referred to as *Yulei*), which makes it clear that ZHU Xi deliberately uses a verb (*de* 得) to define a noun (*de* 德)②. In that sense *de* 德 not only speaks of one's inner moral quality, but more importantly, it refers to one's endeavors in moral cultivation (*xiu de* 修德), the culmination of which consists in the accomplishment of moral perfection (*cheng de* 成德). Should *de* 德 be translated simply as "virtue" without further explanation? ZHU Xi's point will be overlooked. For Zhu *de* 德 is not merely the inwardness and innateness of virtue as in classical Confucianism, but also points to the methodology for self-cultivation (*gongfu lun* 工夫论) that makes it possible and meaningful for one to pursue one's own virtue in real life. It is this concrete procedure of moral cultivation that allows one's innate virtue to be fully realized; hence the method or procedure of pursuing virtue ought to be prioritized.

In relation to the Neo-Confucian trend of understanding virtue in terms of obtaining virtue, ZHU Xi takes *ren*, *yi*, *li* and *zhi* as the counterpart of *yuan* 元 (origination), *heng* 亨 (flourish), *li* 利 (advantage) and *zhen* 贞 (firmness), so that the four virtues of our mind correspond neatly to those of the mind of Heaven and Earth (Zhu, 2010, vol. 23: 3279, under *Wenji* 67). Seen in light of the proceedings of *yuan*, *heng*, *li* and *zhen* as performed in the

---

① Despite the employment of the term "virtue" here, it is still open to dispute whether or not ZHU Xi's concept of *ren*, *yi*, *li* and *zhi* falls into the category of "virtue ethics" in the modern sense.

② This interpretation is also found throughout the works of the two Chengs, see Cheng H and Cheng Y, 1981: 206, under *Yishu* 18.

natural world, the four virtues of human mind *ren*, *yi*, *li* and *zhi* thus acquire universal value, and are no longer to be regarded as four separate moral properties. It follows that the role of *ren* in the moral order, like that of *yuan* in the natural order, holds the inexhaustible generative power to initiate one's moral life and to sustain it. Undoubtedly this dynamic model of taking *ren*, *yi*, *li* and *zhi* in cosmological terms cannot do without the type of cosmology of *qi* 气 (material force) developed in Neo-Confucianism.

Another theme running through Zhu's theory of *ren*, *yi*, *li* and *zhi* is the application of metaphysical concepts such as *li* 理 (principle) and *ti* 体 (substance) and *yong* 用 (function or manifestation) to the interpretation of the four virtues. This line of thought exemplifies the continuity in philosophical speculation between CHENG Yi 程颐 and ZHU Xi. It is by modifying CHENG Yi's thought and rectifying that of Cheng's disciples that ZHU Xi accomplished the mission of reconstructing in metaphysical terms a system of Confucian ethics whose core lies in the moral values embodied by *ren*, *yi*, *li* and *zhi*.

Thanks to the cosmological and metaphysical interpretations rendered by the Song Confucian masters from ZHOU Dunyi 周敦颐 through ZHANG Zai 张载 and the Cheng brothers to ZHU Xi, the meaning of *ren*, *yi*, *li* and *zhi* is substantially deepened and broadened. Despite the fact that the moral values expressed by *ren*, *yi*, *li* and *zhi* may be found in Buddhism or Daoism, it is only in Confucianism that the four cardinal virtues form an organic unity, and as a set of self-evident values are elevated to the status of the moral principles. ZHU Xi himself takes *ren*, *yi*, *li* and *zhi* as the very benchmark to evaluate the doctrines of other schools of thought.

Compared with his predecessors, ZHU Xi makes it an even more urgent task to clarify theoretically the border line that substantially distinguishes the orthodox Confucian learning from various kinds of heretical learning as seen in Buddhism (Chan Buddhism in particular) and Daoism. In philosophical terms, the whole project of Neo-Confucianism cannot do without the tension and the contrast between the "orthodox" Confucianism and what was seen as the "heretical" Buddhism and Daoism. It is by refuting the empty learning of Buddhism that the solid learning of Confucianism is to be established, while the negation of

Buddhist metaphysical assumptions goes hand in hand with the affirmation of Confucian moral values. The kind of otherworldliness promoted by Buddhism must be radically rejected, and replaced by the Confucian conviction in the four cardinal virtues rooted in human nature, as so stated in the sacred texts by the ancient sages. Hence attention should be paid to the apologetic role that ZHU Xi has conscientiously reserved for *ren*, *yi*, *li* and *zhi* in his commentary writings.

In sum, ZHU Xi's exposition of *ren*, *yi*, *li* and *zhi* holds the key to radicalizing and systematizing Confucian values in the sense that, as shown in his *Commentaries on the Four Books* and other literary compositions, he is no longer content with seeking an ontological or cosmological ground for *ren*, *yi*, *li* and *zhi*; instead he takes the four cardinal virtues as fundamental principles and uses this newly formulated theoretical instrument to moralize the whole universe. It is firmly believed that Heaven, Earth, humanity and myriad things share one Principle, which gains perfect manifestation in the Confucian orthodox teaching characterized by *ren*, *yi*, *li* and *zhi*. Not only is the traditional notion of *tianming* 天命 (mandate of Heaven or heavenly mandate) substantiated by moral principles, but probably for the first time, the goodness (*shan* 善) allotted to human nature is settled definitively and forever.

For the sake of clarity in expression, we shall start with the line of cosmological exposition of the four virtues, and then move on to the metaphysical speculations in this regard. Having explained the two different lines of thought, we will reach the final part of this article, in which a further appraisal and analysis of ZHU Xi's narratives on this topic will be provided.

II. The Cosmological View of the Four Cardinal Virtues

Elements of ZHU Xi's interpretation of the four cardinal virtues are scattered through a number of texts from his long (over forty years) academic career. CHEN Lai 陈来 provides us with a detailed examination of these primary sources. In two weighty articles (Chen, 2011: 26–44; Chen, 2012: 8–27) CHEN Lai delineates a complex process attesting the developments of ZHU Xi's thought as presented in his earlier and later works. He concludes that in his late years ZHU Xi was more inclined to adopt the model of *liuxing* 流行 (cosmic movement) rather than that of *tiyong* 体用 (substance and function or manifestation), hence the change from a relatively more static model to a dynamic perspective that is tied up with the idea of *qi* 气 (Chen, 2012: 9). Although MOU Zongsan's 牟宗三 name is not even mentioned here, I assume CHEN Lai is rendering a nuanced response to Mou's criticism of ZHU Xi in his three-volume monograph *Xinti yu Xingti* 心体与性体 (*Substance of Mind and Substance of Human Nature*) (Mou, 2003, vol. 3: 29). Undeniably, the way in which CHEN Lai renders his textual analysis drives home how complex this topic can be if we take on board ZHU Xi's life-long pondering upon the four cardinal virtues. As a result, the authority of MOU Zongsan's view is significantly challenged, if not undermined. According to CHEN Lai's observation, ZHU Xi in his later works developed a different model of explanation on top of his *li* 理 (principle) *qi* 气 (material force) theory, which is to view the four cardinal virtues from the perspective of "*liuxing zhi tongti* 流行之统体 (a dynamic all-embracing unity)" (Chen, 2012: 27).

This is indeed an insightful analysis, because it sums up very well ZHU Xi's cosmological interpretation of the four cardinal virtues. Nonetheless it is open to question whether this dynamic model as expressed through the notion of *liuxing zhi tongti* should be confined to ZHU's later works. This term occurs in ZHU Xi's *Commentary on the Book of Changes* (*Yi Zhuan* 易传) (Zhu, 2010, vol. 1: 149), written in 1177 when ZHU Xi was still in his prime[①]. By *liuxing zhi tongti* ZHU Xi means the cosmic movement of *qi*, which applies specifically to the two leading hexagrams *qian* 乾 (Heaven) and *kun* 坤 (Earth). Even before that ZHU Xi had already started to expound the notion of "dynamic substance of the mind (*xinti liuxing* 心体流行)" in his *Treatise on the States of Mind before and after the Emotions Aroused* (*Yifa Weifa Shuo* 已发未发说),

---

① SHU Jingnan 束景南 points out that ZHU Xi's *Yi Zhuan* (*Commentary of the Book of Changes*) is different from his *Zhouyi Benyi* 周易本义 (*The Literal Meaning of the Book of Changes*). Previous studies mistake one for the other and for that reason the dating is incorrect. In fact the former is based on WANG Bi's 王弼 edition and was completed in 1177, whereas the latter is based on LÜ Zuqian's 吕祖谦 edition, hence the completion of *Zhouyi Benyi* cannot be earlier than the date of Lü's work, 1181. For details, see Shu, 2014: 594 – 596.

written in 1169. Obviously ZHU Xi regards the substance or being of the mind as dynamic unity, in which both *yifa* (after the emotions are aroused) and *weifa* (before the emotions are aroused) are included. Suffice it to say that the model of depicting the mind with recourse to the dynamic being of *qi* is fully demonstrated in ZHU Xi's early works; hence it does little justice to the development of Zhu's thought to attribute it only to his later period.

The year 1169 saw the turning point in Zhu's intellectual and spiritual life, when the true meaning of *zhonghe* 中和 (equilibrium and harmony) suddenly dawned on him, triggering a breakthrough in his long-term confusion regarding *yifa* and *weifa*. This sudden enlightenment resulted in a number of important works, including the aforementioned *Treatise on the States of Mind before and after the Emotions Aroused* (Zhu, 2010, vol. 23: 3266 – 3269, under *Wenji* 67), and his *First Letter to the Gentlemen of Hunan on Equilibrium and Harmony* (*Yu Hunan Zhugong Lun Zhonghe Diyishu* 与湖南诸公论中和第一书) (Zhu, 2010, vol. 23: 3130 – 3131, under *Wenji* 64), which is only a shorter version of the former essay. The message ZHU Xi intends to get across to his Hunan fellows is an urgent one. Zhu makes it clear that CHENG Yi's usage of the term *yifa* in his well-known saying "whenever the mind is mentioned, it refers to *yifa*" contradicts the way *yifa* is used in *Zhongyong* 中庸 (*Doctrine of the Mean*). Put simply, what master Cheng means by *yifa* refers to the dynamic substance of the mind, whereas in the text of *Zhongyong* it refers to the state of the mind after the emotions are aroused.① This discovery was no trivial issue for ZHU Xi, because Zhu's final resolution of the ambiguity of *yifa* makes it necessary to formulate a more comprehensive methodology for Confucian moral cultivation, which is to combine LI Tong's 李侗 approach (nourishing one's sacred nature, allotted by Heaven, in the state of inactivity) with that of the Hunan school (observing the state after the emotions are aroused). In other words, it calls for a true synthesis of the two approaches whose focus was on *weifa* and *yifa* respectively (Adler, 2014: 111).

---

① Wing-tsit Chan 陈荣捷 offers an English translation of this letter, see Chan, 1963: 600 – 602. Slightly altered.

ZHU Xi's *New Theory of Equilibrium and Harmony* (*Zhong He Xin Shuo* 中和新说) (which is in content identical to the aforementioned *Treatise on the States of Mind before and after the Emotions Aroused*), together with the modified methodology for moral cultivation, marks the maturity of his thought. This is vitally important for his treatment of the four cardinal virtues in general. As early as in his *New Theory of Equilibrium and Harmony*, ZHU Xi had already offered a nuanced exposition of the mind, in which the substance of the mind is viewed as dynamic unity pervading the states before and after the emotions are aroused. Since the substance of the mind is all-embracing and all-pervading, the praxis of moral cultivation is ceaseless and inclusive. The dynamic nature of the mind is based on the notion that it is, in its entirety, an organic system. In other words, the mind is dynamic in nature simply because it is not lifeless. Clearly underneath this dynamic structure of the mind lies the Neo-Confucian notion of *sheng* 生 (creation, life or generativity) or *yuanqi* 元气 (the vitality of an organic life or the generative power), which refers to the fundamental driving force that sustains all things in the universe, including the human mind.

This train of thought gains systematic expression in ZHU Xi's *Treatise on Humaneness* (*Ren Shuo* 仁说) and *Treatise on Origination, Flourish, Advantage, and Firmness* (*Yuan Heng Li Zhen Shuo* 元亨利贞说), both of which regard *ren* as the essential virtue of the mind, which is likened to the generative power of the universe.

> The mind of Heaven and Earth is to generate things. In the generation of man and things, they receive the mind of Heaven and Earth as their mind. Therefore, with reference to the essential virtue peculiar to the [human] mind①, although it embraces and penetrates all and leaves nothing to be desired, one word will cover all, namely, *ren* (humaneness). (Zhu,

---

① The original text is *xin zhi de* 心之德. Chan used the phrase "character of the mind" in his translation, and I alter it to "the essential virtue peculiar to the [human] mind", which is not a literal translation, but a paraphrase based on the philosophical implication of the original text. In places where the translator's name is not mentioned, it will be the author's own translation.

2010, vol. 23: 3279, under *Wenji* 67, English trans., Chan, 1963: 593 – 594, slightly altered)

The opening sentence of this treatise sets the tone of the whole discourse. Here ZHU Xi relates the power "to generate things" to "the mind of Heaven and Earth." Nothing but generativity will suffice when a description of the mind of Heaven and Earth is wanted. That is the first layer of this passage, which is followed by the second layer that generativity as the mind of Heaven and Earth is also bestowed upon the generated, meaning humans and things, thus becomes their mind through the process of universal generation. Finally comes the third layer, which entails a core Neo-Confucian question: What is the best way to define the uniqueness of the human mind if generativity is believed to permeate Heaven, Earth, human beings and myriad things? ZHU Xi's answer, as most Neo-Confucian masters would affirm, is one word—*ren* (humaneness). With regard to generativity, *ren* can be conceived as the manifestation of generativity in human being. Overall, these three layers of narrative are well structured, and as a whole offer a cosmological ground for the discussion of *ren* as unfolded in the following passage:

> The virtues of the mind of Heaven and Earth are four: *yuan* (origination), flourish, advantage, and firmness. And the principle of origination unites and controls them all. In their operation they constitute the course of the four seasons, and the vital force of spring permeates all. Therefore in the mind of man there are also four virtues, namely, *ren* (humaneness), righteousness, propriety, and wisdom, and *ren* embraces them all. In their emanation and function, they constitute the feeling of love, respect, being right, and discrimination between right and wrong. And the feeling of commiseration pervades them all. (Zhu, 2010, vol. 23: 3279, under *Wenji* 67, English trans., Chan, 1963: 594, slightly altered)

This dynamic model presumes the correspondence between Heaven and human; it is almost taken for granted that each always resonates with the other.

This mode of thinking and expressing allows ren to be unfolded into four—ren, yi, li and zhi—precisely in the way that yuan is itself manifested in "the course of the four seasons." Just as yuan permeates all through the vital force of spring, so ren pervades all by way of the feeling of commiseration. Origination (yuan), as the dominant virtue of the mind of Heaven and Earth, exerts its effects on all by means of the vital force of spring. Likewise ren, as the dominant virtue of the human mind, exerts its influence on all through the feeling of commiseration. In most cases, ren is regarded as the dominant virtue of the mind, which encompasses within itself yi, li and zhi as shown above. In addition to that, ren can be taken in a relative sense as one among the four. And these four cardinal virtues correspond respectively to the four sentiments—the feeling of love, of respect, of being right, and of discrimination between right and wrong.

Since the four sentiments represent four different aspects of one substance, whereas the four seasons refer to four successive stages of one course of movement, the one-four relationship demonstrated by ren and ren, yi, li and zhi becomes more complicated when the two sets are intertwined. That is particularly the case with regard to moral cultivation. The sophisticated interaction between ren, yi, li and zhi as operated in moral life is well explained in Yushan Lecture (Yushan Jiangyi 玉山讲义), delivered in 1194 and often regarded as ZHU Xi's final say on the four cardinal virtues.

As the principle of generation, ren permeates the four virtues and is circulating among them all. Ren of course refers to the substance of ren; yi the judgement and decision of ren; li the restraint and ornament of ren; and zhi the discernment and differentiation of ren. Therefore ren pervades the four virtues in the way that the vital force of spring (chun zhi shengqi 春之生气) runs through the four seasons: spring represents the birth of the vital force; summer the growth of the vital force; autumn the harvest of the vital force; and winter the preservation of the vital force. (Zhu, 2010, vol. 23: 3589, under Wenji 74)

Here ZHU Xi picks the metaphor of "the vital force of spring" to explain to his fellows in what manner *ren* is unfolded as *ren*, *yi*, *li* and *zhi*, and how *ren*, *yi*, *li* and *zhi*, in turn, form one course of life that is initiated and sustained by *ren*. In this vivid account of *ren*, *yi*, *li* and *zhi*, the role of *ren* is particularly stressed. ZHU Xi seems to believe that the generative power of *ren* is the source of one's moral life, whose operation bears resemblance to the way in which the vital force of spring works in one's natural life. All in all, the four cardinal virtues form a dynamic cycle that speaks of the growth, flourishing and culmination of an individual's moral life.

In *Yushan Lecture* and elsewhere ZHU Xi elucidates in detail the relationship between *ren* and the other three cardinal virtues. When the concept of *yin yang* 阴阳 (the negative and the positive cosmic forces) is applied, the four are then divided into two pairs, and the order is altered to *ren*, *li*, *yi* and *zhi* in accordance with the order of the four seasons. Noticeably *ren* and *li*, which correspond to spring and summer, belong to *yang*; while *yi* and *zhi*, corresponding to autumn and winter, belong to *yin*. Therefore *li* becomes the abundant emanation of *ren* in the sense that the flowing forth of summer is the flourishing of the growth of spring; *ren* and *li* thus form a pair whose relationship suggests that of inner and outer, or that between substance and function or manifestation. Similarly the relationship between *yi* and *zhi* is explained with reference to that of autumn and winter; that is, the preservation and collection of winter is the final resort of the forbidding spirit of autumn. So the four (*ren*, *li*, *yi* and *zhi*) can be reduced to two (*ren* and *yi*) in terms of *yang* and *yin*, and the two can be further reduced to the one dominant virtue *ren*.

The relation of *ren* to *zhi* is an intriguing one, which indicates the correlation between the beginning and the end. As mentioned above, it is believed that in the very beginning (*ren*) consists the whole process of growing (*li* and *yi*) as well as the end (*zhi*). Because this sort of circular movement is endless, *ren* and *zhi* as the beginning and the end inevitably overlap, and the joint of *ren* and *zhi* gives some hint as to the secret code of Heaven and Earth①. The importance

---

① This line of thought is particularly expressed in ZHU Xi's appraisal of and commentaries on ZHOU Dunyi's works. This issue has been addressed by scholars such as Julia Ching, Ellen Neskar and Joseph A. Adler. For details, see Ching, 2000; Neskar, 2012: 344 – 366; Adler, 2014.

of *zhi* lies in the fact that it holds the power to activate or trigger *ren*.

At the end of *Yushan Lecture*, ZHU Xi lays emphasis on the inter-penetration of *ren*, *yi*, *li* and *zhi*, namely, none works on its own, and in daily affairs it is always the case that in the operation of one cardinal virtue the other three are also involved.

Ⅲ. The Metaphysical Interpretation of the Four Cardinal Virtues

In addition to a cosmological view of *ren*, *yi*, *li* and *zhi*, the operation of *ren* can be explained with recourse to the Principle of Heaven. ZHU Xi stated that "the flow of the Principle of Heaven is *ren*" (Zhu, 2010, vol. 14: 258, under *Yulei* 6, 258). As CHEN Chun 陈淳 summarizes, "*ren* refers to the state when the mind is fully occupied with the operation of the Principle of Heaven" (Chen, 1983: 22, English trans., Chan, 1986: 77, altered). A heated discussion of *ren* is found in both *Yulei* (*Conversations of Master Zhu Typically Organized*) and *Yishu* 遗书 (*Posthumous Works of the Two Chengs*), which makes it clear that a philosophical definition of *ren* had been attempted in the circle of the Cheng-Zhu school for quite a long period of time, and this issue had been continuously pondered upon by all the great thinkers in that circle, despite the fact that no final consensus was reached among the pupils of the two Chengs. To describe *ren* from a certain aspect is one thing, and to give an accurate and comprehensive definition of *ren* is another. ZHU Xi and his predecessors were fully aware of the difficulty involved in defining *ren*. As a matter of fact, this sort of theoretical attempt had been started by HAN Yu 韩愈, who in his well-known treatise *Yuan Dao* 原道 (*On the Way*) rendered *ren* as universal love (Han, 2014: 15, under *Wenji* 1). Han's view was refuted by CHENG Yi on account of the distinction between nature and sentiment; in his words, "*ren* refers to the nature and love to the sentiment" (Cheng et al., 1981: 182, under *Yishu* 18). Probably due to CHENG Yi's emphasis on the distinction between *ren* (nature) and love (sentiment), his pupils such as XIE Shangcai 谢上蔡 and YANG Shi 杨时 no longer had any interest in discussing *ren* in terms of love, to the extent that they almost completely forsook the link between *ren* and love, thus kept *ren* purely on a lofty level that, for ZHU Xi, is too far from daily life.

ZHU Xi's treatise *On Ren* (*Ren Shuo* 仁说) was meant to rectify such a manner of speaking. Xie was renowned for his interpreting *ren* entirely in terms of consciousness (Huang, 1986: [24] 918). For ZHU Xi, Xie fails to see the point that consciousness is not the reason why *ren* is so called, although such an interpretation allows *zhi* to be included in *ren*. With regards to Yang's interpretation, which is to see *ren* as the unity of all things with the self (Huang, 1986: [25] 954), ZHU Xi remarks that unity is not the reality that makes *ren* a substance, despite the fact that to explain *ren* in terms of unity allows the spectrum of *ren* to be fully extended. At the end of *On Ren*, ZHU Xi pinpoints the defects of the two well-received views:

> To talk about *ren* in general terms of the unity of things and the self will lead people to be vague, confused, neglectful, and make no effort to be alert. The bad effect—and there has been—may be to consider other things as oneself. To talk about *ren* in specific terms of consciousness will lead people to be nervous, irascible, and devoid of any quality of depth. The bad effect—and there has been—may be to consider desire as principle. In one case (the mind) forgets (its objective). In the other (there is artificial effort to) help (it grow). Both are wrong. Furthermore, the explanation in terms of consciousness does not in any way approach the manner of (a man of *ren* who) "delights in mountains" (while a man of wisdom delights in water) or the idea that (*ren* alone) "can preserve" (what knowledge has attained), as taught his pupil by Confucius. (Zhu, 2010, vol. 23: 3281, under *Wenji* 67, English trans., Chan, 1963: 596)

For ZHU Xi, the two interpretations deviated from master Cheng's teaching and had already drifted into a sort of Buddhist mode of thinking and expressing. Noticeably Xie's view is deemed an even more harmful deviation because it falls into the trap of identifying function with nature (*zuoyong shi xing* 作用是性) — a theoretical defect typically seen in Buddhist doctrines.

Nonetheless it is not hard to see a continuity between Xie's strong emphasis on consciousness and the two Chengs', particularly CHENG Yi's, likening *ren* to sensitivity from the medical point of view (Cheng et al., 1981: 15, under *Yishu* 2). Similarly, the origin of Yang's notion of forming one body with all things can be traced back to that of CHENG Hao's (Cheng et al., 1981: 15 - 17, under *Yishu* 2). Other views of the two Chengs, such as the metaphor of the seed of grain (Cheng et al., 1981: 184, under *Yishu* 18) and interpreting *ren* in terms of *gong* 公 (unselfishness or impartiality) (Cheng et al., 1981: 105, under *Yishu* 9), are inspiring one way or another, but none suffices to become the definition of *ren*. ZHU Xi bluntly pointed out that Cheng's taking *ren* as authentic principle (*zhengli* 正理) (Cheng et al., 1981: 1136, under *Jingshuo* 6) is too broad an interpretation, as this term can equally be applied to the other three cardinal virtues *yi*, *li* and *zhi* (Zhu, 2010, vol. 14: 882, under *Yulei* 25). As for CHENG Yi's saying "*ren* is the universal unselfishness and the foundation of goodness" (Cheng et al., 1981: 820, under *Zhouyi Chengshi Zhuan* 2), ZHU Xi's response would be that "unselfishness is the approach to *ren*", "unselfishness is prior to *ren*", and "unselfishness is where *ren* starts to operate, without which *ren* cannot be put into practice" (Zhu, 2010, vol. 14: 258, under *Yulei* 6). In short, ZHU Xi does not believe it is appropriate to define *ren* in terms of "authentic principle", "unselfishness", "consciousness" or "forming one body with all things". While it goes without saying that the intellectual legacy of the two Chengs and of their pupils is essential to ZHU Xi's final resolution of *ren*, nonetheless ZHU Xi's thinking does entail a radical turn on this issue, which diverted the attention of Confucian thinkers from the lofty terms designed for the substance of *ren* to a down-to-earth observation of the function or operation of *ren* in daily life.

Unlike the pupils of the two Chengs, ZHU Xi put emphasis on the importance of love (Chan, 2007a: 25 - 45), and in *On Ren* separated the definition of *ren* into its two aspects: "principle of love" (*ai zhi li* 爱之理) and "virtue of the mind" (*xin zhi de* 心之德). It is only in his *Commentaries on the Four Books* that the two verses are put together, hence the rendering "by *ren* is meant the principle of love and the virtue of the mind" (*renzhe ai zhi li xin zhi de ye* 仁

者爱之理心之德也)(Zhu,2012:48). Noticeably "the principle of love" is prior to "the virtue of the mind"; here "love" is in relation to the function of *ren*, and "the mind" to the substance of *ren*. The meaning of *ren* varies, and whether it points to the substance or the function or both, depends on the concrete circumstance in which *ren* is used. As CHENG Yi points out:

> *Yuan* (Origination) as the head of the four qualities of Change, is like *ren* (humaneness) to the five constant virtues[①] in human nature. In relative sense *ren* can be taken as one among the four cardinal virtues, while in specific terms *ren* is regarded as the dominant virtue of the mind which embraces the four in itself. (Cheng et al., 1981: 697, under *Zhouyi Chengshi Zhuan* 1)

When being used "in relative sense", *ren* ought to be understood in terms of its function or manifestation, hence the connection between *ren* and love. As the principle of love, *ren* is differentiated from *yi*, *li*, and *zhi* (Chan, 2007: 35; Chen, 1983: 19; Zhu, 2010, vol. 14: 260 – 261, under *Yulei* 6). With regard to its substance, *ren* is treated as a specific term that indicates "the complete virtue of the original mind" (*renzhe benxin zhi quande* 仁者本心之全德); in that sense *ren* is to be identified with the Principle of Heaven, whose operation is nothing but the flowing forth of the Principle of Heaven (Zhu, 2012: 133). Following CHENG Yi's elucidation of Principle, ZHU Xi in his *Commentaries on the Four Books* takes the four concepts—principle, nature, mandate (of Heaven) and virtue (of the mind) —almost as interchangeable.

In line with the Mencian theory of human nature, ZHU Xi put in his commentary on *Mencius* a Neo-Confucian theory regarding the relationship between mind (*xin* 心), sentiment (*qing* 情) and nature (*xing* 性):

---

① The five constant virtues here refer to humaneness (*ren*), righteousness (*yi*), propriety (*li*), wisdom (*zhi*) and faithfulness (*xin* 信). In *Yushan Lecture* ZHU Xi explains that among the five, what is meant by the last one *xin* is simply faithfulness or truthfulness. Because the other four are all truthful, there is no need to mention *xin*. See Zhu, 2010, vol. 23: 3588, under *Wenji* 74.

The four feelings—the feeling of commiseration, the feeling of shame and dislike, the feeling of modesty and complaisance, and the feeling of approving and disapproving—belong to the sentiments; while humaneness (*ren*), righteousness (*yi*), propriety (*li*) and wisdom (*zhi*) belong to one's nature. And the mind is in charge of the nature and the sentiments. It is through the arousing of the sentiments that the original state of the nature becomes manifest, just like when there is something inside, its inkling will be seen from outside. (Zhu, 2012: 239)

Here not only is the distinction between nature and sentiment affirmed, but also the dominant role of the mind is brought to the fore in the form of commentary writing. Furthermore, the interdependence between sentiment and nature is stressed in the sense that sentiment is regarded as the emanation of nature, and nature as the substance from which sentiment is derived. A further elaboration of this view is given in *Yushan Lecture*, in which *ren*, *yi*, *li* and *zhi* are treated as the principles of or reasons (*daoli* 道理) for the respective moral behaviors.

With respect to the four terms humaneness (*ren*), righteousness (*yi*), propriety (*li*) and wisdom (*zhi*), there is distinction between one and another, which should never be left unclarified. Overall *ren* denotes the reason for mildness and kindness; *yi* the reason for judgement and decision; *li* the reason for courtesy and respectfulness; and *zhi* the reason for distinguishing right from wrong. The four as thus possessed by the mind constitute the substance of the nature. Before being aroused they are invisible and formless; while being aroused they will become manifest through different functions, hence *ren* is to be expressed by the feeling of commiseration; *yi* by the feeling of shame and dislike; *li* by the feeling of modesty and complaisance; and *zhi* by the feeling of approving and disapproving. Each will be aroused in response to the calling of the situation, and be expressed in accordance with its own intrinsic fabric, so that all will fall into place. ... Therefore boundaries do exist between the four virtues *ren*, *yi*, *li* and *zhi* in the mind, and each has its respective nature and sentiment as well as its own substance and function, whose operations will differ from each other as a result of that. (Zhu, 2010, vol. 23: 3588 – 3589, under *Wenji* 74)

For ZHU Xi it is essentially important to grasp the subtle differences between the four interrelated virtues with respect to their substance and function, so a vague and general understanding of their commonality must fall short when it comes to the complex and ever-changing applications of *ren*, *yi*, *li* and *zhi* in real life.

The concept of substance-function as a pair of metaphysical terms is widely applied to the elucidation of the four cardinal virtues in *Wenji*, *Yulei* and *Commentaries on the Four Books*, which makes it clear that for ZHU Xi a metaphysical interpretation of *ren*, *yi*, *li* and *zhi* is at least as important as an ontological exposition based on the notion of *sheng* (generation) or a cosmological understanding of *qi* (matter or material force) and *yinyang* (negative and positive cosmic force). The theory of substance-function culminated in the Weijin Metaphysical Schools (*Weijin Xuanxue* 魏晋玄学), to which the Neo-Confucian masters were deeply indebted. Nonetheless, it acquires some new significance in the context of Neo-Confucian discourse. ZHU Xi particularly clarifies what he means by substance and function. An elaboration on the usage and meaning of these two terms is offered in the form of question and answer:

Question: You mentioned the evening before that substance and function have no fixed reference, and it depends on the concrete situations. Nonetheless should all things be treated as one unified substance and function, what would it be like?

Answer: Substance and function can also be taken in fixed terms. If what is in the present is the substance, then what is generated in the future will be the function. If this body is the substance, then the movement of it will be the function. If Heaven is the substance, then the starting point of the life of the myriad things will be the function. If the Earth is the substance, then the point where the formation of the myriad things lies will be the function. Seen from the perspective of *yang*, what belongs to *yang* will be regarded as the substance and what belongs to *yin* as the function. Likewise seen from the perspective of *yin*, what belongs to *yin* will be regarded as the substance and what belongs to *yang* as the function.

And

Substance refers to a principle or reason, while function refers to its application or operation. For instance, it is only natural that ears can hear and eyes can see, and that is called the principle; while to look at things with the eyes and to listen to things with the ears is called the function. (Zhu, 2010, vol. 14: 239, under *Yulei* 6)

As shown above, what ZHU Xi means by the substance does not necessarily refer to a material object such as a table or a chair, but mostly indicates the principles or reasons whose ontological basis lies nowhere but in the mind. Hence, in ZHU Xi, the expression of substance and function (*tiyong* 体用) is directly related to that of principle and material force (*liqi* 力气). In most cases the former is used to describe the invisible intellectual truth, whereas the latter refers to the visible things or affairs that one is bound to deal with in daily life. Overall, this sort of discussion of the four virtues is often likened to a speculative description of the substance, hence *ren*, *yi*, *li* and *zhi* are treated as the moral principles which, in turn, are used to define the mandate of Heaven in human nature.

IV. Conclusion

The two lines of thought in ZHU Xi—cosmological and metaphysical interpretations of Confucian concepts such as *ren*, *yi*, *li* and *zhi*—inevitably bring about difficulties in understanding. There is an undeniable tension between the two modes of expression, which was actually noticed and pointed out by ZHU

Xi's sharp-minded pupil CAI Yuanding 蔡元定①, who was normally addressed by his courtesy name Jitong 季通. In *Yulei* 6 a short conversation between ZHU Xi and Jitong drops some hint as to ZHU Xi's two ways of expression with regard to *li* (principle). It reads as follows:

> Jitong asked: Principle can be conceived in terms of the cosmic movement (*liuxing* 流行) on the one hand, and be interpreted in terms of duality (*duidai* 对待)②on the other. So the theory of the cosmic movement holds priority over that of duality.
>
> ZHU Xi replied: It is hard to say one is prior to the other.
>
> Jitong then took *Taiji Explanations* as an example to illustrate his point, and [Jitong or ZHU Xi?] maintained that both theories make sense, nonetheless insisted on his own view. (Zhu, 2010, vol. 14: 238, under *Yulei* 6)

Clearly ZHU Xi does not give his consent to the view that the theory of cosmic movement (*liuxing*) should be prioritized, despite his approval of its significance. The implication of Zhu's response is that he does take the sort of expression in terms of duality (*duidai*) as equally important. What he means by *duidai* is duality, contrast or distinction between the two spheres, namely what is above form (*xing'ershang* 形而上) and what is within form (*xing'erxia* 形而下). Such a differentiation is of vital importance for ZHU Xi, especially when it comes to abstract terms such as *taiji* (the Great Ultimate 太极), *dao* (the Way), *de* (virtue), *li* (the Principle), *qi* (the material force), *ti* (sub-

---

① SHU Jingnan points out that Zhu was indebted to Cai for his enlightenment experience over the issue of *yifa* and *weifa* (Shu, 2014: 407). Cai is called by his Courtesy name Jitong 季通 in *Wenji* and *Yulei*. The letters ZHU Xi wrote to him are collected in *Wenji* 44 (Zhu, 2010, vol. 22: 1988 – 2008). He is also listed among ZHU Xi's pupils by Wing-Tsit Chan, who composed a short bibliography of Cai (Chan, 2007b: 230 – 231).

② Here it refers to the contrast and inter-dependence between what is above form (*xing'ershang* 形而上) and what is within form (*xing'erxia* 形而下). The relation between the two is often applied to *ti* (substance) and *yong* (function or manifestation). See Zhu's *Letter to LÜ Bogong* (*Da LÜ Bogong* 答吕伯恭) (Zhu, 2010, vol. 21: 1421, under *Wenji* 33).

stance) and *yong* (function or manifestation). This train of thought gains nuanced expression in ZHU Xi's *Commentary on ZHOU Dunyi's Explanation of the Diagram of the Great Ultimate* (*Taijitushuo Jie* 太极图说解):

> That in the Great Ultimate there is activity and non-activity is the flowing forth of the mandate of Heaven. ... The Great Ultimate refers to the mystery of the original state; while activity and non-activity are the mechanism (*ji* 机) by means of which the Great Ultimate itself is manifested. The Great Ultimate falls into the category of the formless Way; whereas *yin* and *yang* belong to the formed implements. (Zhu, 2010, vol. 13: 72, under *Taijitushuo Jie*)

Again it was CAI Jitong who swiftly grasped the profound implication of his master's commentary, and he particularly appreciated Zhu's concise definition of "activity and non-activity" in this case, as "the mechanism (*ji* 机) by means of which the Great Ultimate itself is manifested." As recorded in *Yulei* 5, an elaboration was offered by Jitong, who made the point that

> The Great Ultimate is the Principle (*li*) and belongs to the sphere of what is above form; while *yin* and *yang* are the material forces (*qi*) and belong to the sphere of what is within form. Nonetheless *li* is invisible whereas *qi* has its own traces. If activity and non-activity can be attributed to *qi*, how would it be possible that *li*—which is manifested by *qi*—has nothing to do with activity and non-activity? (Zhu, 2010, vol. 14: 218, under *Yulei* 5)

Jitong's exposition was highly regarded by ZHU Xi, because his *Taijitushuo Jie* was profoundly disputed by many renowned Confucian scholars of the day (Zhu, 2010, vol. 13: 76 - 78, under *Taijitushuo Jie*), whereas to Zhu's delight, his most intelligent pupil CAI Jitong understood it immediately. What was difficult for his contemporaries to understand is precisely the idea that marks ZHU Xi's innovation. To clarify this, we need to consider ZHU Xi's intellectual affinity with both CHENG Yi and ZHOU Dunyi.

In an elegant and discursive style, ZHU Xi composed two pieces of commentary on ZHOU Dunyi's philosophical treatises, in which he frequently refers back to two well-received notions of CHENG Yi. One is the oft-repeated "substance and function share one origin, and there is no such gap that separates the visible from the subtle" (*tiyong yiyuan xianwei wujian* 体用一源显微无间) (Cheng et al., 1981: 689, under *Yizhuan Xu*; Zhu, 2010, vol. 13: 76 – 78, under *Taijitushuo Jie*). The other is "there is no starting point between activity and non-activity, between *yin* and *yang*" (*dongjing wuduan yinyang wushi* 动静无端阴阳无始) (Cheng et al., 1981: 1029, under *Chengshi Jingshuo* 1; Zhu, 2010, vol. 13: 73, under *Taijitushuo Jie*). It goes without saying that ZHU Xi is deeply indebted to both CHENG Yi and ZHOU Dunyi for their speculative thinking as to the interdependence and inter-penetration between substance and function, activity and non-activity, the Way and the implements. Nevertheless, ZHU Xi's overall interest lies in ethics rather than cosmology; in other words, he is more concerned with ethical issues than with cosmological thinking, despite his engagement in studying the *Book of Changes* as his two predecessors did. ZHU Xi's appraisal of the thoughts of the two masters makes it plain that he is never pleased to repeat what they had already clarified: the dialectical relationship between activity and non-activity on the ground of the *Changes*. In the context of Neo-Confucianism, from ZHOU Dunyi onwards there came into fashion dialectical speculation on the question of activity and non-activity, and cosmological thinking centered on the cosmic movement and cosmic creation/generation, according to which it is almost self-evident that a philosophically sound system of ethics or ethical thought ought to be cosmologically justified.

ZHU Xi somewhat downplayed the role of the *Changes* and twisted the relationship between cosmological and ethical thinking. As a result, the cosmological and metaphysical speculations underwent an ethical transformation at ZHU Xi's hand; for instance, he read ethical meaning into ZHOU Dunyi's notion of non-activity (*jing* 静) by relating it to a desire-free state and then interpreting it as "the return to authenticity and the reality of the nature" (*cheng zhi fu er xing zhi zhen ye* 诚之复而性之贞也) (Zhu, 2010, vol. 13: 75, under *Taijitushuo Jie*, English trans., Adler, 2014: 189).

With the intention to reconstruct the Confucian ethical system in mind, ZHU Xi did not hide his contempt for vague and obscure expression concerning the unity of substance and function or the oneness of all things as seen in CHENG Yi's followers. On the contrary, he laid emphasis on clarity and accuracy in expression. For him it is necessary to distinguish what is above form from what is within form in metaphysical terms. On that account the distinction between substance and function, the difference between the Way and the implements, must be thoroughly expounded. In addition, ZHU Xi made the point that "the substance should be established before the function proceeds" (Zhu, 2010, vol. 13: 75, under *Taijitushuo Jie*).

As mentioned earlier, what is meant by substance refers mostly to the principles or reasons. Moral or ethical principles are meant to be "unchangeable rules" (*bu yi zhi ze* 不易之则) (Dai, 1982: 83), so that they can be universally applied to ever-changing situations. Philosophically speaking, for ZHU Xi, the non-changeability of principle cannot be established without a distinction between substance and function. Hence a metaphysical speculation on substance, the Principle, the Way, and what is above form is necessary.

However ZHU Xi does not allow for a transcendent world as seen in Buddhism. For him the unchangeable principles as invisible existence must be manifested by the visible things, be it material force, implements, or rituals. That means that ZHU Xi, in his sophisticated interpretation of *ren*, *yi*, *li* and *zhi*, must make sufficient room for the two major lines of thought—cosmological and metaphysical trends—to be integrated and differentiated. Overall *ren* ought to be understood as the substance that denotes the source of life as well as ethical principle, in Zhu's own words, as the principle that holds the power to generate [things] (*neng fayong di daoli* 能发用底道理) (Zhu, 2010, vol. 22: 2199, under *Wenji*).

To sum up, in ZHU Xi the unity of the four cardinal virtues *ren*, *yi*, *li* and *zhi* not only defines the mind or heart-and-mind (*xin* 心) as well as the innate goodness of human nature (*xing* 性), but also constitutes the ontological ground for Confucian self-cultivation in private life as well as ethical and political practice in social life, hence the interdependence and interaction between the inner and the outer, between the subjective virtues and the objective ethical principles or moral norms, and between the dynamic line of cosmological interpretation and the static line of metaphysical interpretation. Precisely in the intertwining of the two lines lies the innovative element of ZHU Xi's interpretations of the Confucian cardinal virtues, which also accounts for the complexity of Zhu's ethical thinking as a whole. What ZHU Xi has accomplished in his theoretical reconstruction of *ren*, *yi*, *li* and *zhi* can be summarized into two points: first, the four virtues of the mind are to be established as moral principles within a dynamic cosmological framework; second, the established moral principles will, in turn, transform the cosmological and metaphysical ground and redefine its meaning. In short, ZHU Xi is not seeking a cosmological ground for *ren*, *yi*, *li* and *zhi* as his predecessors normally do, but has radically transformed the meaning of Confucian ethical thinking, in the sense that he has reached the point of moralizing the whole universe and formalizing the moral, spiritual, social and political life with the benchmarks of *ren*, *yi*, *li* and *zhi*.

References

ADLER J A, 2014. Reconstructing the Confucian Dao: ZHU Xi's appropriation of ZHOU Dunyi[M]. Albany: State University of New York Press.

CHAN W-T (CHEN Rongjie, 陈荣捷), 1963. A source book in Chinese philosophy[M]. Princeton & New York: Princeton University Press.

CHAN W-T (CHEN Rongjie, 陈荣捷), 2007a. Essays on ZHU Xi (朱学论集) [M]. Shanghai (上海): Huadong Shifan Daxue Chubanshe (华东师范大学出版社).

CHAN W-T (CHEN Rongjie, 陈荣捷), 2007b. Pupils of ZHU Xi (朱子门人) [M]. Shanghai (上海): Huadong Shifan Daxue Chubanshe (华东师范大学出版社).

CHEN C (陈淳), 1983. Neo-Confucian terms explained (北溪字义) [M]. Beijing (北京): Zhonghua Shuju (中华书局).

CHEN C(陈淳), 1986. Neo-Confucian Terms Explained (The Pei-hsi tzu-i) by Ch'en Ch'un: 1159-1223[M]. tr. CHAN W-T(CHEN Rongjie, 陈荣捷). New York: Columbia University Press.

CHEN L(陈来), 2011. Theory of the four virtues in ZHU Xi's thought(朱子思想中的四德论)[J]. Philosophical studies(哲学研究)(1): 26-44.

CHEN L(陈来), 2012. Additional discussion on ZHU Xi's thinking of the four virtues[M]//CHEN L(陈来). Philosophy and the time(哲学与时代). Shanghai(上海): Huadong Shifan Daxue Chubanshe(华东师范大学出版社): 8-27.

CHENG H(程颢), CHENG Y(程颐), 1981. Works of the Two Chengs(二程集)[M]. Beijing(北京): Zhonghua Shuju(中华书局).

CHING J, 2000. Religious thought of Chu Hsi[M]. Oxford: Oxford University Press.

DAI Z(戴震), 1982. On Mencius: explorations in words and meaning(孟子字义疏证)[M]. Beijing(北京): Zhonghua Shuju(中华书局).

HAN Y(韩愈), 2014. Literary works of Han Changli(韩昌黎文集校注)[M]. Shanghai(上海): Shanghai Guji Chubanshe(上海古籍出版社).

HUANG Z X(黄宗羲), 1986. Anthology and critical accounts of the Neo-Confucianists of the Song and Yuan dynasties(宋元学案): 4 vols[M]. Beijing(北京): Zhonghua Shuju(中华书局).

MOU Z S(牟宗三), 2003. Substance of the mind and substance of the nature(心体与性体): 3 vols[M]. Taibei(台北): Linking Publishing Company(联经出版事业股份有限公司).

NESKAR E, 2012. ZHU Xi's travels on Mount Lu: visiting ZHOU Dunyi's study hall and paying reverence to the Dao-tong[M]//CHEN L. Philosophy and the time(哲学与时代). Shanghai(上海): Huadong Shifan Daxue Chubanshe(华东师范大学出版社): 344-366.

SHU J N(束景南), 2014. A chronical of ZHU Xi in detail(朱熹年谱长编): 2 vols[M]. Shanghai(上海): Huadong Shifan Daxue Chubanshe(华东师范大学出版社).

ZHU X(朱熹), 2010. Complete works of Master Zhu(朱子全书): Vol. 1,

14,22,23,24[M]. Shanghai（上海）：Shanghai Guji Chubanshe（上海古籍出版社）.

ZHU X（朱熹），2012. Commentaries on the Four Books（四书章句集注）[M]. Beijing（北京）：Zhonghua Shuju（中华书局）.

北方王门后学尤时熙的良知学思想发微

钟治国

尤时熙（1503—1580），字季美，号西川，河南府洛阳县人。西川学宗阳明而着意于践履，主张体之身心，切于日用，不为空虚隐怪之谈，为时人所推重。关于其学之宗旨，黄宗羲在《明儒学案》中说："先生以道理于发见处始可见，学者只于发动处用功，故工夫即是本体，不当求其起处……先生既扫养出端倪，则不得不就察识端倪一路，此是晦翁晚年自悔'缺却平时涵养一节工夫'者也，安可据此以为学的？"① 认为西川在工夫论上倒向"察识"而忽略"存养"，其以之为"学的"即最终目标、宗旨的理念正是朱子晚年所悔者——认为自己缺少涵养工夫而过多地在已发、酬酢上察识是错的②。准此，可见尽管梨洲认同西川针对其时阳明后学

---

① 黄宗羲撰、浓芝盈点校：《明儒学案》上册卷二十九，中华书局2008年版，第639页。
② 梨洲所引朱子晚年自悔"缺却平时涵养一节工夫"一语出自朱子《与湖南诸公论中和第一书》，其在别处又认为此语也见于朱子《答吕子约》一书："向来讲论思索，直以心为已发，而所论致知格物，以察识端倪为初下手处，以故缺却平日涵养一段工夫。"（黄宗羲撰、浓芝盈点校：《明儒学案》上册卷十五，中华书局2008年版，第323－324页）查现存朱子与吕祖俭（字子约，吕祖谦之弟）的通信，其中并无上所引语，梨洲所云恐误。陈来先生考《与湖南诸公论中和第一书》是写给张南轩的，作于己丑（宋孝宗乾道五年，1169）之春初悟"中和旧说"之非时［见氏著《朱子书信编年考证（增订本）》，生活·读书·新知三联书店2007年版，第68页］，顾宏义先生亦持此见（见氏著《朱熹师友门人往还书札汇编》第6册，上海古籍出版社2017年版，第3236－3238页）。朱子此书中有云："向来讲论思索，直以心为已发，而日用工夫，亦止以察识端倪为最初下手处，以故缺却平日涵养一段工夫，使人胸中扰扰，无深潜纯一之味，而其发之言语事为之间，亦常急迫浮露，无复雍容深厚之风。盖所见一差，其害乃至于此，不可以不审也。"（《晦庵先生朱文公文集》卷六十四，载朱杰人、严佐之、刘永翔主编《朱子全书》第23册，上海古籍出版社、安徽教育出版社2002年版，第3131页）另外，梨洲在《南轩学案》中也有相似的论断："第南轩早知持养是本，省察所以成其持养，故力省而功倍。朱子缺却平日一段涵养工夫，至晚年而后悟也。"（黄宗羲著，全祖望补修，陈金生、梁运华点校：《宋元学案》第2册，中华书局1986年版，第1635页）梨洲又说："《湖南答问》诚不知出于何时。"（同上书，第1508页）则此说适与其前说相矛盾，说"缺却平日涵养一段工夫"是朱子晚年自悔之语并无依据。乾道己丑，朱子时年四十，远非梨洲所说的晚年。

"玄虚而荡"的弊病而主张于日用常行中用功的良苦用心,但就阳明学的最终义理境界而言,他认为西川之学并不"高明"。与之相反,《四库》馆臣却认为西川好为"过高"之论,"《明史》称时熙议论切于日用,不为空虚隐怪之谈。今观其书,大抵以心为宗……犹是姚江末派,敢为高论者也"①。这两种很有代表性的、相对立的评价何者更切近于西川之学的本来面貌?笔者认为,无论所从出发的立场如何,对其学术的总体评价应当从对其学术的具体内涵的深入、全面、详细的分析中得出。因此,本文以现存的尤西川的著述为材料依据②,围绕阳明学的诸个核心议题对其相关论述展开分析,借以归纳其为学宗旨,提揭其学术特点,进而对其学术地位进行重新衡定和评价。

一、尤西川的学术渊源

于明代中期开始崛起的阳明学是以朱子学为其前在思想资源和生发空间的,故阳明学产生、发展的境况与其时占据思想界主流地位的朱子学息息相关。关于阳明学在其时朱子学的笼罩下的发展情况,西川的门人刘赘的说法很有代表性:

> 阳明先生以致良知,倡明一代正学,而海内向风,至称其功不在孟子下。赘自始学即知苦习气,却株守章句以求向方,曰:"鲁邹濂洛公案胪列矣,奚必阳明又良知哉?"且驳难者杂至,则又曰:"阳明绍象山之传者,作异晦庵,徒标门户耳。"遂并其书置而不顾,以兹

---

① 《〈四库全书总目·拟学小记六卷续录一卷〉提要》,载《四库全书存目丛书》子部第9册"子部·儒家类",齐鲁书社1995年版,第909页。
② 据张元忭《河南西川尤先生墓志铭》(见《拟学小记附录》上卷,载《四库全书存目丛书》子部第9册"子部·儒家类",齐鲁书社1995年版,第898页)所记,尤西川著有《拟学小记》《圣谕衍》二书,西川在写给其弟子孟化鲤的书信中也提及了这两部书的刊刻情况〔详见《答化鲤·十四(癸酉)》,见《拟学小记续录》卷四《质疑下》,载《四库全书存目丛书》子部第9册"子部·儒家类",齐鲁书社1995年版,第882页〕,但目前只有《拟学小记》保存了下来。现存《拟学小记》有《原国立北平图书馆甲库善本丛书》第481册所收影印明嘉靖刊本,该本八卷《续录》一卷;另有清同治三年(1864)刻《尤西川先生拟学小记》六卷《续录》、七卷《附录》二卷本,上文提及收录于《四库全书存目丛书》子部第9册。嘉靖本所存的文献相较于同治本有出入,如卷一《经疑》,嘉靖本收录269条,同治本收录277条,反较嘉靖本为多;又如卷五《杂著》(嘉靖本在卷七)所收《长语质疑赠陈怀龙》(按:嘉靖本题作"长语质疑赠怀龙子")共23条,而嘉靖本则收录了28条,较同治本为多。因此,本文所引《拟学小记》以同治本为主,参以嘉靖本。

悠悠者三十余年，自谓有闻，而不知已为习气所胜矣。①

阳明在正德末年提出的致良知说在当时风靡海内，拥趸甚众。但业已被俗学"异化"的朱子学并未丧失其主流地位，故站在朱子学的立场上认为阳明出于标门立户的目的而故为异说以示与朱子不同，进而对阳明学采取抵制、批判态度的学者也为数不少。据刘赟的说法，到嘉靖后期，尽管其时阳明学已不类初起时的微弱，但仍未取朱子学而代之。在这种"世方驰骛于记诵辞章以相夸尚，闻有谈及身心者，已群然诋笑之"②的思想情境下，摒弃功利俗学而穷究身心之学，甚至舍弃朱子学而循从阳明之学，无疑是需要巨大的理论勇气和艰苦的思想探索的，西川之归于阳明学的历程正是如此。正如其门人李之在所云："惟我西川先生笃生中州，学先职分，以心为学问之本，以静为进修之宗。虽谤议沸腾而不移其节，虽穷困局蹐而愈舒其志，力行守己之君子鲜有及者。"③

西川在得闻阳明学之前，就厌弃功利俗学，鄙薄辞章之习，而有志于正学④。在这种向往正学、求闻大道的内在动力的驱动之下，已经被功利浸染的朱子学自然不能适应这样的思想欲求，故其在得闻阳明之学后心生向往便是很自然的了。西川在隆庆元年（1567）丁卯写给王阳明嗣子王正亿（字仲时，号龙阳）的书信中，自言其于嘉靖二年（1523）癸未得读《传习录》之后，便有契于心，"读之虽未窥蕴奥，然不觉其自相入也。是时仪型俨然尚在，而四方讲学同异，议论方兴。其于老师（按：指阳明），毁誉相半。熙也于师有缘，每闻颂言，不闻毁声也。僻居孤陋，无

---

① 刘赟：《刻拟学小记引》，见《拟学小记附录》下卷，载《四库全书存目丛书》子部第9册"子部·儒家类"，齐鲁书社1995年版，第902页。

② 尤时熙：《东山刘先生墓表（按：嘉靖本题作"东山先生刘公墓表"）》，见《拟学小记》卷五《杂著》，载《四库全书存目丛书》子部第9册"子部·儒家类"，齐鲁书社1995年版，第847页。

③ 李之在：《祭文》，见《拟学小记附录》上卷，载《四库全书存目丛书》子部第9册"子部·儒家类"，齐鲁书社1995年版，第899页。

④ 吕孔良：《拟学小记跋》，见《拟学小记附录》下卷，载《四库全书存目丛书》子部第9册"子部·儒家类"，齐鲁书社1995年版，第903页。

师无友，虽切私淑，未能亲炙"①。初兴的阳明学在其时招致了不少诋毁，但西川已经倾心于阳明之学，故"每闻颂言，不闻毁声也"。只是因为居处远离王学特盛的浙中、江右地区，所以尽管其时阳明还在世，但西川自言不能亲炙阳明，只是私淑②。

嘉靖二十三年甲辰（1544），尤时熙终于"得事晴川刘先生于京师"③，得到了王门正传，故学问日加深邃。《河南西川尤先生墓志铭》载：

> 壬寅（按：嘉靖二十一年），先生年四十，因念古人"道明德立"语，忽泪下。居常以不及师事文成为恨，且曰"学无师，终不能有成"，于是以弟子礼见文成之门人晴川刘先生，师事之甚谨。刘先

---

① 尤时熙：《与王龙阳（丁卯）》，见《拟学小记续录》卷四《质疑下》，载《四库全书存目丛书》子部第9册"子部·儒家类"，齐鲁书社1995年版，第878页。按张元忭在其所撰《河南西川尤先生墓志铭》中的说法，尤西川得读《传习录》的时间是嘉靖元年壬午（1522）（详见《拟学小记附录》上卷《河南西川尤先生墓志铭》，载《四库全书存目丛书》子部第9册"子部·儒家类"，齐鲁书社1995年版，第897页），其说与西川自述的时间稍有出入，本文取西川的自述。

② 需要指出的是，尽管刚刚接触《传习录》便有所领悟，但西川并未直趋径入而不旁顾。其间也因为其他种种原因而役心于他学，如张元忭便说西川后来也因疾病而"稍从事养生家"，但经过长期的体悟之后，最终对阳明学深信不疑，"毅然以圣贤为己任"（详见《拟学小记附录》上卷《河南西川尤先生墓志铭》，载《四库全书存目丛书》子部第9册"子部·儒家类"，齐鲁书社1995年版，第897页）。据此，可知西川之学也经历了前后几个阶段的变化：初役志于举业，后从事于养生，终归于良知之学。

③ 尤时熙：《与王龙阳（丁卯）》，见《拟学小记续录》卷四《质疑下》，载《四库全书存目丛书》子部第9册"子部·儒家类"，齐鲁书社1995年版，第878页。刘魁，字焕吾，号晴川，江西吉安府泰和县人，"受学于阳明，卒业东廓。以直节著名，而陶融于学问"（黄宗羲撰、沈芝盈点校：《明儒学案》卷十九，中华书局2008年版，第447页），《明史》有传。刘魁的生卒年并无确切记载，按周怡（字顺之，号讷溪）《祭刘晴川先生文》云："异哉！予之遇公也。地之远也数千里，生之后也二十年，而与公有不约之遇，莫逆肺肝。是岂人事之偶然？无乃宿世之契缘？"（范鄗鼎汇编：《周讷溪先生集》，载《广理学备考》第21册，哈佛大学哈佛燕京图书馆藏清康熙二十五年五经堂刻本，第45页）另据黄宗羲云，周怡"隆庆三年十月，卒于家。年六十四"（黄宗羲撰、沈芝盈点校：《明儒学案》卷二十五，中华书局2008年版，第447页）。可知周怡生于正德元年（1506），而周怡少刘魁二十岁，则刘魁当生于成化二十二年（1486）。又按嘉靖辛亥（1551），西川曾写信给晴川论学，其中提及嘉靖庚戌（1550）春间，曾接到经由项渔浦转寄的晴川论学书信，则其时晴川尚在世（尤时熙：《上晴川刘师》，见《拟学小记》卷四《质疑》，载《四库全书存目丛书》子部第9册"子部·儒家类"，齐鲁书社1995年版，第156页）。又按嘉靖癸丑（1553）西川曾说，"山颓梁坏，晴翁已没，斛山亦逝"［《涧阳别怀赠纳豁（按：当作"讷溪"，下文径改，不再出注）周先生（癸丑）》，见《拟学小记》卷五《杂著》，载《四库全书存目丛书》子部第9册"子部·儒家类"，齐鲁书社1995年版，第198页］，则晴川之卒应在嘉靖庚戌（1550）至嘉靖癸丑（1553）之间。

生以言事下诏狱，则书所疑契，时时从犴狴中质辨，不少辍。①

晴川因谏营建雷殿而下诏狱一事见于《明世宗实录》《献征录》《明儒学案》《明史》等文献，时在嘉靖二十一年（1542）秋②。另据《明史》所载，杨斛山（杨爵，字伯修，号斛山，谥忠介，陕西西安府富平县人）于此前一年即嘉靖二十年（1541）上疏批评嘉靖皇帝迷信符瑞过于切直而被下诏狱榜掠。周讷溪（周怡，字顺之，号讷溪，谥恭节，南直隶宁国府太平县人）在次年即嘉靖二十二年（1543）也因为上疏劾严嵩被杖阙下，锢诏狱③。三人同因言事而被锢诏狱五年，"……屡濒死，讲诵不辍"④。据西川自述，其从学于晴川，进而得以求教于讷溪、近斋⑤就是在此期间：

> 甲辰（按：嘉靖二十三年）之岁，得事晴川刘先生于京师，因得会遇近斋朱先生。⑥

---

① 张元忭：《河南西川尤先生墓志铭》，见《拟学小记附录》上卷，载《四库全书存目丛书》子部第 9 册 "子部·儒家类"，齐鲁书社 1995 年版，第 897 页。张元忭将西川从学于晴川一事记为嘉靖二十一年壬寅，误。

② 《明史》关于此事的记述较其他文献为详，见张廷玉等撰《明史》卷二百九，中华书局 1997 年版，第 5530－5531 页。

③ 张廷玉等撰：《明史》卷二百九，中华书局 1997 年版，第 5529－5530 页。周怡 "早岁师事东廓、龙溪，于《传习录》身体而力行之。海内凡名王氏学者，不远千里，求其印证。不喜为无实之谈，所谓节义而至于道者也"（黄宗羲撰、沈芝盈点校：《明儒学案》卷二十五，中华书局 2008 年版，第 591 页），以其时的学者 "病在于详论而不顾其行"（周怡：《疢怀请正郑云门》，见范鄗鼎汇编《周讷溪先生集》，载《广理学备考》第 21 册，哈佛大学哈佛燕京图书馆藏清康熙二十五年五经堂刻本，第 64 页），特ука践履实行。周怡的这种 "以身体而力行之" 的平实的为学方式对西川影响至深。

④ 张廷玉等撰：《明史》卷二百九，中华书局 1997 年版，第 5531 页。

⑤ 朱得之，字本思，号近斋，南直隶靖江人。梨洲认为其虽然从学于阳明，但颇近于老氏，"盖学焉而得其性之所近者也"（黄宗羲撰、沈芝盈点校：《明儒学案》卷二十五，中华书局 2008 年版，第 585 页），这种契合其自身学术偏好的为学思路也经由二人的交往而影响了西川的为学方式。

⑥ 尤时熙：《与王龙阳（丁卯）》，见《拟学小记续录》卷四《质疑下》，载《四库全书存目丛书》子部第 9 册 "子部·儒家类"，齐鲁书社 1995 年版，第 878 页。讷溪也有 "追忆曩在甲乙之岁，从晴川先生于畏地"（《寄尤西川户部》，见范鄗鼎汇编《周讷溪先生集》，载《广理学备考》第 21 册，哈佛大学哈佛燕京图书馆藏清康熙二十五年五经堂刻本，第 55 页）之语，按 "甲乙之岁" 应当是指甲辰、乙巳，其说与西川的自述正相合，可以作为西川从学于晴川一事是在嘉靖甲辰的一个佐证。

熙始因晴川刘师，得受知于纳（讷）溪先生。是时晴翁与先生暨斛山杨先生、绪山钱先生同处患难中，论道讲学如平居，可谓夷险一致矣。投隙乘间，通问质疑，窃知向慕焉。①

如上文所述，黄宗羲说晴川受学于阳明，而卒业于邹东廓②，而讷溪也曾师事东廓③，二人又同因言事被逮下诏狱，狱中相与讲学不辍。诚如讷溪所言，"数年相与出入风云波涛中，铁筋石骨，冰脾蘗肠，无几微或逆，若一体而化身者"④，故二人之学必有相通达之处。西川师事晴川，又由晴川而受知于讷溪，故从二人处得知的阳明之学的宗旨大致不异。据收于《拟学小记续录》卷三《上晴川刘师》〔作于嘉靖三十八年己未（1559）〕和《与讷溪周先生》〔作于隆庆三年己巳（1569）〕两封书信所言，西川在京师就教于晴川、讷溪时就已经知道为学大旨，唯在下手用力处和具体用功方法上尚有隔阂，因此不释于心者数年。其后通过长期的着落于实行的体验，才悟得此前为学止于口耳的弊病。换言之，西川从晴川、讷溪二人处所得者，与其说是具体的关于良知学的见解，不如说是为学的真诚无伪的态度和体之于身心、见之于践履的诚恳朴实的用功方法。简而言之，就是一个"诚"字："熙始见晴川师，问为学之要。师曰：'在立诚。'"⑤ 同样，尽管在具体的理念的理解和阐发上，西川受到了朱

---

① 尤时熙：《洞阳别怀赠讷溪周先生（癸丑）》，见《拟学小记》卷五《杂著》，载《四库全书存目丛书》子部第9册"子部·儒家类"，齐鲁书社1995年版，第840页。
② 翻检邹东廓文集，其中有与晴川的书信两通，由称呼及行文语气，皆可知东廓并未视晴川为其门人，详见董平编校整理《邹守益集》，凤凰出版社2007年版，第539、590页。晴川也自言与钱绪山为同门友人，详见刘魁《困学录后序》，见范鄗鼎汇编《湛甘泉 刘晴川 王龙溪三先生集》，载《广理学备考》第17册，哈佛大学哈佛燕京图书馆藏清康熙二十五年五经堂刻本，第6页。此外，罗念庵亦云："……其后受学王阳明先生，闻良知之说，于是坚志反观，动有依据。"（罗洪先：《明故工部虞衡清吏司员外郎晴川刘公墓表》，载徐儒宗编校整理《罗洪先集》，凤凰出版社2007年版，第792页）可见尤时熙以晴川为阳明之门人是准确的，则黄宗羲所说的"卒业东廓"应不是指晴川为东廓门人。
③ 邹东廓之学以"戒惧"为宗旨，谨守师说而又能学有自得，堪称王门宗子。其"戒惧"说的详细内涵见钟治国《明儒邹东廓的良知学简述》，载《中国哲学史》2010年第2期，第106－115、123页。
④ 周怡：《杂录》，见范鄗鼎汇编《周讷溪先生集》，载《广理学备考》第21册，哈佛大学哈佛燕京图书馆藏清康熙二十五年五经堂刻本，第18页。
⑤ 尤时熙：《拟学小记》卷六《纪闻》，载《四库全书存目丛书》子部第9册"子部·儒家类"，齐鲁书社1995年版，第852页。

近斋的影响,但其由近斋处所得最重要的还是这一诚朴的为学方法。西川借助这种为学的方法、态度,通过长期的践履、体悟,最终获得了合于阳明之学原本面貌和真精神的解悟,并在晚年居乡期间接引后学,"陕、洛间士闻其风,担簦笈而至者百数十人"①,成为河洛地区传承、传播阳明之学的柱石。

二、格物与致知

西川认为阳明之学并非如学者所批评的全然自出机杼,"绎思良知之训,固本六经也"②。"致良知"说虽与其时流行的朱子学大异其趣,但以其义理架构和内涵而言,其以朱子的"四书"诠释为前在的思想资源和诠释范式,进而对之展开反思、批判,从而建构起自己的义理体系,是显而易见的事实。阳明在早年由娄谅处得闻朱子的格物致知之学后,也曾深信可以经由朱子指示的理路而成为圣贤,但因其时的思想基础并不厚实,用功方法过于简单粗糙,故不能契入。阳明在后来发展出来的致思理路与朱子的根本差异在于以理在物还是在心,龙场之悟对阳明之学发展的重要意义就在于,它奠定了阳明此后借由对《大学》等经典中的概念的个性化诠释而建构自己的学说的基础。具体而言,就是将格物穷理的方向由朝向事物而转向内心,认为物理不外吾心,故"始知圣人之道,吾性自足,向之求理于事物者误也"③。对于这一点,西川有着很准确的认识:

  阳明老师虽夙成其言,以江西以后为定,此老师之意也。④

  阳明先生之言与诸说不同者,只在致知格物。⑤

---

① 张元忭:《河南西川尤先生墓志铭》,见《拟学小记附录》上卷,载《四库全书存目丛书》子部第 9 册"子部·儒家类",齐鲁书社 1995 年版,第 898 页。
② 尤时熙:《拟学小记》卷六《纪闻》,载《四库全书存目丛书》子部第 9 册"子部·儒家类",齐鲁书社 1995 年版,第 852 页。
③ 王守仁著,吴光、钱明、董平、姚延福编校:《王阳明全集》下册卷三十三《年谱一》,上海古籍出版社 2011 年版,第 1354 页。
④ 尤时熙:《长语质疑赠陈怀龙》,见《拟学小记》卷五《杂著》,载《四库全书存目丛书》子部第 9 册"子部·儒家类",齐鲁书社 1995 年版,第 840-841 页。
⑤ 尤时熙:《答李两山·三(戊辰)》,见《拟学小记》卷四《质疑》,载《四库全书存目丛书》子部第 9 册"子部·儒家类",齐鲁书社 1995 年版,第 830 页。

因此，格物致知之说便成了尤西川所关注的阳明学的核心议题之一。西川认为"格"字有数义，可训作"至""正"，也可训"则"、训"通"，其最初持训"则"说：

> "格物"之"格"义兼"通""则""正""至"，然《字说》正训只是格式之义。后面"絜矩"，"矩"字即"格"字义，有天然之格式。"格物"之"格"，天则也，而"通""至""正"之义亦在其中矣。①

西川以王安石《字说》中训"格"作"格式"为正训，进而以"则"即天然自有之理则为此正训的引申义②，这从文字学释义方法上来说是有问题的。但此处指出这一问题的目的并非据以否定其对"格物"的解释的合理性，而是指出哲学的概念诠释尽管要以文字学为基础，但并非亦步亦趋、毫无走作。此外，尽管都属于哲学性诠释，但相比于朱子以字句训诂为基础的诠释而言，阳明学的理路更有"六经注我"的意味。因此，即便西川、近斋的格物说与阳明之说在具体释义上不同，但其仍认为这并不违背阳明宗旨的看法无疑是符合阳明学的真精神的，"是虽老师所未言，而实老师之宗旨也"③。

"格物"之"物"，西川最初训之为"好恶"：

> 人之（按：嘉靖本作"只"）一心，心之虚灵曰"知"，此天则也；知之发动曰"意"，遇有顺逆，好恶形焉，所谓物也。顺不起歆羡，逆不生怨尤，则不逐于好恶，发犹未发，所以则之也。好恶不逐，心常在此，虚灵本然，无所亏蔽，知斯至矣。知至则良心真切，自不容已，意斯诚焉。意诚则心正、身修，而家国天下皆举之矣，归

---

① 尤时熙：《拟学小记续录》卷一《经疑十三条》，载《四库全书存目丛书》子部第9册"子部·儒家类"，齐鲁书社1995年版，第856页。
② 王安石《字说》已佚，现有张宗祥辑录、曹锦炎点校《王安石〈字说〉辑》，福建人民出版社2005年版，但其中未见"格"字。
③ 尤时熙：《格训通解序（丁卯二月）》，见《拟学小记》卷三《格训通解附格物臆说》，载《四库全书存目丛书》子部第9册"子部·儒家类"，齐鲁书社1995年版，第821页。

于了此心事耳。①

阳明解"格"作"正":"格者,正也。正其不正,以归于正也。"②释"物"为"意之所在",即此心所发的意念的涉著者:"身之主宰便是心,心之所发便是意,意之本体便是知,意之所在便是物。"③阳明所说的"物"不是独立于此心之外的存在者,其义涵更具有主、客合一或心、物一元的色彩。此心借由其所发的"意"的意向性指向、涉著、牵引事物于其中,因此阳明所说的"物"也就具有了活动性。在这一意义上,阳明也将"物"释为"事":"意之所用,必有其物,物即事也。……凡意之所用无有无物者,有是意即有是物,无是意即无是物矣。"④所谓事,就是人之行为、活动,其必定会将心与物牵连、糅合为一体,因此"格物致知"在阳明看来就不是朱子所说的"至"物而穷其理,而是以己心天然自有之良知(天理)去"正"物:"但意念所在,即要去其不正以全其正。"⑤将此心之良知(天理)推至事事物物,从而在心与物相互关联的一体之中纠正、导正事事物物,使得事事物物皆能获得应有的理则、秩序。致知就是致我心之良知,而不是朱子所说的得到对事物之理的认知;格物就是使事事物物都能得到其应有的理则、秩序,而非朱子所说的"至"或"即"物而穷其理⑥。

此处需要注意的是,阳明所谓的意有广、狭二义:广义的"意"就是前文所说的"心之所发",这一层面的"意"是有善有恶的,因此格物便是"用致知格物之功胜私复理"⑦;狭义的"意"是此心的虚灵明觉即良

---

① 尤时熙:《附录格物臆说(丙寅三月)》,见《拟学小记》卷三《格训通解附格物臆说》,载《四库全书存目丛书》子部第9册"子部·儒家类",齐鲁书社1995年版,第822页。
② 王守仁著,吴光、钱明、董平、姚延福编校:《王阳明全集》上册卷一《语录一》,上海古籍出版社2011年版,第28页。
③ 王守仁著,吴光、钱明、董平、姚延福编校:《王阳明全集》上册卷一《语录一》,上海古籍出版社2011年版,第6页。
④ 王守仁著,吴光、钱明、董平、姚延福编校:《王阳明全集》上册卷二《语录二》,上海古籍出版社2011年版,第53-54页。
⑤ 王守仁著,吴光、钱明、董平、姚延福编校:《王阳明全集》上册卷一《语录一》,上海古籍出版社2011年版,第7页。
⑥ 王守仁著,吴光、钱明、董平、姚延福编校:《王阳明全集》上册卷二《语录二》,上海古籍出版社2011年版,第50-51页。
⑦ 王守仁著,吴光、钱明、董平、姚延福编校:《王阳明全集》上册卷一《语录一》,上海古籍出版社2011年版,第7页。

知之发动,"心者身之主也,而心之虚灵明觉,即所谓本然之良知也。其虚灵明觉之良知,应感而动者谓之意;有知而后有意,无知则无意矣。知非意之体乎?"①因此,这一层面的"意"有其"体"——良知的支撑而有善无恶,故"格物致知"的"以己正物"含义才有可能成立。也正是在"意"有广、狭二义这一理解的支持下,才能避免"四句教"之首句"无善无恶心之体"所引发的"四有"说和"四无"说蕴含的"用工夫以复本体"(也可称为"工夫所至即是本体")和"悟本体便是工夫"两种工夫论理路的对立②。王龙溪认为"无善无恶"是说天命之性本身的至善是不能以具体的善恶来界定的,良知之至善超越具体的善恶、是非的对待,因此上根之人的致良知工夫便是保任良知之至善流行③。钱绪山说,"心体是天命之性,原是无善无恶的"④,但常人因有习心染着而有意念上

---

① 王守仁著,吴光、钱明、董平、姚延福编校:《王阳明全集》上册卷二《语录二》,上海古籍出版社2011年版,第53页。

② 梨洲承袭其师刘蕺山之说,认为阳明在《大学》的"意"字上看不清楚,所以在"正心""诚意""致知""格物"四条目的阐释上叠床架屋,以致其后学聚讼纷纭,益失原旨(详见黄宗羲、沈芝盈点校《明儒学案》卷十,中华书局2008年版,第218页)。蕺山此说于其语录、文集中多见,其中以作于崇祯十一年(1638)的《阳明传信录》和崇祯十六年(1643)的《良知说》最为系统,如其云:"……只因阳明将意字认坏,故不得不进而求良于知。仍将知字认粗,又不得不退而求精于心。种种矛盾,固不待龙溪驳正,而知其非《大学》之本旨矣。"(《良知说》,载吴光主编《刘宗周全集》第2册,浙江古籍出版社2007年版,第318页)"先生解《大学》,于'意'字原看不清楚,所以于'四条目'处未免架屋叠床至此。及门之士一再摹之,益失本色矣。"(《阳明传信录·三》,载吴光主编《刘宗周全集》第5册,浙江古籍出版社2007年版,第92页)笔者认为,阳明不是不明"意"字的含义,阳明所说的"意"与蕺山、梨洲所理解的"意"本不相同,而且阳明所言之"意"的释义有不同语境下的具体表达,而其门人对此往往不加详辨而又杂以己说,所以才导致其后的争论。

③ 其说详见《天泉证道记》《与阳和张子问答》《自讼问答》《悭台说》《东游问答》,载王畿撰、吴震编校整理《王畿集》,凤凰出版社2007年版,第1—2、123、433、503、721页,此处不一一赘引。此外,需要补充的是,龙溪所云之"无"除了良知之至善超越具体的善恶对待的义涵,也有人心原本无善念恶念的义涵,如其云:"人心无一物,原是空空之体。……吾人护心如护眼,好念头、不好念头俱著不得,譬之泥沙与金玉之屑皆足以障眼。"(《九龙纪海》,载王畿撰、吴震编校整理《王畿集》,凤凰出版社2007年版,第57页)这两种义涵在龙溪的思想中并不矛盾,前者是就本体上指示良知的超越境界,后者是就工夫上指示工夫路径和所应达到的本体状态,本体、工夫本来不二。"体""本体""心之体"的双重内涵:与"用""末"相对的"实体""本源""本质"义以及与"工夫"相对的"体段""样态"义在龙溪处并没有被清晰地区分开来,这一处置方式引发了蕺山和梨洲的批评。作为心之"本质"的性、良知是不能以无善无恶言的,故梨洲以"无善无恶心之体"的"心之体"为此心的原本状态而非指性、良知。

④ 王守仁著,吴光、钱明、董平、姚延福编校:《王阳明全集》上册卷三《语录三》,上海古籍出版社2011年版,第133页。

的善恶之分，故需要用致知格物的工夫克去私意之障碍而复其良知天理之本然流行。绪山在"天泉证道"的相关记述中并未明言"无善无恶"到底何指，但考之其《语录》，可知其对"无善无恶"的理解是同于龙溪的，如其曰"良知是天命之性，性体流行，通彻无间，机不容已……本来至善，故无善可有；本来无恶，故无恶可除"①，"须知至善者，指吾心之本体也，即所谓良知也"②，也是以天命之性为良知、心之本体。心之本体是至善的，这一"至善"超越于具体意念上的善恶，故是无善无恶的。由此可见二人的分歧不在于对"心之体"的"无善无恶"的解释上，而在于对"意"理解不同而导致工夫路向上的差异：龙溪的"四无"说显然是以"意"为良知之发，故良知本体无善无恶，则意、知、物也无善无恶，"悟得无善无恶心体，便从无处立根基，意与知物，皆从无生，一了百当，即本体便是工夫，易简直截，更无剩欠，顿悟之学也"③。至善的良知保证了意、知、物的至善——对具体的善恶的超越，工夫便易简直截；绪山所说的"意"则是广义上的心之所发，故而有善有恶，便须做为善去恶的工夫以复良知本体的至善。

  事实上，龙溪、绪山二人对"无善无恶心之体"的解说是有问题的，正如黄宗羲所指出的："彼以无善无恶言性者，谓无善无恶斯为至善。善一也，而有有善之善，有无善之善，无乃断灭性种乎？"④那些认为阳明以性为无善无恶者的观点暗含着"无善无恶斯为至善"的意蕴，而这一意蕴在梨洲看来是极为荒谬的。退一步说，即便我们承认"无善无恶心之体"说的就是至善的良知、性对具体的善恶的超越，那么良知之善既然不同于具体的善恶，其如何可能知善知恶、好善恶恶？正如庄子在《齐物论》所说的："……吾谁使正之？使同乎若者正之，既与若同矣，恶能正之？使同乎我者正之，既同乎我矣，恶能正之？使异乎我与若者正之，既异乎我与若矣，恶能正之？使同乎我与若者正之，既同乎我与若矣，恶能

---

① 钱明编校整理：《徐爱　钱德洪　董沄集》，凤凰出版社2007年版，第125页。
② 钱明编校整理：《徐爱　钱德洪　董沄集》，凤凰出版社2007年版，第127页。
③ 王畿撰、吴震编校整理：《王畿集》卷一《天泉证道记》，凤凰出版社2007年版，第2页。龙溪在为绪山所撰的《行状》（同上书，第586页）中述及"天泉证道"一事时并无上述言语，可见这种对"顿悟"工夫的强调是其弟子据龙溪的理念所做的发挥，含有很强的护卫师说的倾向性。
④ 黄宗羲撰、沈芝盈点校：《明儒学案》卷十，中华书局2008年版，第179页。

正之?"如果判断是非者与是非双方根本不同,如何能断定双方的是非?超越是非善恶者如何能够辨别是非善恶?

笔者认为,钱、王二人的解释的根本性问题在于他们都径直以"四句教"首句所说的"心之体"为良知本体。此处的"心之体"应是指心的原本状态,而非良知本体。缘此,"无善无恶"不是说良知(即二人所认为的"心之体")本身没有善恶的性质——良知本身是至善的,阳明屡屡言之,这一点是不容置疑的,而是说此时的"心"的状态尚未发显为"意",故其此时是无善念也无恶念的。换言之,"无善无恶心之体"一句的语意的重心不在钱、王二人所以为的"良知"二字上,而在此"心"字上。此亦正如黄宗羲所说:"其实无善无恶者,无善念恶念耳,非谓性无善无恶也。"① 梨洲此说极有见地,但其中的可商榷之处在于他将"四句教"首句所说的"心之体"等同于阳明在别处所说的"心之体""心体""本体"。阳明所说的"心之体""心体""本体"具有不同论说语境下的不同含义,有时是指性、良知,有时则仅指此心的原本状态。实际上,梨洲自己也意识到对"心之体""心体""本体"这一不加分别的解释会导致难以纾解的困难出现:阳明屡言至善即性、天理,是心之本体,如果其"无善无恶心之体"意谓性本身无善无不善,这岂不是自相矛盾?如果心体是无善无恶的,有善有恶之意、知善知恶之知、为善去恶之功又从何说起?此正如其引蕺山《阳明传信录》之语所云:

> 先生每言:"至善是心之本体。"又曰:"至善只是尽乎天理之极,而无一毫人欲之私。"又曰:"良知即天理。"《录》中言"天理"二字,不一而足,有时说"无善无恶者理之静",亦未尝径说"无善无恶是心体",若心体果是无善无恶,则有善有恶之意又从何处来?知善知恶之知又从何处来?为善去恶之功又从何处起?无乃语语断流绝港乎!快哉,四无之论!先生当于何处作答?②

如果从蕺山、梨洲之说,阳明的"无善无恶心之体"确实存在与其前

---

① 黄宗羲撰、沈芝盈点校:《明儒学案》卷十,中华书局2008年版,第178页。
② 黄宗羲撰、沈芝盈点校:《明儒学案》卷十、卷五十八,中华书局2008年版,第218、1379页。

说相矛盾的问题。但若事实果如二人所言，则阳明何以又谆谆告诫钱、王二人："已后与朋友讲学，切不可失了我的宗旨：无善无恶是心之体，有善有恶是意之动，知善知恶的是良知，为善去恶是格物，只依我这话头随人指点，自没病痛？"① 阳明这种在其最后宗旨表述上的郑重其事是不能仅以"未定之见"四字轻易抹杀的，更不能仅将这一所谓矛盾诿之于王龙溪对阳明本意的刻意误读、篡改②。笔者认为，尽管梨洲以"无善念无恶念"释"四句教"首句的"无善无恶"是正确的，但其据此进一步以"四句教"首句所说的"心之体"与阳明在别处对"心之体"的至善性质的肯定相矛盾，并断定"四句教"并非阳明之定见、定论，是可以商榷的。阳明在其理论的最核心处是能够做到逻辑自洽的，"四句教"宗旨的义理脉络原本是很清晰顺畅的：此心未发时的原本状态是无善念也无恶念的，善念、恶念是此心发动时受到物欲的染着、气禀的拘执产生的结果，至善的良知原本能知善知恶、好善恶恶，依照良知的指引而着实做为善去

---

① 王守仁著，吴光、钱明、董平、姚延福编校：《王阳明全集》上册卷三《语录三》，上海古籍出版社2011年版，第133页。

② 梨洲引蕺山之说云："愚按四句教法，考之阳明集中，并不经见，其说乃出于龙溪。则阳明未定之见，平日间尝有是言，而未敢笔之于书，以滋学者之惑。"（黄宗羲撰、沈芝盈点校：《明儒学案》卷首《师说·王龙溪畿》，中华书局2008年版，第8页）又说："阳明之良知，原即周子诚一无伪之本体，然其与学者言，多在发用上，要人从知是知非处转个路头。此方便法门也，而及门之承其说者，遂以意念之善者为良知。……于是而知阳明有善有恶之意，知善知恶之知，皆非定本。意既有善有恶，则知不得不逐于善恶，只在念起念灭上工夫，一世合不上本体矣。"（黄宗羲撰、沈芝盈点校：《明儒学案》卷十九，中华书局2008年版，第448-449页）梨洲又引邹东廓所记"天泉证道"时绪山有"至善无恶者心"之语，以证绪山造"四有"之说，而"无善无恶心之体"及"四无"说是龙溪之说而非阳明的教法（黄宗羲撰、沈芝盈点校：《明儒学案》卷十六，中华书局2008年版，第332-333页；东廓之记详见《青原赠处》，载董平编校整理《邹守益集》，凤凰出版社2007年版，第103页）。实际上，东廓并非"天泉证道"的当事人，仅是据耳闻而记，故其所记并不能作为有效的证据使用。核之《传习录下》、阳明的《年谱》、王龙溪所撰钱德洪的《行状》、龙溪弟子所记的《天泉证道记》等相关记述，撇开由龙溪而起的"四有""四无"的争论不谈——《传习录下》和阳明《年谱》里没有绪山主张"四有"说的记录，"四有"说并非绪山所造——四句教法是阳明亲自认定的"宗旨"，这一点是绪山、龙溪二人当场耳闻而共同予以认定的。即便是左祖己说的龙溪在为绪山写的《行状》中也曾明确地说，阳明每以四句教法来阐发良知，故此绝非偶尔提及的"未定之见""方便法门"，更不是龙溪之杜撰。梨洲"如以阳明之四句，定阳明之宗旨，则反失之矣"（《答董吴仲论学书》，载沈善洪、吴光主编《黄宗羲全集》第10册，浙江古籍出版社2005年版，第149页）的说法并不准确。当然，梨洲也承认后来学者围绕"四句教"展开的争论并未究及阳明的本意，与阳明"绝不干涉"，这些争论实由龙溪而兴，"天泉证道，龙溪之累阳明多矣"（黄宗羲撰、沈芝盈点校：《明儒学案》卷五十八，中华书局2008年版，第1379页）。

恶的工夫就是格物。

据上文所论，可知尤西川最初训"格"为"则"，正是因为"意"是此良知之发动，而"意"在发动的时候必有所遭遇，因为其所遭遇的情境有顺逆之别，故"意"有因之而起的好恶，这一"好恶"便是西川所说的"物"。因此，"格物"就是此心在应物——好恶之发动、呈现的时候能够以本有之"则"（天理）规范、约束、引导之；"致知"就是使此心虚灵的原本状态无所亏蔽。西川曾将此说请教于朱近斋，但未获其认可，"《臆说》首条误认格物，蒙批抹并发明虚受之旨，余条似蒙印可"①。近斋认为西川之说虽然多有自得之见，但仍未免被旧闻、闻见桎梏②。所谓旧闻、闻见，一方面是指其时流行的朱子学的见解，另一方面也可能是指阳明对"格物致知"的诠解。近斋建议西川"尽涤旧闻，空洞其中"③，寻求实见、实解，并将自己解"格"为"通"的主张告知西川，获得了西川的信从。西川因此反省自己此前的见解，认为训"格"为"则"本于阳明训"格"为"正"的"前说"，意在指出此心自有天则，而心所发之好恶有正有不正，则须用格物之功正其不正以归于正，工夫着落在一念上。而后来取近斋训"格"为"通"之说，则是本于阳明训"格"为"得其理"的"后说"，"后说"统摄了事物在内而非只格其一念。西川曰：

> "格"训"则"，"物"指好恶，盖本老师前说，谓吾心自有天则，学问由心，心只有好恶耳。至近斋朱先生乃始训"格"为"通"，而专以通物情为指，谓"物我异形，其可以相通而无间者，情也"。盖亦本老师后说，而文义条理加详焉。然得其理必通其情，而通其情乃得其理，二说只一说也。但曰"正"曰"则"，取裁于我；曰"通"，则物各付物。取裁于我，意见易生；物各付物，天则乃见。且理若虚悬而情为实地，能通物情，斯尽物理，而曰"正"曰

---

① 尤时熙：《与近斋先生书·八》，见《拟学小记续录》卷三《质疑上》，载《四库全书存目丛书》子部第9册"子部·儒家类"，齐鲁书社1995年版，第865页。
② 参见尤时熙《附录格物臆说（丙寅三月）》，见《拟学小记》卷三《格训通解附格物臆说》，载《四库全书存目丛书》子部第9册"子部·儒家类"，齐鲁书社1995年版，第823页。
③ 尤时熙：《附录格物臆说（丙寅三月）》，见《拟学小记》卷三《格训通解附格物臆说》，载《四库全书存目丛书》子部第9册"子部·儒家类"，齐鲁书社1995年版，第823页。

"则"曰"至",兼举之矣。①

西川认为将"格"训为"正""则"容易陷入任由己心裁断之弊而横生意见,训"通"则能因物之情而物各付物,能够兼包物理于其中,故工夫较为实在、客观。实际上,阳明无论在提揭致(良)知为宗旨之前还是之后,本质上都训"格"为"正"。在提出致良知宗旨之前,阳明认为心发为意,有善有恶,故需要用格物工夫去其不正以全其正。因此,格物乃诚意之功,格其意之不正以归于正则意诚,诚意是《大学》工夫体系的核心②;致良知宗旨提出之后,阳明将致知置于《大学》的工夫体系的核心地位。阳明在正德十六年(1521)五月改作的《大学古本序》中提出良知是心之本体,意是良知之发动,物是良知之涉著。良知至善,故其发而为意是无不善的,其有不善,也不是意本身有不善,而是因与物的牵连而生的对其原本之知的障蔽。故无论已发之意是善是恶,是心之发还是知之动,如果不能即其物(事)而格之,则不能致其知(致良知之天理于事事物物)而诚其意(复其原本之善)。所以格物是致知的实地,诚意要以致知为本(知是意之本体,没有本体、良知的规范、引导,则意无法复其原本之诚)③。因此,阳明之释"格物"之"格"本质上并无前后二说,如在作于起征思、田之际的《大学问》中,阳明仍说:"格者,正也,正其不正以归于正之谓也。正其不正者,去恶之谓也。归于正者,为善之谓

---

① 尤时熙:《格训通解序(丁卯二月)》,见《拟学小记》卷三《格训通解附格物臆说》,载《四库全书存目丛书》子部第9册"子部·儒家类",齐鲁书社1995年版,第821页。

② 详见阳明在作于正德十三年(1518)的《大学古本原序》中的论述,载王守仁著,吴光、钱明、董平、姚延福编校《王阳明全集》下册卷三十二《补录》,上海古籍出版社2011年版,第1320-1321页。

③ 参见王守仁著,吴光、钱明、董平、姚延福编校《王阳明全集》上册卷七《文录四》,上海古籍出版社2011年版,第270-271页。一般认为阳明改作此序是在嘉靖二年(1523),束景南先生据阳明《与陆清伯书》中"《大学》古本一册寄去,时一览。近因同志之士,多于此处不甚理会,故序中特改数语。有得便中写知之。季惟干事善类所共冤,望为委曲周旋之"(王守仁著,吴光、钱明、董平、姚延福编校《王阳明全集》上册卷二十七《续编二》,上海古籍出版社2011年版,第1113页)之语,认为其中提及的"季惟干事"是托陆澄处理冀元亨的后事[冀元亨卒于正德十六年(1521)五月四日],如此则可知阳明此书作于正德十六年六月,阳明改定《古本大学傍释》是在是年五月,"故序中特改数语"提及的"序"就是《大学古本序》。详见氏著《王阳明年谱长编》,上海古籍出版社2017年版,第1371-1375、1383-1384页;又见氏著《阳明佚文辑考编年》上册,上海古籍出版社2012年版,第525-527页。

也。夫是之谓格。"① 载于《答顾东桥书》的训"格"为"得其理"本质上并不与训"正"之说相冲突,"得其理"也是以良知之天理"正"物而使之各得其理,二者本质上是相同的。只不过在揭橥致良知为宗旨之后,格物由原来的诚意之功转换为致知之所了。由此,西川所谓"前说"着落于意念而"后说"通达于物情之说也就不成立了②。

西川既然从近斋而训"格"为"通",则其所谓物就不能只做"好恶"解,西川曰:

> 好恶,情也;好恶所在,则物也;好之恶之,事也。学本性情,通物我,故于好恶所在用工,而其要则在体悉物我好恶之情。③

好恶是人的情感,此情感必有所趋向的对象,必须凭借其所好所恶的对象才能呈现,"好恶必有所因,无所因斯无好恶矣。是所因,物也,好恶非物也,情也"④,故这一对象才是物。以好恶为物,则格物工夫就如其前说所自省的,只着落在心念上,如此则会陷于不通于物而物我为二的境地。儒家学说向来主张物我一体、万物皆备于我,阳明学在这一点上也概不能外。因此,从不度越思想传统的角度来说,西川也不会将对"物"的诠释停留在"好恶之情"上。此外,从《大学》的工夫诸节目的内在逻辑关系来看,身心为本,而家国天下为末,吾心之好恶是本,而好恶所在之物是末。无本则无末,离末则本不可见,故致知——将此良知之天理推至事事物物——不经由格物则不可能,故西川认为"格"当训"通"

---

① 王守仁著,吴光、钱明、董平、姚延福编校:《王阳明全集》上册卷二十六《续编一》,上海古籍出版社2011年版,第1071页。

② 西川在作于隆庆元年丁卯(1567)二月的《格训通解序》中曾指出因为性无内外而心外无物,故阳明的前后二说只是一说,但这一说法并不意味着他放弃了此前所认为的阳明的前后二说存在矛盾的看法,"今舍师说、臆见而从近斋"一语,表明他最终认可的是朱得之的以"通"训"格"说。其说详见《格训通解序》,见《拟学小记》卷三《格训通解附格物臆说》,载《四库全书存目丛书》子部第9册"子部·儒家类",齐鲁书社1995年版,第821页。

③ 尤时熙:《格训通解》,见《拟学小记》卷三《格训通解附格物臆说》,载《四库全书存目丛书》子部第9册"子部·儒家类",齐鲁书社1995年版,第821页。

④ 尤时熙:《拟学小记续录》卷七《化鲤私录》,载《四库全书存目丛书》子部第9册"子部·儒家类",齐鲁书社1995年版,第891页。

就是必然的了①。西川据此反省自己此前只从诸工夫节目的先后次第致思，而未曾虑及其间的内外、本末关系，这无疑是很有见地的：

> 《臆说》因泥"先后"字，而不察工夫本无节次。古人立言之意，盖从内说向外，从本说向末，不得不取次言之。其实工夫无节次，如树之根本枝叶，可以本末言，不可以本末分先后也。栽培灌溉，始终一而已矣，工宁有二乎哉？②

本末一如，体用一元，本体、工夫在阳明学中本来不二。据此，西川认为格物、致知本不为二，"事理本一致，工夫本一致也"③。在阳明学中，致知就是致良知，"致"就是"陈布施行之谓"④，将此心的良知布露、施行。在这一点上，西川所持的观点是阳明学的通义。其卓异之处，在于有鉴于其时讲论良知的学者将良知当作"套语"⑤，使得阳明之学有"一再传便失真"⑥的弊病，主张于人伦日用中实致良知。

三、尽分与知止

西川强调于良知"发见处"、日用应酬处用功的主张的主要意旨是提点在日用常行中用功的重要性。其之所以强调于日用伦常中用功，一方面是有忧于当时讲论良知之学的学者蹈于虚空而忽略实践，另一方面也是上文所说的其格物之说以"通"训"格"，强调通达于人情、物理的理路所致。西川说：

---

① 参见尤时熙《格训通解》，见《拟学小记》卷三《格训通解附格物臆说》，载《四库全书存目丛书》子部第9册"子部·儒家类"，齐鲁书社1995年版，第822页。
② 尤时熙：《格训通解》，见《拟学小记》卷三《格训通解附格物臆说》，载《四库全书存目丛书》子部第9册"子部·儒家类"，齐鲁书社1995年版，第822页。
③ 尤时熙：《格训通解》，见《拟学小记》卷三《格训通解附格物臆说》，载《四库全书存目丛书》子部第9册"子部·儒家类"，齐鲁书社1995年版，第821页。
④ 尤时熙：《格训通解》，见《拟学小记》卷三《格训通解附格物臆说》，载《四库全书存目丛书》子部第9册"子部·儒家类"，齐鲁书社1995年版，第821页。
⑤ 尤时熙：《与近斋朱先生（丙寅）》，见《拟学小记》卷四《质疑》，载《四库全书存目丛书》子部第9册"子部·儒家类"，齐鲁书社1995年版，第825页。
⑥ 尤时熙：《答化鲤·三（丁卯）》，见《拟学小记续录》卷四《质疑下》，载《四库全书存目丛书》子部第9册"子部·儒家类"，齐鲁书社1995年版，第881页。

盖物我一体，人情不通，吾心不安，且如子不通父之情，子心安乎？子职尽乎？而匹夫匹妇不获自尽，民主罔与成厥功，推之草木鸟兽莫不皆然。物我一体，知本相通故也。故致知必在通物情，物情通而后吾之良知始快足而无所壅遏，是以必物格而后知乃至也。①

训"格"为"通"，从物我一体而原本相通的角度来说，与训"格"为"则"并无本质上的差别。"则"是"天则"，而"良知自是天则"②；另一方面，"良知万物皆备"③"物我一体""万物皆备于我"等理念以阳明学的话语来说，就是事事物物皆不外吾之良知，所以致良知就是在良知天则与万事万物的原本一体中行其本然之知，呈现其本有之天则。因此，在隆庆元年丁卯（1567）接受朱近斋的批评而改以"通"训"格"之后，西川在与学生的问答中表达了"通""则"二训并无本质差别的观点：

鲤问："先生以好恶训物，好恶合则为格物，工夫当如此。近翁说'物'字正与上文相贯，然其用工，亦曰所恶毋使，其实一而已矣。是否？"曰："是。"④

可见在西川看来，尽管近斋不以好恶训物，但实际上以工夫而言其说与己说相同，也落实在好恶上。万事不外人情，而人情只是一个好恶，本体、工夫本来不二的逻辑贯彻至天理、人情上来说，就是天理、人情本来不二：

"施诸己而不愿，亦无施于人"，虽指人情是非利害言，实皆吾心性之发用。人情即是天理，是非利害，圣人见其精，常人见其粗。精

---

① 尤时熙：《格训通解》，见《拟学小记》卷三《格训通解附格物臆说》，载《四库全书存目丛书》子部第9册"子部·儒家类"，齐鲁书社1995年版，第821－822页。
② 尤时熙：《拟学小记续录》卷一《经疑十三条》，载《四库全书存目丛书》子部第9册"子部·儒家类"，齐鲁书社1995年版，第856页。
③ 尤时熙：《拟学小记续录》卷一《经疑十三条》，载《四库全书存目丛书》子部第9册"子部·儒家类"，齐鲁书社1995年版，第856页。
④ 尤时熙：《拟学小记续录》卷七《化鲤私录》，载《四库全书存目丛书》子部第9册"子部·儒家类"，齐鲁书社1995年版，890页。

则该粗，粗则遗精。①

人情是人性的发用，而性是天所命予的本然之真，是天生之德，因此人人本具，不能损益。"人情即是天理"之说的意谓不是直接以人情等同于天理，而是指出人情的本然状态就是合于天理的，"人情本然，只是相亲相爱"②。因此，尽管人性之发为情可能受到利害的干扰而偏离其本然的状态，但这并不意味着其原本就是好恶无节的。西川此说并非有意泯灭性、情之间的区别，而是着意提点二者的一致、相通之处，并进而提点循性而为善的可能性、自然性："君子为善，乃其禀性自然实见，恶不可为？"③ 性发为情，而人情即天理，故因顺人情的本然的好善恶恶而为善去恶有本性上的依据，为善工夫是遵循其性、情的原本状态的自然工夫，是人人可为的。

当然，循性尽分并不意味着取消用工夫以复其本的必要性，西川也认识到人情被名利之私遮蔽的可能性，"性分上欠真切，只因心有所逐"④，因而也强调去私去蔽以复其性之本然的工夫的必要性："圣人之学，以无我为至。学者未至于圣人，有我之私未尽耳。"⑤ 人之性得自天命，故是至善的，而良知之"良"就是至善，故良知即性。因此，止至善就是尽其性分之固有，就是复其性，就是致良知：

《大学》只是"止至善"。至善，性也，良知也。"止"之云者，复之也。⑥

---

① 尤时熙：《拟学小记续录》卷二《余言》，载《四库全书存目丛书》子部第 9 册"子部·儒家类"，齐鲁书社 1995 年版，第 860 页。
② 尤时熙：《长语质疑赠陈怀龙》，见《拟学小记》卷五《杂著》，载《四库全书存目丛书》子部第 9 册"子部·儒家类"，齐鲁书社 1995 年版，第 841 页。
③ 尤时熙：《与窦竹川兄》，见《拟学小记》卷四《质疑》，载《四库全书存目丛书》子部第 9 册"子部·儒家类"，齐鲁书社 1995 年版，第 828 页。
④ 尤时熙：《拟学小记》卷二《余言》，载《四库全书存目丛书》子部第 9 册"子部·儒家类"，齐鲁书社 1995 年版，第 816 页。
⑤ 尤时熙：《拟学小记》卷二《余言》，载《四库全书存目丛书》子部第 9 册"子部·儒家类"，齐鲁书社 1995 年版，第 815 页。
⑥ 尤时熙：《拟学小记》卷一《经疑·大学古本》，载《四库全书存目丛书》子部第 9 册"子部·儒家类"，齐鲁书社 1995 年版，第 796 页。

"止"在西川的思想中有二义：其一，达到、进至。日用的伦常关系都是性分所固有的，而良知之"知"即对伦理关系的本然之通晓是"天聪明"，是本有之知，故良知与性名异实同。因此，同性一样，良知也是万物皆备，不假外求的。若能保其良知不失，则无所谓"复"的工夫，但常人之良知有被嗜欲遮蔽的可能，故须用"止"之工夫以复其良知的本有之知。"止"或"复"的标准是什么？或者说止于何处？西川认为良知自有天则即天然本具的理则、天理，因此"止"就是要合于此天则，"物各合其天则乃止"①。其二，止也有停止、止息的义涵。正是基于这一义涵，西川才认为良知如同水一般，人能知止则不驰逐，如静止的水能够照物，其良知才能呈现其原本的灵明②。这一意义下的知止工夫与致知工夫则不尽相同：

> 若以知止为头脑，则知为工夫之本体，止为本体之工夫。若以致知为头脑，则致为工夫，而知为本体矣。③

> 致知、知止二义，只争毫厘。以止为工，则必谦虚抑畏，其气下；以致为工，则或自任自是，其气扬。虽曰同由于善，而其归远也。此与通物之义相发，然亦只在意念向背之间，若知"知止"，则"致"即"止"矣。④

"致知"之"知"与"知止"之"知"都是指良知本体，则"致"与"止"都是工夫论的概念。如果以"止"即停止、止息为工夫，则人必能谦抑下人；以"致"为工夫，则容易陷入"自任"即师心自用的纵肆。按西川此说本于朱近斋之说而又有不同，嘉靖本《拟学小记》卷六

---

① 尤时熙：《拟学小记续录》卷一《经疑十三条》，载《四库全书存目丛书》子部第9册"子部·儒家类"，齐鲁书社1995年版，第856页。
② 参见尤时熙《拟学小记》卷一《经疑·大学古本》，载《四库全书存目丛书》子部第9册"子部·儒家类"，齐鲁书社1995年版，第796页。
③ 尤时熙：《问致知知止》，见《拟学小记》卷四《质疑》，载《四库全书存目丛书》子部第9册"子部·儒家类"，齐鲁书社1995年版，第835页。
④ 尤时熙：《与近斋朱先生·五（丁卯）》，见《拟学小记》卷四《质疑》，载《四库全书存目丛书》子部第9册"子部·儒家类"，齐鲁书社1995年版，第826-827页。

《纪闻》中记述了西川闻自近斋的知止尽分之说。近斋认为"知止"就是知其分,人必须知道分位之所在才能据之判断其所为的或过或不及,才能为其性分所当为。"中"就是"无为",而为所不当为就是"过",当为而不为就是"不及",此二者都是"有为"。据此可知,近斋之学颇有老庄之学的色彩。西川所说的"止"包纳了近斋的知分、尽分的义涵而稍有增益,强调了"止"的止息、停止义,人能知止则不逐物而迁,才有其后的定、静、安、虑、得。

当然,其所谓止主要还是从进至、达到这一义项上说的,知止通于知分、尽分,就是在日用常行中着力:

> 因省孔门之教,职分之外无说,故子贡有未闻性、道之言。盖是未尝以为言,因人请问,只谈职分耳。今也谈道理而略职分,且其未尝寔有诸己,而为此虚见也,不几于负尊教乎?①

> 先生教人,只是要尽见在职分。尝曰:"九天之上,天也,眼前亦天也。九地之下,地也,脚下亦地也。如今只管眼前脚下实实行去,不论九天之上九地之下,然眼前之天,脚下之地,即九天之天,九地之地也。"②

西川不仅强调人要知分、尽分,而且将之落实为当下、见在的知分、尽分,这是其被视为为学平实最重要的原因。天人一体,物我一如,因此与我一体相关的每一个人、每一件事物都应该涵容在我的关爱之中,换言之,都是我所应尽之分。但爱有差等,义有先后,"盖莫非道也,对景切分,乃属见在"③,"道理于发见处始可见,学者于发动处用功。未发动,

---

① 尤时熙:《与近斋先生书·九》,见《拟学小记续录》卷三《质疑上》,载《四库全书存目丛书》子部第9册"子部·儒家类",齐鲁书社1995年版,第865页。
② 尤时熙:《拟学小记续录》卷七《化鲤私录》,载《四库全书存目丛书》子部第9册"子部·儒家类",齐鲁书社1995年版,第892页。
③ 尤时熙:《与近斋朱先生·七(戊辰)》,见《拟学小记》卷四《质疑》,载《四库全书存目丛书》子部第9册"子部·儒家类",齐鲁书社1995年版,第827页。

自无可见,自无着力处"①,故西川认为工夫的下手处当由当下、见在的职分之尽开始。尽见在职分当中自然蕴含着更广阔范围内的"一体之仁","妻子和,兄弟翕,父母顺,皆卑近易行之事,而高远在其中矣"②。换言之,不能尽见在职分而妄谈一体之爱,则其所言的一体之爱只能是虚见、臆见。此外,"尽分"之"分"也有"分量",尽见在之分就是按照自己当下的见识、分量为所能为。在西川看来,义理无穷,人不能一一求知,故只能就自己见在的格局、分量而为之③。此处需要指出的是,西川的这一观点并不能成为判定其学说规模不宏阔、境界不高明的依据,因为道理的大意可以一言而尽,但具体的工夫却是无穷尽的④,所以从工夫的切实性、可能性来说,知止、尽分只能就当下、见在之职分上施发。因此,西川所云"道理不当说起处"⑤之语并不是要人放弃对形上本体的追求,而只是站在学者如何下手用功的立场上反对人们放弃当下应尽的职分。

综上所论,可见西川的致良知工夫偏于用工夫以复本体一路,但其于悟本体即是工夫一路也并非全无了解,因此说西川之学因就已发处用功而有"平实"的面相则可,说其学未臻"究竟"则不可。据此可知,梨洲所云西川不知"学的"的评价并不准确。与之相反,《四库》馆臣从清代崇尚实学、朴学的时代风尚出发,取西川释经的疏误而指摘之,尽管切中不少问题,但称其好为高论则未必符合其学之原本面目。笔者认为,居于这两种评价之间,从批判、反省当时王门后学的崇虚见而略实行,甚者错认良知而"越绳墨以自恣"⑥的弊病的立场出发,认为西川之学"依乎中

---

① 尤时熙:《拟学小记》卷二《余言》,载《四库全书存目丛书》子部第 9 册"子部·儒家类",齐鲁书社 1995 年版,第 814 页。
② 尤时熙:《拟学小记》卷一《经疑·中庸》,载《四库全书存目丛书》子部第 9 册"子部·儒家类",齐鲁书社 1995 年版,第 799 页。
③ 参见尤时熙《与近斋先生书·二》,见《拟学小记续录》卷三《质疑上》,载《四库全书存目丛书》子部第 9 册"子部·儒家类",齐鲁书社 1995 年版,第 862 页。
④ 参见尤时熙《拟学小记续录》卷七《伯举私录九条》,载《四库全书存目丛书》子部第 9 册"子部·儒家类",齐鲁书社 1995 年版,第 887 页。
⑤ 尤时熙:《拟学小记》卷二《余言》,载《四库全书存目丛书》子部第 9 册"子部·儒家类",齐鲁书社 1995 年版,第 814 页。
⑥ 张元忭:《河南西川尤先生墓志铭》,见《拟学小记附录》上卷,载《四库全书存目丛书》子部第 9 册"子部·儒家类",齐鲁书社 1995 年版,第 897 页。

庸,切于日用",其"诚心实意,力践躬行"① 为他所不及的说法更为恰当,堪称的评。

(本文原刊于《孔子研究》2018年第3期,有改动)

---

① 王职:《挽西川先生说》,见《拟学小记附录》上卷,载《四库全书存目丛书》子部第9册"子部·儒家类",齐鲁书社1995年版,第901页。